PROGRAMMAZIONE E CONTROLLO

Programmazione e controllo

Guida allo svolgimento di esercizi e problemi

Terza edizione

Francesca Gasparini

Pearson

Redazione: Jacopo Cristini
Impaginazione: Andrea Astolfi
Grafica di copertina: Simone Tartaglia
Immagine di copertina: Alexey Poprotsky/123RF
Stampa: Tip.Le.Co. – San Bonico (PC)

9788891906113

LIBRI DI TESTO E SUPPORTI DIDATTICI
Il sistema di gestione per la qualità della Casa Editrice è certificato in conformità alla norma **UNI EN ISO 9001:2015** per l'attività di **progettazione, realizzazione e commercializzazione di: • prodotti editoriali scolastici, dizionari lessicografici, prodotti per l'editoria di varia ed università • materiali didattici multimediali off-line • corsi di formazione e specializzazione in aula, a distanza, e-learning.**
Member of CISQ Federation
CERTIFIED MANAGEMENT SYSTEM
ISO 9001

Printed in Italy

3ª edizione: gennaio 2020

Ristampa 00 01 02 03 04
Anno 20 21 22 23 24

Sommario

Prefazione: istruzioni per l'uso

Obiettivi didattici

Una premessa che occorre tenere sempre presente è che nessun manuale di Programmazione e Controllo può fornire un modello di controllo di gestione universalmente valido in qualsiasi contesto aziendale.

Questa affermazione sembrerebbe sminuire il contributo di tale disciplina e la rilevanza che essa assume ai fini del successo competitivo di un'impresa, ma solo apparentemente. Di fatto, la progettazione di sistemi di controllo efficaci, capaci di fornire al management informazioni utili ad assumere decisioni coerenti con le strategie perseguite, governare i costi e gestire in modo consapevole le performance aziendali è possibile.

Come? Attraverso l'acquisizione di un metodo, che consenta di individuare di volta in volta la strumentazione di controllo più idonea al contesto aziendale considerato e agli obiettivi specifici perseguiti dall'impresa.

La disciplina di Programmazione e Controllo non tende dunque a dettare le caratteristiche di un modello di controllo di gestione universalmente valido, bensì è finalizzata a fornire due competenze fondamentali:

1. *di interpretazione e modellizzazione della realtà aziendale*, ossia la capacità di comprendere il sistema aziendale, nonché di selezionare modelli di controllo di gestione adeguati al contesto organizzativo e competitivo oggetto di analisi;
2. *di applicazione di modelli e strumenti di programmazione e controllo*, che significa mettere concretamente in pratica i modelli e le metodologie selezionate al fine di produrre informazioni rilevanti e utili per la gestione d'impresa.

A tale proposito è bene precisare che le competenze nascono dalla composizione organica e consapevole di due elementi distinti.

Il primo elemento è rappresentato dalle conoscenze, ossia dalla "teoria", che definisce i principi chiave sui quali devono reggersi i modelli di analisi e di rappresentazione della realtà aziendale (il costo di prodotto costituisce una rappresentazione della realtà aziendale, così come relazioni complesse possono essere descritte combinando in modo appropriato dei numeri). E le conoscenze, nel nostro caso, si possono apprendere facendo ricorso al testo di C.T. Horngren, G.L. Sundem, D. Burgstahler, J. Schatzberg, M. Agliati e A. Ditillo, *Programmazione e Controllo* (Pearson Italia, 2020).

Il secondo elemento che concorre alla definizione delle competenze sono le capacità, nel caso specifico le capacità di applicare i modelli di cui al punto precedente. E queste si acquisiscono attraverso l'esercizio, l'applicazione e la sperimentazione di prove ed errori; solo in questo modo si possono consolidare le conoscenze.

L'obiettivo perseguito con la presente guida è quello appunto di guidare il lettore nell'applicazione di modelli di analisi e di rappresentazione analitica, volti a generare informazioni in grado di supportare i processi decisionali e gestionali del management.

La decisione di intitolare questo volume *Programmazione e Controllo. Guida allo svolgimento di esercizi e problemi* mira a enfatizzare la finalità perseguita nella sua stesura: non si tratta semplicemente di fornire testi di esercizi e soluzioni corredate, bensì si intende fornire un metodo di studio, un approccio alle tematiche di Programmazione e Controllo che funzioni e funga da guida nella selezione di strumenti e modelli adeguati, oltre che nella corretta applicazione degli stessi.

In sintesi, il testo intende essere una guida verso il raggiungimento delle competenze sopra illustrate, con particolare enfasi sulla parte applicativa. A tal fine, attraverso l'applicazione concreta, mira a consolidare nel lettore:

- la capacità di selezionare modelli e strumenti di Programmazione e Controllo idonei a soddisfare le esigenze informative aziendali;
- la capacità di utilizzare in modo appropriato, nell'ambito di tali modelli e strumenti, algoritmi e metodologie specifiche.

Struttura e metodo di studio consigliato

La stesura del presente libro è stata articolata in modo da guidare il lettore lungo l'intero processo di apprendimento e applicazione della metodologia di analisi, dallo studio delle nozioni di base allo svolgimento di esercizi, casi e problemi più articolati e complessi.

A tale proposito i capitoli sono organizzati per temi e nell'ambito di ciascun capitolo gli esercizi sono suddivisi per argomenti, secondo un ordine di difficoltà che va da esercizi più semplici e propedeutici a quesiti più strutturati e articolati.

Ciascun capitolo è suddiviso in quattro parti:

1. *Esercizi e problemi* – testi;
2. *Glossario* – panoramica della principale terminologia impiegata nell'ambito di ciascun capitolo, definizioni ed eventuali abbreviazioni adottate;
3. *Algoritmi utili* – specchio riassuntivo delle formule e degli algoritmi indispensabili per la soluzione dei quesiti proposti;
4. *Soluzioni agli esercizi* – svolgimento delle soluzioni, corredate da note e commenti volti a offrire la chiave di lettura e interpretazione di ciascun passaggio illustrato.

L'obiettivo è quello di consentire al lettore di familiarizzare con il vocabolario adottato, offrendo al contempo un'utile occasione di ripasso delle nozioni teoriche prima dello svolgimento di esercizi e problemi illustrati nella parte successiva.

Con riferimento alla parte dedicata alla *Soluzione agli esercizi*, si è ritenuto opportuno articolare la risoluzione di ciascun quesito in tre sezioni:

- *Dati* – sintesi dei dati utili alla soluzione degli esercizi;
- *Domande* – riassunto e interpretazione dei quesiti proposti;
- *Soluzioni* – calcoli e commenti.

Il fine è quello di suggerire al lettore l'approccio più corretto alla risoluzione dei problemi di Programmazione e Controllo, che non può prescindere da un'attenta comprensione del testo e dall'analisi approfondita delle informazioni a disposizione.

Nell'ambito delle soluzioni vengono poste a confronto metodologie alternative, a dimostrazione di come una medesima soluzione possa essere raggiunta secondo percorsi e strumenti differenti.

Più in generale, il messaggio che si vuole trasmettere è che ciascun tema o problema di Programmazione e Controllo sia sotto un profilo didattico, sia sotto un profilo professionale, può essere affrontato e risolto seguendo il medesimo approccio: analisi del contesto, identificazione delle informazioni rilevanti, scelta degli strumenti idonei alla soluzione dei problemi e applicazione.

Conclusioni

Per concludere, obiettivo ultimo del presente volume è quello di fornire al lettore il metodo per affrontare le tematiche di Programmazione e Controllo e risolvere eventuali problematiche annesse; un metodo da applicare in ciascun contesto, sia esso scolastico o professionale.

Illustrati gli obiettivi didattici, la struttura e la metodologia di studio proposta, non resta che augurare al lettore buona lettura e buon lavoro!

Francesca Gasparini
Dipartimento di Accounting
Università Commerciale Luigi Bocconi

Pearson MyLab

L'attività didattica e di apprendimento del corso è proposta all'interno di un ambiente digitale per lo studio, che ha l'obiettivo di completare il libro offrendo risorse didattiche fruibili in modo autonomo o per assegnazione del docente.
Il codice presente sulla copertina di questo libro consente l'accesso per 18 mesi a **MyLab**, una piattaforma digitale interattiva specificamente pensata per accompagnare e verificare i progressi durante lo studio.
MyLab offre la possibilità di accedere al **manuale online**: l'edizione digitale del testo arricchita da funzionalità che permettono di personalizzarne la fruizione, attivare la lettura audio digitalizzata, inserire segnalibri, anche su tablet e smartphone.
La piattaforma digitale MyLab integra e monitora il percorso individuale di studio con attività formative e valutative dettagliate nella pagina di catalogo dedicata al libro, consultabile all'indirizzo link.pearson.it/5BDE42D1 o tramite QR code.

CAPITOLO 1

Sistemi di programmazione e controllo a supporto della gestione aziendale

Esercizi e problemi

ESERCIZIO 1.1 Principali differenze tra contabilità direzionale e contabilità generale

Assegnare ciascuna delle descrizioni seguenti alla definizione di contabilità direzionale o contabilità generale.

1. È volta alla registrazione e analisi di accadimenti passati.
2. Produce informazioni destinate a soggetti esterni all'organizzazione, quali azionisti, fornitori, banche e autorità governative.
3. Il sistema di reporting è flessibile e risponde a esigenze manageriali.
4. Il reporting è redatto secondo scadenze temporali definite, nonché vincolato ai principi contabili vigenti.
5. Considera rilevanti le informazioni di costo e ricavo future.
6. È finalizzata a motivare il management al perseguimento degli obiettivi aziendali.
7. La pianificazione e controllo e il supporto alle decisioni aziendali rappresentano i suoi obiettivi principali.
8. La periodicità dei report è incentrata su predefiniti archi temporali, in genere l'anno e il trimestre.
9. Le informazioni prodotte sono rivolte ai soggetti interni all'organizzazione.
10. È obbligatoria.

ESERCIZIO 1.2 Controller e responsabile finanziario: ruoli e competenze

Indicare quali attività rientrino tra i compiti del Controller e quali tra i compiti del responsabile finanziario.

1. Supportare i manager nelle analisi di convenienza economica.
2. Analizzare i flussi di cassa.
3. Gestire i rapporti con le banche.
4. Valutare le performance delle divisioni aziendali.
5. Effettuare controlli sul credito dei clienti.
6. Selezionare polizze assicurative.
7. Analizzare gli scostamenti dei costi nel confronto tra budget e consuntivo.
8. Determinare il costo di un prodotto/servizio.
9. Gestire relazioni con gli investitori.
10. Svolgere analisi del rischio.
11. Redigere i budget a supporto di un piano strategico.
12. Sviluppare il reporting per le Autorità.
13. Gestire le relazioni con gli analisti finanziari.

ESERCIZIO 1.3 Posizioni di linea e posizioni di staff

Per ciascuna delle funzioni aziendali seguenti, tipiche di un'azienda manifatturiera tradizionale, indicare se si tratti di posizioni di linea o di staff. Motivare la risposta.

1. Direttore risorse umane.
2. Addetto ricevimento merce a magazzino.
3. Responsabile reparto stampaggio.
4. Direzione acquisti.
5. Addetto alla supervisione degli impianti produttivi.
6. Direttore finanziario (CFO).
7. Addetto alla manutenzione.
8. Controller.
9. Responsabile reparto assemblaggio.

ESERCIZIO 1.4 Finalità di un sistema di Programmazione e Controllo

Tra le principali finalità di un sistema di Programmazione e Controllo possiamo annoverare:

A. Pianificazione e Controllo.
B. Supporto alle decisioni aziendali.

C. Misurazione della performance (di divisioni, segmenti, manager e così via).

D. Direzione e motivazione del personale.

Di seguito vengono elencate alcune delle attività tipiche della funzione di Controllo di gestione.

Assegnare a ciascuna attività una o più finalità sopra elencate, fornendo una spiegazione.

1.	Definizione di un sistema di reporting volto a evidenziare il risultato operativo di ciascuna divisione aziendale e il margine controllabile dal manager di divisione.
2.	Identificazione delle informazioni di costo rilevanti al fine di valutare la convenienza economica a produrre internamente un determinato prodotto o esternalizzare la sua produzione.
3.	Confronto tra risultati effettivi e valori previsti in sede di budget.
4.	Definizione delle misure di performance sulla base delle quali approvare promozioni e bonus a favore del management aziendale.
5.	Valutazione della convenienza economica a introdurre un nuovo prodotto, considerando le informazioni di costo e ricavo incrementali da esso generabili.
6.	Determinazione dei costi e dei ricavi attesi nel prossimo esercizio.

ESERCIZIO 1.5 — Il ruolo del Controller e del Controllo di gestione

Di seguito vengono fornite una serie di descrizioni in merito all'attività del Controllo di gestione e il ruolo del Controller. Per ciascuna indicare se vera o falsa e fornire una motivazione.

1. Il Controller ha il dovere, nei confronti della propria categoria, dei colleghi e della propria azienda, di aderire ad adeguati standard di condotta etica nell'espletamento delle proprie funzioni.
2. I sistemi di controllo devono essere i più dettagliati e sofisticati possibili affinché siano utili alle aziende che li adottano.
3. I Controller, per garantire il successo di un sistema di controllo devono seguire le modalità di progettazione e adottare gli strumenti che la letteratura ha identificato come migliori in assoluto.
4. L'innovazione tecnologica e l'uso estensivo di sistemi informatici integrati hanno cambiato radicalmente le modalità di espletamento del controllo di gestione.
5. Nella definizione di un sistema di controllo il Controller deve bilanciare i benefici che si possono trarre dallo stesso con i costi che esso comporta: in contesti aziendali semplificati un sistema di controllo semplice e poco costoso può essere la scelta più adeguata.

6. Il Controller assume un ruolo trasversale all'interno dell'azienda; la sua attività prevede infatti una stretta collaborazione con tutte le funzioni aziendali.

Glossario: terminologia, abbreviazioni adottate e definizioni

Di seguito sono riportati i termini utilizzati nell'ambito del capitolo. Tra parentesi viene indicata l'eventuale abbreviazione adottata e a seguire viene fornita la definizione.

Sistema di Amministrazione e Controllo: sistemi progettati per fornire le informazioni necessarie ad alimentare i flussi di comunicazione rivolti all'esterno (investitori, analisti finanziari, enti finanziatori, amministrazione pubblica e così via) e all'interno dell'azienda (manager). Il perno è costituito dal sistema informativo contabile, cui spetta la rilevazione e l'elaborazione dei flussi di informazione che accompagnano le transazioni tra l'azienda e le terze economie. Il sistema di Amministrazione e Controllo è dunque fondato sul sistema di contabilità generale e sul sistema di controllo di gestione.

Sistema di controllo di gestione (o Sistema di programmazione e controllo): sistema volto primariamente ad alimentare i flussi di informazione destinati, all'interno dell'organizzazione, a coloro che sono coinvolti nella gestione aziendale. Le principali finalità si concretizzano nel fornire informazioni rilevanti per supportare i manager nel processo decisionale e nel fornire informazioni per supportare il processo di pianificazione e controllo delle organizzazioni aziendali.

Contabilità direzionale (o analitica): sistemi di contabilità volti a soddisfare esigenze informative interne all'impresa, aventi il compito di fornire informazioni a supporto delle decisioni e delle attività di pianificazione e controllo.

Rapporto costi/benefici: bilancio tra costi previsti e vantaggi probabili, ossia necessario bilanciamento che deve essere salvaguardato tra il costo di produzione delle informazioni e i potenziali benefici che tali informazioni sono in grado di produrre in termini di miglioramento della qualità delle decisioni.

Pianificazione: definizione delle risorse necessarie per la realizzazione di piani d'azione e programmi. A tale proposito il budget rappresenta l'espressione quantitativa di un piano di azione.

Controllo: attività di rilevazione, misura e classificazione degli esiti del complesso di azioni attuate dai manager, finalizzata alla produzione di rendiconti (reporting) necessari al confronto tra piani, programmi e risultati.

Reporting: rendiconti necessari ad attivare il confronto sistematico tra obiettivi e risultati (meccanismo di feedback).

Teoria della contingenza (Contingency theory): afferma che non esiste un sistema di programmazione e controllo ottimale; la sua articolazione dipende dalle condizioni del contesto ambientale e competitivo, dalla tecnologia e dalla struttura organizzativa.

Gestione per eccezioni: gestione volta a concentrarsi sulle aree che deviano significativamente dal budget, ignorando quelle aree gestionali che si presume si stiano sviluppando conformemente ai programmi.

Ciclo di vita: fasi percorse da un prodotto o da un servizio, dal concepimento e sviluppo fino all'introduzione sul mercato, per giungere alla maturazione e infine al ritiro dal mercato.

Catena del valore: insieme delle funzioni o attività aziendali che aggiungono valore ai prodotti o ai servizi di un'azienda. Ne rappresentano degli esempi le attività di Ricerca e Sviluppo, Progettazione, Produzione, Marketing, Distribuzione, Servizio clienti e Funzioni di supporto.

Funzioni di supporto: attività ausiliarie svolte a sostegno di altre funzioni aziendali interne (per esempio Sistemi Informativi, Amministrazione e Controllo, Controllo Qualità).

Manager delle funzioni di linea: manager direttamente coinvolti nelle attività di produzione e commercializzazione dei prodotti o servizi dell'azienda.

Manager delle funzioni di staff: manager che svolgono attività di supporto ai manager di linea, fornendo loro informazioni e supporto consulenziale.

Direttore Amministrazione Finanza e Controllo (CFO, Chief Financial Officer): è uno dei membri della squadra di direzione di un'azienda che si occupa tipicamente della gestione finanziaria, della supervisione di tutte le attività amministrative e contabili e in generale del funzionamento dei meccanismi operativi di pianificazione e controllo su cui si fonda l'attività di governo dell'azienda.

Responsabile finanziario: manager che si occupa principalmente dei problemi finanziari della società, come la raccolta e la gestione delle risorse finanziarie e della gestione del debito (gestione della tesoreria).

Controller: manager della funzione Amministrazione, Finanza e Controllo che ha a che fare con problemi operativi, direttamente connessi alla funzione primaria di fornire il proprio contributo ai processi decisionali del management.

Business to Consumer (B2C): transazioni tra aziende e consumatori.

Business to Business (B2B): transazioni tra due aziende.

Reingegnerizzazione dei processi aziendali: processo di riorganizzazione finalizzato a migliorare le prestazioni di un'azienda in termini di costo, qualità, servizio e velocità di risposta alle richieste del mercato.

Just-in-Time (JIT): gestione volta a ridurre le giacenze di magazzino mettendo a disposizione i materiali in modo che arrivino nel momento di effettiva necessità.

Total Quality Management (TQM): sistema di direzione volto al miglioramento continuo della qualità e della soddisfazione del cliente.

Six-sigma: metodo che si concentra sul miglioramento continuo delle prestazioni dei processi operativi, finalizzato alla riduzione dei costi e al miglioramento della qualità, ottenuti attraverso la produzione continua di informazioni analitiche di natura operativa.

Soluzioni agli esercizi

Esercizio 1.1

1. Contabilità generale.
2. Contabilità generale.
3. Contabilità direzionale.
4. Contabilità generale.
5. Contabilità direzionale.
6. Contabilità direzionale.
7. Contabilità direzionale.
8. Contabilità generale.
9. Contabilità direzionale.
10. Contabilità generale.

Esercizio 1.2

1. Controller. Il controller ha il compito di identificare le informazioni di costo e ricavo rilevanti e di organizzarle in un'analisi di convenienza economica, offrendo così supporto alle decisioni manageriali.
2. Responsabile finanziario. È compito del Responsabile finanziario l'analisi dei flussi di cassa in entrata e in uscita aziendali. In alcuni casi collabora con il Controller nella stesura dei budget finanziari e dei prospetti delle entrate e uscite di cassa.
3. Responsabile finanziario. Il Responsabile finanziario si occupa dei rapporti con le banche (definizione di linee di credito, fidi, tassi, richiesta di finanziamenti e così via).
4. Controller. Il Controller elabora un sistema di reporting volto alla valutazione delle performance delle divisioni aziendali e alla responsabilizzazione dei relativi manager.

5. Responsabile finanziario. Il Responsabile finanziario si occupa della valutazione del credito dei clienti e della definizione di eventuali fidi da accordare agli stessi.
6. Responsabile finanziario. Il responsabile finanziario si occupa inoltre di provvedere alle necessarie coperture assicurative.
7. Controller. Propria del Controller è l'attività di pianificazione e controllo che termina con il confronto tra risultati attesi e risultati registrati a consuntivo.
8. Controller. Tra le attività del Controller vi è la definizione di sistemi di misurazione dei costi volti alla determinazione del costo di prodotti e servizi.
9. Responsabile finanziario. Il rapporto con gli investitori (stakeholder esterni all'impresa) viene tipicamente gestito dal Responsabile finanziario.
10. Responsabile finanziario. L'attività di *Risk Management*, qualora non esista un ufficio dedicato, viene solitamente svolta dalla funzione di Tesoreria e coordinata dal Responsabile finanziario.
11. Controller. L'attività di programmazione in generale e la stesura del budget in particolare rientrano tra le attività della funzione di Controllo di gestione cui appartiene il Controller.
12. Controller. Il Controller si occupa della preparazione dei modelli di reporting previsti nei settori regolamentati (*Utility*) destinati alle Autorità organizzative.
13. Responsabile finanziario. La relazione con gli analisti finanziari, al pari di quella con gli investitori, rientra tra le competenze del Responsabile finanziario.

Esercizio 1.3

Le posizioni di linea sono direttamente coinvolte nelle attività di produzione e commercializzazione dei prodotti o servizi dell'azienda. Pertanto le loro decisioni hanno un impatto sul raggiungimento o meno degli obiettivi aziendali.

Le posizioni di staff svolgono attività di supporto alle funzioni di linea, fornendo informazioni e supporto consulenziale, ma non hanno autorità diretta sulle prime. Pertanto sono coinvolte solo indirettamente nel conseguimento degli obiettivi aziendali.

1. Staff. Il Direttore della risorse umane offre supporto alle funzioni di linea svolgendo le attività di gestione del personale.
2. Staff. Fornisce supporto al personale di fabbrica occupandosi della logistica di magazzino.
3. Linea. Personale direttamente coinvolto nei reparti produttivi.
4. Staff. Offre supporto al personale di linea provvedendo all'approvvigionamento dei materiali destinati ai reparti produttivi.

5. Staff. Funge da supporto agli addetti alla produzione supervisionandone gli impianti.
6. Staff. Fornisce supporto ai manager di linea a livello amministrativo, attraverso la gestione delle risorse finanziarie.
7. Staff. Provvede a manutenere macchinari e attrezzature utilizzate dal personale di produzione per lo svolgimento della loro attività.
8. Staff. Fornisce un supporto di carattere consulenziale ai manager di linea, finalizzato ad adottare la decisione economica più conveniente.
9. Linea. Contribuisce direttamente alla realizzazione del prodotto finito.

Esercizio 1.4

1.	Definizione di un sistema di reporting volto a evidenziare il risultato operativo di ciascuna divisione aziendale e il margine controllabile dal manager di divisione.
2.	Identificazione delle informazioni di costo rilevanti al fine di valutare la convenienza economica a produrre internamente un determinato prodotto o a esternalizzare la sua produzione.
3.	Confronto tra risultati effettivi e valori previsti in sede di budget.
4.	Definizione delle misure di performance sulla base delle quali approvare promozioni e bonus a favore del management aziendale.
5.	Valutazione della convenienza economica a introdurre un nuovo prodotto, considerando le informazioni di costo e ricavo incrementali da esso generabili.
6.	Determinazione dei costi e dei ricavi attesi nel prossimo esercizio.

1. C e D. Tale attività persegue una duplice finalità: da un lato quella di valutare la performance delle divisioni aziendali, considerando il loro contributo alla determinazione del risultato aziendale complessivo; dall'altro quella di valutare il management di ciascuna divisione e incentivarlo al perseguimento degli obiettivi aziendali, ancorando i meccanismi di remunerazione ai risultati da questo controllabili.
2. B. Le valutazioni di convenienza economica consistono nell'identificazione delle informazioni di costo e ricavo rilevanti (ossia future, differenziali, incrementali) e nell'organizzazione delle stesse in un'analisi di convenienza, volta a determinare misure di risultato che guidano il management nelle decisioni aziendali. Nel caso specifico l'analisi di convenienza economica è a supporto di una decisione di natura produttiva: sarà conveniente produrre internamente se i costi complessivi di produzione sono inferiori al costo d'acquisto, sommato ai costi non eliminabili ricorrendo all'esternalizzazione.
3. A. Il confronto tra budget e consuntivo è il fulcro dell'attività di pianificazione e controllo, finalizzata alla definizione di ricavi, costi e risultati attesi e alla verifica del raggiungimento degli stessi.

4. D. Allineare obiettivi aziendali e obiettivi individuali del management è una delle principali finalità perseguite delle aziende. Al fine di motivare i manager al raggiungimento degli obiettivi strategici aziendali i meccanismi di remunerazione degli stessi vengono collegati al raggiungimento di misure di risultato che il management può controllare con la sua attività. Per esempio, il rilascio di un bonus a un *product manager* può essere subordinato alla determinazione di un margine di prodotto positivo.
5. B. Le analisi di convenienza economica rappresentano uno degli strumenti principali a supporto delle decisioni manageriali. Nel caso specifico sono a supporto di decisioni di natura commerciale: un *product manager* considererà conveniente accettare un particolare ordine di vendita se, secondo l'analisi svolta dal Controller, questo sarà in grado di generare un risultato economico incrementale, ossia sarà in grado di incrementare il reddito operativo aziendale attuale.
6. A. L'attività di programmazione è parte integrante della più ampia attività di pianificazione e controllo, una delle finalità principali del controllo di gestione.

Esercizio 1.5

1. Vero. Molte istituzioni e organizzazioni professionali, per esempio l'IMA (*Institute of Management Accountants*) negli Stati Uniti, hanno scritto codici deontologici che servono da guida per quanti rivestono il ruolo di Controller. Il Controller infatti non solo ha accesso a informazioni aziendali confidenziali e di rilievo competitivo, ma la sua attività può avere una forte influenza sul management aziendale e ancora, sue eventuali pratiche non etiche, guidate da conflitti di interesse, possono sottoporre l'azienda e il suo personale a serie conseguenze. Pertanto la figura del Controller è chiamata a mantenere un adeguato livello di competenza, riservatezza e integrità. E ciò è da considerarsi valido anche in Italia, sebbene non esista un albo professionale dei Controller, ma dove possiamo fare riferimento alle linee guida definite da Confindustria e dal Dlgs. 231/2001.

2. Falso. Il rapporto costi/benefici deve essere alla base della progettazione di qualsiasi modello di controllo di gestione. La generazione e gestione delle informazioni ha un costo, e maggiore è il livello di dettaglio e sofisticatezza del modello da implementare, più ingenti saranno gli investimenti richiesti. La generazione e gestione di informazioni produce anche dei benefici, quali il miglioramento delle decisioni, una più efficace pianificazione aziendale e maggiore efficienza produttiva, oltra alla riduzione di costi e al controllo delle attività aziendali. Si tratta dunque di garantire un corretto bilanciamento tra costi e benefici: in organizzazioni più complesse, sia sotto il profilo

della struttura organizzativa sia sotto il profilo dell'ambiente competitivo, l'implementazione di un modello complesso, in grado di gestire un'elevata mole di dati e di rielaborarli in dettagliati sistemi di reporting, può giustificare l'investimento in costosi sistemi informativi e progetti di definizione del modello; al contrario, in un'azienda semplice, per esempio monoprodotto, con una snella struttura organizzativa e operante in un ambiente poco concorrenziale, può essere preferibile investire in un modello più semplice, in grado di gestire un minore numero di informazioni, ma sufficienti per l'azienda in questione.

3. Falso. Il riconoscimento che non esiste una modalità in assoluto migliore di progettare un sistema di controllo ha portato allo sviluppo della cosiddetta "teoria della contingenza" (*contingency theory*), in base alla quale la definizione di un modello di controllo dipende da variabili contingenti, quali il contesto ambientale e la struttura organizzativa aziendale. È dunque impossibile identificare a priori il migliore modello e i migliori strumenti di controllo di gestione.
4. Vero. L'innovazione tecnologica e la conseguente introduzione di sistemi informativi sempre più sofisticati (vedi i sistemi ERP, *Enterprise Resource Planning Systems*) anche a supporto del controllo di gestione, hanno cambiato radicalmente le modalità di espletamento delle attività proprie del Controller, consentendo di ridurre attività routinarie, gestire una mole potenzialmente infinita di informazioni ed elaborare più dettagliati sistemi di reporting, il tutto a una velocità enormemente superiore. Di conseguenza il controller è oggi maggiormente dedicato all'interpretazione delle informazioni prodotte, più che alla produzione delle stesse.
5. Vero. Vedi punto 2.
6. Vero. La funzione del Controllo di gestione rappresenta una funzione di staff all'interno dell'azienda. Tuttavia l'evoluzione della figura del Controller ha portato a un suo sempre maggiore coinvolgimento da parte del management delle diversi funzioni aziendali: Marketing e Vendite, Produzione, Progettazione, Controllo Qualità, nonché coinvolgimento da parte del top management. Ciò è riconducibile essenzialmente al ruolo chiave che questi svolge in termini di supporto alla decisioni manageriali.

CAPITOLO 2

Criteri di classificazione dei costi e analisi costi-volumi-risultati

Esercizi e problemi

ESERCIZIO 2.1 — Classificazione dei costi come fissi o variabili

Di seguito vengono elencati una serie di costi. Per ciascuno di essi si indichi se si tratta di un costo fisso o variabile.

1. I costi per gli interruttori degli indicatori di direzione usati nell'impianto di General Motors di Saginaw, Michigan. Si tratta di uno dei pezzi installati sulle colonne degli sterzi assemblati nell'impianto.

2. L'ammortamento degli scaffali di Reston Bookstore.

3. Le provvigioni di vendita di Avon Products, società che vende cosmetici porta a porta.

4. Gli interessi passivi sull'indebitamento a lungo termine di CBS.

5. I costi di spedizione delle apparecchiature in ottone dell'impianto di Graham Manufacturing nel New Hampshire ai clienti in California.

6. L'ammortamento delle attrezzature del campo giochi in un punto vendita di McDonald's.

7. Il costo delle miscele di caffè nei punti vendita Starbuck's.

8. L'assicurazione di uno degli uffici dell'impianto di Cincinnati di Milacron.

9. I costi della pellicola radiografica del laboratorio di radiologia Mayo Clinic.

10. Le utenze dello stabilimento produttivo di Barilla a Parma.

11. Il canone di locazione dell'immobile del punto vendita Zara in Corso Vittorio Emanuele a Milano.

12. Il costo della manodopera nel reparto di cucitura di un laboratorio sartoriale.

ESERCIZIO 2.2 Concetti base dell'analisi CVR

Completare le celle vuote della tabella per ciascuno dei seguenti casi indipendenti (ignorando le imposte sul reddito):

Caso	Ricavi	Costi variabili	Margine di contribuzione	Costi fissi	Risultato operativo
1.	€900.000	€ 500.000	€ 400.000	€ 330.000	€70.000
2.	€800.000	€450.000	€350.000	€270.000	€80.000
3.	€ 960.000	€600.000	€360.000	€250.000	€ 110.000

ESERCIZIO 2.3 Concetti base dell'analisi CVR

Completare le celle vuote della tabella per ciascuno dei seguenti casi indipendenti:

Caso	(a) Prezzo di vendita unitario	(b) Costo variabile per unità	(c) Volume di vendita totale	(d) Margine di contribuzione totale	(e) Totale costi fissi	(f) Risultato operativo
1.	€25	€19	120.000	€720.000	€650.000	€70.000
2.	€10	€6	100.000	€400.000	€320.000	€80.000
3.	€20	€15	20.000	€100.000	€85.000	€15.000
4.	€30	€20	60.000	€ 600.000	€588.000	€12.000
5.	€ 11	€9	80.000	€160.000	€110.000	€50.000

ESERCIZIO 2.4 Punto di pareggio a valore in un ospedale

Il Mayer Hospital ha dei costi variabili totali pari al 30% del totale dei ricavi e costi fissi per €42 milioni all'anno.

1. Calcolare il punto di pareggio espresso come totale dei ricavi (a valore).
2. Spesso per misurare il volume di attività di un ospedale si utilizza il giorno-paziente. Si supponga che per l'anno prossimo siano previsti 50.000 giorni-paziente. Calcolare il ricavo giornaliero medio per paziente necessario per raggiungere il punto di pareggio.

ESERCIZIO 2.5 Punto di pareggio in unità e a valore in un motel

Si supponga che un motel da 400 camere della catena Vips Motel abbia dei costi fissi annuali di €3,4 milioni, che in media il prezzo di una camera sia di €50 al giorno e che i costi variabili medi siano di €10 al giorno per ogni camera affittata. Il motel è aperto 365 giorni all'anno.

1. Quale sarà il risultato operativo che Vips Motel otterrà dalle camere (a) nel caso in cui il motel sia sempre tutto esaurito tutto l'anno e (b) nel caso sia pieno a metà nel corso di tutto l'anno?
2. Calcolare il punto di equilibrio come numero di camere affittate. Quale percentuale di occupazione di camere è necessaria per raggiungere il punto di equilibrio?
3. Calcolare il punto di equilibrio a valore.

ESERCIZIO 2.6 Concetti base dell'analisi CVR

Il conto economico a consuntivo di Altex presenta i seguenti valori:

Ricavi	€75.000.000
Costi variabile di produzione	€43.200.000
Costi fissi di produzione	€14.000.000
Costi promozionali e pubblicitari	€5.000.000
Altri costi fissi commerciali	€3.000.000
Costi amministrativi fissi	€4.000.000

Oltre ai valori indicati, si consideri che Altex riconosce ai venditori una provvigione pari al 6% del fatturato e presenta un carico fiscale medio pari al 40%. I costi promozionali e pubblicitari si riferiscono a pubblicità istituzionale e sono considerabili fissi.

1. Determinare il fatturato di pareggio. Commentare il risultato.
2. Calcolare la riduzione di fatturato tollerabile prima che l'azienda incorra in perdite. Commentare il risultato.
3. Quale incremento di risultato è atteso a fronte di un incremento di volumi pari al 10%? Commentare il risultato.
4. Determinare il fatturato necessario a conseguire un reddito netto obiettivo di €1.620.000.

ESERCIZIO 2.7 Analisi CVR in un'impresa manifatturiera: Green Company

Green Company è una consociata italiana di un importante gruppo multinazionale che si occupa della commercializzazione di inchiostri da stampa, acquistati direttamente dalla casa madre. Con riferimento al nuovo prodotto Goldgraph, il budget dell'anno corrente prevede:

- volumi di vendita per 100.000 unità di Goldgraph al prezzo unitario di €600;
- costo unitario di acquisto presso la casa madre pari a €240;

- Green Company riconosce ai suoi venditori una provvigione pari al 6% del fatturato;
- si stimano costi fissi aziendali pari a €25.920.000.

1. Si determini il fatturato di pareggio e il margine di sicurezza in ricavi di Green Company.
2. Ipotizzando un incremento del 10% delle previsioni dei volumi di vendita si calcoli l'incremento atteso nel risultato operativo.
3. Supponiamo che la casa madre richieda alla consociata italiana il raggiungimento di un risultato obiettivo pari a €7.200.000. Si determini il numero di unità che l'azienda dovrebbe produrre e vendere al fine di conseguire tale obiettivo, non considerando il carico fiscale. Si determini poi il fatturato necessario a conseguire tale obiettivo considerando un carico fiscale del 40%.

ESERCIZIO 2.8 What-if analysis a supporto di un'azienda alimentare: il caso Natural Grain

Natural Grain produce cereali per la colazione, miscele pronte per torte e molti altri prodotti alimentari. Si supponga che il manager di prodotto di un nuovo cereale Natural Grain abbia stabilito che il prezzo di vendita all'ingrosso adeguato per un cartone di confezioni sia di €48. I costi fissi per la produzione e commercializzazione del cereale sono di €19 milioni.

1. Il manager di prodotto stima di poter vendere 800.000 cartoni al prezzo unitario di €48. Qual è il costo variabile unitario massimo per cartone che Natural Grain può permettersi di pagare per mantenere un risultato operativo di €1 milione?
2. Si supponga che il costo variabile sia di €25 per cartone. Quale utile (o perdita) potrebbe prevedere Natural Grain?

ESERCIZIO 2.9 Punto di pareggio e reddito obiettivo in un hotel

Il Deep Blue Hotel ha 400 camere, con un costo fisso di €400.000 al mese nel periodo di alta stagione. La tariffa media di una camera è di €62 al giorno, con costi variabili di €12 al giorno per camera affittata. Si supponga che i mesi abbiano 30 giorni.

1. Quante camere devono essere occupate al mese per raggiungere il punto di pareggio? E al giorno?
2. Quale fatturato mensile deve generare l'hotel per raggiungere il punto di pareggio?
3. Quante camere devono essere occupate al mese per ottenere un risultato operativo mensile di €100.000?

4. Si supponga che il Deep Blue Hotel offra altri servizi oltre all'affitto di camere, e che ottenga i seguenti margini di contribuzione mensili da attività svolte in altri spazi dell'albergo:

Affitto di negozi nell'hotel	€60.000
Pasti a prezzo a convenzionato	€30.000
Ristorante e caffetteria	€30.000
Bar e sala da cocktail	€20.000

Si supponga che l'albergo abbia una percentuale di occupazione media giornaliera delle camere pari all'80%. Quale tariffa media giornaliera deve applicare per ottenere un risultato operativo di €100.000 al mese?

ESERCIZIO 2.10 Analisi CVR in un'azienda multiprodotto: il caso Sweet Berries

Sweet Berries produce fragole e ribes con costi fissi annuali di €15.600. Il determinante di costo per i costi variabili sono le vaschette di frutta prodotte. Il costo variabile è di €0,75 per vaschetta di fragole e €0,95 per vaschetta di ribes, che vengono vendute rispettivamente a €1,10 e €1,45 alla vaschetta. Per ogni vaschetta di ribes vengono prodotte due vaschette di fragole.

1. Calcolare il numero di vaschette di fragole e di ribes prodotte e vendute al raggiungimento del punto di equilibrio.
2. Si supponga che vengano prodotte e vendute solo fragole. Calcolare il punto di equilibrio in vaschette.
3. Si supponga che vengano prodotti e venduti solo ribes. Calcolare il punto di equilibrio in vaschette.

ESERCIZIO 2.11 Impatto delle imposte sul reddito nell'analisi CVR in Boeing

Emily Torn, manager responsabile delle forniture alimentari per uno degli stabilimenti di Airforce, prevede le seguenti relazioni tra costi e ricavi:

	Valori unitari
Prezzo di vendita	€0,50
CV unitario	€0,40
MdC unitario	€0,10
CF mensili	
Affitto	€1.000
Salari per rifornimento e manutenzione	€4.500
Altri CF	€500
Totale CF mensili	**€6.000**

Si supponga un'aliquota d'imposta pari al 20%. Quale volume di vendita dovrebbe raggiungere l'azienda per ottenere un reddito operativo obiettivo al netto delle imposte di (1) €288 e (2) €480? Illustrare i calcoli.

ESERCIZIO 2.12 Margine di contribuzione e incremento del risultato operativo: Star Company e Global Trading a confronto

La tabella che segue riporta il conto economico di due importanti multinazionali: Star Company e Global Trading (in milioni):

Star Company		Global Trading	
Ricavi di vendita	€28.365	Ricavi netti	€40.238
Costo dei prodotti venduti	€5.191	Costo dei prodotti venduti	€20.989
Ricerca e sviluppo	€4.307	Costi di marketing, di ricerca e amministrativi	€12.571
Vendite e marketing	€5.407		
Costi generali di vendita e amministrativi	€1.550		
Reddito operativo	**€11.910**	**Reddito operativo**	**€6.678**

Si supponga che per entrambe le imprese l'unico costo variabile sia rappresentato dal costo dei prodotti venduti".

1. Calcolare il margine di contribuzione percentuale di Star Company e quello di Global Trading.
2. Supponendo che ciascuna azienda aumenti i propri ricavi di €10 milioni, calcolare l'aumento di reddito operativo per ciascuna azienda.

ESERCIZIO 2.13 What-if analysis per la promozione di un concerto rock

Vox Promotion è impegnata nella promozione di un concerto rock a Manchester. I gruppi partecipanti riceveranno un compenso forfetario di €7 milioni con pagamento immediato. Il concerto verrà trasmesso in tutto il mondo attraverso una televisione a circuito chiuso. Vox riscuoterà il 100% degli incassi e restituirà il 30% ai manager dei singoli teatri a circuito chiuso locali. Vox prevede di vendere 1,1 milioni di posti a sedere a un prezzo medio netto di €13 ciascuno. Vox riscuoterà inoltre €300.000 dalla Manchester Arena (che ha esaurito tutti i 19.500 posti a sedere, a un prezzo compreso tra le €150 per le poltrone del primo settore e €20 per i posti più economici, per un ricavo netto di €1,25 milioni); Vox non condividerà i €300.000 con i promotori locali.

1. Il direttore generale di Vox Promotion sta cercando di decidere quanto investire nella campagna pubblicitaria. Qual è il massimo che Vox potrebbe spendere raggiungendo comunque il punto di equilibrio nelle operazioni nel complesso, supponendo di vendere 1,1 milioni di biglietti?

2. Se Vox desidera ottenere un risultato economico di €500.000, quanti biglietti dovrà vendere? Si supponga che il prezzo medio sia di €13 e che il totale dei costi fissi (compresi €2.000.000 in pubblicità) sia di €9 milioni.

ESERCIZIO 2.14 Analisi di pareggio in Home Video

Quando Antony Jobs assunse la guida di Home Video cambiò la strategia dell'azienda. Tradizionalmente Home Video acquistava le videocassette dagli studi cinematografici a un costo medio di circa €65 ciascuna, programmandone un noleggio che fosse sufficiente a ottenere un utile. Antony Jobs sostituì questa strategia con un'altra che consentiva a Home Video di acquistare le videocassette a una media di €7 ciascuna e di riconoscere alla casa cinematografica il 40% di tutti i noleggi riscossi per il nastro. Grazie a questo, Home Video poteva permettersi di immagazzinare un numero maggiore di copie di ogni cassetta e garantire ai clienti la disponibilità in negozio del film che volevano; in caso contrario il noleggio sarebbe stato gratuito. Si supponga che Home Video noleggi le videocassette per €2,00 al giorno e che i costi operativi siano tutti fissi.

1. Con la strategia tradizionale, quanti giorni di noleggio sono necessari prima che Home Video raggiunga il punto di pareggio per videocassetta?
2. Con la nuova strategia, quanti giorni di noleggio sono necessari prima che Home Video raggiunga il punto di pareggio per videocassetta?
3. Si supponga che i clienti abbiano noleggiato una particolare copia del film *Forrest Gump* per 50 giorni. Quale risultato economico otterrebbe Home Video dai noleggi della cassetta (considerando solo i costi diretti della cassetta, non quelli operativi del negozio di videonoleggio) con la strategia tradizionale? E con la nuova strategia?
4. Si supponga che i clienti abbiano noleggiato una particolare copia del film *Into the wild* per soli sei giorni. Quale risultato economico otterrebbe Home Video dai noleggi della cassetta (considerando solo i costi diretti della cassetta, non quelli operativi del negozio di videonoleggio) con la strategia tradizionale? E con la nuova strategia?
5. Si illustri in che modo il nuovo contratto riduce i rischi che Home Video accetta quando acquista una copia aggiuntiva di una particolare videocassetta.

ESERCIZIO 2.15 Analisi della relazione costi-volume-risultati in un negozio di parrucchieri

Il negozio John & Guy ha cinque parrucchieri (John è uno di essi). John paga €9,90 all'ora ogni parrucchiere, che lavora 40 ore alla settimana per 50 settimane all'anno, a prescindere dal numero di tagli di capelli. L'affitto e gli altri costi fissi ammontano a €1.750 al mese. Il costo variabile delle forniture è €1 per taglio. Si supponga che l'unico servizio offerto sia il taglio di capelli, al prezzo unitario di €13.

1. Trovare il margine di contribuzione per taglio di capelli, supponendo che il compenso dei parrucchieri sia un costo fisso.
2. Calcolare il punto di pareggio annuale come numero di tagli di capelli.
3. Quale sarà il reddito operativo nel caso in cui vengano effettuati 20.000 tagli?
4. Si supponga che John riveda il metodo di compenso. Ora paga i parrucchieri €4 l'ora più €6 per ogni taglio. Qual è il nuovo margine di contribuzione per taglio di capelli? Qual è il punto di equilibrio annuale in numero di tagli?
5. Si ignorino le Domande 3 e 4 e si supponga che i parrucchieri non vengano più pagati all'ora ma ricevano una provvigione di €7 per ogni taglio. Qual è il nuovo margine di contribuzione per taglio di capelli? E il punto di equilibrio annuale in numero di tagli di capelli?
6. Fare riferimento alla Domanda 5. Quale sarebbe il reddito operativo nel caso in cui vengano effettuati 20.000 tagli?
7. Fare riferimento alla Domanda 5. Se vengono effettuati 20.000 tagli, a quale provvigione (calcolata come percentuale del prezzo di vendita) John otterrebbe lo stesso risultato economico raggiunto nella Domanda 3?

ESERCIZIO 2.16 Analisi CVR in un cinema

My Movies Cinema è proprietaria e gestisce una catena nazionale di sale cinematografiche. Le 500 proprietà della catena vanno dai piccoli cinema di provincia aventi un'unica sala ai grandi multisala di città in grado di accogliere moltissimi spettatori.

Il management sta considerando l'ipotesi di installare nei locali delle macchine per la produzione di popcorn che consentirebbero ai cinema di vendere popcorn appena fatto invece di quello preconfezionato in sacchetto, come avviene ora. Questo servizio aggiuntivo sarebbe adeguatamente pubblicizzato e si prevede che farà aumentare l'affluenza nelle sale di proprietà dell'azienda.

Le macchine possono essere acquistate di diverse dimensioni. I costi di noleggio annuali e i costi operativi variano in base alla dimensione delle macchine. Le capacità e i costi delle macchine sono i seguenti:

	Modello di macchina per popcorn		
	Simple	**Large**	**Extra**
Capacità annuale	50.000 scatole	120.000 scatole	300.000 scatole
Costi:			
Noleggio annuale della macchina	€7.840	€11.200	€20.200
Costo del popcorn per scatola	€0,14	€0,14	€0,14
Costo di ogni scatola	€0,09	€0,09	€0,09
Altri costi variabili per scatola	€0,22	€0,14	€0,05

1. Calcolare il livello di volume in cui le macchine Simple e Large otterrebbero lo stesso risultato operativo (perdita).
2. Calcolare le vendite previste annuali?

ESERCIZIO 2.17 Analisi del mix di vendite in una società di catering

Rocky Mountain Catering Company è specializzata nella preparazione di cene messicane che vengono surgelate e spedite ai ristoranti della zona di Denver. Quando un cliente ordina un piatto, il ristorante lo riscalda e lo serve. Il budget per il 20X5 è il seguente:

	Prodotto	
	Tacos di pollo	**Enchiladas di manzo**
Prezzo di vendita ai ristoranti	€5	€7
Costi variabili	€3	€4
Margine di contribuzione	€2	€3
Numero di unità	250.000	125.000

L'azienda prepara i piatti nelle stesse cucine, li consegna con gli stessi camion e così via, pertanto le decisioni riguardanti i singoli prodotti non influiscono sui costi fissi di €735.000.

1. Calcolare il reddito operativo programmato per il 20X5.
2. Calcolare il punto di equilibrio in unità e a valore dei due prodotti, supponendo che l'azienda mantenga il proprio mix di vendite programmato.
3. Calcolare il punto di equilibrio in unità e a valore nel caso in cui l'azienda venda solo tacos e nell'ipotesi che venda solo enchiladas.
4. Si supponga che l'azienda venda 78.750 unità di enchiladas e 236.250 unità di tacos, per un totale di 315.000 unità. Calcolare il reddito operativo. Calcolare il nuovo punto di pareggio in unità in base a questo nuovo mix di vendite. Qual è la lezione principale che si apprende da questo problema?

ESERCIZIO 2.18 Analisi CVR e mix di pazienti in un ospedale

Gli ospedali misurano il proprio volume in termini di giorni-pazienti, che si calcolano moltiplicando il numero di pazienti per il numero di giorni di ospedalizzazione. Si supponga che un ospedale abbia costi fissi pari a €54 milioni all'anno e costi variabili di €600 per giorno-paziente. I ricavi giornalieri variano tra le diverse categorie di pazienti. Per semplicità si supponga che ci siano due categorie: (1) pazienti paganti economicamente autonomi (A) che pagano una media di €1.000 al giorno e (2) pazienti non economicamente autonomi (N), che sono a carico delle compagnie di assicurazione e delle agenzie governative e che pagano una media di €800 al giorno. Il 20% dei pazienti appartiene alla prima categoria.

1. Calcolare il punto di equilibrio in giorni-pazienti, supponendo che l'ospedale mantenga il proprio mix di pazienti programmato.
2. Si supponga che l'ospedale raggiunga i 225.000 giorni-pazienti ma che il 25% di essi sia della prima categoria (invece del 20%). Calcolare il reddito operativo. Calcolare il punto di equilibrio.

ESERCIZIO 2.19 Analisi CVR ed effetti fiscali

Victor Company è un grossista di compact disc. Il reddito operativo previsto al netto delle imposte per l'anno in corso è di €120.000, in base a un volume di vendite di 200.000 CD. Victor vende i CD a €16 ciascuno. I costi variabili sono costituiti dal costo di acquisto unitario di €10 e da un costo di movimentazione unitario di €2. I costi fissi annuali di Victor sono di €600.000 e l'azienda è soggetta a un'aliquota di imposta sul reddito del 40%.

Il management sta elaborando il programma per l'anno successivo, in cui prevede che il costo di acquisto unitario aumenterà del 30%.

1. Il punto di equilibrio di Victor Company per l'anno corrente è:
   (a) 150.000 unità
   (b) 100.000 unità
   (c) 50.000 unità
   (d) 60.000 unità
   (e) una quantità diversa da quelle date.
2. Un aumento del 10% nel volume di vendita programmato per l'anno in corso si tradurrebbe in un incremento di reddito operativo al netto delle imposte per l'anno in corso di:
   (a) €80.000
   (b) €32.000
   (c) €12.000
   (d) €48.000
   (e) un ammontare diverso da quelli dati.

3. Il volume di vendite a valore che Victor Company deve ottenere l'anno successivo per mantenere un reddito operativo al netto delle imposte pari a quello programmato per l'anno in corso nel caso in cui il prezzo di vendita rimanga €16 è:
(a) €12.800.000
(b) €14.400.000
(c) €11.520.000
(d) €32.000.000
(e) un ammontare diverso da quelli dati.

4. Per coprire un aumento del costo di acquisto unitario maggiore del 30% per l'anno a venire e mantenere l'indice di margine di contribuzione corrente, Victor Company deve stabilire un prezzo di vendita per l'anno a venire di:
(a) €19,60
(b) €20,00
(c) €20,80
(d) €19,00
(e) un ammontare diverso da quelli dati.

Glossario: terminologia, abbreviazioni adottate e definizioni

Di seguito sono riportati i termini utilizzati nell'ambito del capitolo. Tra parentesi viene indicata l'eventuale abbreviazione adottata, e a seguire viene fornita la definizione.

Ricavi delle vendite oppure *Vendite (Ricavi)*: risultato del prodotto tra prezzo e volumi di vendita, rappresenta il fatturato aziendale.

Costi Variabili totali (CV tot): dati dal prodotto tra costo variabile unitario e i volumi, variano proporzionalmente al driver di costo (volumi di attività).

Costo Variabile unitario (CV u): si ottiene dividendo i costi variabili totali per i volumi e rimane costante al variare del driver di costo (volumi di attività).

Margine di Contribuzione totale (MdC tot): dato dalla differenza tra ricavi totali e costi variabili totali, esprime la contribuzione al risultato operativo aziendale di una determinata misura di risultato (prodotti, aree geografiche….).

Margine di Contribuzione unitario (MdC u): dato dalla differenza tra prezzo e costo variabile unitario, esprime la contribuzione al risultato operativo aziendale di un singolo prodotto/servizio.

Costi Fissi (CF): costi, solitamente espressi in termini totali, che restano costanti al variare del driver di costo (volumi di attività).

Reddito operativo (RO): dato dalla differenza tra ricavi totali e costi totali aziendali, rappresenta l'utile o la perdita aziendale.

Volume delle Vendite (Vol Vendite): quantità di prodotti/servizi venduti.

Punto di Pareggio in unità (BEP(Q)): volumi in corrispondenza dei quali i costi sono uguali ai ricavi e il risultato operativo è pari a zero. Al di sotto di tali volumi l'azienda genererà una perdita, al di sopra un utile.

Punto di Pareggio a valore (BEP(€)): vendite in corrispondenza delle quali i costi sono uguali ai ricavi e il risultato operativo è pari a zero. Al di sotto di tali vendite l'azienda genererà una perdita, al di sopra un utile.

Risultato Operativo Obiettivo (RO Obiettivo): risultato operativo che l'azienda mira a ottenere.

Margine di Sicurezza (MdS): può essere espresso in termini di ricavi o di volumi di vendita (quantità). Nel primo caso è dato dalla differenza tra ricavi previsti e ricavi pianificati; nel secondo caso è dato dalla differenza tra volumi di vendita previsti e volumi di vendita pianificati.

Indica l'ammontare di vendite che devono essere perdute prima che si registrino delle perdite.

Grado di Leva Operativa (GLO): è dato dal rapporto tra il margine di contribuzione totale e il risultato operativo aziendale. Misura la sensibilità del reddito alla variazione dei ricavi di vendita e dipende dal rapporto tra costi fissi e costi variabili.

Algoritmi utili

MdC tot = Ricavi – CV tot = (P – CV u) × Vol Vendita
MdC u = P – CV u
Oppure:

$$\text{MdC u} = \frac{\text{MdC tot}}{\text{Volumi tot}}$$

$$\text{Indice MdC} = \frac{\text{MdC tot}}{\text{Ricavi tot}} = \frac{\text{MdC u}}{\text{P}}$$

Punto di Pareggio (Break Even Point, BEP) con il metodo dell'equazione:
RO – CV tot – CF =
P(Q) – CV u(Q) – CF = 0
BEP(Q): incognita *Q*
BEP(€): incognita *Ricavi (P × Q)* (determino la Q di pareggio e la moltiplico per il prezzo)

Punto di Pareggio (BEP) con il metodo del MdC:

$$BEP(Q) = \frac{CF}{MdC\ u} = \frac{CF}{P - CV\ u}$$

$$BEP(€) = \frac{CF}{Indice\ MdC} = \frac{CF}{MdC\ tot/Ricavi} = \frac{CF}{MdC\ u/P}$$

Metodo dell'equazione con RO Obiettivo:
Ricavi – CV tot – CF = RO Obiettivo
P(Q) – CV u(Q) – CF = RO Obiettivo
Quantità obiettivo: incognita *Q*
Ricavi obiettivo: incognita *Ricavi (P × Q)* (determino la Q di pareggio e la moltiplico per il prezzo)

Metodo del MdC con RO Obiettivo:

$$Q\ Obiettivo = \frac{CF + RO\ Obiettivo}{MdC\ u} = \frac{CF + RO}{P - CV\ u}$$

$$Ricavi\ Obiettivo = \frac{CF + RO\ Obiettivo}{Indice\ MdC} = \frac{CF}{MdC\ tot/Ricavi} = \frac{CF}{MdC\ u/P}$$

MdS (Q) = Vol Vendita pianificati – Vol Vendita di pareggio
MdS (€) = Ricavi pianificati – Ricavi di pareggio

$$MdS\ \% = \frac{MdS\ (€)}{Ricavi} \quad \text{Oppure:} \quad \frac{MdS\ (Q)}{Vol\ vendita}$$

$$GLO = \frac{MdC\ tot}{RO} = \frac{Ricavi - CV\ tot}{RO}$$

Variazione % di Reddito Operativo:
Δ% RO = GLO × Variazione % Vendite

Variazione Reddito Operativo:
Δ RO = (GLO × Variazione % Vendite) × RO
Δ RO = Variazione volumi × MdC u

Metodo dell'equazione con impatto delle imposte sul reddito:
P(Q) – CV u(Q) – CF = RO/(1 – aliquota fiscale)
BEP(Q): incognita *Q*
BEP(€): incognita P(Q)

Metodo del MdC con RO Obiettivo e impatto delle imposte sul reddito:

$$Q\ Obiettivo = \frac{[\text{CF} + \text{RO Obiettivo}/(1 - \text{aliquota fiscale})]}{\text{MdC}}$$

$$Ricavi\ Obiettivo = \frac{[\text{CF} + \text{RO Obiettivo}/(1 - \text{aliquota fiscale})]}{\text{Indice MdC}}$$

Variazione % di reddito operativo con impatto delle imposte sul reddito:
Δ% RO = GLO × Variazione % Vendite × (1 – aliquota fiscale)

Variazione RO con impatto delle imposte sul reddito:
Δ RO = (GLO × Variazione % Vendite) × (1 – aliquota fiscale) × RO
Δ RO = Variazione volumi × MdC u × (1 – aliquota fiscale)

Soluzioni agli esercizi

Esercizio 2.1

1. Variabile: il costo della materia prima e dei componenti è un tipico costo variabile di produzione, in quanto all'aumentare dei volumi prodotti, crescerà la quantità di materia prima impiegata e di conseguenza il suo costo.
2. Fisso: gli ammortamenti sono un tipico costo fisso poiché non variano al variare dei volumi di produzione.
3. Variabile: le provvigioni sono un tipico costo variabile commerciale in quanto variano proporzionalmente al fatturato.
4. Fisso. Gli interessi passivi sono da considerarsi un costo fisso.
5. Variabile: i costi di spedizione aumenteranno all'aumentare del numero di spedizioni effettuate e dunque delle vendite effettuate.
6. Fisso: gli ammortamenti, come detto poc'anzi, non variano proporzionalmente ai volumi.
7. Variabile: si tratta di un costo di materia prima.
8. Fisso: il costo dell'assicurazione non varia al variare dei volumi.
9. Variabile: si tratta di un costo di materia prima.
10. Variabile: le utenze, sebbene rappresentino un costo indiretto di prodotto, sono un costo variabile in quanto variano proporzionalmente ai consumi e quindi ai volumi prodotti.
11. Fisso: il canone di locazione è un tipico costo fisso in quanto resta costante al variare dei volumi.

12. Variabile: la manodopera diretta è un tipico costo variabile di produzione poiché all'aumentare delle unità prodotte aumenterà il numero di ore di manodopera diretta impiegata e quindi il suo costo.

Esercizio 2.2

Dati

	Ricavi	Costi variabili	Margine di contribuzione	Costi fissi	Risultato operativo
1.	€900.000	€500.000	–	€330.000	–
2.	€800.000	–	€350.000	–	€80.000
3.	–	€600.000	€360.000	€250.000	–

Domande

Determinare le incognite.

Soluzioni

Sapendo che:
Ricavi – CV tot – CF = RO
Dove:
Ricavi – CV tot = MdC tot
Da cui:
MdC tot – CF = RO

Troviamo le incognite dell'equazione al fine di compilare la tabella del testo (riportate in grassetto nella tabella sottostante):

	Vendite	Costi variabili	Margine di contribuzione	Costi fissi	Risultato operativo
1.	€900.000	€500.000	**€400.000**	€ 330.000	**€70.000**
2.	€800.000	**€450.000**	€350.000	**€270.000**	€80.000
3.	**€960.000**	€600.000	€360.000	€250.000	**€110.000**

1. MdC tot = Ricavi – CV tot
MdC tot = €900.000 – €500.000 = **€400.000**
RO = MdC tot – CF
RO = €400.000 – €330.000 = **€70.000**

2. CV tot = Ricavi – MdC tot
CV tot = €800.000 – €350.000 = **€450.000**

CF = MdC tot – RO
CF = €350.000 – € 80.000 = **€270.000**

3. Ricavi = MdC tot + CV tot
€600.000 + €360.000 = **€960.000**
RO = MdC tot – CF
RO = €360.000 – €250.000 = **€110.000**

Esercizio 2.3

Dati

Caso	(a) Prezzo di vendita unitario	(b) Costo variabile per unità	(c) Volume di vendita totale	(d) Margine di contribuzione totale	(e) Totale costi fissi	(f) Risultato operativo
1.	€25	–	120.000	€720.000	€650.000	–
2.	€10	€6	100.000	–	€320.000	–
3.	€20	€15	–	€100.000	–	€15.000
4.	€30	€20	60.000	–	–	€12.000
5.	–	€9	80.000	€160.000	€110.000	–

Domande

Determinare le incognite.

Soluzioni

Caso	(a) Prezzo di vendita unitario	(b) Costo variabile per unità	(c) Volume di vendita totale	(d) Margine di contribuzione totale	(e) Totale costi fissi	(f) Risultato operativo
1.	€25	**€19**	120.000	€720.000	€650.000	**€70.000**
2.	€10	€6	100.000	**€400.000**	€320.000	**€80.000**
3.	€20	€15	**20.000**	€100.000	**€85.000**	€15.000
4.	€30	€20	60.000	**€600.000**	**€588.000**	€12.000
5.	**€11**	€9	80.000	€160.000	€110.000	**€50.000**

1. b. MdC tot = Mdc u × Vol Vendita = (P – CV u) * Vol Vendita
€ 720.000 = (€25 – CVu) × 120.000
CV u = **€19**

f. RO = MdC tot – CF
RO = €720.000 – €650.000 = **€70.000**

2. d. MdC tot = (P – CV u) × Vol Vendita
MdC tot = (€10 – €6) × 100.000 = **€400.000**
f. RO = MdC tot – CF
RO tot = €400.000 – €320.000 = **€80.000**

3. c. Vol Vendita = MdC tot /MdC u = MdC tot /(P – CV u)
Vol Vendita = €100.000/(€20 – €15) = €100.000/€5 = **20.000** unità
e. RO = MdC tot – CF
CF = MdC tot – RO
CF = €100.000 – €15.000 = **€85.000**

4. d. MdC tot = (P – CV u) × Vol Vendita
MdC tot = (€30 – €20) × 60.000 = **€600.000**
e. CF = MdC tot – RO
CF = €600.000 – €12.000 = **€588.000**

5. a. MDC tot = (P – CV u) × Vol Vendita
€160.000 = (P – €9) × 80.000
P = **€11**
f. RO = MdC tot – CF
RO = €160.000 – €110.000 = **€50.000**

Esercizio 2.4

Dati

Incidenza dei CV = CV tot/Ricavi = 30%
CF = € 42.000.000

Domande

1. BEP(€)?
2. Posto: unità = 50.000 giorni-paziente, BEP(€) giornaliero per paziente?

Soluzioni

1.
Posto: CV tot/Ricavi = 30%
Allora: CV tot = 0,3(Ricavi)

Metodo dell'equazione:
Ricavi – CV tot – CF = 0
Ricavi – 0,3 (Ricavi) – € 42.000.000 = 0
(1 – 0,3)Ricavi = € 42.000.000
Ricavi = €42.000.000/0,7 = € 60.000.000

Metodo del MdC (alternativo):
BEP(€) = CF/Indice MdC = CF/(MdC/Ricavi)
BEP(€) = €42.000.000/(Ricavi – 0,3 Ricavi)/Ricavi
BEP(€) = €42.000.000/0,7 = €60.000.000

2.
BEP(€) giornaliero per paziente = €60.000.000/50.000 giorni/paziente = € 1.200 giornalieri per paziente.
Questo ammontare potrebbe sembrare elevato, ma include il costo della camera più i costi aggiuntivi per farmaci, radiografie e così via.

Esercizio 2.5

Dati
Unità = 400 u
CF = €3.400.000
Prezzo = 50 €/giorno
CV = 10 €/giorno
Giorni apertura = 365 gg/anno

Domande
1. a. RO albergo completo al 100%?
   b. RO albergo completo al 50%?
2. a. BEP(Q)?
   b. % occupazione?
3. BEP(€)?

Soluzioni
1.

	Calcoli	a. Completo al 100%	Calcoli	b. Completo al 50%
Ricavi (P = 50 €/u)	400 u × 365 gg × €50 =	€7.300.000	€7.300.000 × 50% = Oppure 200 u × 365 gg × €50 =	€3.650.000
CV tot (CV u = 10 €/u)	400 u × 365 gg × €10 =	(€1.460.000)	1.460.000 × 50% Oppure 200 u × 365 gg × €10 =	(€730.000)

	Calcoli	a. Completo al 100%	Calcoli	b. Completo al 50%
MdC tot	€7.300.000 – €1.460.000 =	**€5.840.000**	€3.650.000 – €730.000 =	**€2.920.000**
CF	Dati	(€3.400.000)	Dati	(€3.400.000)
RO (utile o perdita)	€5.840.000 – €3.400.000 =	**€2.440.000**	€2.920.000 – €3.400.000 =	**(€480.000)**

2.

a.

Metodo dell'equazione:

Ricavi – CV tot – CF = 0

P(Q) – CVu(Q) – CF = 0

€50Q – €10Q – €3.400.000 = 0

€40Q = €3.400.000

Q = 85.000 camere

Metodo del MdC (alternativo):

BEP(Q) = CF/MdC u

MdC u = P – CV u = €50 – €10 = €40

BEP(Q) = €3.400.000/€40 = 85.000 camere

b.

% Occupazione = Camere al punto di pareggio/totale camere annuo

% Occupazione = 85.000 u/(400 u × 365 gg) = 85.000 u/146.000 u = 0,582 = 58,2%

3.

Metodo dell'equazione:

Ricavi – CV tot – CF = 0

P(Q) – CV u(Q) – CF = 0

Posto: BEP(Q) = 85.000 u (determinato al punto precedente)

Ricavi = P(Q) = €50 × 85.000 = €4.250.000

Oppure (sempre Metodo dell'equazione):

Ricavi – CV tot – CF = 0

Dato che: CV tot/Ricavi = CV u/P = €10/€50 = 0,2, allora CV = 0,2 Ricavi

L'equazione diventa:

Ricavi – 0,2 Ricavi – CF = 0

0,8 Ricavi = €3.400.000

Ricavi = €3.400.000/0,8 = €4.250.000

Metodo del MdC (alternativo):
BEP(€) = CF/Indice MdC
MdC u = P – CV u = €50 – €10 = €40
Indice MdC = MdC u/P = €40/€50 = 0,8
BEP(€) = €3.400.000/0,8 = €4.250.000

Esercizio 2.6

Dati

Ricavi	€75.000.000
CV di produzione	€43.200.000
CF di produzione	€14.000.000
CF promozionali e pubblicitari	€5.000.000
Altri CF commerciali	€3.000.000
CF amministrativi	€4.000.000

Provvigione = 6%
Aliquota = 40%

Domande

1. BEP(Q)? Commentare il risultato.
2. BEP(€)? Commentare il risultato.
3. MdS? Commentare il risultato.
4. Posto: incremento volumi = 10%, incremento RO? Commentare il risultato.
5. Posto: RO obiettivo = €1.620.000, Ricavi Obiettivo?

Soluzioni

1.
Il fatturato di pareggio può essere determinato tramite il metodo dell'equazione (calcolando le quantità di pareggio e moltiplicando per il prezzo) oppure tramite il metodo del MdC (applicando l'apposita formula).

In tal caso l'esercizio non fornisce informazioni in merito ai volumi di vendita o al prezzo, pertanto il metodo dell'equazione non è applicabile e verrà utilizzato il metodo del margine di contribuzione.

Metodo del MdC:
BEP(€) = CF/Indice MdC = CF/(MdC tot/Ricavi)
CF tot = €14.000.000 + €5.000.00 + €3.000.000 + €4.000.000 = €26.000.000
CV tot = 0,06 × €75.000.000 + €43.200.000 = €4.500.000 + €43.200.000 = €47.700.000
MdC tot = Ricavi – CV tot = €75.000.000 – €47.700.000 = €27.300.000

Indice MdC = MdC tot/Ricavi = €27.300.000/€75.000.000 = 0,364
BEP(€) = CF/Indice MdC = €26.000.000/0,364 = €71.428.571,4

In corrispondenza di un fatturato di €71.428.571,4 i costi sono uguali ai ricavi e il risultato operativo è pari a zero.

2.
MdS = (Ricavi – Ricavi pareggio) = €75.000.000 – €71.428.571,4 = €3.571.428,6
MdS % = MdS/Ricavi
MdS = €3.571.428,6/€75.000.000 = 0,0476 = 4,76%

I ricavi si devono ridurre di €3.571.428,6 (ossia del 4,76%) prima che l'azienda inizi a registrare delle perdite.

3.
GLO = MdC tot/RO
RO = MdC tot – CF = €27.300.000 – €26.000.000 = €1.300.000
GLO = €27.300.000/€1.300.000 = 21
Variazione % RO = Variazione % Ricavi × GLO
Variazione % RO = 10% × 21 = 210%
Incremento RO = €1.300.000 × 210% = €2.730.000
RO post-incremento = €1.300.000 + €2.730.000 = €4.030.000

Una variazione incrementale dei volumi del 10% determina un incremento del risultato operativo del 210%.

4.

$$\text{Ricavi Obiettivo} = \frac{[\text{CF} + \text{RO Obiettivo}/(1 - \text{aliquota fiscale})]}{\text{Indice MdC}}$$

Ricavi Obiettivo = [€26.000.000 + €1.620.000/(1 – 0,40)]/0,364
= (€26.000.000 + €2.700.000)/0,364 = €78.846.153,8

Esercizio 2.7

Dati

Vol vendita = 100.000 unità
P = €600
CV u = €240
Provvigione (CV u) = 6%
CF = €25.920.000
Imposte = 40%

Domande

1. a. BEP(€)?
b. MdS(€)?

2. Posto: incremento volume vendita = 10%, Incremento RO?

3. Posto: RO obiettivo = €7.200.000, Ricavi?

Soluzioni

1.

a.

Metodo dell'equazione:

P(Q) – CV u(Q) – CF = 0
€600(Q) – [€240 + 0,06(€600)] – €25.920.000 = 0
€600(Q) – €276(Q) = €25.920.000
Q = €25.920.000/€324 = 80.000
P(Q) = €600 × 80.000 = €48.000.000
BEP(€) = €48.000.000

Metodo del MdC (alternativo):

BEP(€) = CF/Indice MdC
MdC u = P – CV u = €600 – [€240 + 0,06(€600)] =
= €600 – [€240 + €36] =
= €600 – 276
= €324
Indice MdC = MdC u/P
= €324/€600 = 0,54
BEP(€) = €25.920.000/0,54 = €48.000.000

b.

MdS(€)= Vendite pianificate – Vendite di pareggio
= (€600 × 100.000) – €48.000.000 =
= €60.000.000 – €48.000.000 =
= €12.000.000

MdS %= MdS/Vendite pianificate =
= €12.000.000/€60.000.000 =
= 0,2 = 20%

2.

GLO = MdC tot/RO

	Calcoli	Valori
Ricavi	€600 × 100.000 =	€60.000.000
Provvigioni	0,06 × €60.000.000 =	(€3.600.000)
CV di acquisto	€240 × 100.000 =	(€24.000.000)
MdC	€60.000.000 – €3.600.000 – €24.000.000 =	**€32.400.000**
CF	Dati:	(€25.920.000)
RO	€32.400.000 – €25.920.000 =	**€6.480.000**

GLO = €32.400.000/€6.480.000 = 5

Incremento % RO = Incremento % Ricavi × GLO = 10% × 5 = 50%
Incremento RO = €6.480.000 × 50% = €3.240.000
RO = €6.480.000 + €3.240.000 = €9.720.000

3.
Posto: RO = €7.200.000
Ricavi = (CF + RO Obiettivo)/Indice MdC =
= (€25.920.000 + €7.200.000)/0,54 = €61.333.333

Posto: aliquota = 40%
Ricavi = [CF + RO Obiettivo/(1 – aliquota fiscale)]/Indice MdC
= [€25.920.000 + €7.200.000/(1 – 0,4)]/0,54 =
= [€25.920.000 + € 12.000.000]/0,54 =
= €37.920.000/0,54 = €70.222.222,22

Esercizio 2.8

Dati
P = €48
CF = €19.000.000

Domande
1. Posto:
   Vol vendita = 800.000 u,
   RO Obiettivo = €1.000.000,
   CV u max?
2. Posto:
   CV u = €25,
   RO?

Soluzioni

1.

Metodo dell'equazione:

Ricavi – CV tot – CF = RO Obiettivo
P(Q) – CVu(Q) – CF = RO Obiettivo
(P – CV u) Q – CF = RO Obiettivo
(€48 – CV u) 800.000 – €19.000.000 = €1.000.000
(€48 – CV u) = (€1.000.000 + €19.000.000)/800.000
CV u = €48 – €25 = €23

Metodo del MdC (alternativo):

Q = CF/MdC u = CF/(P – Cv u)
800.000 = €19.000.000/€48 – CV u
(€48 – CV u) 800.000 – €19.000.000 = €1.000.000
(€48 – Cv u) = (€1.000.000 + €19.000.000)/800.000
CV u = €48 – €25 = €23

2.

Metodo dell'equazione:

Ricavi – CV tot – CF = RO Obiettivo
P(Q) – CV u(Q) – CF = RO Obiettivo
(P – CV u) Q – CF = RO Obiettivo
(€48 – €25)800.000 – €19.000.000 = RO Obiettivo
(€23 × 800.000) – €19.000.000 = RO Obiettivo
RO Obiettivo = €18.400.000 – €19.000.000 = (€600.000)

Metodo del MdC (alternativo):

Q = (CF + RO)/MdC u = CF/(P – Cv u)
800.000 = (€19.000.000 + RO Obiettivo)/(€48 – €25)
(€48 – €25)800.000 = €19.000.000 + RO Obiettivo
RO Obiettivo = €18.400.000 – €19.000.000 = (€600.000)

Esercizio 2.9

Dati

Volumi = 400 u
CF = €400.000 mese
P camera-giorno = €62
CV u camera-giorno = €12
1 mese = 30 gg

Domande

1. BEP(Q) mese? BEP(Q) giorno?
2. BEP (€) mese?
3. Posto: RO mese obiettivo = €100.000, Q?
4. Posto:
   MdC affitto negozi = €60.000
   MdC pasti a prezzo convenzionato = €30.000
   MdC ristorante e caffetteria = €30.000
   MdC bar e sala cocktail = €20.000
   % occupazione media giorno = 80%
   RO Obiettivo = €100.000
   P camera-giorno?

Soluzioni

1.

Metodo dell'equazione:

P(Q) – CV u(Q) – CF = 0
€62(Q) – €12(Q) – €400.000 = 0
(€62 – €12)Q = €400.000
Q = €400.000/€50 = 8.000 camere-mese

Metodo del MdC (alternativo):

BEP(Q) = CF/MdC u = CF/(P – CV u)
Q = €400.000/(€62 – €12) = €400.000/€50 = 8.000 camere-mese

Considerato che €400.000 sono CF mensili, 8.000 camere è la quantità di pareggio mensile.
Per trovare la Q di pareggio giornaliera:
Q giorno = Q mese/giorni in un mese
Q giorno = 8.000 camere-mese /30 gg = 267 camere-giorno

2.

Metodo dell'equazione:

Ricavi – Cv tot – CF = 0
P(Q) – CV u(Q) – CF = 0
Posto BEP(Q) = 8.000 (vedi punto 1)
BEP(€) = P × BEP(Q) = €62 × 8.000 = €496.000

Metodo del MdC (alternativo):

BEP(€) = CF/Indice MdC
MdC u = P – CV = €62 – €12 = €50

Indice MdC = MdC u/P = €50/€62 = 0,804652
BEP(€) = €400.000/0,804652 = €496.000

3.
Metodo dell'equazione:
P(Q) – CV u(Q) – CF = RO Obiettivo
€62Q – €12Q – €400.000 = €100.000
Q = (€400.000 + €100.000)/(€62 – €12) = €500.000/€50 = 10.000 camere-mese

Metodo del MdC (alternativo):
Quantità Obiettivo = (CF + RO Obiettivo)/(P – CV u)
Q = (€400.000 + €100.000)/(€62 – €12) = €500.000/€50 = 10.000 camere-mese

4.
MdC tot da Altri servizi = €60.000 + €30.000 + €30.000 + €20.000 = €140.000
Camere occupate al giorno = 0,8 × 400 u = 320
Essendo i CF e i MdC di Altri servizi espressi in termini mensili, devo considerare i volumi mensili affinché tutti gli elementi dell'equazione facciano riferimento allo stesso arco temporale e trovare così la tariffa giornaliera.
Camere occupate al mese = Camere occupate al giorno × 30 gg
= 320 × 30 = 9.600

Metodo dell'equazione:
MdC tot – CF = RO
MdC tot camere + MdC Altri servizi – CF = RO
(P – CV u)Q + MdC Altri servizi – CF = RO
(P – €12)9.600 + €140.000 – €400.000 = €100.000
9.600P – €115.200 = €360.000
P = €475.200/9.600 = €49,5 giorno

Tale risposta indica come gli alberghi spesso possano essere inclini a ridurre le tariffe delle camere (da €62 a €49,5) se pensano di poter ottenere margini di contribuzione da altre attività alberghiere.

Esercizio 2.10

Dati
CF = €15.600
CV u Vaschette di fragole = €0,75
CV u Vaschette di ribes = €0,95
P Vaschette di fragole = €1,10
P Vaschette di ribes = €1,45

Posto:
1 vaschetta di ribes = R,
1 vaschetta di fragole = F,
F : R = 2 : 1
Si ha: F/R = 2/1 => F = 2R
Pertanto: 1 vaschetta di fragole = 2 vaschette di ribes

Domande

1. BEP(Q vaschette di fragole)?
   BEP(Q vaschette di ribes)?
2. BEP(Q vaschette di fragole) in azienda monoprodotto?
3. BEP (Q vaschette di ribes) in azienda monoprodotto?

Soluzioni

1.

Metodo dell'equazione:

Nel caso di un'azienda multiprodotto l'equazione di pareggio diviene un'equazione a due incognite.
Nell'esercizio in esame si hanno due tipologie di prodotto: vaschette di fragole e vaschette di ribes.
Posto:
F = Quantità di vaschette di fragole
R = Quantità di vaschette di ribes
Otterremo al punto di pareggio la seguente equazione:
P(F) + P(R) – CV u(F) – CV u(R) – CF = 0

Al fine di trovare il punto di pareggio in unità, dobbiamo trasformare l'equazione a due incognite in un'equazione a una sola incognita considerando il mix di prodotto, ossia il rapporto tra le quantità dei due prodotti: F/R = 2 => F = 2R.

Pertanto l'equazione viene ricondotta a un'unica incognita R e diviene:
P(2R) + P(R) – CV u(2R) – CV u(R) – CF = 0
€1,10(2R) + €1,45(R) – €0,75(2R) – €0,95(R) – €15.600 = 0
€2,20R + €1,45R – €1,50R – €0,95R – €15.600 = 0
€1,2R – €15.600 = 0
R = 13.000 vaschette di ribes
F = 2R = 26.000 vaschette di fragole

Metodo del MdC composto o medio ponderato (alternativo):

BEP(Q) = CF/MdCu = CF/(P – CV u)
Non conoscendo le quantità rispettivamente di vaschette di ribes (R) e di vaschette di fragole (F), consideriamo il rapporto tra le due: F : R = 2 : 1. Pertanto poniamo: F = 2 e R = 1 e F + R = 2 + 1 = 3.

Prezzo medio ponderato = (€1,10 × 2 + €1,45 × 1) /3 = €1,22
Costo variabile medio ponderato = (€0,75 × 2 + €0,95 × 1)/3 = €0,82
MdC medio ponderato = €1,22 – €0,82 = €0,4
BEP(Q) medio ponderato = CF/MdC medio ponderato u
BEP(Q) medio ponderato = €15.600/€0,4 = 39.000

BEP(F) = BEP(Q) medio ponderato × % F
BEP(F) = 39.000 × 1/3 = 13.000
BEP(R) = BEP(Q) medio ponderato × % R
BEP(R) = 39.000 × 2/3 = 26.000

2.
Metodo dell'equazione:
Posto F = vaschette di fragole
P(F) – Cv u(F) – CF = 0
(€1,10 – €0,75)F – €15.600 = 0
€0,35F – €15.600 = 0
F = 44.572 vaschette di fragole

Metodo del MdC (alternativo):
BEP(Q) = CF/MdC u = CF/(P-CV u)
BEP(Q) = €15.600/(€1,10 – €0,75) = 44.572 vaschette di fragole

3.
Metodo dell'equazione:
Se R = vaschette di ribes
P(R) – CV u(R) – CF = 0
(€1,45 – €0,95)R – €15.600 = 0
€0,50R – €15.600 = 0
R = 31.200 vaschette di ribes

Metodo del MdC (alternativo):
BEP(Q) = CF/MdC u = CF/(P-CV u)
BEP(Q) = €15.600/(€1,45 – €0,95) = 31.200 vaschette di ribes

Esercizio 2.11

Dati
P = €0,50
CV u = €0,40
CF = €6.000

Domande

1. a. Posto:
   Aliquota = 20%,
   RO Obiettivo = €288,
   Q?
2. b. Posto:
   Aliquota = 20%
   RO Obiettivo = €480
   Q?

Soluzioni

1.
a.
Metodo dell'equazione:
P(Q) – CV u (Q) – CF = RO/(1 – aliquota fiscale)
€0,50Q – €0,40Q – €6.000 = €288/(1 – 0,2)
€0,10Q = €6.000 + €288/0,8
€0,10Q = €6.000 + €360
Q = €6.360/€0,10 = 63.600 unità

Metodo del MdC (alternativo):
Q Obiettivo = [CF + RO Obiettivo/(1 – aliquota fiscale)]/MdC u
Q = [€6.000 + €288/(1 – 0,2)]/(€0,50 – €0,40)
Q = (€6.000 + €360)/€0,10
Q = €6.000/€0,10 = 63.600 unità

2.
b.
Metodo dell'equazione:
P(Q) – CV u (Q) – CF = RO/(1 – aliquota fiscale)
€0,50Q – €0,40Q – €6.000 = 480/(1 – 0,2)
€0,10Q = €6.000 + 480/0,8
€0,10Q = €6.000 + €600
Q = €6.600/€0,10 = 66.000 unità

Metodo del MdC (alternativo):
Q Obiettivo = [CF + RO Obiettivo/(1 – aliquota fiscale)]/MdC u
Q = [€6.000 + €480/(1 – 0,2))/(€0,50 – €0,40)
Q = (€6.000 + €600)/€0,10
Q = €6.600/€0,10 = 66.000 unità

Esercizio 2.12

Dati

Star Company		Global Trading	
Ricavi di vendita	€28.365	Ricavi netti	€40.238
Costo dei prodotti venduti	€5.191	Costo dei prodotti venduti	€20.989
Ricerca e sviluppo	€4.307	Costi di marketing, di ricerca e amministrativi	€12.571
Vendite e marketing	€5.407		
Costi generali di vendita e amministrativi	€1.550		
Reddito operativo	**€11.910**	**Reddito operativo**	**€6.678**

Domande

1. MdC Star Company?
   MdC Global Trading?
2. Posto: aumento Ricavi = €10.000.000
   Aumento RO Star Company?
   Aumento RO Global Trading?

Soluzioni

1.

Indice MdC (o MdC %) = MdC tot/Ricavi = (Ricavi – CV tot)/Ricavi

Star Company:

(€28.365.000.000 – €5.191.000.000)/€28.365.000.000 = 0,82 o 82%

Global Trading:

(€40.238.000.000 – €20.989.000.000)/€40.238.000.000 = 0,48 o 48%

2.

Aumento RO = Aumento Ricavi × Indice MdC

Aumento RO Star Company: €10.000.000 × 0,82 = €8.200.000

Aumento RO Global Trading: €10.000.000 × 0,48 = €4.800.00

Esercizio 2.13

Dati

P = €13

CF = €7.000.000

CV tot = 30% × Ricavi = 0,3 × (1.100.000 × €13)

Vol vendita = 1.100.000 u
Ricavi aggiuntivi = €300.000

Domande

1. Posto: Vol vendita = 1.100.000 u, CF pubblicità max?
2. Posto:
   RO Obiettivo = €500.000,
   P = €13,
   CF = €9.000.000 (di cui €2.000.000 di pubblicità)
   Vol vendita?

Soluzioni

1.
What-if Analysis – Metodo dell'equazione:
Ricavi – CV tot – CF = 0
P(Q) + Ricavi aggiuntivi – CV tot – CF = 0
(€13 × 1.100.000) + €300.000 – 0,30(1.100.000 × €13) – (€7.000.000 + CF pubblicità) = 0
€14.300.000 + €300.000 – €4.290.000 – €7.000.000 – CF pubblicità = 0
CF pubblicità = €14.600.000 – €11.290.000 = €3.310.000

2.
What-if Analysis – Metodo dell'equazione:
Ricavi – CV tot – CF = 0
P(Q) + Ricavi aggiuntivi – CV tot – CF = RO Obiettivo
€13Q + €300.000 – 0,30(€13)Q – €9.000.000 = €500.000
€9,10Q = €9.200.000
Q = 1.010.989 biglietti

Esercizio 2.14

Dati
Strategia tradizionale:
CF u = €65
CV u = €0
P = €2 cassetta-giorno
Strategia attuale:
CF u = €7
CV u = 0,4 × P cassetta-giorno
P = €2 cassetta-giorno

Domande

1. BEP(Q) strategia tradizionale?
2. BEP(Q) nuova strategia?
3. Posto: Q = 50 gg
   RO strategia tradizionale?
   RO nuova strategia?
4. Posto: Q = 6 gg
   RO strategia tradizionale?
   RO nuova strategia?
5. Perché la nuova strategia riduce i rischi?

Soluzioni

1.
Metodo del MdC:
BEP(Q) = CF/MdC u = CF/(P – CV u) = €65/(€2 – €0) = 32,5 giorni

2.
Metodo del MdC:
BEP(Q) = CF/MdC u = CF/(P – CV u) = €7/[€2 – (0,40 × €2)] = 5,8 giorni

3.
Strategia tradizionale – Metodo dell'equazione:
P(Q) – CV u(Q) – CF = RO
€2(50) – €0(Q) – €65 = RO
RO = €100 – €65 = €35

Nuova strategia – Metodo dell'equazione:
P(Q) – CV u(Q) – CF = RO
€2(50) – (0,4 × €2)(50) – €7 = RO
RO = €100 – €40 – €7 = €53

4.
Strategia tradizionale – Metodo dell'equazione:
P(Q) – CV u(Q) – CF = RO
€2 × 6 – €0(Q) – €65 = RO
RO = €12 – €65 = (€53)

Nuova strategia – Metodo dell'equazione:
P(Q) – CV u(Q) – CF = RO
€2(6) – (0,4 × €2)(6) – €7 = RO
RO = €0,20

5.
Home Video riduce considerevolmente il proprio livello di rischio con il nuovo sistema in quanto riduce i costi fissi.

Esercizio 2.15

Dati

N° parrucchieri = 5
Tariffa oraria parrucchieri = 9,90 €/h
h tot = 40 h/sett × 50 sett/anno
CF tot = €1.750 mese
CV u forniture = €1
P = €13

Domande

1. Posto: costo personale = CF, MdC taglio?
2. BEP(Q tagli) annuale?
3. Posto: Q = 20.000 tagli, RO?
4. Posto:
   Costo orario = €9,90
   CV u = €6 + €1 = €7
   MdC taglio?
   BEP(Q tagli) annuale?
5. Posto:
   Provvigione = €7 × Q tagli
   MdC taglio?
   BEP(Q tagli) annuale?
6. Posto:
   Q = 20.000
   P = €13
   CV u = €1 + €7 = €8
   CF = €21.000
   RO?
7. Posto:
   Q = 20.000
   P = €13
   RO = RO Domanda 3
   CF = €21.000
   Provvigione?

Questo problema solleva più questioni di quante non ne appaiano a un primo sguardo. Per esempio, a meno che John sia molto ricco e generoso, probabilmente non considererà i cinque parrucchieri come costi fissi sull'intero intervallo di volume possibile. In breve, se gli affari subissero un calo repentino, i parrucchieri verrebbero licenziati. Si osservi come le ultime domande dimostrino gli effetti sui rischi derivanti da diversi mix di costi variabili e fissi.

Soluzioni

1.

MdC = P – Cv u = €13 – €1 = €12

2.

Stipendi annuali dei parrucchieri (5 × €9,90 × 40 × 50)*	€99.000
Affitto e altri costi fissi annuali (12 × €1.750)	€21.000
Totale costi fissi (annuali)	**€120.000**

* Stipendi annuali = CF, perché prescindono dal n° di tagli.

Metodo dell'equazione:

P(Q) – Cv u(Q) – CF = 0

(P – CV u)Q – CF = 0

(€13 – €1)Q – €120.000 = 0

Q = €120.000/€12 = 10.000 tagli

Metodo del MdC (alternativo):

BEP(Q) = CF/MdC u = €120.000/€12 = 10.000 tagli

3.

Metodo dell'equazione:

(P – CV u)Q – CF = 0

(€13 – €1)(20.000) – €120.000 = RO

RO = €240.000 – €120.000 = €120.000

Metodo del MdC (alternativo):

BEP(Q) = (CF + RO)/MdC u

20.000 = (€120.000 + RO)/€12

RO = €120.000

Ulteriore metodo alternativo:

Tagli di capelli in eccesso rispetto al punto di equilibrio = 20.000 – 10.000 = 10.000 tagli

10.000 tagli a €12 = €120.000

4.
Anche se i costi fissi diminuiscono, il punto di equilibrio sale:
CV u = €1 + €6 = €7
MdC u = P – CV u = €13 – €7 = €6
CF = (5 × €4 × 40 × 50) + (12 × €1.750) = €61.000

Metodo del MdC:
BEP(Q) = CF/MdC u = €61.000/€6 = 10.167 tagli

5.
CV u = €1 + €7 = €8
MdC = €13,00 – €8,00 = €5,00
CF = 12 × €1.750 = €21.000

Metodo del MdC:
BEP(Q) = CF/MdC u = €21.000/€5 = 4.200 tagli

6.
Metodo dell'equazione:
P(Q) – CV u(Q) – CF = RO
€13(20.000) – €8(20.000) – € 21.000 = RO
RO = €79.000

Metodo del MdC (alternativo):
Q = (CF + RO)/MdC u
20.000 = (€21.000 + RO)/(€13 – €8)
RO = €100.000 – €21.000 = €79.000

Quindi, se il volume è di 20.000 tagli, la nuova soluzione porterebbe a un aumento del compenso dei parrucchieri da €99.000 (punto 2) a €140.000 (€7 × 20.000) e a una riduzione del reddito operativo da €120.000 (punto 3) a €79.000 (punto 6). Si osservi la presenza in questo caso della condivisione del rischio legata al piano di provvigioni. In generale, minori costi fissi significano minori rischi ma anche minore ricompensa. Se il volume si riducesse notevolmente, John avrebbe sempre un reddito operativo a patto che il volume totale superi i 4.200 tagli. Se però il volume si innalzasse fino a 20.000, il reddito operativo di John sarebbe inferiore a quello della soluzione a paga oraria.

7.
Posto: Provvigione = X

Metodo dell'equazione:
P(Q) – CV u(Q) – CF = €120.000
€13(20.000) – (€1 + €13X)(20.000) – €21.000 = €120.0000
€260.000 – €20.000 – €260.000X – €21.000 = €120.000
X = €99.000/€260.000 = 0,381 = 38,1%
38,1% × €13 = €4,95 per taglio

Metodo del MdC (alternativo):
Q = (CF + RO)/MdC u
20.000 = (€21.000 + €120.000)/(€13 – €1 – X)
(€12 – X)(20.000) = €141.000
€240.000 – 20.000X = €141.000
X = €99.000/20.000 = €4.95
X % = Provvigione per taglio/P = €4,95/€13 = 0,381 = 38,1%

Verifica:
MdC u = P – Cv u = €13 – €1 – €4,95 = €7,05
RO = (MdC u × Q) – CF = (€7,05 × 20.000) – €21.000 = €120.000

Esercizio 2.16

Dati

	Modello di macchina per popcorn		
	Simple	**Large**	**Extra**
Capacità annuale	50.000 scatole	120.000 scatole	300.000 scatole
CV			
Costo del popcorn per scatola	€0,14	€0,14	€0,14
Costo di ogni scatola	€0,09	€0,09	€0,09
Altri costi variabili per scatola	€0,22	€0,14	€0,05
CF			
Noleggio annuale macchina	€7.840	€11.200	€20.200

P = prezzo popcorn. Tale prezzo sarà identico sia che si opti per la macchina Simple, sia che si opti per la macchina Large. Per cui:

P Simple = P Large

Domande

1. Posto: RO standard = RO Large, Q scatole?
2. Vendite previste annuali?

Soluzioni

1.
RO Simple = RO Large
P Simple(Q) – CV u Simple(Q) – CF Simple = P Large(Q) – CV u Large(Q) – CF Large

Considerato che: P Simple = P Large, allora P Simple(Q) e P Large(Q) si elidono e otteniamo:

CV u Simple(Q) – CF Simple = CV u Large(Q) – CF Large
(€0,14 + €0,09 + €0,22)Q + €7.840 = (€0,14 + €0,09 + €0,14)Q + €11.200
€0,45Q + €7.840 = €0,37Q + €11.200
€0,08Q = €3.360
Q = 42.000

2.
All'aumento del volume i modelli con minori costi variabili genereranno maggiori risultati economici.

CV u Simple = €0,14 + €0,09 + €0,22 = €0,45
CV u Large = €0,14 + €0,09 + €0,14 = €0,37
CV u Extra = €0,14 + €0,09 + €0,05 = €0,28

Dal punto precedente emerge che in corrispondenza di 42.000 scatole vendute i modelli Simple e Large otterrebbero i medesimi risultati economici. Considerando che il modello Large ha un CV unitario inferiore, allora al crescere dei volumi di vendita genererà risultati economici maggiori del modello Simple.
Analogamente si trova il volume di scatole in corrispondenza del quale i modelli Large ed Extra generano i medesimi risultati economici:

CV u Simple(Q) – CF Simple = CV u Large(Q) – CF Large
(€0,14 + €0,09 + €0,14)Q + €11.200 = (€0,14 + €0,09 + €0,05)Q + €20.200
€0,37Q + €11.200 = €0,28Q + €20.200
€0,09Q = €9.000
Q = 100.000

Considerando che il modello Extra ha un CV unitario inferiore, allora al crescere dei volumi di vendita genererà risultati economici maggiori del modello Large.

Pertanto la regola decisionale è quella indicata sotto.

Vendite annuali previste	Usare il modello
0 – 42.000	Simple
42.000 – 100.000	Large
> 100.000	Extra

La regola decisionale colloca il volume ben nei limiti di capacità di ciascun modello.

Esercizio 2.17

Dati

Posto:
P = tacos di pollo,
M = enchiladas di manzo,
Prezzo P = €5
Prezzo M = €7
CV u P = €3
CV u M = €4
MdC u P = €2
MdC u M = €3
Unità P = 250.000
Unità M = 125.000
CF = €735.000

Domande

1. RO 20X5?
2. Posto:
   P = quantità di tacos di pollo
   M = quantità di tacos di manzo
   Dato il mix di prodotto invariato
   a. BEP(P)? BEP(M)?
   b. BEP(€) tacos di pollo? BEP(€) tacos di manzo?
3. a. Se l'azienda vende solo P,
   BEP(P)? BEP(€) tacos di pollo?
   b. Se l'azienda vende solo M,
   BEP(M)? BEP(€) tacos di manzo?
4. Posto:
   P = 236.250,
   M = 78.750,
   RO?
   BEP(P)? BEP(M)?

Soluzioni

1.
RO = RO P + RO M
RO = MdC tot P + MdC tot M – CF
RO = 250.000(€2) + 125.000(€3) – €735.000
RO = €140.000

2.
Posto:
P = quantità di tacos di pollo
M = quantità di enchiladas di manzo

a.
P/M = 250.000/125.000 = 2
P = 2M

Metodo dell'equazione:
P(P) + P(M) – CV u(P) – CV u(M) – CF = 0
P(2M) + P(M) – CV u(2M) – CV u(M) – CF = 0
€5(2M) + €7(M) – €3(2M) – €4(M) – €735.000 = 0
€10M + €7M – €6M – €4M – €735.000 = 0
€7M = €735.000
BEP(M) = €735.000/€7 = 105.000
BEP(P) = 2M = 2 × 105.000 = 210.000

Metodo del MdC composto o medio ponderato (alternativo):
Al fine di trovare il punto di pareggio in unità, dobbiamo trasformare l'equazione a due incognite in un'equazione a una sola incognita considerando il mix di prodotto, ossia il rapporto tra le quantità dei due prodotti:

% P = 250.000/375.000 = 0,666667 = 66,6667%
% M = 125.000/375.000 = 0,333334 = 33,3334%

BEP(Q) ponderato = CF/MdC u ponderato
MdC tot = MdC P + MdC M = 250.000(€2) + 125.000(€3) = €500.000 + €375.000 = €875.000
MdC u medio ponderato = €875.000/(250.000 + 125.000) = €2,3333333

Oppure:
MdC u medio ponderato = 66,6667% x €2 + 33,3334% x €3 = €2,3333333
BEP(Q) = CF/MdC u ponderato =
= €735.000/€2,3333333 = 315.000

BEP(P) = €315.000 × 0,666667 = 210.000
BEP(M) = €315.000 × 0,333334 = 105.000
Il punto di equilibrio complessivo è di 315.000 unità: 105.000 unità di enchiladas di manzo più 210.000 unità di tacos di pollo.

b.
Metodo dell'equazione:
Da punto a:
BEP(P) = 210.000
BEP(M) = 105.000

BEP(€) tacos di pollo = BEP(P) × Prezzo P = 210.000 × €5 = €1.050.000
BEP(€) tacos di manzo = BEP(M) × Prezzo M = 105.000 × €7 = €735.000
BEP(€) complessivo = €1.050.000 + €735.000 = €1.785.000

Metodo del MdC composto o medio ponderato (alternativo):
Al fine di trovare il punto di pareggio a valore, dobbiamo trasformare l'equazione a due incognite in un'equazione a una sola incognita considerando il mix di fatturato, ossia il rapporto tra il fatturato dei due prodotti:

Fatturato P = €5 × 250.000 = €1.250.000
Fatturato M = €7 × 125.000 = €875.000
% Fatturato P = €1.250.000/(€1.250.000 + €875.000) = €1.250.000/€2.125.000 = 0,5882352 = 58,82352%
% Fatturato M = €875.000/(€1.250.000 + €875.000) = €875.000/€2.125.000 = 0,4117647 = 41,17647%

BEP(€) ponderato = CF/Indice MdC = CF/(MdC tot/Ricavi)
MdC tot = €875.000
Ricavi = €1.250.000 + €875.000 = €2.125.000
BEP(€) = €735.000/(€875.000/€2.125.000) = €735.000/0,4117647 = €1.785.000
BEP(€) tacos di pollo = €1.785.000 × 58,82352% = €1.050.000
BEP(€) tacos di manzo = €1.785.000 × 41,17647% = €735.000

3.
a.
BEP(P) – Metodo dell'equazione:
P(P) – CV u(P) – CF = 0
MdC u(P) – CF = 0
€2(P) – €735.000 = 0
€2P = €735.000
BEP(P) = €735.000/€2 = 367.500

BEP(P) – Metodo del MdC (alternativo):
BEP(P) = CF/MdC u
BEP(P) = €735.000/€2 = 367.500

BEP(€) tacos di pollo – Metodo dell'equazione:
Dal punto precedente: BEP(P) = 367.500
BEP(€) tacos di pollo = BEP(P) × P tacos di pollo = 367.500 × €5 = €1.837.500

BEP(€) tacos di pollo Metodo del MdC (alternativo):
BEP(€) = CF/Indice MdC
BEP(€) tacos di pollo = €735.000/(€2/€5) = €1.837.500

b.
BEP(M) – Metodo dell'equazione:
P(M) – CV u(M) – CF = 0
MdC u(M) – CF = 0
€3(M) – €735.000 = 0
BEP(M) = €735.000/€3 = 245.000

BEP(M) – Metodo del MdC (alternativo):
BEP(Q) = CF/MdC u
BEP(M) = €735.000/€3 = 245.000

BEP(€) tacos di manzo – Metodo dell'equazione:
Dal punto precedente: BEP(M) = 245.000
BEP(€) tacos di manzo = BEP(M) × P tacos di manzo = 245.000 × €7 = €1.715.000

BEP(€) tacos di manzo – Metodo del MdC (alternativo):
BEP(€) tacos di manzo = €735.000/(€3/€7) = €1.715.000

4.
RO = MdC u(P) + MdC u(M) – €735.000
RO = €2(236.250) + €3(78.750) – €735.000
RO = €472.500 + €236.250 – €735.000 = (€26.250)

Al fine di trovare il punto di pareggio in unità, dobbiamo trasformare l'equazione a due incognite in un'equazione a una sola incognita considerando il mix di prodotto, ossia il rapporto tra le quantità dei due prodotti:

P/M = 236.250/78.750 = 3
P = 3M

Metodo dell'equazione:
P(P) + P(M) – CV u(P) – CV u(M) – CF = 0
MdC u(P) – MdC u(M) – CF = 0
€2(3M) + €3M – €735.000 = 0
€9M – €735.000 = 0
BEP(M) = € 735.000/€9 = 81.667
BEP(P) = 3 × 81.667 = 245.000

Metodo del MdC composto o medio ponderato (alternativo):
In base al mix di prodotto si ottengono le seguenti percentuali.
% P = 236.250/315.000 = 0,75 = 75%
% M = 78.750/315.000 = 0,25 = 25%
MdC u medio ponderato = 75% × €2 + 25% × €3 = €2,25

BEP(Q) medio ponderato = €735.000/€2,25 = 326.666,67
BEP(P) = BEP(Q) medio ponderato × %P = 326.666,67 × 0,75 = 245.000
BEP(M) = BEP(Q) medio ponderato × %M = 326.666,67 × 0,25 = 81.667

La lezione principale che si apprende da questo problema è che le variazioni nel mix di vendite portano a cambiamenti nel punto di equilibrio e di reddito operativo. Il punto di equilibrio è 81.667 unità di enchiladas più 245.000 unità di tacos, per un totale di 326.667 unità. Pertanto la variazione sfavorevole nel mix si traduce in una perdita netta di €26.250 rispetto al precedente livello di equilibrio totale di 315.000 unità.
In breve, il livello di equilibrio è più elevato perché il mix di vendite è meno profittevole quando i tacos rappresentano una porzione maggiore delle vendite. In questo esempio il totale delle vendite programmato e quello effettivo in numero di unità erano identici, ma la proporzione di prodotto con il margine di contribuzione maggiore si riduceva.

Esercizio 2.18

Dati
CF = € 54.000.000 anno
CV = €600 giorno-paziente
A (pazienti paganti autonomi) = 20%
N (pazienti non economicamente autonomi) = 80%
Prezzo A = €1.000 giorno
Prezzo N = €800 giorno

Domande

1. Dato il mix di pazienti,
   BEP(A)?
   BEP(N)?

2. Posto:
   Q = 225.000 giorni-pazienti,
   A = 25%,
   N = 75%,
   a. RO?
   b. BEP(A)? BEP(N)?

Soluzioni

1.

N/A = 0,8/0,2 = 4
N = 4A

Metodo dell'equazione:

P(A) + P(N) – CV u(A) – CV u(N) – CF = 0
P(A) + P(4A) – CV u(A) – CV u(4A) – CF = 0
€1.000A + €800(4A) – €600A – €600(4A) – €54.000.000 = 0
€1.000A + €3.200A – €600A – €2.400A = €54.000.000
€1.200A = €54.000.000
A = 45.000 giorni-paziente
N = 4 × €45.000 = 180.000 giorni-paziente

Metodo del MdC composto medio ponderato (alternativo):

MdC u A = €1.000 – €600 = €400
MdC u N = €800 – €600 = €200
MdC u medio ponderato = 20% × €400 + 80% × €200= €240
MdC medio ponderato = €840 – €600 = €240
MdC u A = €1.000 – €600 = €400
MdC u N = €800 – €600 = €200
MdC u medio ponderato = 20% × €400 + 80% × €200= €240
BEP(Q) medio ponderato = CF/MdC u = €54.000.000/€240 = 225.000
BEP(A) = BEP(Q) × % A = 225.000 × 0,2 = 45.000
BEP(N) = BEP(Q) × % N = 225.000 × 0,8 = 180.000

2.

a.

MdC u A = €1.000 – €600 = €400
MdC u N = €800 – €600 = €200

A = 0,25 × 225.000 = 56.250 giorni-pazienti
N = 0,75 × 225.000 = 168.750 giorni-pazienti

RO = MdC tot A + MdC tot N – CF
RO = (€400 × 56.250) + (€200 × 168.750) – €54.000.000 =
= €22.500.000 + €33.750.000 – €54.000.000 = €2.250.000

b.
N/A = 168.750/56.250 = 3
N = 3A

Metodo dell'equazione:
P(A) + P(N) – CV u(A) – CV u(N) – CF = 0
P(A) + P(3A) – CV u(A) – CV u(3A) – CF = 0
€1.000A + €800(3A) – €600(A) – €600(3A) – €54.000.000 = 0
€!.000A + €2.400A – €600A – €1.800A – €54.000.000 = 0
€1.000A = €54.000.000
BEP(A) = 54.000
BEP(N) = 3 × 54.000 = 162.000

Metodo del MdC composto o medio ponderato:
MdC medio ponderato = 25% × €400 + 75% × €200 = €250
BEP(Q) medio ponderato = €54.000.000/€250 = 216.000
BEP(A) = 216.000 × 0,25 = 54.000
BEP(N) = 216.000 × 0,75 = 162.000

Esercizio 2.19

Dati
RO = €120.000
u = 200.000
P = €16
CV u = €10 + €2 = 12 €/u
CF = €600.000
Aliquota = 40%
CV u anno successivo = (€10 + 30%) + €2

Domande
1. BEP(Q)?
2. Posto:
   incremento vendite = 10%,
   variazione RO?

3. Posto:
RO netto anno successivo = RO netto corrente,
P = €16
u?

4. Posto:
CV u = (€10 + 30%) + €2 = €15,
Indice MdC = €4/€16 = 0,25,
P?

Soluzioni

1.
Metodo dell'equazione:
P(Q) – CV(Q) – CF = 0
€16Q – €12Q – €600.000 = 0
€4Q = €600.000
BEP(Q) = 150.000 (a)

Metodo del MdC (alternativo):
BEP(Q) = CF/MdC u = CF/(P – CV u) = €600.000/(€16 – €12) = 150.000 (a)

2.
Variazione in volume unità = 200.000 × 20% = 20.000
MdC u = P – CV u = €16 – €12 = €4

Variazione di reddito operativo	=	Variazione in volume unità	×	Margine di contribuzione unitario	×	(1 – aliquota d'imposta)
	=	20.000	×	€4	×	(1 – 0,40)
	=	€48.000 (d)				

Metodo alternativo (GLO):
GLO = MdC tot × (1 – aliquota fiscale)/RO
GLO = (€4 × 200.000 u × 0,6)/€120.000 = €480.000/€120.000 = 4

Variazione % RO = GLO × Variazione % Ricavi
Variazione % RO = 4 × 10% = 40%

Variazione RO = €120.000 × 0,4 = €48.000 (d)

3.
Costo acquisto u = €10 × 1,3 = €13
CV u = €13 + €2 = €15
MdC u = P – CV u = €16 – €15 = 1

Metodo dell'equazione:

$$\text{Ricavi obiettivo} - \text{costi variabili} - \text{costi fissi} = \frac{\text{reddito operativo al netto delle imposte obiettivo}}{1 - \text{aliquota d'imposta}}$$

€16Q – €15Q – €600.000 = €120.000/0,6
€16Q – €15Q – €600.000 = €200.000
BEP(Q) = 800.000

Ricavi obiettivo = BEP(Q) × P = 800.000 × €16 = €12.800.000 (a)

Metodo del MdC (alternativo):

$$\text{Ricavi obiettivo} = \frac{[\text{CF} + \text{RO Obiettivo}/(1 - \text{aliquota fiscale})]}{\text{Indice MdC}}$$

BEP(€) = [(€600.000 + €120.000)/0,6]/(€1/€16) = €800.000/0.0625 = €12.800.000 (a)

4.

Il prezzo di vendita (P) che conduce al medesimo indice di margine di contribuzione si determina tramite la formula dell'indice del MdC:

Indice MdC = MdC u/P = (P – CV u)/P

0,25 = (P – €15)/P
0,25P = P – €15
P – 0,25P = €15
0,75P = €15
P = €15/0,75
P = €20 (b)

CAPITOLO 3

Logiche di definizione e rappresentazione delle funzioni di costo

Esercizi e problemi

ESERCIZIO 3.1 — **Costi fissi discrezionali e impegnati**

Identificare e calcolare il totale dei costi fissi discrezionali e dei costi fissi impegnati a partire dal prospetto seguente.

Pubblicità	€20.000
Ammortamento	€47.000
Assicurazione sanitaria aziendale	€15.000
Stipendi del management	€85.000
Pagamenti di interessi sui debiti a lungo termine	€50.000
Imposte patrimoniali	€32.000
Manutenzione dei terreni	€9.000
Ammodernamento degli uffici	€21.000
Ricerca e sviluppo	€36.000

ESERCIZIO 3.2 — **Funzioni di costo lineari e funzioni di costo semivariabili**

Ponendo Y = costi totali, X_1 = volume di produzione e X_2 = numero di attrezzaggi.

1. Quali delle seguenti sono funzioni di costo lineari?
2. Quali sono funzioni di costo semivariabili?
   a. $Y = €1.000$
   b. $Y = €8X_1$
   c. $Y = €5.000 + €4X_1$
   d. $Y = €3.000 + €6X_1 + €30X_2$
   e. $Y = €9.000 + €3(X_1 \times X_2)$
   f. $Y = €8.500 + €1,50X_1^2$

ESERCIZIO 3.3 **Funzione di costo totale**

IT Revolution è un'azienda fondata da due studenti di ingegneria che assembla e commercializza personal computer destinati ai docenti e agli studenti. L'azienda opera nel garage della casa di uno degli studenti. A partire dai costi seguenti di uno degli ultimi mesi, calcolare la funzione di costo totale e il costo totale per il mese riferito all'assemblaggio di un singolo computer:

- Telefono: €50, fisso
- Utenze: €260, fisse; 25% attribuibile al garage, 75% alla casa
- Pubblicità: €75, fisso
- Assicurazione: €80, fisso
- Materiali: €7.500, variabile, riferito all'assemblaggio di cinque computer
- Manodopera: €1.800; €1.300 fisso più €500 per il pagamento delle ore di aiuto all'assemblaggio di cinque computer

ESERCIZIO 3.4 **Costo totale di due alternative a confronto**

Extreme Sports, un venditore al dettaglio di articoli sportivi, sta pianificando la messa in funzione di un sito web per le vendite online. I costi stimati dei due approcci alternativi sono i seguenti:

	Alternativa 1	Alternativa 2
Costo fisso annuale	€200.000	€400.000
Costo variabile per ordine	€8	€4
Numero di ordini previsto	70.000	70.000

1. Al livello di ordini previsto, quale soluzione per le vendite online presenta il costo inferiore?
2. Qual è il livello di ordini corrispondente all'indifferenza (o il livello di ordini "di equilibrio")? Qual è il significato di questo livello di ordini?

ESERCIZIO 3.5 **La funzione di costo in un'agenzia di viaggi online**

Cool Holidays è un'agenzia di viaggi che opera su Internet. Nel primo trimestre del 20X1 Cool Holidays ha fatto registrare una perdita di €19 milioni a fronte di ricavi di vendita per €57 milioni. Nel primo trimestre del 20X2 i ricavi di vendita erano più che raddoppiati, toccando i €116 milioni, e Cool Holidays ha registrato un reddito operativo di €18 milioni. Si supponga che i costi fissi siano stati gli stessi nel 20X2 e nel 20X1.
Calcolare i costi operativi per Cool Holidays nel primo trimestre del 20X1 e del 20X2.

1. Determinare i costi variabili, come percentuale dei ricavi di vendita, e i costi fissi totali.
2. Determinare la funzione di costo per Cool Holidays.

ESERCIZIO 3.6 **Comportamento dei costi di una scuola**

La Saint Mary School, una scuola superiore, sta preparando un budget di conto economico per il prossimo anno scolastico, che si chiuderà il 31 agosto 20X4. I ricavi derivanti dall'insegnamento per gli ultimi due anni al 31 agosto sono stati €720.000 per il 20X3 e €770.000 per il 20X2. Il totale dei costi per il 20X3 è stato pari a €710.000, mentre nel 20X2 è stato di €730.000. Nel 20X2 e nel 20X3 non ci sono state variazioni nelle tariffe di insegnamento, e non se ne prevedono nemmeno per il 20X4. Per il 20X4 si prevede che i ricavi dall'insegnamento saranno di €710.000. Quale risultato economico dovrebbe essere previsto per il 20X4, supponendo che il comportamento dei costi rimanga invariato rispetto al 20X3?

ESERCIZIO 3.7 **Analisi della regressione**

Alla fine del 20X4, Elizabeth Grayson, appena assunta come controller da Gary & Partners, venne chiesto di fare una previsione dei costi operativi indiretti per l'azienda nel 20X5, basandosi sulla previsione di produzione di 510 unità. Elizabeth raccolse i dati previsionali per i quattro trimestri del 20X5 e, utilizzando i dati raccolti, effettuò un'analisi di regressione lineare, ottenendo il risultato seguente: $Y = €337 + €5{,}75x$.
Utilizzando la funzione di costo determinata da Elizabeth, prevedere i costi per il 20X5.

ESERCIZIO 3.8 **Analisi della regressione**

Liao, un produttore di articoli in ceramica e porcellana fine, è preoccupato a causa di fluttuazioni nella produttività e desidera calcolare in che misura i costi di supporto alla produzione sono correlati alle varie dimensioni dei lotti di produzione. I dati seguenti mostrano i risultati di un campione casuale di dieci lotti di un modello di articoli in porcellana.

Campione	Dimensione del lotto, X	Costi di supporto, Y
1	15	€180
2	12	€140
3	20	€230
4	17	€190
5	12	€160
6	25	€300

7	22	€270
8	9	€110
9	18	€240
10	30	€320

1. Con l'aiuto dell'analisi della regressione, misurare la funzione di costo dei costi di supporto e della dimensione dei lotti.
2. Prevedere i costi di supporto per un lotto di dimensione pari a 25.

Glossario: terminologia, abbreviazioni adottate e definizioni

Di seguito sono riportati i termini utilizzati nell'ambito del capitolo. Tra parentesi viene indicata l'eventuale abbreviazione adottata, e a seguire viene fornita la definizione.

Comportamento dei costi: modo in cui le attività di un'azienda influiscono sui suoi costi.

Funzione di costo: equazione algebrica utilizzata dai manager per descrivere la relazione tra un costo e i propri driver.

Funzione di costo lineare ($y = a + bx$, oppure $y = a$ oppure $y = bx$): funzione dove il costo è costituito da due componenti, una fissa (ossia indipendente dal driver di costo), l'altra variabile (nel senso che varia in proporzione a esso). Pertanto, se il driver aumenta di X%, anche questa componente di costo aumenterà in egual misura.

È sempre una funzione di costo lineare quella composta solo dalla componente di costo fissa ($y = a$, cioè con componente variabile b pari a zero) o solo dalla componente di costo variabile ($y = bx$), cioè con componente fissa a pari a zero). Sapere che un costo è lineare consente ai manager di separare il costo nella componente fissa e nella componente variabile; una semplificazione che aiuta a comprendere l'impatto che le decisioni avranno sui costi.

Costi a gradini: costi che variano in termini discreti per salti, in quanto i fattori produttivi e i costi connessi sono disponibili solo per quote non divisibili.

Costi semivariabili: contengono elementi propri del comportamento dei costi fissi e dei costi variabili. L'elemento fisso rimane immutato nell'intervallo di rilevanza (ossia entro un certo livello di attività del driver di costo); l'elemento variabile del costo semivariabile è un costo che varia proporzionalmente al variare del livello di attività del driver nell'intervallo di rilevanza.

Funzione di costo semivariabile (y = a + bx): funzione di costo lineare dove la componente fissa *(a)* e la componente variabile *(b)* sono diverse da zero, con la forma di una retta in cui i costi fissi rappresentano l'intercetta e i costi variabili l'inclinazione.

Costi di capacità: costi fissi legati alla predisposizione della capacità produttiva necessaria per ottenere un livello desiderato di produzione o offrire un dato livello di servizio.

Costi fissi discrezionali: costi fissi definiti nell'ambito del processo di pianificazione periodica per conseguire specifici programmi e obiettivi. Possono essere rivisti e quasi interamente eliminati per un certo periodo.

Costi fissi impegnati: costi fissi vincolati per diversi anni.

Analisi ingegneristica: misura il comportamento delle funzioni di costo in relazione ai costi previsti, attraverso un'analisi sistemica di materiali, forniture, manodopera, servizi di supporto e strutture.

Analisi economico-aziendale: misura il comportamento delle funzioni di costo selezionando un driver di costo verosimile e classificando ogni componente negativo di reddito come costo fisso o variabile rispetto a esso.

Metodo della regressione lineare: misura una funzione di costo in modo più oggettivo utilizzando la statistica per adattare la funzione di costo a tutti i dati storici.

Algoritmi utili

Funzione di costo lineare:
y = a + bx
Dove:
y = costo totale
a = CF
b = CV u
x = driver di costo (cioè livello di attività)

Se b = 0, funzione di costo lineare: y = a
Se a = 0, funzione di costo lineare: y = bx

Funzione di costo semivariabile:
y = a + bx
Dove:
a = componente fissa
b = componente variabile
a ≠ 0
b ≠ 0

Costo totale (dalla funzione di costo lineare):
CT = CF + CV tot
CT = CF + CV u × livello di attività

Metodo della regressione lineare:
Al fine di svolgere l'analisi di regressione è necessario identificare le seguenti informazioni:

CV u (pendenza della retta): funzione di Excel LINEST (REGR. LIN)
CF (intercetta, ossia punto in cui la retta interseca l'asse): funzione di Excel INTERCEPT (INTERCETTA)
R al quadrato (validità del modello): funzione di Excel RSQ (RQ)

Per ciascuna di queste funzioni di Excel viene richiesto di inserire y_nota e x_nota, a tale proposito:
y_nota = intervallo dei costi (selezionare con il cursore tutta la colonna dei costi)
x_nota = intervallo di driver (selezionare con il cursore tutto l'intervallo di driver che possono essere unità, tonnellate o altro)

Soluzioni agli esercizi

Esercizio 3.1

Dati

Pubblicità	€20.000
Ammortamento	€47.000
Assicurazione sanitaria aziendale	€15.000
Stipendi del management	€85.000
Pagamenti di interessi sui debiti a lungo termine	€50.000
Imposte patrimoniali	€32.000
Manutenzione dei terreni	€9.000
Ammodernamento degli uffici	€21.000
Ricerca e sviluppo	€36.000

Domande
Costi discrezionali? Costi impegnati?

Soluzioni
Potrebbe esserci qualche disaccordo in merito a queste classificazioni, in quanto possono dipendere dal contesto e dalla filosofia aziendale.

Costo	Discrezionale	Impegnato
Pubblicità	€20.000	
Ammortamento		€47.000
Assicurazione sanitaria aziendale*		€15.000
Stipendi del management*		€85.000
Pagamenti di interessi sui debiti a lungo termine		€50.000
Imposte patrimoniali		€32.000
Manutenzione dei terreni	€9.000	
Ammodernamento degli uffici	€21.000	
Ricerca e sviluppo	€36.000	
Totali	**€86.000**	**€229.000**

* Il comportamento di costi come questi può dipendere dalla filosofia dell'azienda. Se questa è irrevocabilmente impegnata a fornire l'assicurazione sanitaria e a mantenere il management attuale, questi costi sono impegnati. Potrebbero tuttavia esserci delle situazioni in cui diventano discrezionali.

Esercizio 3.2

Dati

a. $Y = €1.000$
b. $Y = €8X_1$
c. $Y = €5.000 + €4X_1$
d. $Y = €3.000 + €6X_1 + €30X_2$
e. $Y = €9.000 + €3(X_1 \times X_2)$
f. $Y = €8.500 + €1{,}50X_1^2$

Domande

1. Funzione di costo lineare (y = a + bx, o y = a, o y = bx)
2. Funzioni dei costi semivariabili (y = a + bx)?

Soluzioni

1. Tutte le funzioni tranne (e) ed (f) sono funzioni di costo lineari. (e) ed (f) non sono lineari in quanto non rappresentano equazioni di primo grado. In particolare (e) non è lineare perché X_1 e X_2 vengono moltiplicati, mentre (f) non è lineare perché contiene X^2 (elevazione a potenza).
2. Le funzioni (c) e (d) riguardano costi semivariabili; infatti sono costituite da una componente fissa e da una componente variabile.

Esercizio 3.3

Dati

I dati vengono riepilogati nella tabella che segue.

Domande

1. y = a + bx?
2. y?

Soluzioni

Costo	Dati/Calcoli	Fisso mensile	Dati/Calcoli	Variabile per computer
		CF		
Telefono	Dati:	€50 mese		
Utenze	€260 × 0,25 =	€65 mese		
Pubblicità	Dati:	€75 mese		
Assicurazione	Dati:	€80 mese		
		CV		
Materiali			€7.500/5 =	€1.500 computer
Manodopera		€1.300 mese	€500/5 =	€100 computer
Totali		**€1.570 mese**		**€1.600 computer**

1.

In base alle seguenti informazioni sulla funzione di costo, il costo totale per il mese è dato dalla funzione:

y = a + bx

y = €1.570 + €1.600x

Dove:

y = costo totale mensile

x = numero di computer

2.

x = 5 (numero computer)

y = €1.570 + €1.600 × 5 = €9.570

Esercizio 3.4

Dati

	Alternativa 1	Alternativa 2
CF annuale	€200.000	€400.000
CV u (per ordine)	€8	€4
Numero di ordini previsto	70.000	70.000

Domande

1. Alternativa con costo (y) inferiore?
2. Qual è il numero di ordini (Q) in corrispondenza del quale le due alternative risultano avere il medesimo costo (livello di ordini di "pareggio")?

Soluzioni

1.

Questo problema estende l'analisi del capitolo a un'anteprima dei processi decisionali di breve termine e alla pianificazione dei progetti di investimento. Il problema ignora le imposte, il costo degli investimenti e il valore del tempo del denaro.

	Alternativa 1	**Alternativa 2**
CV u	€8,00	€4,00
Numero di ordini previsto	70.000	70.000
CV tot annuali	€8 × 70.000 = €560.000	€4 × 70.000 = €280.000
CF annuale	€200.000	€400.000
Costi totali annuali	**€760.000**	**€680.000**

Pertanto l'alternativa 2 ha costi inferiori di €80.000 rispetto all'alternativa 1.

2.

Q = numero di ordini di equilibrio (il livello in cui i costi previsti sono uguali)

Costi alternativa 1 = Costi alternativa 2
CF 1 + CVu (Q) 1 = CF 2 + CVu (Q) 2
€200.000 + €8Q = €400.000 + €4Q
€4Q = €200.000
Q = 50.000 ordini

A 50.000 ordini, le alternative sono equivalenti. Se si prevede che il livello degli ordini sia inferiore a 50.000, l'alternativa 1 avrebbe dei costi inferiori perché i costi fissi sono più bassi. Se si prevede invece un livello di ordini superiore a 50.000, l'alternativa 2 avrebbe dei costi inferiori perché i costi variabili sono più bassi.

Esercizio 3.5

Dati

	I trimestre 2001	I trimestre 2002
Ricavi di vendita	€57.000.000	€116.000.000
Risultato operativo [utile o (perdita)]	(€19.000.000)	€18.000.000

CF 20X1 = CF 20X2

Domande

1. Costi operativi 20X1 e 20X2?
2. CV u?
   CF totali?
3. y = a + bx?

Soluzioni

1.

	I trimestre 2001	I trimestre 2002
Ricavi di vendita	€57.000.000	€116.000.000
RO [utile o (perdita)]	(€19.000.000)	€18.000.000
Costi operativi	€76.000.000*	€ 98.000.000**

* Costi operativi 20X1 = Ricavi – RO = €57.000.000 – (€19.000.000) = €76.000.000.
** Costi operativi 20X2 = Ricavi – RO = €116.000.000 – €18.000.000 = €98.000.000.

2.
Il testo chiede di determinare i CV come % dei ricavi di vendita, il che significa che i ricavi di vendita rappresentano l'attività (driver) rispetto alla quale variano i costi variabili.
Pertanto, al fine di trovare la componente variabile dei costi operativi (CV u o % CV) possiamo rapportare la variazione dei costi operativi con la variazione dei ricavi (che in questo caso rappresentano il livello di attività o driver di costo). Per differenza troveremo poi i CF.

% CV (ossia CV u) = Variazione dei costi operativi/Variazione dei ricavi
% CV = (€98.000.000 – €76.000.000)/(€116.000.000 – €57.000.000) = €22.000.000/€59.000.000 = 0,37288136 = 37,288136%
CV tot 20X2 = % CV × Ricavi di vendita = 0,37288136 × €116.000.000 = €43.254.237,29

CV tot 20X1 = % CV × Ricavi di vendita = 0,37288136 × €57.000.000 = €21.254.237.29

CF = CT – CV
In corrispondenza di attività max (€116.000.000 ricavi):
CF = €98.000.000 – €43.254.237,29 = €54.745.763
In corrispondenza di attività min (€57.000.000 ricavi):
CF = €76.000.000 – €21.254.237.29 = €54.745.763

Ovviamente al fine di determinare i CF, sia che si utilizzi il livello max di attività, sia che si utilizzi il livello minimo, il risultato non cambia.

3.
Funzione di costo:
y = €54.745.763 + 0,37288136 × Ricavi di vendita

Esercizio 3.6

Dati

	20X2	20X3	20X4
Ricavi	€770.000	€720.000	€710.000
Costi	€730.000	€710.000	

Domande

Posto: y = a + bx 20X3 invariata, RO 20X4?

Soluzioni

I dati dovrebbero essere utilizzati per determinare innanzitutto i costi variabili come funzione (percentuale) dei ricavi provenienti dall'insegnamento. Poi è possibile calcolare i costi fissi. Dal momento che sono disponibili dati completi solo di due anni, il metodo più appropriato è quello del massimo-minimo.

CV u (cioè CV %) = Variazione nei costi/Variazione nei ricavi
CV u (cioè CV %) = (Costo max – Costo min)/(Ricavi max – Ricavi min)
CV u (cioè CV%) = €730.000 – €710.000)/(€770.000 – €720.000) = €20.000/€50.000 = 0,40 = 40%

CF = CT – CV tot
In corrispondenza dei ricavi max (€770.000 ricavi):
CF = €730.000 – (40% × €770.000) =
= €730.000 – €308.000
= €422.000 all'anno
In corrispondenza dei ricavi min (€720.000 ricavi):
CF = €710.000 – (40% × €720.000) =
= €710.000 – €288.000
= €422.000 all'anno

Il risultato economico per il 20X4 può essere previsto nel modo seguente:

SAINT MARY SCHOOL

Previsione di conto economico per l'anno scolastico con chiusura al 31 agosto 20X4:

Ricavi		€710.000
CV (0,4 × €710.000)	(€284.000)	
CF	(€422.000)	
Totale costi		(€706.000)
RO		**€4.000**

Esercizio 3.7

Dati

$Y = €337 + €5{,}75x$

Domande

Posto: y = €337 + 5,75x, CV? CF?

Soluzioni

CT = €337
CV u = €5,75
CT previsto per 510 unità = (€337 × 4 trimestri) + (510 × €5,75) = €4.280,50

Esercizio 3.8

Dati

Campione	Dimensione del lotto, X	Costi di supporto, Y
1	15	€180
2	12	€140
3	20	€230
4	17	€190
5	12	€160
6	25	€300
7	22	€270
8	9	€110
9	18	€240
10	30	€320

Domande

1. Posto metodo regressione lineare, y = a + bx?
2. Posto Cv u (ossia x) = 25, CT (ossia y)?

Soluzioni

1.

Output dell'analisi di regressione (utilizzando un foglio Excel):

CF (intercetta) = 24,42553
R al quadrato = 0,955692
CV u (coefficiente x) = 10,53191
y = €24,43 + €10,53x

2.

Costi di supporto = CT = CF + CV tot
CT = €24,43 + €10,53 × 25 = €287,68

CAPITOLO 4

Sistemi di misurazione dei costi tradizionali e Activity-Based Costing

Esercizi e problemi

ESERCIZIO 4.1 **Costi diretti, costi indiretti e costi non allocati**

Simple Plastics Company è un'azienda che realizza due linee di prodotti: astucci in plastica per penne e custodie in plastica per cellulari. Attualmente l'azienda utilizza un sistema di misurazione dei costi tradizionale impostato a base unica, ossia riunisce tutti i costi indiretti in un unico cost pool e li imputa alle due linee di prodotto in base ad un'unica base di ripartizione, e dunque in base ad un unico coefficiente di allocazione.

L'elenco che segue fornisce diverse risorse utilizzate da Simple Plastics Company. Utilizzare le lettere D, I e N per indicare in che modo il costo di ciascuna risorsa verrebbe classificato: D = diretto, I = indiretto e N = non allocato.

1. Stipendi della manodopera diretta che lavora gli astucci per penne. D
2. Stipendio del controller. N
3. Ammortamento dei computer utilizzati dagli ingegneri per progettare le custodie per telefoni cellulari. I
4. Ammortamento dell'impianto. I
5. Resina utilizzata per la realizzazione degli astucci per penne. D
6. Stipendio del manager dell'impianto. I
7. Energia elettrica e altre utility. I
8. Canoni di leasing delle attrezzature impiegate per la lavorazione delle custodie in plastica per i cellulari. I
9. Stipendio del personale dedito alle ricerche di mercato. N

ESERCIZIO 4.2 **Costi di prodotto e costi di periodo**

Exe SpA è un'azienda italiana che realizza guarnizioni in gomma destinate principalmente a rubinetteria, elettrodomestici e impianti idraulici. Con riferimento all'elenco dei costi sottostante, indicare se si tratta di costi di prodotto o di periodo e specificare la natura del costo: materie prime (MP), manodopera diretta (MOD), costi generali di produzione (CGP) o costi generali, di vendita e amministrativi.

1. Polimeri e mescole impiegati nella realizzazione delle guarnizioni.

2. Stipendi del personale di vendita.

3. Manodopera addetta al reparto di stampaggio a compressione.

4. Manutenzione dei macchinari da stampa a iniezione.

5. Ammortamento delle attrezzature di ufficio.

6. Assicurazione sulle vetture del personale di vendita.

7. Ammortamenti degli impianti industriali.

8. Assicurazione sugli edifici della sede centrale dell'azienda.

9. Materiali di consumo.

10. Stipendi degli impiegati amministrativi.

11. Canoni di leasing delle attrezzature impiegate nelle fasi di sbavatura e vulcanizzazione (fasi immediatamente successive allo stampaggio).

12. Energia e utility.

ESERCIZIO 4.3 — Calcolo del costo del venduto

Foley è una piccola azienda che produce un unico prodotto e ha la seguente struttura dei costi:

Costi variabili unitari:	
Materie prime	€2
Manodopera diretta	€4
Costi generali di produzione variabili	€1
Costi amministrativi e di vendita variabili	€3
Costi fissi annui:	
Costi generali di produzione fissi	€30.000
Costi amministrativi e di vendita fissi	€10.000

L'azienda adotta un sistema a costo pieno, imputando al prodotto sia i costi variabili, sia i costi fissi di produzione. I costi fissi vengono imputati al prodotto considerando come driver i volumi di produzione.

Per realizzare un'unità di prodotto sono necessari 20 grammi di materia prima; il costo al grammo della materia prima è pari a €0,1. Nel corso dell'anno sono stati acquistati 100.000 grammi di materie prime.

Con riferimento al magazzino di materie prime sono stati rilevati i seguenti dati:

Rimanenze iniziali MP (grammi)	20.000
Rimanenze finali MP (grammi)	0

Con riferimento alle unità prodotte e vendute e al magazzino di prodotti finiti sono stati rilevati i seguenti dati:

Unità prodotte	6.000
Unità vendute	5.000
Rimanenze iniziali PF	0
Rimanenze finali PF	1.000*

* Unità in magazzino a fine periodo (RF PF) = Unità a inizio periodo + Unità prodotte – Unità vendute = 0 + 6.000 – 5.000 = 1.000

Il prodotto viene venduto a un prezzo di €20 l'uno.
Determinare:

1. il costo unitario di prodotto;

2. il costo del venduto;

3. il conto economico a costo del venduto.

ESERCIZIO 4.4 — Calcolo del costo del venduto e conto economico a costo del venduto in un'impresa manifatturiera

Alexander Company produce e vende un unico prodotto. Nel corso dell'ultimo esercizio della società sono stati sostenuti i seguenti costi:

MP	€100.000
MOD	€180.000
Ammortamenti impianti produzione	€65.000
Ammortamenti attrezzature ufficio	€25.000
Materiali di consumo	€5.000
Utenze di fabbrica	€55.000
Locazione stabilimento produttivo	€50.000
Stipendi del personale commerciale e Amministrativo	€90.000
Lavorazioni presso terzi	€15.000
Manodopera indiretta	€65.000
Manutenzione macchinari	€15.000
Costi generali e amministrativi	€30.000
Supervisione fabbrica	€10.000
Proventi diversi	€40.000

I saldi delle rimanenze iniziali (RI) e finali (RF) di magazzino sono i seguenti:

	RI	RF
MP	€90.000	€95.000
SL	€10.000	€7.000
PF	€60.000	€50.000

Le provvigioni riconosciute ai venditori sono pari al 2% del fatturato.

1. Determinare il costo del venduto.

2. Supponendo che l'azienda abbia totalizzato ricavi pari a €800.000, redigere il conto economico a costo del venduto.

ESERCIZIO 4.5 Calcolo del costo del venduto e conto economico a costo del venduto in un'impresa manifatturiera

Luxury Folding Box è un'azienda cartotecnica specializzata nella realizzazione di astucci pieghevoli in cartone per il settore cosmetico, con stampa ad alta definizione.

L'attività produttiva aziendale si compone delle fasi di stampa, fustellatura, piegatura e incollatura del cartone ai fini della realizzazione di imballaggi di presentazione personalizzati in base alle specifiche esigenze del cliente.

L'azienda opera su commessa e per ciascuna commessa l'attività produttiva è preceduta da una fase di studio e progettazione a opera dell'Ufficio tecnico e del reparto di prestampa. Il primo si occupa del disegno tecnico dell'imballaggio, il secondo della messa a punto della grafica.

La realizzazione di imballaggi personalizzati richiede l'impiego di attrezzature industriali specifiche per ogni commessa: fustelle (impianti di volta in volta inseriti nelle macchine fustellatrici, che consentono lo svolgimento della fase di fustellatura, definendo la forma dell'imballaggio, diversa per ciascuna commessa) e impianti stampa (impianti appositamente inseriti nelle macchine da stampa, che consentono la realizzazione della fase di stampa, definendo la grafica dell'imballaggio).

Al consumo di materie prime, cartone, inchiostri e colla, si aggiunge quello di vari materiali di consumo, che comprendono solventi, prodotti di pulizia e accessori.

L'azienda si avvale di un ufficio commerciale interno e di agenti cui viene corrisposta una provvigione del 5%.

Grazie al nuovo sistema gestionale l'azienda è in grado di rilevare una serie di nature di costo molto dettagliata. Di seguito vengono riportate le rilevazioni dell'anno 2012.

Cartone	€750.000
Inchiostri	€150.000
Colla	€110.000
Sconti passivi	€15.000
Resi su vendite	€55.000
MOD reparto Stampa	€110.000
MOD reparto Fustellatura	€90.000
MOD reparto Piega e incolla	€200.000
Ammortamenti macchinari	€50.000
Materiali di consumo	€12.500
Lavorazioni presso terzi	€45.000
MOI reparto Prestampa	€60.000
MOI Ufficio Tecnico	€45.000
Pubblicità istituzionale	€60.000
Fustelle	€12.000
Impianti stampa	€15.000
Stipendio Responsabile commerciale	€50.000
Costi Ricerca e Sviluppo	€35.500
Manutenzioni macchinari	€32.000
Vigilanza stabilimento	€10.000
Canone di locazione locali	€40.000
Assicurazione	€10.000
Utenze	€25.000
Mensa	€8.000
Costi fissi amministrativi e di vendita	€55.000
RI MP	€250.000
RF MP	€220.000
RI SL	€85.000
RF SL	€120.000
RI PF	€255.000
RF PF	€220.000

Solo l'80% del canone di locazione riguarda le attività produttive; il resto riguarda le attività amministrative e di vendita.

Circa il 75% dell'assicurazione e l'80% delle utenze riguarda le attività della fabbrica; gli importi restanti riguardano le attività amministrative e di vendita.

Nel 2012 sono stati registrati ricavi di vendita per un totale di €2.800.000.

Il direttore generale ha incaricato il controller aziendale di:

1. Determinare il costo del venduto aziendale.
2. Redigere il conto economico a costo del venduto.

ESERCIZIO 4.6 — Conto economico a costo del venduto in un'impresa commerciale

Skin Care è un'azienda commerciale che si occupa della vendita di prodotti di bellezza. Questi vengono acquistati da produttori locali e rivenduti in tutta Europa.

Con riferimento al 2012 sono stati rilevati i seguenti dati:

Ricavi di vendita	€3.000.000
Sconti, abbuoni e ribassi passivi	€10.000
Resi su vendite	€21.000
Acquisto merci	€2.200.000
Sconti attivi	€12.000
Ribassi e abbuoni attivi	€15.000
Dazi e spese doganali	€18.000
Costo personale commerciale	€285.000
Viaggi e trasferte commerciali	€70.000
Ammortamenti attrezzature d'ufficio	€50.000
Costi generali e amministrativi	€30.000
Oneri diversi	€55.000

I saldi delle rimanenze iniziali (RI) e finali (RF) di magazzino sono i seguenti:

	RI	RF
Merci	€120.000	€162.000

1. Determinare il costo del venduto.
2. Determinare il conto economico a costo del venduto.

ESERCIZIO 4.7 — Sistemi di misurazione dei costi tradizionali: sistema a base unica e orientamento "per fasi" – Il caso Security Drive

Security Drive è un'azienda italiana che produce due tipologie di caschi per motociclisti: caschi integrali e caschi open.

Il conto economico dell'azienda con riferimento all'anno 2011 è il seguente:

Ricavi caschi integrali	€2.880.000	
Ricavi caschi open	€1.440.000	
Ricavi totali		**€4.320.000**
Materie prime	(€1.480.000)	
Componenti	(€184.000)	
Manodopera diretta	(€281.600)	
Totale costi diretti di produzione		**(€1.945.600)**
Manodopera indiretta	(€350.000)	
Ammortamenti	(€1.130.000)	
Energia	(€175.000)	
Manutenzioni	(€127.760)	
Totale costi indiretti di produzione		**(€1.782.760)**
Totale costi di produzione		**(€3.728.360)**
Costi commerciali	(€120.000)	
Costi amministrativi e generali	(€230.000)	
Totale costi di periodo		**(€350.000)**
Risultato operativo		**€241.640**

Il processo produttivo si articola in quattro reparti.

- Reparto 1, altamente automatizzato, nel quale attraverso 6 macchinari che operano su 2 turni viene prodotta la parte esterna del casco. Due responsabili per ogni turno di lavoro, dal costo annuo unitario di €30.000, supervisionano l'attività di reparto.
- Reparto 2, anch'esso automatizzato, nel quale viene effettuato il rivestimento interno attraverso l'impiego di 7 macchinari che operano su 2 turni. Anche in questo caso due responsabili per ogni turno di lavoro, dal costo annuo unitario di €30.000, supervisionano l'attività di reparto.
- Reparto Montaggio, caratterizzato da un'attività manuale, dove 4 operai specializzati si occupano di montare e assemblare tutte le parti componenti del casco. Il reparto lavora su un turno di lavoro, coordinato da un responsabile dal costo annuo di €50.000.
- Reparto Finitura, dove 4 operai specializzati si occupano delle operazioni finali di controllo, rifinitura e imballaggio dei singoli caschi. Pur essendoci in tale reparto dei macchinari, anch'esso può considerarsi ad attività manuale. Anche in questo caso il reparto lavora su un turno di lavoro, ed è coordinato da un responsabile dal costo annuo di €60.000.

Con riferimento all'esercizio 2011 si dispone delle seguenti informazioni:

	Vol. produz./ vendita	Prezzo vendita	Costo MP	Costo componenti	h MOD Assem-blaggio	h MOD Rifinitura	h macchina rep. 1	h macchina rep. 2
Caschi integrali	12.000	€240	€80	€10	0,29	0,31	1	1,35
Caschi open	8.000	€180	€65	€8	0,445	0,415	0,8	1

Inoltre:

- Il costo orario della MOD è pari a 20 €/h.
- La distribuzione dei costi indiretti di produzione tra i diversi reparti è la seguente:

	Rep. 1	Rep. 2	Assemblaggio	Rifinitura	Totale
Ammortamenti	€530.000	€380.000	€50.000	€170.000	€1.130.000
Energia	€50.000	€60.000	€20.000	€45.000	€175.000
Manutenzioni	€36.000	€45.000	€12.000	€34.760	€127.760

1. Si determini il costo di prodotto unitario con riferimento all'anno 2011 delle due tipologie di prodotto, procedendo all'imputazione dei costi indiretti attraverso un sistema di misurazione dei costi a base unica, ossia ricorrendo a un unico coefficiente di imputazione basato sulle ore MOD.
2. Si determini il costo unitario consuntivo con riferimento al 2011 delle due tipologie di prodotto, procedendo all'imputazione dei costi indiretti di produzione attraverso un sistema di misurazione dei costi con orientamento per fasi, utilizzando le basi di ripartizione più significative in base alla tecnologia di ciascun reparto produttivo.
3. Si commentino le differenze riscontrate.
4. Si elabori il conto economico a costo del venduto utilizzando i valori unitari determinati con il sistema di misurazione dei costi con orientamento per fasi.

ESERCIZIO 4.8 — Il primo passaggio dell'activity-based costing: il costo delle attività

Il direttore di una filiale della First Bank of Eagle vuole indagare sull'efficienza delle operazioni della sua filiale. Ha dunque richiesto una consulenza per realizzare uno studio delle transazioni ordinarie utilizzando l'activity-based costing. Nello specifico vorrebbe conoscere il costo di apertura di un nuovo conto, il costo della gestione di prelievi e versamenti e il costo di concessione dei mutui.

In filiale operano 6 addetti allo sportello, con uno stipendio annuo di €50.000 cadauno, e 2 direttori vendite con un costo annuo di stipendio e bonus pari a €80.000 cadauno. Inoltre lo stipendio e il bonus del direttore ammontano annualmente a €100.000. La filiale sostiene inoltre altri costi di struttura per €250.000 annui; tuttavia il direttore ritiene che tali costi non possano essere correlati con le attività bancarie di routine e pertanto non possano essere allocati.

Egli intervista i propri dipendenti e raccoglie i seguenti dati in merito alla distribuzione del loro impegno nel 2011 sulle attività considerate:

	Apertura nuovi conti	Gestione prelievi e versamenti	Concessione mutui	Altre attività
Addetti allo sportello	20%	70%	10%	0%
Direttori delle vendite	0%	0%	60%	40%
Direttore di filiale	0%	0%	30%	70%

Sulla base delle informazioni riportate si calcoli il costo totale delle attività per l'anno 2011.

ESERCIZIO 4.9 — Il secondo passaggio dell'activity-based costing: il calcolo dei CdA

Questo esercizio è il proseguimeno dell'Esercizio 4.8 e presuppone l'utilizzo delle informazioni fornite e determinate nel suddetto esercizio oltre all'utilizzo delle informazioni aggiuntive di seguito elencate.

Sapendo che nel corso dell'anno 2011 sono stati:

- aperti 120 nuovi conti correnti,
- gestite 420.000 operazioni di prelievo e versamento,
- concessi 80 mutui, si calcoli il costo unitario di attività.

ESERCIZIO 4.10 — Il secondo passaggio dell'activity-based costing: l'allocazione dei costi di attività agli oggetti finali di costo

Global Mining produce attrezzature speciali usate nel settore minerario. I costi diretti registrati nell'ultimo ordine completato sono riportati di seguito:

Costi diretti totali	
MP	€940
MOD	€1.700

Ai fini del processo decisionale interno, l'azienda usa un sistema activity-based costing e ha individuato 4 attività generatrici di costi indiretti e i rispettivi CdA:

Attività	Activity driver	CdA*
Approvvigionamento materiali	Numero ordini fornitori	45 €/ordine fornitore
Gestione ordini dei clienti	Numero ordini clienti	360 €/ordine cliente
Collaudo prodotti	Ore di collaudo	79 €/h collaudo
Vendita prodotti	Numero visite venditori	1.494 €/visita

* I CdA sono ottenuti dal rapporto CI attività/Activity driver tot. Valori riferiti allo scorso esercizio.

L'amministratore delegato delle società vorrebbe informazioni sui costi dell'ultimo ordine completato, relativo a trivelle per minerali duri.

L'ordine ha richiesto:

Activity driver	
Numero ordini fornitori	5
Ore di collaudo	18
Numero visite venditori	3

Determinare il costo totale dell'ordine.

ESERCIZIO 4.11 Activity-based costing: i driver di costo delle attività

Per le attività elencate, generatrici di costi indiretti, indicare i driver di costo delle attività più adeguati scegliendo tra quelli forniti.

Attività	Activity driver
1. Gestione componenti	a. Numero ordini di acquisto
2. Spedizione dei prodotti venduti ai clienti (distributori)	b. Chilometri percorsi
3. Attrezzaggio di una linea di produzione	c. Numero collaudi
4. Elaborazione degli ordini degli utenti	d. Numero ordini
5. Gestione approvvigionamenti	e. Numero lotti di produzione
6. Fatturazione	f. Metri quadri
7. Gestione collaudi	g. Numero controlli effettuati
8. Controllo qualità	h. Numero fatture emesse
9. Gestione ordini clienti	i. Numero componenti
10. Supervisione locali	l. Numero ordini clienti

ESERCIZIO 4.12 Valutazione della redditività dei servizi tramite l'activity-based costing

Carpet Cleaning è una piccola azienda a conduzione familiare che opera nei dintorni di Eagle-Vail, Colorado. Per i suoi servizi la società ha sempre addebitato una tariffa costante ogni 100 metri quadrati di moquette pulita. La tariffa attuale è di €22,95 ogni 100 metri quadrati. Tuttavia, vi sono dei seri dubbi in merito all'effettiva redditività di alcuni clienti (soprattutto quelli con sede nei ranch più isolati, che richiedono una trasferta considerevole). La figlia del titolare, a casa dal college per le vacanze estive, ha suggerito di indagare la questione usando l'activity-based costing. Dopo alcune discussioni, è sembrato ragionevole proporre un sistema semplice, costituito da quattro attività:

- pulitura moquette;
- trasferta per le commesse;
- supporto alle commesse;
- costi generali (relativi a capacità inutilizzata e supporto all'organizzazione, ritenuti costi non allocati).

Sono stati inoltre raccolti i seguenti dati:

Activity driver	
Numero di commesse	1.800
Miglia percorse	50.000
Metri quadri puliti	1.000.000

I costi totali di gestione della società per l'esercizio ammontano a €340.000 e includono i costi che seguono:

Stipendi e salari	€140.000
Forniture per la pulizia	€25.000
Ammortamento macchinari	€10.000
Costo dei veicoli	€30.000
Spese d'ufficio	€60.000
Retribuzione del presidente	€75.000
Costi totali	**€340.000**

Il consumo delle risorse si distribuisce tra le attività nel modo seguente:

	Pulitura moquette	**Trasferta per le commesse**	**Supporto alle commesse**	**Altro**	**Totale**
Stipendi e salari	75%	15%	0%	10%	100%
Forniture per la pulizia	100%	0%	0%	0%	100%
Ammortamento macchinari	70%	0%	0%	30%	100%
Costo dei veicoli	0%	80%	0%	20%	100%
Spese d'ufficio	0%	0%	60%	40%	100%
Retribuzione del presidente	0%	0%	30%	70%	100%

Il supporto alle commesse è costituito dalla ricezione delle chiamate dei potenziali clienti nella sede centrale della società, dalla programmazione delle commesse, dalla fatturazione, dalla risoluzione delle problematiche e così via.

1. Eseguire il primo passaggio dell'ABC, attribuendo i costi delle risorse alle attività.
2. Calcolare i CdA di ciascuna attività, scegliendo i driver di costo più adeguati per ciascuna attività tra quelli forniti dal testo.
3. Di recente la società ha completato una commessa di pulitura di 600 metri quadrati di moquette al Lazy Bee Ranch, che dista dagli uffici della società a Eagle-Vail 52 miglia (viaggio andata e ritorno). Calcolare il costo di questa commessa con l'activity-based costing.
4. Calcolare il margine lordo di commessa.

ESERCIZIO 4.13 — Sistemi di misurazione tradizionale dei costi e activity-based costing a confronto: il caso Lab Company

Il controller di Lab Company sta lavorando per migliorare il metodo attuale di calcolo del costo di prodotto, con particolare riferimento ai costi generali di produzione. Il metodo attuale imputa infatti i costi ai prodotti in base alle ore MOD, ma egli ritiene che questo costo sia poco preciso.

Il controller dispone delle seguenti informazioni:

- I costi generali di produzione sono pari a €1.500.000.
- Vengono lavorate 50.000 ore MOD, per un costo complessivo pari a €500.000 (€10 per ora).

Dopo una lunga serie di interviste ed elaborazioni riesce ad articolare i costi generali di produzione in tre categorie di attività:

- Costo legato ad attività di trasformazione diretta, €1.000.000.
- Costo per avviare gli ordini di produzione, €300.000.
- Costo di movimentazione componenti, €200.000.

Con riferimento ai tre aggregati di costo, egli ritiene di poter utilizzare le seguenti basi di allocazione:

- Ore MOD.
- Numero di ordini di produzione avviati pari a 1.000.
- Numero componenti movimentati pari a 10.000.

Egli vuole confrontare il costo unitario di prodotto calcolato con il metodo attuale con quello ottenibile attraverso la metodologia activity-based costing e a tal fine assume a riferimento 2 prodotti per i quali valgono i seguenti parametri:

	Prodotto A	Prodotto B
Costo unitario materiali	€200	€400
Ore MOD unitarie	30	10
Numero di prodotti ottenuti con un ordine di produzione	100	10
Numero di componenti per ogni prodotto	10	30

Sulla base delle informazioni riportate si determini:

1. il costo unitario dei due prodotti con il metodo tradizionale, attualmente utilizzato da Lab Company;
2. il costo unitario dei due prodotti utilizzando l'activity-based costing.

ESERCIZIO 4.14 Sistemi di misurazione tradizionale dei costi e activity-based costing a confronto: il caso Fusion Company

Fusion Company produce e vende due tipi di calcolatrici tascabili: un modello base, Basic, e un modello sofisticato, Top.

I dati relativi ai due prodotti sono i seguenti:

	Basic	Top
Vol. Produzione (Vol. vendita)	500.000 unità	250.000 unità
MP	5 €/u	7 €/u
h MOD/u	0,3 h/u	0,15 h/u
Tariffa oraria MOD	10 €/h	10 €/h

I costi indiretti di produzione ammontano, per il primo semestre 2013, a €1.500.000 e riguardano in particolare:

- riattrezzaggio impianti: €652.000;
- gestione ordini: €848.000.

Sempre per il primo semestre 2013:

- il prodotto Basic ha richiesto 8.150 interventi di riattrezzaggio impianti ed è stato ordinato 424 volte;
- il prodotto Top ha richiesto 32.600 interventi di riattrezzaggio impianti ed è stato ordinato 1.272 volte.

1. Si determini il costo unitario di prodotto secondo il metodo tradizionale di misurazione dei costi indiretti, utilizzando le ore MOD come base di ripartizione.
2. Si determini il costo unitario di prodotto utilizzando l'ABC.

ESERCIZIO 4.15 L'activity-based costing come alternativa alla determinazione tradizionale dei costi di prodotto: il caso Rex Company

Per molti anni Rex Company ha realizzato un unico prodotto chiamato Standard. Poi, qualche anno fa, la società ha automatizzato una parte del suo stabilimento e ha introdotto un secondo prodotto chiamato Complex, che è diventato sempre più popolare. Il prodotto Complex è più complesso rispetto allo Standard: richiede 2 ore di MOD per unità da produrre e una lavorazione estensiva nella parte automatizzata dello stabilimento. Inoltre, necessita di parecchie ispezioni perché venga mantenuta un'alta qualità. Il prodotto Standard richiede soltanto un'ora di manodopera diretta per unità, una piccola quantità di lavorazione automatizzata e pochi controlli della qualità. I costi generali di produzione vengono assegnati ai prodotti in base alle ore di manodopera diretta.

Nonostante la crescente popolarità del prodotto Complex, gli utili sono calati costantemente.

Il management sta iniziando a credere che il sistema di determinazione dei costi possa essere sbagliato.

Si riportano di seguito i costi diretti sostenuti per la realizzazione dei due prodotti:

Costi diretti u	Standard	Complex
MP	€40	€80
MOD (18 €/h)	€18	€36

Il management ritiene che la società sosterrà €3.000.000 di costi generali di produzione nell'esercizio in corso, e che verranno prodotte e vendute 40.000 unità del prodotto Standard e 10.000 unità del prodotto Complex.

Il management sta valutando la possibilità di usare l'activity-based costing al fine di pervenire a una più accurata determinazione dei costi di prodotto, e a tal fine ha raccolto i seguenti dati:

Attività	Costo attività	Activity driver	Activity driver tot
Mantenimento del magazzino pezzi di ricambio	€360.000	N° pezzi	900
Elaborazione ordini di acquisto	€540.000	N° ordini	3.000
Controllo qualità	€600.000	N° test	8.000
Lavorazioni automatizzate	€1.500.000	h macchina	50.000
Costi indiretti totali	**€3.000.000**		

Il consumo di activity driver da parte dei due prodotti è il seguente:

Activity driver	Activity driver tot	Standard	Complex
N° pezzi	900	300	600
N° ordini	3.000	2.000	1.000
N° test	8.000	2.000	6.000
h macchina	50.000	20.000	30.000

1. Determinare il costo unitario dei due prodotti con il sistema di misurazione dei costi tradizionale, considerando come unico driver per l'allocazione dei costi indiretti le ore MOD.
2. Determinare il costo unitario dei due prodotti secondo il metodo activity-based costing.
3. Confrontare i risultati ottenuti ai punti 1 e 2 e commentarli.

Glossario: terminologia, abbreviazioni adottate e definizioni

Di seguito sono riportati i termini utilizzati nell'ambito del capitolo. Tra parentesi viene indicata l'eventuale abbreviazione adottata, e a seguire viene fornita la definizione.

Costo: sommatoria di valori attribuiti ai fattori produttivi impiegati in un'attività produttiva. Si parla dunque di costo nel processo di impiego e di spesa nel processo di acquisto.

Oggetto di costo: qualunque cosa con riferimento alla quale il management chiede una misurazione di costo specifica. Esempi sono rappresentati da prodotti, servizi, clienti, aree geografiche, reparti produttivi e attività aziendali.

Costo diretto (CD): può essere ricondotto a un oggetto di costo in modo specifico ed esclusivo. Tipici esempi sono rappresentati dal costo delle materie prime e della manodopera diretta.

Costo indiretto (CI): non può essere ricondotto a un oggetto di costo in modo specifico ed esclusivo, pertanto è necessario ricorrere a un processo di allocazione, utilizzando driver di costo affidabili. Alcuni esempi tipici di costi indiretti sono i costi indiretti di produzione, quali gli ammortamenti degli impianti di produzione, le utility, i materiali di consumo e i costi indiretti non di produzione quali le spese amministrative e di vendita.

Costi non allocati (CN): costi per i quali non è possibile identificare alcuna relazione con l'oggetto di costo. Solitamente sono rappresentati da costi di ricerca e sviluppo, contabilità e controllo, spese legali, sistemi informativi e così via.

Driver di costo: base di ripartizione utilizzata per determinare il coefficiente di allocazione in base al quale i costi indiretti vengono imputati agli oggetti di costo. Rappresenta la causa di generazione del costo da allocare.

Coefficiente di allocazione (CdA): dato dal rapporto tra i costi indiretti oggetto di allocazione e il driver di costo (o base di ripartizione).

Costo delle materie prime dirette (MP): costo di acquisto di tutti i materiali che l'azienda manifatturiera identifica come parte dei beni prodotti. Rappresenta un costo diretto.

Costo della manodopera diretta (MOD): costo relativo al personale impiegato dall'azienda manifatturiera nel processo di produzione dei prodotti o di erogazione dei servizi. Rappresenta un costo diretto.

Costo della manodopera indiretta (MOI): costo relativo al personale che partecipa indirettamente alla realizzazione dei prodotti/servizi e che pertanto viene a essi allocato attraverso un processo specifico. Rappresenta un costo indiretto.

Costi generali di produzione o costi indiretti di produzione (CGP o CIP): costi associati al processo di produzione, imputabili all'oggetto di costo tramite un processo di allocazione.

Costi di prodotto: costi identificati con i beni prodotti o acquistati per la vendita; concorrono alla determinazione del costo del venduto e del valore delle rimanenze.

Costo pieno di prodotto (CP): include costi diretti e indiretti di produzione (sia variabili sia fissi). Il costo pieno unitario moltiplicato per i volumi di vendita determina il costo del venduto.

Costo di periodo: non viene incluso nei costi di prodotto, non concorre alla formazione del valore delle rimanenze di esercizio, bensì viene "spesato" interamente in conto economico. Include i costi generali, amministrativi e di vendita.

Costo del venduto (CDV): nelle imprese manifatturiere è dato dalla sommatoria dei costi di produzione diretti e indiretti (variabili e fissi), quali costo delle materie prime, della manodopera diretta e costi indiretti di produzione; nelle imprese commerciali è rappresentato dal costo di acquisto dei prodotti che vengono acquistati per poi essere rivenduti.

Sistemi di misurazione dei costi tradizionali/Cost Management System (CMS): sistemi di misurazione dei costi che imputano al prodotto unicamente i costi di produzione (diretti e indiretti). In particolare i costi indiretti possono essere imputati al prodotto su base unica, ossia tramite un'unica base di ripartizione oppure su base multipla, ossia utilizzando molteplici basi di ripartizione e dunque molteplici coefficienti di allocazione (orientamento per fasi).

Sistema a base unica: orientamento di sistemi di misurazione dei costi tradizionali che raggruppano costi indiretti eterogenei in un unico *cost pool* e imputano tale aggregato agli oggetti di costo sulla base di un unico coefficiente di allocazione.

Orientamento "per fasi": orientamento di sistemi di misurazione dei costi tradizionali che raggruppano costi indiretti in centri di costo (CdC, che solitamente rispecchiano fasi organizzative o reparti) per poi provvedere all'imputazione di tali cost pool agli oggetti di costo attraverso coefficienti di allocazione specifici di centro di costo.

Activity-Based Costing (ABC): sistema di misurazione dei costi a due passaggi. Nel primo i costi delle risorse vengono allocati alle attività aziendali attraverso i driver di costo delle risorse (*resource driver*), nel secondo i costi delle attività vengono imputati ai prodotti attraverso driver di costo delle attività (*activity driver*).

Algoritmi utili

Costo diretto = P × Q

Coefficiente di allocazione (CdA):

$$\text{CdA} = \frac{\text{CI}}{\text{Driver di costo}}$$

CI allocato all'oggetto di costo = CdA × Consumo driver da parte dell'oggetto di costo

Costo pieno unitario = CV u produzione + CF u di produzione

Costo del venduto (CDV) = Costo u di prodotto × Volumi di vendita

Rappresentazione scalare del CDV in un'impresa manifatturiera:

\+ Rimanenze iniziali MP
\+ Acquisti MP
– Rimanenze finali MP
= Consumo MP
\+ MOD
\+ CGP
\+ Rimanenze iniziali SL
– Rimanenze finali SL
= Costo del prodotto ottenuto
\+ Rimanenze iniziali prodotti finiti
– Rimanenze finali prodotti finiti
= *CDV*

Rappresentazione scalare del CDV in un'impresa commerciale:
\+ Rimanenze iniziali di merci
\+ Acquisto merci
– Rimanenze finali merci
\+ Dazi e spese doganali
– Ribassi e abbuoni attivi
– Sconti attivi
= CDV

Soluzioni agli esercizi

Esercizio 4.1

La classificazione dei costi della Simple Plastics è la seguente:

1. D

2. N

3. I

4. I

5. D

6. I

7. I

8. I

9. N

È bene precisare che i sistemi di misurazione dei costi tradizionali, come quello in questione, generalmente imputano ai prodotti o servizi solo costi diretti e indiretti di produzione.

Per contro, i sistemi ABC imputano all'oggetto di costo tutti quei costi che per rilevanza strategica o ammontare devono essere presi in considerazione al fine di orientare al meglio le decisioni del management. Ne risulta che spesso, grazie all'ABC, i manager scoprono di poter assegnare direttamente costi solitamente considerati indiretti o addirittura non allocati.

Esercizio 4.2

Di seguito viene fornita indicazione della tipologia di costo (di prodotto o di periodo) e tra parentesi viene specificata la natura del costo. Tra i costi di prodotto si riscontrano costi diretti di produzione (MP, MOD), costi indiretti di produzione (CGP) e costi di periodo, per definizione indiretti (costi Generali, Amministrativi e di Vendita).

1. Costo di prodotto (MP)

2. Costo di periodo (Vendita)

3. Costo di prodotto (MOD)

4. Costo di prodotto (CGP)

5. Costo di periodo (Amministrativo)

6. Costo di periodo (Vendita)

7. Costo di prodotto (CGP)

8. Costo di periodo (Generale)

9. Costo di prodotto (CGP)

10. Costo di periodo (Amministrativo)

11. Costo di prodotto (CGP)

12. Costo di prodotto (CGP)

Nello specifico il numero 1 (costo MP) e il numero 3 (costo MOD) sono costi diretti di prodotto (o di produzione); i numeri 4, 7, 9, 11 e 12 (CGP) sono costi indiretti di prodotto (o di produzione) e i numeri 2, 5, 6, 8 e 10 sono costi di periodo, per definizione indiretti, che solitamente rientrano in conto economico in un unico aggregato denominato "Costi generali, di vendita e amministrativi".

Esercizio 4.3

Dati

Fare riferimento alle tabelle del testo.
Costo u = CV u produzione + CF u produzione
MP gr/u = 20 gr/u
MP €/gr = 0,1 €/gr
MP gr = 100.000 gr
P = 20 €/u

Domande

1. Costo u?

2. CDV?

3. CE a CDV?

Soluzioni

1.

L'azienda adotta un sistema a costo pieno, imputando al prodotto sia i costi variabili di produzione sia i costi fissi di produzione.

Costo unitario	
MP*	€2
MOD	€4
CIV produzione	€1
CIF produzione**	€5
Costo pieno u totale	**€12**

* Il costo unitario delle MP ci viene fornito dal testo, ma poteva essere calcolato come 20 gr/u × 0,1 €/gr = 2 €/u.

** CF produzione unitario = CF produzione totali/volumi di produzione = €30.000/6.000 = €5.

2.

Esistono a tale proposito due modalità di determinazione del costo del venduto. Vengono esposte di seguito.

a. Rappresentazione scalare del costo del venduto:

RI MP (0,1 €/gr × 20.000 gr)	€2.000
Acquisto MP (0,1 €/gr × 100.000 gr)	€10.000
RF MP (0,1 €/gr × 0 gr)	(€0)
Consumo MP	**€12.000**
MOD (4 €/u × 6.000 u)	€24.000
CGP variabili (1 €/u × 6.000 u)	€6.000
CGP fissi	€30.000
Costo dei prodotti ottenuti	**€72.000**
RI PF (12 €/u × 0 u)*	€0
RF PF (12 €/u × 1.000)*	(€12.000)
CDV	**€60.000**

* La valorizzazione del magazzino prodotti finiti è data dal prodotto tra costo unitario di prodotto e unità presenti a magazzino.

b. Modalità alternativa di calcolo del costo del venduto:

CDV = Costo u prodotto × Volumi di vendita

CDV = 12 €/u × 5.000 u = €60.000

3.
CE a CDV

Ricavi (20 €/u × 5.000 u)*	€100.000
CDV	(€60.000)
MOL	**€40.000**
Costi amministrativi e di vendita variabili (3 €/u × 5.000 u)**	(€15.000)
Costi amministrativi e di vendita fissi**	(€10.000)
RO	**€15.000**

* Ricavi = Prezzo × Volumi di vendita = 20 €/u × 5.000 u = €100.000.
** Al di sotto del MOL vi sono tutti i costi non di produzione, ossia i costi di periodo. Costi amministrativi e di vendita variabili = CV u × Volumi di vendita = 3 €/u × 5.000 u = €15.000.

Esercizio 4.4

Dati
Si faccia riferimento alle tabelle fornite dal testo.
Provvigione = 2% × Ricavi

Domande
1. CDV?
2. Posto: Ricavi = €778.000, CE a CDV?

Soluzioni
1.
Il costo del venduto di un'impresa manifatturiera comprende tutti i costi di produzione, diretti e indiretti, ed esclude pertanto costi generali, amministrativi e di vendita (variabili come le provvigioni o fissi come i costi di periodo):

+ RI MP	€90.000
+ Acquisti MP	€100.000
– RF MP	(€95.000)
= Consumo MP	**€95.000**
+ MOD	€180.000
+ CGP:	
Ammortamenti impianti produzione	€65.000
Materiali di consumo	€5.000
Utenze di fabbrica	€55.000
Locazione stabilimento produttivo	€50.000

Lavorazioni presso terzi	€15.000
Manodopera indiretta	€65.000
Manutenzione macchinari	€15.000
Supervisione fabbrica	€10.000
+ RI SL	€10.000
– RF SL	(€7.000)
= Costo prodotti ottenuti*	**€558.000**
+ RI PF	€60.000
– RF PF	(€50.000)
= CDV	**€568.000**

* Costo prodotti ottenuti = Consumo MP + MOD + CGP + RI SL – RF SL = €95.000 + €180.000 + €280.000 + €10.000 – €7.000 = €558.000

2.
CE a CDV

Ricavi	€800.000
CDV	(€568.000)
MOL	**€232.000**
Provvigioni	(€16.000)
Stipendi del personale di vendita e amministrativo	(€90.000)
Ammortamenti attrezzature ufficio	(€25.000)
Costi generali e amministrativi	(€30.000)
RO Gestione caratteristica	**€71.000**
Proventi diversi	€40.000
RO	**€111.000**

Esercizio 4.5

Dati

Si faccia riferimento alle tabelle fornite dal testo.
Provvigioni = 5% × Ricavi
Canoni locazione industriali = 80%
Canoni locazione V&A = 20%
Assicurazioni industriali = 75%
Assicurazioni V&A = 25%
Utenze industriali = 80%
Utenze V&A = 20%
Ricavi = €2.800.000

Domande

1. CDV?
2. CE a CDV?

Soluzioni

1.

Il costo del venduto di un'impresa manifatturiera comprende tutti i costi di produzione, diretti e indiretti, ed esclude pertanto costi generali, amministrativi e di vendita (variabili come le provvigioni o fissi come i costi di periodo):

+ RI MP	€250.000
+ MP*	€1.010.000
– RF MP	(€220.000)
= Consumo MP	**€1.040.000**
+ MOD**	€400.000
+ CGP:	
Ammortamenti macchinari	€50.000
Materiali di consumo	€12.500
Lavorazioni presso terzi	€45.000
Manodopera indiretta (MOI)***	€105.000
Impianti e attrezzature****	€27.000
Manutenzione macchinari	€32.000
Vigilanza stabilimento produttivo	€10.000
Locazione fabbrica (80%)	€32.000
Assicurazione fabbrica (75%)	€7.500
Utenze di fabbrica (80%)	€20.000
Totale CGP	€341.000
+ RI SL	€85.000
– RF SL	(€120.000)
= Costo prodotti ottenuti* **	**€1.746.000**
+ RI PF	€255.000
– RF PF	(€220.000)
= CDV	**€1.781.000**

* Il costo totale delle MP è dato dalla sommatoria dei costi di cartone, inchiostri e colla: €750.000 + €150.000 + €110.000 = €1.010.000.

** Il costo totale della MOD è dato dalla sommatoria di MOD Stampa, MOD Fustellatura e MOD Piega e incolla: €110.000 + €90.000 + €200.000 = €400.000

*** Il costo totale della MOI è dato dalla sommatoria del costo del personale dell'Ufficio tecnico e del reparto di prestampa: €60.000 + €45.000 = €105.000.

**** Il costo di impianti e attrezzature è dato dalla sommatoria dei costi di fustelle e impianti stampa: €12.000 + €15.000 = €27.000.
***** Costo dei prodotti ottenuti = Consumo MP + MOD + CGP + RI SL – RF SL = €1.040.000 + €400.000 + €341.000 + €85.000 – €120.000 = €1.746.000

2.
CE a CDV

Ricavi	€2.800.000
Sconti passivi	(€15.000)
Resi su vendite	(€55.000)
Ricavi netti	**€2.730.000**
CDV	(€1.781.000)
MOL	**€949.000**
Provvigioni su vendite*	(€140.000)
Stipendio Responsabile commerciale	(€50.000)
Pubblicità istituzionale	(€60.000)
Costi fissi amministrativi e di vendita	(€55.000)
Costi Ricerca e Sviluppo	(€35.500)
Mensa	(€8.000)
Locazione attività amministrative e di vendita (20%)	(€8.000)
Assicurazione attività amministrative e di vendita (25%)	(€2.500)
Utenze (20%)	(€5.000)
RO	**€585.000**

* Provvigioni = 5% × Ricavi = 5% × €2.800.000 = €140.000

Esercizio 4.6

Dati
Si faccia riferimento alle tabelle fornite dal testo.

Domande
1. CDV?
2. CE a CDV?

Soluzioni

1.

Il costo del venduto di un'impresa commerciale è pari al costo totale di acquisto delle merci che vengono acquistate per essere rivendute.

+ RI merci	€120.000
+ Acquisto merci	€2.200.000
– RF merci	(€162.000)
= Consumo merci	**€2.158.000**
+ Dazi e spese doganali	€18.000
– Sconti attivi	(€12.000)
– Ribassi e abbuoni attivi	(€15.000)
CDV	**€2.149.000**

2.

CE a CDV

Ricavi di vendita	€3.000.000
Sconti, abbuoni e ribassi passivi	(€10.000)
Resi su vendite	(€21.000)
Ricavi netti	**€2.969.000**
CDV	**(€2.149.000)**
MOL	**€820.000**
Costo personale commerciale	(€285.000)
Viaggi e trasferte commerciali	(€70.000)
Ammortamenti attrezzature d'ufficio	(€50.000)
Costi generali e amministrativi	(€30.000)
RO Gestione caratteristica	**€385.000**
Oneri diversi	(€55.000)
RO aziendale	**€330.000**

Esercizio 4.7

Dati

	Reparto 1	Reparto 2	Assemblaggio	Rifinitura
Macchinari	6	7	–	–
Turni	2	2	1	1
N. Responsabili	(2 × 2 turni =) 4	(2 × 2 turni =) 4	1	1
Costo annuo Responsabili	€30.000	€30.000	€50.000	€60.000
Costo tot Responsabili	(4 × €30.000 =) €120.000	(4 × €30.000 =) €120.000	€50.000	€60.000
N. Operai	–	–	4	4

Tariffa MOD = 20 €/h

Vedi inoltre CE e dati delle tabelle del testo.

Domande

1. Posto: driver = h MOD, costo u di prodotto con impostazione a base unica?
2. Costo u prodotto con orientamento per fasi?
3. Differenze?
4. CE a CDV?

Soluzioni

1.

Secondo l'impostazione a base unica i costi indiretti di produzione vengono aggregati in un unico cost pool che viene imputato ai prodotti tramite un unico coefficiente di allocazione.

	Vol. produz./ vendita	h/u MOD Assemblaggio	h/u MOD Rifinitura	h tot MOD Assemblaggio*	h tot MOD Rifinitura**	h tot MOD
Caschi integrali	12.000	0,29	0,31	3.480	3.720	7.200
Caschi open	8.000	0,445	0,415	3.560	3.320	6.880
Totale				7.040	7.040	**14.080**

* h tot MOD Assemblaggio caschi integrali = 12.000 u × 0,29 h/u = 3.480 h; h tot MOD Assemblaggio caschi open = 12.000 u × 0,31 h/u = 3.720 h.

** h tot MOD Rifinitura = 8.000 u × 0,445 h/u = 3.560 h; h tot MOD Rifinitura = 8.000 u × 0,415 h/u = 3.320 h.

Driver = h MOD
CdA = CI produzione/driver tot = CI/h MOD tot
CdA = €1.782.760/14.080 h = 126,62 €/h

	Caschi integrali			Caschi open		
	Prezzo/ Coefficiente	**Quantità/ Assorbimento**	**Costo Unitario**	**Prezzo/ Coefficiente**	**Quantità/ Assorbimento**	**Costo Unitario**
MP			€80*			€65*
Componenti			€10*			€8
MOD	20 €/h	0,6 h**	€12	20 €/h	0,86 h***	€17,2
Totale CD			**€102**			**€90,2**
CI	126,62 €/h	0,6 h**	€75,97	126,62 €/h	0,86 h***	€108,89
Costo u tot			**€177,97**			**€199,09**

* Il testo forniva già il costo unitario di MP e componenti (P×Q), mentre per la MOD è stato ottenuto moltiplicando la tariffa oraria per le h MOD necessarie per realizzare un'unità di prodotto (P×Q). Per quanto riguarda la quota di CI allocata ai prodotti, questa è stata trovata moltiplicando il CdA unico trovato precedentemente con i rispettivi gradi di assorbimento del driver da parte dei due prodotti (CdA × Assorbimento).
** h/u MOD caschi integrali = 0,29 h/u + 0,31 h/u = 0,6 h/u.
*** h/u MOD caschi open = 0,445 h/u + 0,415 h/u = 0,86 h/u.

2.
In base all'orientamento per fasi, i costi indiretti di produzione vengono raggruppati in centri di costo per reparti per poi essere imputati ai prodotti in base a specifici CdA per reparto.

Come prima cosa si procede alla determinazione dei costi indiretti totali per reparto da allocare ai due prodotti:

	Rep. 1	Rep. 2	Assemblaggio	Rifinitura	Totale
MOI	€120.000	€120.000	€50.000	€60.000	€350.000
Ammortamenti	€530.000	€380.000	€50.000	€170.000	€1.130.000
Energia	€50.000	€60.000	€20.000	€45.000	€175.000
Manutenzioni	€36.000	€45.000	€12.000	€34.760	€127.760
Totale CI	**€736.000**	**€605.000**	**€132.000**	**€309.760**	**€1.782.760**

Si provvede poi all'identificazione e alla determinazione dei driver di costo (basi di ripartizione) totali:

- **Reparti 1 e 2**: essendo reparti automatizzati, le **h macchina** sono il driver che meglio rappresenta l'utilizzo dei reparti (cioè il grado di consumo delle risorse di reparto) da parte dei due prodotti.
- **Reparti Assemblaggio e Rifinitura**: essendo reparti con attività manuali, le **h mod** sono il driver che meglio rappresenta l'utilizzo dei reparti (cioè il grado di consumo delle risorse di reparto) da parte dei due prodotti.

	Caschi integrali			**Caschi open**			**Totale**
	h/u	**unità**	**h tot**	**h/u**	**unità**	**h tot**	**h tot**
Reparto 1*	1	12.000	12.000	0,8	8.000	6.400	18.400
Reparto 2*	1,35	12.000	16.200	1	8.000	8.000	24.200
Assemblaggio	0,29	12.000	3.480	0,445	8.000	3.560	7.040
Rifinitura	0,31	12.000	3.720	0,415	8.000	3.320	7.040

* Per i reparti 1 e 2 si fa riferimento alle h MOD, per i reparti Assemblaggio e Rifinitura si fa riferimento alle h macchina.
h tot = h/u × unità, per esempio per il reparto 1, Caschi integrali: 1 h/u × 12.000 u = 12.000 h.

A seguire si determina il CdA:

	Rep. 1*	**Rep. 2***	**Assemblaggio**	**Rifinitura**	**Totale**
CI tot	€736.000	€605.000	€132.000	€309.760	€1.782.760
Driver tot	18.400 h	24.200 h	7.040 h	7.040 h	
CdA	40 €/h	25 €/h	18,75 €/h	44 €/h	

* Per i reparti 1 e 2 si fa riferimento alle h MOD, per i reparti Assemblaggio e Rifinitura si fa riferimento alle h macchina.
CdA = CI tot/h tot, per esempio per il reparto 1: €736.000/18.400 h = 40 €/h.

Il costo unitario di prodotto secondo l'orientamento per fasi risulta pertanto il seguente:

	Caschi integrali			**Caschi open**		
	Coefficiente	**Assorbimento**	**Costo unitario**	**Coefficiente**	**Assorbimento**	**Costo unitario**
Totale CD			**€102**			**€90,2**
Reparto 1*	40 €/h	1 h	€40,00	40 €/h	0,8 h	€32,00
Reparto 2*	25 €/h	1,35 h	€33,75	25 €/h	1 h	€25,00
Assemblaggio	18,75 €/h	0,29 h	€5,44	18,75 €/h	0,445 h	€8,34
Rifinitura	44 €/h	0,31 h	€13,64	44 €/h	0,415 h	€18,26
Totale CI			**€92,83**			**€83,60**
Costo u tot			**€194,83**			**€173,80**

* Per i reparti 1 e 2 si fa riferimento alle h MOD, per i reparti Assemblaggio e Rifinitura si fa riferimento alle h macchina.

3.
I due risultati sono significativamente diversi.

L'impostazione a base unica comporta l'aggregazione di tutti i costi indiretti in un unico pool di costi e l'impiego di un'unica base di ripartizione ai fini dell'allocazione agli oggetti di costo. Nel caso specifico, l'utilizzo di unico coefficiente di allocazione basato sulle ore MOD fa sì che vengano imputati più costi al prodotto che consuma più ore MOD. In questo caso il casco open impiega 0,86 ore MOD per unità di prodotto contro le 0,6 del casco integrale, e di conseguenza riceve una quota maggiore di costi indiretti. Tuttavia, l'eterogeneità dei costi indiretti, generati da reparti con un differente grado tecnologico, mette in evidenza i rilevanti limiti di tale metodo di allocazione dei costi indiretti, di seguito spiegati.

a. Le ore MOD rappresentano una base di ripartizione significativa limitatamente ai reparti produttivi caratterizzati da attività manuali, quali Assemblaggio e Rifinitura. Il costo dei reparti automatizzati sarà più probabilmente determinato dal consumo di ore-macchina da parte dei prodotti. Pertanto, per i reparti 1 e 2, le ore-macchina rappresentano un più significativo driver di costo (che per definizione deve rappresentare la causa di generazione del costo, ossia deve riflettere il consumo di risorse del reparto da parte dei prodotti). L'imputazione su base unica porta dunque a parametrare l'intero costo indiretto di produzione su un'unica variabile (le h MOD) che non è rappresentativa di tutte le modalità secondo cui questi costi sono impiegati nei processi produttivi.
b. I costi dei reparti Assemblaggio e Rifinitura, per i quali le h MOD sono effettivamente un driver significativo, rappresentano inoltre un'esigua parte dei costi indiretti totali. Ciò incrementa ulteriormente la distorsione nella determinazione del costo di prodotto.
c. A ciò si aggiunge il fatto che il casco open assorbe meno ore-macchina per unità di prodotto rispetto al casco integrale, e pertanto impiega in misura minore i costi dei reparti 1 e 2, che rappresentano la quota preponderante dei costi indiretti totali. L'imputazione su base unica (h MOD) fa sì che questa circostanza non venga tradotta nel costo di prodotto: in tal modo il casco open riceve una quota di costi indiretti che in realtà spetterebbe al casco integrale che assorbe più ore-macchina.

Per contro l'imputazione su base multipla, propria dell'orientamento per fasi, consente la determinazione di un costo maggiormente significativo e rappresentativo delle modalità di assorbimento dei costi indiretti da parte dei due prodotti.

a. Le differenze in tecnologia richiedono l'utilizzo di basi di ripartizione differenziate.
b. L'impiego di basi di ripartizione differenziate e specifiche per reparto consente di riflettere l'effettivo consumo di risorse dei reparti da parte dei prodotti: in tal modo il prodotto che più consuma ore-macchina riceverà una quota maggiore di costi indiretti dei reparti che utilizzano tali macchine; il prodotto che assorbe più ore MOD riceverà una quota maggiore dei costi dei reparti caratterizzati da attività manuali.

4.

	Caschi integrali	Caschi open	Totale
Ricavi	€2.880.000	€1.440.000	€4.320.000
Costi diretti di produzione	€102 × 12.000 = (€1.224.000)	€90,2 × 8.000 = (€721.600)	(€1945.600)
Costi indiretti di produzione	€92,83 × 12.000 = (€1.113.960)	€83,60 × 8.000 = (€668.800)	(€1.782.760)
CDV*	**(€2.337.960)**	**(€1.390.400)**	**(€3.728.360)**
Margine lordo	**€542.040**	**€49.600**	**€591.640**
Costi commerciali			(€120.000)
Costi amministrativi e generali			(€230.000)
Risultato operativo			**€241.640**

* Il CDV comprende tuti i costi di produzione, diretti e indiretti, dei beni venduti.

Oppure:

	Caschi integrali	Caschi open	Totale
Ricavi	€2.880.000	€1.440.000	€4.320.000
CDV*	**€194,83 × 12.000 = (€2.337.960)**	**€ 173,80 × 8.000 = (€1.390.400)**	**(€3.728.360)**
Margine lordo	**€542.040**	**€49.600**	**€591.640**
Costi commerciali			(€120.000)
Costi amministrativi e generali			(€230.000)
Risultato operativo			**€241.640**

* Il CDV può essere ottenuto anche moltiplicando il costo unitario di prodotto per i volumi di vendita.

Esercizio 4.8

Dati

		Apertura nuovi conti	Gestione prelievi e versamenti	Concessione mutui
Stipendi addetti allo sportello (6 × €50.000)	€300.000	20%	70%	10%
Direttori delle vendite (2 × €80.000)	€160.000	0%	0%	60%
Direttore di filiale	€100.000	0%	0%	30%
Costi struttura	€250.000			
Totale	**€810.000**			

Domande

Costi totali attività?

Soluzioni

		Apertura nuovi conti	Gestione prelievi e versamenti	Concessione mutui
Stipendi addetti allo sportello (6 × €50.000)	€300.000	€300.000 × 20% = €60.000	€300.000 × 70% = €210.000	€300.000 × 10% = €30.000
Direttori delle vendite (2 × €80.000)	€160.000			€160.000 × 60% = €96.000
Direttore di filiale	€100.000			€100.000 × 30% = €30.000
Totale	**€560.000**	**€60.000**	**€210.000**	**€156.000**

Il costo di Altre Attività non è stato calcolato perché nel caso specifico non di interesse per il Direttore di filiale.

Esercizio 4.9

Dati

Si faccia riferimento ai dati e ai risultati dell'esercizio precedente.

Domande

CdA di ogni attività?

Soluzioni

	Apertura nuovi conti	Gestione prelievi e versamenti	Concessione mutui
Costo totale delle attività	€60.000	€210.000	€156.000
Activity driver	120	420.000	80
CdA (costo unitario attività)*	€500	€0,5	€1.950

*Il costo unitario di attività non è altro che il CdA di attività che si ottiene dividendo i costi indiretti di attività per il driver di costo delle attività (activity driver). Per esempio, per l'attività "Apertura nuovi conti" si ha €60.000/120 = €500.

Per completezza è necessario precisare che il secondo passaggio dell'activity-based costing si concluderebbe con l'allocazione dei costi delle attività agli oggetti finali di costo, qui non richiesta.

A tal fine dovremmo conoscere il consumo del driver di costo delle attività da parte degli oggetti finali di costo.

Esercizio 4.10

Dati

Vedi le tabelle fornite dal testo.

Domande

Costo ordine?

Soluzioni

Come primo passo procediamo ad allocare i costi delle attività all'ordine, considerando i CdA e i consumi di driver da parte delle attività forniti dal testo:

Attività	CdA (a)	Consumo activity driver (b)	Costi Allocati (a) × (b)
Approvvigionamento materiali	45 €/ordine fornitore	5	45 €/ordine fornitore × 5 ordini = €225
Gestione ordini dei clienti	360 €/ordine cliente	1*	360 €/ordine cliente × 1 ordine = €360
Collaudo prodotti	79 €/h collaudo	18	79 €/h collaudo × 18 h = €1.422
Vendita prodotti	1.494 €/visita	3	1.494 €/visita × 3 visite = €4.482
Totale CI allocati			**€6.489**

*Stiamo considerando un ordine quale oggetto finale di costo.

Dalla sommatoria di costi diretti e indiretti dell'ordine otteniamo il suo costo totale:

Costi	€
MP	€940
MOD	€1.700
Totale costi diretti	**€2.640**
Approvvigionamento materiali	€225
Gestione ordini dei clienti	€360
Collaudo prodotti	€1.422
Vendita prodotti	€4.482
Totale costi indiretti	**€6.489**
Totale costo ordine	**€9.129**

Esercizio 4.11

Dati

Fare riferimento alla tabella del testo.

Domanda

Activity driver?

Soluzioni

Attività	Activity driver
1. Gestione componenti	i. Numero componenti
2. Spedizione dei prodotti venduti ai clienti (distributori)	b. Chilometri percorsi
3. Attrezzaggio di una linea di produzione	e. Numero lotti di produzione
4. Elaborazione degli ordini degli utenti	d. Numero ordini
5. Gestione approvvigionamenti	a. Numero ordini di acquisto
6. Fatturazione	h. Numero fatture emesse
7. Gestione collaudi	c. Numero collaudi
8. Controllo qualità	g. Numero controlli effettuati
9. Gestione ordini clienti	l. Numero ordini clienti
10. Supervisione locali	f. Metri quadri

Esercizio 4.12

Dati

Fare riferimento alle tabelle del testo.

Domande

1. Costo attività?
2. CdA attività?
3. Posto: metri quadri = 600 e miglia = 52, costo u?
4. Posto: tariffa commessa = 22,95 ogni 100 metri quadri, MOL commessa?

Soluzioni

1.

La Domanda 1 richiede la determinazione dei costi di attività, ossia richiede di attribuire i costi delle risorse alle attività. Questo non è altro che il primo passaggio dell'ABC.

Costo risorse	Pulitura moquette	Trasferta per le commesse	Supporto alle commesse	Costi generali	Totale*
Stipendi e salari	€140.000 × 75% = €105.000	€140.000 × 15% = €21.000	0	€140.000 × 10% = €14.000	€140.000
Forniture per la pulizia	€25.000 × 100% = €25.000	0	0	0	€25.000
Ammortamento macchinari	€10.000 × 70% = €7.000	0	0	€10.000 × 30% = €3.000	€10.000
Costo dei veicoli	0	€30.000 × 80% = €24.000	0	30.000 × 20% = €6.000	€30.000
Spese d'ufficio	0	0	€60.000 × 60% = €36.000	€60.000 × 40% = €24.000	€60.000
Retribuzione del presidente	0	0	€75.000 × 30% = €22.500	75.000 × 70% = €52.500	€75.000
Costo totale attività	**€137.000**	**€45.000**	**€58.500**	**€99.500**	**€340.000**

* Al fine di determinare la quota di risorse attribuita alle attività basta moltiplicare il costo delle risorse per il driver di costo delle risorse (la distribuzione del consumo di risorse fra le attività). Per esempio, la quota di "Salari e stipendi" da attribuire all'attività "Pulitura moquette" sarà data da €140.000 × 75% = €105.000.

2.

La determinazione dei CdA per attività fa parte del secondo passaggio dell'ABC, che si conclude con l'allocazione dei costi delle attività agli oggetti di costo (in questo caso le commesse).

A tal fine è necessario identificare adeguati driver di costo delle attività (activity driver) per ciascuna attività, scegliendo tra quelli forniti nel testo:

Attività	Costo attività (a)	Activity driver (b)	Activity driver tot	CdA (a)/(b)
Pulitura moquette*	€137.000	metri quadri	1.000.000	€137.000/1.000.000 m^2 = 0,1370 €/m^2
Trasferta per le commesse	€45.000	miglia	50.000	€45.000/50.000 miglia = 0,90 €/miglia
Supporto alle commesse	€58.500	commesse	1.800	€58.500/1.800 commesse = 32,50 €/ commessa
Costi generali (non allocati)**	€99.500			
Totale	**€340.000**			

* La tariffa di pulitura moquette è espressa per 100 m^2, pertanto i valori dei metri quadri sono da considerarsi in centinaia.

** Non si calcolano i CdA dei Costi generali in quanto sono considerati costi non allocati.

3.

Con la Domanda 3 concludiamo il secondo passaggio dell'ABC, allocando i costi dell'attività alla commessa mediante l'uso dei CdA appena determinati. A differenza degli esercizi passati, qui viene richiesto di determinare il costo di una sola commessa, per la quale vengono forniti i dati relativi al consumo dei driver.

Attività	CdA (c)	Consumo Activity driver (d)	Costo imputato (c) × (d)
Pulitura moquette	0,1370 €/m^2	600 m^2	0,1370 €/m^2 × 600 m^2 = €82,20
Trasferta per le commesse	0,90€/miglia	52 miglia	0,90 €/miglia × 52 miglia = €46,80
Supporto alle commesse	32,50 €/commessa	1 commessa	32,50 €/commessa × 1 commessa = €32,50
Totale			**€161,50**

4.

Se la tariffa della commessa è €22,95 ogni 100 metri quadri, allora la tariffa al metro quadro sarà:

Tariffa commessa/m^2 = €22,95/100 m^2 = 0,2295 €/m^2

Pertanto, considerando che in questa commessa sono stati puliti 600 metri quadri di moquette, i ricavi saranno:

Ricavi = 0,2295 €/m^2 × 600 m^2 = €137,70

Di seguito il calcolo del margine lordo di commessa:

Ricavi	€137,70
Costi pulitura moquette	(€82,20)
Costi trasferta commesse	(€46,80)
Costi supporto commesse	(€32,50)
Margine lordo di commessa	**(€23,80)**

Il prospetto evidenzia un margine lordo di commessa negativo.

Esercizio 4.13

Dati

Non tutti i dati forniti nel testo sono utili ai fini della risoluzione delle domande. Di seguito vengono riportati i dati necessari per lo svolgimento dell'esercizio:

Costi diretti	A	B
MP €/u	€200 €/u	€400 €/u
MOD €/h	€10 €/h	€10 €/h

Attività	Costo attività	Activity driver	Activity driver tot
Trasformazione	€1.000.000	Ore MOD	50.000
Avvio ordini di produzione	€300.000	N° ordini produzione	1.000
Movimentazione componenti	€200.000	N° componenti	10.000
Totale CGP	**€1.500.000**		

	Prodotto A	Prodotto B
Ore MOD unitarie	30 h/u	10 h/u
Numero di ordini di produzione per prodotto*	1/100 ordini	1/10 ordini
Numero di componenti per ogni prodotto	10 componenti	30 componenti

* Il testo fornisce il numero di prodotti ottenibili con un ordine di produzione. L'informazione per noi rilevante è il numero di ordini di produzione per prodotto. Pertanto nel caso del prodotto A, se si ottengono 100 prodotti per ogni ordine, vi sarà 1/100 di ordine per ogni prodotto. Nel caso del prodotto B se si ottengono 10 prodotti con ogni ordine, vi sarà 1/10 di ordine per ogni prodotto.

Domande

1. Costo u con metodo tradizionale?
2. Costo u con ABC?

Soluzioni

1.

CdA = CI tot/Driver tot = CI tot/h MOD tot = €1.500.000/50.000 h = 30 €/h

	Prodotto A	Prodotto B
MP	€200	€400
MOD	10€/h × 30h = €300	10€/h × 10h = €100
CGP*	30€/h × 30h = €900	30€/h × 10h = €300
Costo u totale	**€1.400**	**€800**

* La quota di CI imputata ai due prodotti si determina moltiplicando il CdA per il grado di consumo del driver (h MOD) da parte dei due prodotti.

2.

Conoscendo già i costi delle attività, siamo già nell'ambito del secondo passaggio dell'ABC.

Nell'ambito del secondo passaggio dell'ABC bisogna innanzitutto determinare il CdA per ciascuna attività:

Attività	Costo attività (a)	Activity driver	Activity driver (b)	CdA (c) = (a)/(b)
Trasformazione	€1.000.000	Ore MOD	50.000 h	20 €/h
Avvio ordini di produzione	€300.000	N° ordini produzione	1.000 u	300 €/ordine
Movimentazione componenti	€200.000	N° componenti	10.000 u	20 €/componente
Totale	**€1.500.000**			

A seguire il CdA deve essere moltiplicato per i consumo di activity driver da parte dei prodotti al fine di determinare la quota di CI di ciascuna attività da attribuire ai prodotti:

CdA (c)	Driver prodotto A (d)	Driver prodotto B (e)	Costi allocati prodotto A (c) × (d)	Costi allocati prodotto B (c) × (e)
20 €/h	30	10	20 €/h × 30 h = €600	20 €/h × 10h = €200
300 €/ordine	1/100	1/10	300 €/u × 1/100 ordine = €3	300 €/u × 1/10 ordine = €30
20€/componente	10	30	20 €/u × 10 componenti = €200	20 €/u × 30 u = €600
Totale CI			**€803**	**€830**

Si può dunque determinare il costo unitario dei due prodotti:

	Prodotto A	Prodotto B
MP	€200	€400
MOD	10€/h × 30h = €300	10€/h × 10h = €100
Totale costi diretti	**€500**	**€500**
Trasformazione	€600	€200
Avvio ordini produzione	€3	€30
Movimentazione componenti	€200	€600
Totale costi indiretti	**€803**	**€830**
Costo u totale	**€1.303**	**€1.330**

Esercizio 4.14

Dati

	Basic	Top
Vol. Produzione (Vol. vendita)	500.000 u	250.000 u
MP	5 €/u	7 €/u
h MOD/u	0,3 h/u	0,15 h/u
Tariffa oraria MOD	10 €/h	10 €/u
CI riattrezzaggio impianti		€652.000
N° interventi riattrezzaggio	8.150	32.600
CI gestione ordini		€848.000
N° ordini	424	1.272

Domande

1. Posto: Driver = h MOD, costo u con metodo tradizionale a base unica?
2. Costo u con ABC?

Soluzioni

1.

h MOD tot Basic = 0,3 h/u × 500.000 u = 150.000 h
h MOD tot Top = 0,15 h/u × 250.000 u = 37.500 h
h MOD tot = 150.000 h + 37.500 h = 187.500 h
CI tot = €652.000 + € 848.000 = €1.500.000
CdA = CI/h MOD tot = €1.500.000/187.500 h = 8 €/h

	Basic	Top
MP	5 €/u	7 €/u
MOD	10 €/h × 0,3 h/u = 3 €/u	10 €/u × 0,15 h/u = 1,5 €/u
CI	8 €/h × 0,3 €/u = 2,4 €/u	8 €/h × 0,15 €/u = 1,2 €/u
Costo u	**10,4 €/u**	**9,7 €/u**

2.

Poiché il testo già fornisce il costo delle attività, riportando così le soluzioni del primo passaggio dell'ABC, è necessario provvedere solo al secondo passaggio.

A tal fine si calcola il CdA di ciascuna attività:

Attività	Costo Attività (a)	Activity driver	Driver Basic	Driver Top	Driver Totale (b)	CdA (a)/(b)
Riattrezzaggio impianti	€652.000	N° interventi	8.150	32.600	40.750	€652.000/40.750 interventi = 16 €/interv.
Gestione ordini	€848.000	N° ordini	424	1.272	1.696	€848.000/1.696 ordini = 500 €/ordine

A seguire si determinano le quote di CI imputate ai due prodotti, moltiplicando i CdA per il grado di consumo degli activity driver da parte dei due prodotti:

CdA (c)	Driver Basic (d)	Driver Silver (e)	Costi allocati Basic (c) × (d)	Costi allocati Top (c) × (e)
16 €/intervento	8.150	32.600	1€6 × 8.150 interventi = €130.400	€16 × 32.600 u = €521.600
500 €/ordine	424	1.272	€500 × 424 ordini = €212.000	€500 × 1.272 u = €636.000
Totale CI			**€342.400**	**€1.157.600**
Unità			500.000 u	250.000 u
CI u			**€342.400/500.000 u = 0,6848 €/u**	**€1.157.600/250.000 = 4,6304 €/u**

Al fine di determinare il costo u di prodotto è necessario trasformare i CI totali in unitari, dividendoli per le unità, e sommare così costi diretti unitari e indiretti unitari:

	Basic	Top
MP	5 €/u	7 €/u
MOD	10 €/h × 0,3 h/u = 3 €/u	10 €/u × 0,15 h/u = 1,5 €/u
CI	0,6848 €/u	4,6304 €/u
Costo u tot	**8,6848 €/u**	**13,1304 €/u**

Esercizio 4.15

Dati

	Standard	Complex
MP	€40	€80
MOD (18 €/h)	€18	€36
h MOD	1 h/u	2 h/u
Unità	40.000	10.000

Attività	Costo attività	Activity driver	Activity driver tot	Driver Standard	Driver Complex
Mantenimento del magazzino pezzi di ricambio	€360.000	N° pezzi	900	300	600
Elaborazione ordini di acquisto	€540.000	N° ordini	3.000	2.000	1.000
Controllo qualità	€600.000	N° test	8.000	2.000	6.000
Lavorazioni automatizzate	€1.500.000	h macchina	50.000	20.000	30.000
Costi indiretti totali	**€3.000.000**				

Domande

1. Posto unico driver CI = h MOD, costo u prodotti?
2. Costo u prodotti con ABC (secondo passaggio ABC)?
3. Confrontare i diversi risultati ottenuti nei punti 1 e 2 e commentarli.

Soluzioni

1.

Il metodo attualmente impiegato dall'azienda è un metodo tradizionale a base unica, ossia un metodo che provvede ad allocare tutti i costi indiretti ai prodotti mediante un unico coefficiente di allocazione e dunque un'unica base di ripartizione, in questo caso le h MOD.

Driver tot Standard = h MOD tot Standard = 1 h/u × 40.000 u = 40.000 h
Driver tot Complex = h MOD tot Complex = 2 h/u × 10.000 u = 20.000 h
Driver tot = h MOD Standard + h MOD Complex = 40.000 h + 20.000 h = 60.000 h

CdA = CI tot/h MOD tot = €3.000.000/60.000 h = 50 €/h

Il costo u dei due prodotti sarà:

	Standard	Complex
MP	40 €/u	80 €/u
MOD (18 €/h)	18 €/u	36 €/u
CD	**58 €/u**	**116 €/u**
CI	50 €/h × 1 h/u = 50 €/u	50 €/h × 2 h/u = 100 €/u
Costo u	**108 €/u**	**216 €/u**

2.
Il testo fornisce già i costi delle varie attività per cui si procede direttamente con il secondo passaggio dell'activity-based costing e come prima cosa si determinano i CdA per ciascuna attività:

Attività	Costo attività (a)	Activity driver	Activity driver tot (b)	CdA (a)/(b)
Mantenimento del magazzino pezzi di ricambio	€360.000	N° pezzi	900	€360.000/900 pezzi = 400 €/pezzo
Elaborazione ordini di acquisto	€540.000	N° ordini	3.000	€540.000/3.000 ordini = 180 €/ordine
Controllo qualità	€600.000	N° test	8.000	€600.000/8.000 test = 75 €/test
Lavorazioni automatizzate	€1.500.000	h macchina	50.000	€1.500.000/50.000 h = 30 €/h

A seguire i CdA vengono moltiplicati per i consumi di driver da parte dei due prodotti al fine di ottenere la quota di costi indiretti da attribuire a ciascuno:

CdA (c)	Driver Standard (d)	Driver Complex (e)	Costi allocati Standard (c) × (d)	Costi allocati Complex (c) × (e)
400 €/pezzo	300	600	400 €/pezzo × 300 pezzi = €120.000	400 €/pezzo × 600 pezzi = €240.000
180 €/ordine	2.000	1.000	180 €/ordine × 2.000 ordini = €360.000	180 €/ordine × 1.000 ordini = €180.000
75 €/test	2.000	6.000	75 €/test × 2.000 test = €150.000	75 €/test × 6.000 test = €450.000
30€/h	20.000	30.000	30 €/h × 20.000 h = €600.000	30 €/h × 30.000 h = €900.000
Totale CI			€1.230.000	€1.770.000
Unità			40.000 u	10.000 u
CI u			**€1.230.000/40.000 u = €30.75**	**€1.770.000/10.000 u = €177**

Infine si determina il costo unitario di prodotto, sommando costi diretti e indiretti:

	Standard	Complex
MP	40 €/u	80 €/u
MOD (18 €/h)	18 €/u	36 €/u
CD	**58 €/u**	**116 €/u**
CI	30,75 €/u	177,00 €/u
Costo u	**88,75 €/u**	**293 €/u**

3.

Il metodo tradizionale assegna un costo inferiore al prodotto Complex rispetto a quello determinato con un sistema ABC e assegna una quota superiore di costo al prodotto Standard rispetto a quella determinata con il metodo ABC.

Il motivo è che, considerando le h MOD come unico driver, e dunque come unica causa di generazione dei costi indiretti, attribuisce una quota maggiore di costo al prodotto che consuma più h MOD.

Tuttavia i costi indiretti sono molto eterogenei e presentano diverse cause di generazione, pertanto il metodo ABC, identificando specifici driver per ciascuna attività, consente di rappresentare l'effettivo impiego di costi indiretti da parte dei prodotti, riducendo le distorsioni tipiche del sistema tradizionale, che erroneamente attribuiva al prodotto Standard una quota di costi che in realtà spettava a Complex.

CAPITOLO 5

Analisi di convenienza economica: le decisioni di marketing

Esercizi e problemi

ESERCIZIO 5.1 — Accettazione di un ordine di vendita speciale: Athletic Sport Equipment (ASE)

Athletic Sport Equipment (ASE) produce magliette per squadre sportive. Una società di calcio ha offerto di acquistare 100 magliette per le squadre che partecipano al suo campionato a un prezzo di €15 a maglietta. Il prezzo per squadra di queste magliette normalmente è €18, con un ricarico (markup) dell'80% sul prezzo di acquisto di ASE, pari a €10 per maglietta. ASE aggiunge un nome e un numero a ogni maglietta a un costo variabile di €2 per maglietta. Il costo fisso annuale delle attrezzature utilizzate nel processo di stampa è di €6.000 e gli altri costi fissi allocati alle magliette sono di €2.000. ASE realizza circa 2.000 magliette all'anno, pertanto il costo fisso è di €4 per maglietta. L'attrezzatura viene utilizzata solo per la stampa delle magliette e rimane inattiva per il 75% del tempo utilizzabile.

Il direttore di ASE ha rifiutato l'offerta affermando: "Se vendiamo a €15 e il nostro costo è di €16, ogni maglietta venduta è una perdita di denaro. Saremmo felici di aiutare il vostro campionato, ma non possiamo permetterci di perdere denaro nella vendita".

1. Calcolare di quanto cambierebbe il reddito operativo di ASE se l'offerta di F.C. Kitsap fosse accettata.
2. Ci si metta nei panni del direttore di ASE. Si accetterebbe l'offerta?

ESERCIZIO 5.2 — Accettazione di un ordine di vendita speciale: Luxury Jewelers

Luxury Jewelers sta valutando un ordine speciale per 10 braccialetti in oro lavorati a mano, da dare come regali agli ospiti di un ricevimento a un matrimonio. Il normale prezzo di vendita di un braccialetto in oro è di €389,95 e il suo costo di produzione unitario è di €264,00, così composto:

MP	143,00 €/u
MOD	86,00 €/u
Altri costi produzione	35,00 €/u
Costo u	**264,00 €/u**

La maggior parte dei costi generali di produzione è fissa e non influenzata dalle variazioni della quantità dei gioielli prodotti in un dato periodo. Tuttavia, €7 dei costi generali sono variabili in relazione al numero di braccialetti prodotti. Il cliente interessato ai braccialetti vorrebbe che ai braccialetti venisse applicata una filigrana speciale, che richiederebbe materiali aggiuntivi che costerebbero €6 per braccialetto e richiederebbe anche l'acquisizione di uno strumento speciale del costo di €465,00, il quale non avrebbe altro uso una volta completato l'ordine.

Questo ordine non avrebbe effetto sulle normali vendite della società e potrebbe essere evaso usando la capacità esistente della società senza influire su nessun altro ordine.

Quale effetto avrebbe questo ordine sul RO della società, se si accettasse offrendo un prezzo speciale di €349,95? Si dovrebbe accettare l'ordine speciale a questo prezzo?

ESERCIZIO 5.3 **Accettazione di un ordine di vendita speciale: Blue Jeans SpA**

Blue Jeans SpA è un'azienda italiana che produce e commercializza jeans per uomo. Riceve una proposta per un ordine speciale da Effegi SpA per il primo trimestre del 2011, che le permetterebbe di vendere in un'unica tranche 300 jeans a un prezzo di €180 (il prezzo di vendita regolare per un jeans è di €200).

La verifica di fattibilità tecnica fornisce esito positivo.

I costi normalmente sostenuti per la produzione di jeans sono i seguenti:

MP	50,00 €/u
MOD	40,00 €/u
CIV produzione	5 €/u
CIF produzione	5 €/u
Costo u	**100,00 €/u**

Oltre a tali costi, Blue Jeans SpA sostiene anche costi per provvigioni pari al 10% del prezzo di vendita.

Tali costi verrebbero sostenuti anche nel caso dell'ordine di vendita speciale.

Blue Jeans SpA ha specificato che per la produzione dei jeans vuole utilizzare una stoffa meno cara il cui costo è di €45 anziché di €50 per jeans. Il management ritiene che tutti gli altri costi e le ore di manodopera diretta rimarranno gli stessi.

L'accettazione dell'ordine speciale richiede l'affitto di un macchinario, per una lavorazione finale, al costo trimestrale di €21.870.

1. Dovrebbe Blue Jeans SpA accettare l'ordine di vendita speciale?
2. Qual è il prezzo di equiconvenienza che renderebbe indifferente per Blue Jeans SpA accettare o meno l'ordine?

ESERCIZIO 5.4 Accettazione di un ordine di vendita speciale e distribuzione dei costi fissi

Metals & Plastics, azienda che realizza diversi prodotti in metallo e plastica, sta affrontando un periodo di recessione e si trova con molte strutture produttive inattive. South-East Care si è rivolta a Metals & Plastics per la produzione di 300.000 vassoi per servizio non scorrevoli, per i quali pagherà €1,30 ciascuno.

I costi variabili per la realizzazione di un vassoio restano pari a €1,40. I costi fissi unitari erano in media di €1; ora tuttavia saranno distribuiti su un volume doppio. Ecco il commento del presidente: "Di certo perderemo €0,10 di costi variabili per ogni pezzo, ma guadagneremo €0,50 per unità distribuendo i nostri costi fissi. Di conseguenza dovremmo accettare l'offerta perché rappresenta un vantaggio di €0,40 per unità".

Si supponga che la normale attività commerciale avesse un volume corrente di 300.000 unità, ricavi di vendita per €600.000, costi variabili per €420.000 e costi fissi pari a €300.000, allocati ai prodotti sulla base dei volumi di produzione. È condivisibile l'opinione del presidente? Motivare la risposta.

ESERCIZIO 5.5 Eliminazione di una linea di prodotti

International Private School è una scuola elementare internazionale. Oltre alle normali lezioni, viene offerto un servizio di assistenza doposcuola dalle 15:00 alle 18:00 al costo orario di €12 per bambino. I risultati finanziari del servizio di doposcuola per un mese di attività normale sono i seguenti:

Ricavi (600 h × 12 €/h):	€ 7.200
Stipendi degli insegnanti addetti al doposcuola	(€5.200)
Acquisto materiali per il doposcuola	(€800)
Ammortamento attrezzature	(€1.300)
Servizi di pulizia dei locali	(€100)
Altri costi fissi	(€200)
Totale costi	**€7.600**
Reddito operativo	**(€400)**

L'ammortamento riguarda attrezzature che vengono utilizzate per il doposcuola; non sono possibili utilizzi alternativi all'interno della scuola in caso di eliminazione dello stesso e pertanto le attrezzature resterebbero inutilizzate.

I servizi di pulizia riguardano locali in cui vengono svolte sia le regolari lezioni sia l'attività di doposcuola.

Il direttore di International Private School sta considerando l'ipotesi di eliminare il servizio di doposcuola perché non trova giusto che gli altri studenti sovvenzionino questo programma di assistenza. Egli pensa che l'eliminazione del programma libererà risorse finanziarie pari a €400 al mese, a sostegno delle normali lezioni.

Calcolare l'impatto sul RO per International Private School derivante dall'eliminazione del programma di assistenza dopo scuola.

ESERCIZIO 5.6 Eliminare o mantenere un segmento di attività

Jackson County Senior Services è un'organizzazione no profit dedita alla prestazione dei servizi essenziali agli anziani che vivono nelle proprie case nella contea di Jackson. Vengono resi tre servizi: assistenza infermieristica a domicilio, distribuzione dei pasti e pulizia della casa. Nel programma di assistenza infermieristica a domicilio gli infermieri visitano gli anziani con cadenza regolare, per controllarne lo stato di salute generale ed eseguire gli esami prescritti dai medici. Il programma di distribuzione dei pasti prevede la consegna di un pasto caldo una volta al giorno a ogni anziano iscritto al programma. Il servizio di pulizia della casa prevede servizi di pulizia e manutenzione settimanali della casa. Si riportano di seguito i dati sui ricavi e costi dello scorso esercizio:

	Totale	Assistenza infermieristica a domicilio	Distribuzione pasti	Pulizia casa
Fatturato	€900.000	€260.000	€400.000	€240.000
CV	(€490.000)	(€120.000)	(€210.000)	(€160.000)
MdC	**€410.000**	**€140.000**	**€190.000**	**€80.000**
Ammortamento	(€68.000)	(€8.000)	(€40.000)	(€20.000)
Assicurazione responsabilità civile	(€42.000)	(€20.000)	(€7.000)	(€15.000)
Retribuzione amministratori programma	(€115.000)	(€40.000)	(€38.000)	(€37.000)
Costi amministrativi generali	(€180.000)	(€52.000)	(€80.000)	(€48.000)
Totale CF	**(€405.000)**	**(€120.000)**	**(€165.000)**	**(€120.000)**
RO	**€5.000**	**€20.000**	**€25.000**	**(€40.000)**

L'amministratore capo di Jakson County Senior Serivces, Judith Miyama, è preoccupata per la situazione finanziaria dell'organizzazione e considera l'utile operativo netto di €5.000 dello scorso esercizio troppo esiguo. (Il risultato dello scorso esercizio era molto simile al risultato degli esercizi precedenti, ed è rappresentativo di quanto ci si aspetta per il futuro.) Ritiene che l'organizzazione debba costituire delle riserve finanziarie a un ritmo più rapido per prepararsi alla prossima inevitabile recessione. Dopo aver visto il precedente report, la signora Miyama ha chiesto ulteriori informazioni sull'opportunità di sospendere eventualmente il programma di pulizia della casa.

L'ammortamento per il servizio di pulizia della casa riguarda un piccolo furgone usato per trasportare il personale di pulizia e le loro attrezzature da un posto all'altro. Se si sospendesse il programma, il furgone verrebbe donato a un'organizzazione benefica. L'ammortamento è tale da presumere un valore residuo pari a zero. Se si eliminasse il programma di pulizia della casa non si eviterebbe alcun costo amministrativo generale, ma si eviterebbero l'assicurazione per la responsabilità civile e la retribuzione dell'amministratore del programma.

Si dovrebbe sospendere il programma di pulizia della casa? Spiegare riportando i calcoli a supporto della risposta.

ESERCIZIO 5.7 **Chiusura o mantenimento in funzione di un impianto**

Tex Company produce una colla rapida nel suo stabilimento di Northwest. Di norma la società produce e vende 40.000 galloni di colla ogni mese. Questa colla, nota come MJ-7, è usata nell'industria del legno per produrre compensato. Il prezzo di vendita della MJ-7 è €35 il gallone; i costi variabili ammontano a €21 il gallone, i costi fissi di produzione nello stabilimento sono pari a €230.000 totali al mese e i costi fissi di vendita ammontano a €310.000 al mese.

Alcuni scioperi negli stabilimenti che acquistano il grosso della colla MJ-7 hanno fatto ridurre temporaneamente le vendite di Tex Company a soli 11.000 galloni al mese. Il management di Tex Company stima che gli scioperi dureranno per circa due mesi, dopodiché le vendite della MJ-7 dovrebbero tornare ai livelli normali.

A causa dell'attuale basso livello delle vendite, tuttavia, il management di Tex Company sta pensando di chiudere lo stabilimento di Northwest nei due mesi in cui saranno in corso gli scioperi.

Se Tex Company chiude lo stabilimento di Northwest, i costi fissi di produzione potranno essere ridotti a €170.000 al mese e i costi fissi di vendita potranno essere ridotti del 10%. Poiché Tex Company usa metodi di produzione JIT, non vi sono disponibilità di magazzino.

1. Supponendo che gli scioperi proseguano per due mesi, si raccomanderebbe a Tex Company di chiudere lo stabilimento di Northwest?
2. A quale livello di vendite (in galloni) per il periodo di due mesi non dovrebbe fare differenza per Tex Company chiudere lo stabilimento o tenerlo aperto?

ESERCIZIO 5.8 Fattibilità tecnica e convenienza economica di un ordine di vendita speciale

PharmaLab è un'azienda francese di piccole dimensioni specializzata nella produzione e commercializzazione di un farmaco antinfluenzale particolarmente noto. La produzione del farmaco si articola in tre reparti.

- Reparto Miscelazione: i componenti chimici vengono miscelati per l'ottenimento di un composto base, che viene poi trasferito nel reparto successivo. In questa fase sono utilizzati sia manodopera diretta sia un impianto di miscelazione.
- Reparto Filmatura: il composto chimico, proveniente dal reparto precedente, viene incapsulato utilizzando una micropellicola.
- Reparto Confezionamento: le capsule prodotte nel reparto precedente sono confezionate e successivamente imballate, pronte per la spedizione.

Nel mese di febbraio PharmaLab riceve da Europharma un ordine speciale per la filmatura di 1.000 Kg di composto chimico. Il composto base verrebbe acquistato direttamente da un fornitore esterno a un prezzo di 3 €/Kg. Per quanto riguarda la manodopera, l'azienda ritiene possibile utilizzare quella già presente nel reparto di filmatura senza pagamento di straordinari (nel reparto sono attivi 3 operai specializzati al costo mensile di €1.900 al mese ciascuno), mentre l'attività di confezionamento sarebbe svolta da un fornitore esterno a un prezzo di 2,5 €/Kg.

L'attività di filmatura richiede l'utilizzo di un impianto che ha una capacità produttiva di 23.000 Kg. Per il mese di febbraio si ipotizza una saturazione della sua capacità pari al 95%.

Il prezzo offerto da Europharma è pari a 6 €/Kg di composto filmato.

1. Si determini la fattibilità tecnica. Si determini la convenienza economica ad accette l'ordine.
2. Si calcoli il prezzo che renderebbe indifferente, o meno, l'accettazione dell'ordine speciale.

ESERCIZIO 5.9 Analisi di fattibilità tecnica

Light SpA è un'azienda che produce e commercializza bilance pesapersone in tre modelli: Classica (C), caratterizzata da una struttura in plastica e da un congegno digitale di pesatura; Elettronica (E), caratterizzata ancora da una struttura in plastica ma da un congegno elettronico di pesatura; Super (S), interamente in acciaio e con un congegno elettronico a elevata precisione.

I dati sulle caratteristiche del processo produttivo sono forniti di seguito. L'azienda considera l'attività svolta nei reparti come prevalentemente manuale, a prescindere dal supporto fornito dalle macchine.

- Reparto Stampaggio: in tale reparto viene preparata la struttura in plastica dei modelli C ed E, mediante lavorazione di materia prima acquistata al prezzo di 0,6 €/Kg. Vi operano 3 operai e l'ammortamento dei macchinari è pari a €35.000.
- Reparto Officina: in tale reparto avviene la produzione della struttura in acciaio del modello S. Vi lavorano 6 operai, i quali trasformano l'acciaio acquistato a 1,2 €/Kg utilizzando attrezzature e materiali di consumo per un costo annuo di €7.000.
- Reparto Elettronica: in questo reparto vengono predisposti i congegni elettronici di pesatura per i modelli E e S. Vi lavorano 3 operai. L'ammortamento dei macchinari è pari a €60.000 annui. Vengono inoltre utilizzati componenti sostenendo un costo unitario per prodotto pari a: E = 20 €/u; S = 25 €/u.
- Reparto Assemblaggio: in questo reparto i prodotti delle tre linee vengono assemblati, rifiniti e confezionati in imballi di cartone il cui costo unitario è di 1,1 €/u. L'assemblaggio del modello C richiede l'impiego di componenti per un costo unitario di 5 €/u. L'attività è svolta da una squadra di 8 operai, utilizzando attrezzature e materiali di consumo per un costo annuo di €5.000.

Inoltre:

- per ogni reparto la capacità produttiva disponibile è definita sulla base di 8 ore giornaliere per 220 giornate l'anno;
- il costo annuo di ogni operaio è di €26.400;
- i prezzi di vendita dei tre prodotti sono: C = 100 €/u; E = 110 €/u; S = 200 €/u;
- gli standard unitari di materia prima e i tempi di lavorazione sono riportati nella tabella seguente.

Linee	MP	Stampaggio	Officina	Elettronica	Assemblaggio
Classica	1 Kg	0,25 h	–	–	0,5 h
Elettronica	0,8 Kg	0,2 h		0,3 h	0,4 h
Super	1,6 Kg	–	1,2 h	0,2 h	0,8 h

In sede di budget, il responsabile commerciale formula i seguenti obiettivi in termini di volumi di vendita: Classica = 12.000; Elettronica 10.000; Super = 8.000. Verificare la fattibilità tecnica del budget e formulare, in caso di non fattibilità, il programma di produzione e di vendita che massimizzi il risultato aziendale.

ESERCIZIO 5.10 Utilizzo della capacità produttiva

Tres Jolie S.A. produce diversi tipi di portagioie nel Sud della Francia. Il management stima che nel corso del secondo trimestre del 20X5 l'azienda opererà all'80% della normale capacità produttiva. Dato che l'azienda desidera un utilizzo maggiore della capacità dell'impianto, prenderà in considerazione un ordine speciale.

Tres Jolie ha ricevuto richieste in merito a ordini speciali da parte di due aziende. La prima proviene da Gap, Inc., che vorrebbe commercializzare un portagioie simile a uno di quelli di Tres Jolie. Il portagioie di Gap verrebbe commercializzato con il marchio di quest'ultima azienda. Gap, Inc. ha offerto a Tres Jolie €67,5 per portagioie per 20.000 unità da spedire entro il 1 luglio 20X5. I dati di costo per il portagioie di Tres Jolie, che sarebbe simile alle specifiche dell'ordine speciale di Gap, sono i seguenti:

Prezzo di vendita	100 €/u
Materie prime	35 €/u
Manodopera diretta, 0,5 ore a €60	30 €/u
CIF, 0,25 ore-macchina a €24	6 €/u
CIV, 0,25 ore-macchina a €16	4 €/u
Costo totale unitario	**75 €/u**

Secondo le specifiche fornite da Gap, Inc., il portagioie dell'ordine speciale richiede materie prime meno costose, che costeranno solo €32,5 per custodia. Il management ha stimato che i costi rimanenti, tempo di manodopera e tempo macchina saranno uguali a quelli del portagioie di Tres Jolie.

Il secondo ordine speciale è stato sottoposto da Provence Co. e riguarda 7.500 portagioie a €85 per custodia. Questi portagioie verrebbero commercializzati con il marchio di Provence e dovrebbero essere spediti entro il 1° luglio 20X5. Il portagioie di Provence è diverso da qualunque altra custodia presente nel catalogo di Tres Jolie. I suoi costi unitari stimati sono i seguenti:

Prezzo	85 €/u
Materie prime	42,5 €/u
Manodopera diretta, 0,5 ore a 60 €/h	30 €/u
CIF, 0,5 ore-macchina a 24 €/h	12 €/u
CIV, 0,5 ore-macchina a 16 €/h	8 €/u
Costo totale unitario	**92,5 €/u**

Tres Jolie dovrà sostenere inoltre €15.000 di costi di attrezzaggio aggiuntivi e dovrà acquistare un'apparecchiatura speciale da €25.000 per produrre queste custodie; quest'ultima sarà poi eliminata una volta completato l'ordine speciale.

Le capacità produttive di Tres Jolie sono limitate dalle ore-macchina totali a disposizione. La capacità dell'impianto in condizioni operative normali è di 90.000 ore-macchina all'anno, ossia 7.500 ore-macchina al mese. I costi indiretti fissi di produzione programmati per il 20X5 ammontano a €2,16 milioni, pari a €24 all'ora. I costi indiretti variabili di produzione vengono imputati alla produzione in base alle ore-macchina, a €16 all'ora.

Tres Jolie avrà a disposizione l'intero secondo trimestre per lavorare agli ordini speciali. Il management non prevede che nessuno dei due ordini speciali generi altre vendite in futuro. La politica aziendale impedisce a Tres Jolie di subappaltare una qualunque parte di un ordine speciale quando non si prevede che genererà altre vendite. Inoltre, in caso di capacità produttiva non sufficiente ai fini dell'evasione degli ordini di vendita speciali, la società non è disposta a liberare capacità riducendo la produzione degli articoli normalmente prodotti.

Tres Jolie dovrebbe accettare uno dei due ordini speciali? Giustificare la propria risposta e illustrare i calcoli.

ESERCIZIO 5.11 Analisi di fattibilità tecnica e convenienza economica

Cooking SpA è specializzata nella produzione e vendita di pentole e padelle di altissima qualità, particolarmente apprezzate nell'ambito della cucina professionale. I suoi clienti sono infatti rappresentati dai migliori ristoranti della zona.

Con riferimento al prossimo esercizio l'azienda redige il seguente budget:

	Pentole	Padelle	Totale
Volumi	20.000 u	15.000 u	35.000 u
Prezzo	93 €/u	110 €/u	
Costo MP €/u	24 €/u	26 €/u	
Ore MOD h/u	2,4 h/u	2,8 h/u	
Tariffa MOD €/h			17,5 €/h
CPD (h MOD)			92.040 h
CIF			€690.300
CIV			€184.080

L'azienda è solita allocare i costi indiretti sulla base di un coefficiente di allocazione determinato in sede di budget e basato sulle ore MOD disponibili.

1. L'azienda riceve da un importante cliente un ordine di 800 pentole al prezzo di €82. Il cliente richiede materie prime meno pregiate, tanto che l'azienda stima un risparmio sui costi di MP valutabile in €8 a pentola. Occorre però acquisire un nuovo impianto del costo di €15.000. Si valuti la fattibilità tecnica e la convenienza economica dell'accettazione dell'ordine.

2. Il medesimo cliente, subito dopo, modifica la propria richiesta in 2.600 pentole, con le stesse caratteristiche (comprese le materie prime meno pregiate).

Questa volta si dichiara disponibile a riconoscere un prezzo pari a €86. Cooking non può ricorrere a produzioni esterne, per cui nel caso in cui la capacità non sia sufficiente, dovrà rinunciare alla produzione di padelle. Il costo del nuovo impianto in questo caso è pari a €20.000. Alla luce delle variazioni intervenute, si valuti la fattibilità tecnica e la convenienenza economica dell'ordine.

NO

ESERCIZIO 5.12 Determinazione del prezzo per massimizzare il margine di contribuzione

Harrold Company produce e vende cornici per fotografie. Una particolare cornice per foto 20 × 25 ha avuto subito un grande successo sul mercato, ma di recente i concorrenti hanno messo in commercio cornici paragonabili. Harrold applicava un prezzo all'ingrosso di €12 per le cornici, e le vendite sono scese da 10.000 unità dello scorso anno alle 7.000 unità di quest'anno. Il manager di prodotto responsabile di questa cornice sta considerando l'ipotesi di abbassare il prezzo a €10 per cornice, nella convinzione che le vendite risaliranno a 10.000 unità al prezzo inferiore e che scenderanno a 6.000 unità se il prezzo resterà a €12. Il costo di produzione e di vendita variabile unitario delle cornici è di €6, e a questo articolo vengono assegnati €40.000 di costi fissi.

Supponendo che gli unici prezzi in considerazione siano €10 e €12 per cornice, quale prezzo genererà il risultato economico più elevato per Harrold? Spiegare il motivo.

NO

ESERCIZIO 5.13 Ricavi obiettivo

Si considerino i dati seguenti, tratti dal budget di conto economico di Sanders Company (in migliaia di euro).

Ricavi di vendita obiettivo	€60.000
Costi variabili	
Costi di produzione	€30.000
Costi generali di vendita e amministrativi	€6.000
Totale costi variabili	€36.000
Costi fissi	
Costi di produzione	€8.000
Costi generali di vendita e amministrativi	€6.000
Totale costi fissi	€14.000
Totale costi	€50.000
Reddito operativo	**€10.000**

Calcolare le formule di ricarico (markup) che verrebbero utilizzate per ottenere gli stessi ricavi di vendita obiettivo come percentuale di (1) totale dei costi variabili, (2) costi pieni e (3) costi di produzione variabili.

ESERCIZIO 5.14 Offerte a confronto

Mayer & Partners Auditors, una società di revisione contabile, si sta preparando per fare un'offerta per aggiudicarsi un incarico di consulenza. Se da un lato il revisore utilizzerà la propria capacità di valutazione del mercato per la finalizzazione dell'offerta, tuttavia ha chiesto un'analisi dei costi che l'aiuti nella formulazione. I costi relativi all'incarico di consulenza sono stimati nel modo seguente:

Materiali e forniture (al costo)	€30.000
Retribuzione oraria dei consulenti: 2.000 ore a €35 l'ora	€70.000
Indennità supplementari per i consulenti: 2.000 ore a €12 l'ora	€24.000
Totale costi variabili	€124.000
Costi fissi allocati all'incarico:	
In base alla manodopera, 2.000 ore a €10 l'ora	€20.000
In base a materiali e forniture, 80% di 30.000	€24.000
Costo totale	**€168.000**

Dei €44.000 di costi fissi allocati, €35.000 verranno sostenuti anche se l'incarico non viene svolto.

Il revisore normalmente calcola le offerte sommando (1) il 150% del costo stimato di materiali e forniture e (2) €75 per ora di manodopera stimata.

1. Preparare un'offerta utilizzando la formula normale.
2. Preparare un'offerta minima uguale ai costi totali che si prevede di sostenere per completare l'incarico.
3. Preparare un'offerta che coprirà i costi pieni più un ricarico (markup) per il risultato economico pari al 20% del costo pieno.

ESERCIZIO 5.15 Determinazione del prezzo e approccio del margine di contribuzione

International Shipping Group ha ottenuto finora i seguenti risultati operativi per il 20X4:

Ricavi operativi	€50.000.000
Costi operativi	€40.000.000
Reddito operativo	**€10.000.000**

Un grande produttore di Boston ha chiesto a International Shipping se fosse interessata al trasporto a Chicago di un grande ordine dei propri componenti. John Hopkins, responsabile delle operazioni, ha analizzato la situazione e ha stimato che i costi "pieni comprensivi dei costi non di produzione" per l'evasione dell'ordine sarebbero di €45.000. In base alla formula generale di determinazione del prezzo, egli è giunto quindi a calcolare un prezzo di €50.000. Il produttore ha risposto però con un'offerta di €39.000, prendere o lasciare.

Un analista dei costi di recente aveva condotto degli studi sul comportamento dei costi operativi di International Shipping e aveva scoperto che €32 milioni dei €40 milioni di costi operativi potevano essere considerati costi variabili. Hopkins discusse il problema con l'analista e decise che questo ordine probabilmente avrebbe dato luogo a un comportamento dei costi leggermente diverso da quello delle operazioni generali di International Shipping.

Confrontare la variazione di reddito operativo in caso di accettazione dell'ordine con l'approccio del margine di contribuzione e l'approccio del costo pieno comprensivo dei costi non di produzione.

ESERCIZIO 5.16 — Decisioni di marketing nel mercato a noleggio

È più profittevole vendere il proprio prodotto per €50 o per €15? Questa è una domanda difficile per molti dirigenti di case di distribuzione cinematografiche. Si consideri un film che ha avuto un costo di €60 milioni per la produzione e che richieda altri €40 milioni per la promozione. Dopo il passaggio nelle sale cinematografiche, lo studio deve stabilire se vendere i DVD direttamente al pubblico a un prezzo all'ingrosso di circa €15 per disco o venderli ai distributori dei negozi di videonoleggio per circa €50 a DVD. I distributori li venderanno a circa 14.000 negozi di videonoleggio negli Stati Uniti.

Si supponga che il costo variabile per la produzione e la spedizione di un DVD sia di €2,00.

1. Si supponga che ciascun negozio di videonoleggio acquisti 10 copie di questo film. Quanti DVD sarebbe necessario vendere direttamente ai clienti affinché le vendite dirette siano più profittevoli rispetto alla vendita dei DVD ai distributori per videonoleggio?
2. In che modo il costo di produzione e promozione del film influisce su questa decisione?
3. Walt Disney Co. ha scelto di vendere *Aladin* direttamente ai consumatori e ne ha vendute 30 milioni di copie a un prezzo medio di €15,50 per DVD. Quanti DVD avrebbe dovuto acquistare ciascun negozio di videonoleggio per dare a Disney lo stesso risultato economico ottenuto dalla vendita diretta? Si supponga che Disney avrebbe incassato €50 per DVD dai distributori.

NO

ESERCIZIO 5.17 — Analisi dei costi e determinazione dei prezzi

Il budget dell'azienda Oxford University Printing per il 20X5 è il seguente:

Ricavi di vendita		€1.100.000
Materie prime dirette	€280.000	
Manodopera diretta	€320.000	
Costi indiretti	€400.000	
Costi totali		€1.000.000
Reddito operativo		**€100.000**

L'azienda normalmente utilizza il cosiddetto approccio "cost-plus" per la determinazione dei prezzi. I costi di materie prime dirette e manodopera diretta vengono calcolati, i costi indiretti vengono aggiunti applicando un coefficiente del 125% del costo della manodopera diretta e si aggiunge il 10% del costo totale per ottenere il prezzo di vendita.

Edith Smythe, il direttore vendite, ha ricevuto un ordine particolarmente grande che ha un costo di €5.600 di materie prime dirette e di €6.400 di manodopera diretta. Il cliente la informa che potrebbe aggiudicarsi l'affare per €19.800, prendere o lasciare. Se Smythe accetta l'ordine, il totale dei ricavi di vendita per il 20X5 sarà di €1.119.800.

Smythe rifiuta l'ordine, affermando che i prezzi di vendita vengono calcolati con l'approccio cost-plus e sarebbe una cattiva politica accettare ordini sotto costo; su questa commessa l'azienda perderebbe infatti €200.

I costi indiretti fissi annuali dell'azienda sono €160.000.

1. Quale sarebbe stato il reddito operativo con l'ordine? E senza l'ordine? Illustrare i calcoli.
2. Determinare l'offerta secondo la formula normalmente utilizzata e determinare un'offerta pari ai costi variabili totali più un markup del 20%.

ESERCIZIO 5.18 Prezzo di un ordine speciale

Lorenz & Druck Corporation, con sede ad Amburgo, realizza schiaccianoci natalizi e ha una capacità di impianto annuale di 2.400 unità di prodotto. Si supponga che i risultati operativi previsti (in euro) per l'anno siano:

Produzione e vendita di 2.000 unità, totale ricavi	€180.000
Costi di produzione:	
Costi fissi totali	€60.000
Costi variabili unitari	€26
Costi generali di vendita e amministrativi:	
Costi fissi totali	€30.000
Costi variabili unitari	€10

Calcolare quanto segue, ignorando le imposte sul reddito.

1. Se l'azienda accetta un ordine speciale di 300 unità a un prezzo di vendita unitario di €40, quale sarebbe l'impatto sul reddito operativo totale previsto per l'anno, supponendo che non vi sia alcun impatto sulle vendite normali a prezzi normali?
2. Senza ridurre il proprio reddito operativo totale, qual è il prezzo unitario minimo per il quale Lorenz & Druck Corporation potrebbe vendere altre 100 unità aggiuntive non soggette ad alcun costo generale di vendita e amministrativo, supponendo che non vi sia alcun impatto sulle vendite normali a prezzi normali?
3. Calcolare il reddito operativo annuale previsto (senza alcun ordine speciale) nel caso in cui la capacità dell'impianto di produzione possa essere raddoppiata con l'aggiunta di ulteriori strutture al costo di €500.000. Si supponga che queste strutture abbiano una durata stimata di cinque anni senza alcun valore residuo e che sia possibile mantenere il prezzo unitario corrente per tutte le vendite. Il totale delle vendite si prevede che sarà pari alla capacità annuale del nuovo impianto e non si prevedono variazioni nei costi variabili unitari o nei costi fissi totali, tranne per l'ammortamento.

NO

ESERCIZIO 5.19 Target costing

Brush Company è convinta che vi sia un mercato per uno spazzolino da denti elettronico portatile che può facilmente trovare posto nel bagaglio di chi viaggia per affari. L'ufficio ricerche di mercato di Brush ha effettuato un sondaggio sulle caratteristiche e i prezzi degli spazzolini elettronici attualmente presenti sul mercato. In base a questa ricerca, Brush crede che €65 sarebbe un prezzo vicino a quello corretto. A questo prezzo, il marketing crede che sia possibile vendere circa 80.000 nuovi spazzolini portatili nell'arco del ciclo di vita del prodotto. Inoltre Brush ha come obiettivo un risultato economico pari al 20% dei ricavi di vendita.

Determinare il costo totale e unitario obiettivo di ciascun spazzolino portatile.

NO

ESERCIZIO 5.20 Target costing per l'introduzione di un nuovo prodotto

High Performing Company adotta un programma di ricerca e sviluppo molto grintoso e utilizza il target costing a sostegno della decisione finale se avviare o meno la produzione di nuovi articoli. Un nuovo prodotto è in corso di valutazione. Una ricerca di mercato ha sondato il potenziale di questo prodotto e stima che le sue caratteristiche esclusive genereranno una domanda totale sul ciclo di vita del prodotto pari a 50.000 unità a un prezzo medio di €230. Gli addetti alla progettazione e ingegnerizzazione della produzione hanno effettuato un'analisi del valore del prodotto e hanno stabilito che i costi totali per la varie funzioni della catena del valore che usano la tecnologia di processo esistente si articolano nel modo seguente:

Funzione della catena del valore	Costo totale sul ciclo di vita del prodotto
Ricerca e sviluppo	€1.500.000
Progettazione	€750.000
Produzione	€5.000.000
Marketing	€800.000
Distribuzione	€1.400.000
Assistenza clienti	€750.000
Costo totale sul ciclo di vita del prodotto	**€10.200.000**

Il management ha come obiettivo un risultato economico pari al 20% dei ricavi di vendita. L'ingegnerizzazione della produzione indica che la nuova tecnologia di processo può ridurre il costo di produzione del 40%, ma costerà €1.000.000.

1. Supponendo che venga utilizzata la tecnologia di processo esistente, sarebbe una buona scelta avviare la produzione del nuovo articolo? Spiegare.
2. Supponendo che venga acquistata la nuova tecnologia di processo, sarebbe una buona scelta avviare la produzione dell'articolo? Spiegare.

ESERCIZIO 5.21 Target costing per l'introduzione di un nuovo prodotto

Thompson Engine, Inc. produce motori elettrici per elettrodomestici di vario tipo. Thompson vende i motori ai produttori di elettrodomestici, che li assemblano e li vendono ai negozi al dettaglio. Benché Thompson produca moltissimi motori di vario genere, attualmente non ne produce uno destinato alle porte automatiche dei garage. L'unità dedita alle ricerche di mercato dell'azienda ha scoperto che potrebbe esserci un mercato per questo tipo di motore e ha indicato che un motore per porte automatiche di garage probabilmente dovrebbe avere un prezzo di vendita di €25. Un motore simile attualmente in produzione ha i seguenti costi di produzione:

Materie prime dirette	13,00 €/u
Manodopera diretta	6,00 €/u
Costi indiretti	8,00 €/u
Totale	**27,00 €/u**

Thompson desidera ottenere un margine lordo del 15% del costo di produzione.

1. Si supponga che Thompson usi il metodo cost-plus di determinazione dei prezzi, con il quale stabilisce un prezzo del 15% superiore al costo di produzione. Che prezzo verrebbe applicato al motore? Il management di Thompson dovrebbe decidere di produrre questo motore? Spiegare.
2. Si supponga che Thompson utilizzi il target costing. Qual è il costo di produzione massimo accettabile per cui Thompson sarebbe disposta a produrre il motore?
3. Come utilizzatori del metodo del target costing, quali passi dovrebbero compiere i manager di Thompson per cercare di rendere fattibile la realizzazione di questo prodotto?

ESERCIZIO 5.22 Target costing sul ciclo di vita del prodotto

Hernandez Technology, Inc., Inc. realizza diversi prodotti motorizzati per abitazioni e piccole imprese. L'unità dedita alle ricerche di mercato di recente ha identificato come mercato potenzialmente redditizio quello dei tagliaerba a motore. Come primo ingresso in questo mercato, Hernandez sta considerando un falciatore per prati che sia più piccolo e meno costoso rispetto a quelli offerti dalla maggior parte dei concorrenti. La ricerca di mercato indica che un tagliaerba di questo tipo verrebbe venduto a €800 all'ingrosso. A questo prezzo, Hernandez si aspetta le seguenti vendite sul ciclo di vita del prodotto:

Anno	Vendite u
2004	1.000
2005	5.000
2006	10.000
2007	10.000
2008	8.000
2009	6.000
2010	4.000

Il reparto produzione ha stimato che il costo di produzione variabile sarà di €475 per tagliaerba e che i costi fissi annuali saranno di €900.000 per ciascuno dei sette anni. I costi generali di vendita variabili saranno di €25 per tagliaerba e quelli fissi di €50.000 all'anno. Inoltre, l'unità dedita allo sviluppo del prodotto ha stimato che saranno necessari €5 milioni di costi di sviluppo per la progettazione del tagliaerba e del relativo processo di produzione.

1. Calcolare il risultato economico previsto sull'intero ciclo di vita del falciatore per prati proposto.

2. Si supponga che Hernandez si aspetti un risultato economico al lordo delle imposte pari al 10% delle vendite dei nuovi prodotti. L'azienda intraprenderebbe la produzione e la vendita del falciatore per prati?

3. Hernandez Technology, Inc. utilizza l'approccio del target costing per i nuovi prodotti. Quali passi potrebbe tentare di muovere il management per fare del falciatore per prati un prodotto profittevole?

Glossario: terminologia, abbreviazioni adottate e definizioni

Di seguito sono riportati i termini utilizzati nell'ambito del capitolo. Tra parentesi viene indicata l'eventuale abbreviazione adottata, e a seguire viene fornita la definizione.

Informazione rilevante: costi e ricavi futuri previsti che variano in corrispondenza delle diverse alternative decisionali (a tale proposito si definiscono specifici, differenziali, incrementali o evitabili) e pertanto assumono rilevanza nell'ambito di un'analisi di convenienza economica.

Informazione non rilevante: costi e ricavi passati o che non variano tra le alternative in esame e pertanto non assumono rilevanza nell'ambito di un'analisi di convenienza economica.

Analisi differenziale: confronto tra due o più alternative di azione.

Analisi di convenienza economica: analisi volta a valutare la convenienza economica di un'alternativa.

Approccio differenziale di analisi di convenienza economica: approccio volto a identificare le informazioni rilevanti (fase a) e a riorganizzarle in una valutazione di convenienza economica (fase b).

Approccio del conto economico complessivo o del reddito operativo comparato nell'analisi di convenienza economica: approccio volto a comparare il conto economico complessivo, e quindi il risultato operativo, di due o più alternative di azione.

Ordine di vendita speciale (OdV): vendita di prodotti o servizi a condizioni particolari rispetto a quelle normalmente previste (prezzo inferiore, costi diversi, investimenti specifici). Tali condizioni particolari fanno sì che l'ordine possa essere conveniente o meno da accettare.

Costi evitabili (o eliminabili): costi che non rimarranno se un'operazione, un prodotto/servizio, un impianto o un segmento di attività viene eliminato.

Costi non evitabili (o non eliminabili): costi che non subiscono variazioni a fronte dell'eliminazione di un'operazione, un prodotto/servizio, un impianto o un segmento di attività.

Costi comuni: costi delle strutture e dei servizi condivisi dagli utenti.***

Costi allocati: costi risultato di un processo di allocazione attraverso un coefficiente di allocazione, calcolato come rapporto tra i costi indiretti oggetto di allocazione e una base di ripartizione.

Capacità produttiva disponibile (CPD): risorse a disposizione dell'azienda per la produzione di un determinato prodotto o l'erogazione di un determinato servizio. Solitamente espressa in termini di ore di manodopera diretta, ore-macchina o unità.

Capacità produttiva necessaria (CPN): risorse di cui l'azienda necessita per far fronte a un determinato programma di produzione e vendita.

Risorsa scarsa o fattore scarso o vincolante (F.S.): risorsa presente in quantità tale da vincolare la produzione e/o la vendita di un determinato prodotto/servizio.

Analisi di fattibilità tecnica: analisi volta a verificare se la capacità produttiva disponibile è sufficiente a realizzare un determinato programma di produzione e di vendita. Consta di tre fasi, ossia la determinazione della CPD, la determinazione della CPN e il confronto tra CPD e CPN.

Costo incrementale (o costo marginale): costo risultante dalla produzione e vendita di un'unità in più. Nel controllo di gestione è sostanzialmente il costo variabile.

Ricavo incrementale (o ricavo marginale): ricavo derivante dalla vendita di un'unità aggiuntiva.

Prezzo minimo: costo marginale (o incrementale). Solitamente coincide con il costo variabile.

Reddito operativo obiettivo: reddito che l'azienda intende raggiungere/garantire attraverso la sua politica di determinazione dei prezzi.

Approccio "cost-plus": metodo di determinazione dei prezzi che prevede l'applicazione di un dato ricarico (*markup*) al costo medio di un prodotto o servizio. La dimensione del "plus" dipende dalla definizione del costo (costo variabile di produzione, costo variabile totale, costo di produzione totale, costo pieno e così via) e dal reddito operativo stabilito come obiettivo.

Markup: importo di cui un prezzo supera il costo.

Costo pieno (o costo comprensivo di costi non di produzione): totale di tutti i costi di produzione e di tutti i costi di vendita e amministrativi.

Approccio del MdC nell'ambito del "cost-plus": politica di pricing basata sulla distinzione tra costi variabili e costi fissi. Consente al management di preparare schemi di prezzi differenti per diversi livelli di attività (volumi). Più in particolare, tenta di fornire una misura del decremento immediato del reddito operativo che risulterebbe dal rifiuto di un ordine, ossia del margine di contribuzione sui si rinuncia.

Approccio del costo pieno nell'ambito del "cost-plus": politica di pricing che prevede l'applicazione di un markup al costo pieno di prodotto/servizio.

Target costing: strumento di gestione dei costi che consente di rendere la riduzione del costo un obiettivo chiave lungo tutto il ciclo di vita di un prodotto. Consta di tre fasi: la prima consiste nella determinazione del prezzo obiettivo; la seconda nella determinazione del margine lordo (o risultato operativo obiettivo) e la terza nella determinazione del costo obiettivo.

Algoritmi utili

La convenienza dell'OdV speciale può essere determinata attraverso due metodi alternativi:

Approccio differenziale
OdV conveniente se: Ricavi incrementali > Costi incrementali => RO OdV > 0
OdV non conveniente se: Ricavi incrementali < Costi incrementali => RO OdV < 0

- In assenza di CF specifici differenziali, l'OdV è conveniente se: MdC OdV > 0 => RO OdV > 0.
- In presenza di CF specifici differenziali l'OdV è conveniente se: MdC OdV > CF specifici incrementali => RO OdV > 0.

Approccio del CE complessivo o RO comparato
OdV conveniente se: RO situazione attuale < RO attuale + RO OdV
OdV non conveniente se: RO situazione attuale > RO attuale + RO OdV

La convenienza economica dell'eliminazione di un prodotto/segmento o chiusura di un impianto può essere determinata attraverso due metodi alternativi:

Approccio differenziale
Eliminazione/Chiusura conveniente se: MdC perso < CF evitabili
Eliminazione/Chiusura non conveniente se: MdC perso > CF evitabili

- In presenza di soli CF evitabili, eliminazione/chiusura conveniente se: Ricavi persi < CF evitabili

Approccio del CE complessivo o RO comparato
Eliminazione/Chiusura conveniente se:
RO attuale < RO con eliminazione/chiusura
RO attuale < (Ricavi mantenuti – Costi non evitabili)

Eliminazione/Chiusura non conveniente se: RO attuale > RO con eliminazione/chiusura
RO attuale > (Ricavi mantenuti – Costi non evitabili)

La convenienza economica dell'introduzione di un nuovo prodotto può essere determinata attraverso due metodi alternativi:

Approccio differenziale
Introduzione conveniente se: Ricavi incrementali > Costi incrementali
Introduzione non conveniente se: Ricavi incrementali < Costi incrementali

- In assenza di CF specifici differenziali, se MdC nuovo prodotto > 0 => RO nuovo prodotto > 0.
- In presenza di CF specifici differenziali, se MdC nuovo prodotto > CF specifici incrementali => RO nuovo prodotto > 0.

Approccio del CE complessivo o RO comparato
Introduzione conveniente se: RO attuale < RO attuale + RO nuovo prodotto
Introduzione non conveniente se: RO attuale > RO attuale + RO nuovo prodotto

Nel confronto tra due prodotti/servizi/alternative d'azione 1 e 2:

- in assenza di CF specifici differenziali, se MdC1 > MdC2 => è più conveniente il prodotto 1;
- in presenza di CF specifici differenziali, se RO1 > RO2 => è più conveniente il prodotto 1.

In presenza di risorse scarse (CPN insufficiente), è più conveniente il prodotto/servizio/alternativa d'azione con maggiore:
MdC/F.S., dove il F.S. è il consumo di risorsa da parte dei prodotti nei reparti in cui si è constatata l'insufficienza di risorse.

Cost-plus:
Prezzo = costo + markup

Target cost:
Costo totale obiettivo = RO obiettivo – Ricavi obiettivo
Costo unitario obiettivo = RO unitario obiettivo – Prezzo obiettivo

Soluzioni agli esercizi

Esercizio 5.1

Dati

	Situazione attuale
Unità	2.000
Prezzo	15 €/u
CV u acquisto	10 €/u
CV u stampa	2 €/u
CF tot stampa	€6.000
CF tot allocati	€2.000

u OdV speciale = 100
P OdV = 15 €/u

Domande

OdV conveniente?

- Approccio differenziale: Ricavi incrementali OdV > Costi incrementali OdV?
- Approccio CE complessivo (o RO comparato): RO attuale < RO attuale + RO OdV?

Soluzioni

Si tratta di valutare la convenienza economica ad accettare un ordine di vendita a condizioni particolari.

Esistono due approcci per valutare la convenienza ad accettare un OdV speciale:

- **l'approccio differenziale**, che identifica le informazioni rilevanti e le rielabora in un'analisi di convenienza economica;
- **l'approccio del conto economico complessivo (o reddito operativo comparato)**, che compara il conto economico attuale (in assenza di OdV speciale) con il conto economico che si otterrebbe a fronte dell'accettazione dello stesso (sommatoria di CE attuale e CE dell'OdV speciale) e verifica gli impatti sul risultato operativo aziendale.

Approccio differenziale:

a. Identificazione delle informazioni rilevanti

Al fine di perseguire l'approccio differenziale, come prima fase è necessario identificare le informazioni rilevanti. Di seguito sono ricapitolati i dati in nostro possesso ed è indicata la loro rilevanza o irrilevanza.

OdV speciale	Valori unitari	Info rilevante	Motivazione
Unità	1		
Prezzo	15 €/u	Sì*	Futura Specifica Differenziale Incrementale

* Il prezzo di vendita dell'OdV speciale è un'informazione rilevante in quanto futura (verrà praticato solo se si accetta l'ordine), specifica (è il prezzo proprio dell'OdV speciale), differenziale (differisce dal prezzo applicato a tutti gli altri ordini) e incrementale (comporterà un incremento dei ricavi in conto economico).

Situazione attuale	Valori unitari	Info rilevante	Motivazione
Unità	1		
Prezzo	18 €/u	No*	Non differenziale
Costo di acquisto	10 €/u	Sì	Incrementale
Costo di stampa variabile	2 €/u	Sì	Incrementale
Totale costo variabile	€10 + €2 = 12 €/u	Sì**	Incrementale
Costo fisso	€8.000 /2.000 u = 4 €/u	No***	Non differenziale

* Il prezzo di vendita della situazione attuale non è rilevante: è un prezzo che l'azienda continuerà a praticare per tutti gli altri ordini a prescindere che si accetti o meno per l'OdV speciale, pertanto non è differenziale.
** Accettare un ordine di vendita speciale significa accettare di produrre delle unità aggiuntive in condizioni particolari, per cui saranno rilevanti tutte quelle informazioni di costo che variano al variare delle unità; i costi variabili per definizione variano proporzionalmente ai volumi.
*** I costi fissi non variano al variare delle unità prodotte; inoltre non sono CF specifici dell'OdV speciale.

b. Valutazione di convenienza economica

L'approccio differenziale, una volta selezionate le informazioni rilevanti, provvede a riorganizzarle in un'analisi di convenienza economica.

OdV conveniente se:
Ricavi incrementali > Costi incrementali => RO incrementale > 0
OdV non conveniente se:
Ricavi incrementali < Costi incrementali => RO incrementale < 0

A tal fine l'MdC dell'OdV deve essere non solo maggiore di zero, ma anche in grado di coprire eventuali CF specifici generati dall'OdV speciale stesso. In assenza di CF specifici incrementali, l'analisi può concludersi con la determinazione del MdC incrementale.

OdV	Valori unitari	Totale
Prezzo	15 €/u	
Costo di acquisto variabile	(10 €/u)	
Costo di stampa variabile	(2 €/u)	
Totale costo variabile	**(12 €/u)**	
MdC incrementale (o differenziale)	**15 €/u – 12 €/u = 3 €/u**	
Reddito operativo incrementale (o differenziale)*	**3 €/u**	3 €/u × 100 u = **€300**

* In questo caso non esistono CF specifici dell'OdV speciale, pertanto non esistono CF rilevanti e il MdC dell'OdV speciale è uguale al suo RO.

Dall'analisi di convenienza economica secondo l'approccio differenziale è possibile concludere che l'OdV speciale è conveniente in quanto contribuisce a incrementare il MdC e quindi il RO aziendale di €300.

Approccio del CE complessivo o RO comparato (metodo alternativo):
L'approccio del CE complessivo o RO comparato pone a confronto il RO con e senza OdV speciale.

OdV conveniente se: RO attuale + RO OdV > RO attuale
OdV non conveniente se: RO attuale + RO OdV < RO attuale

	Senza ordine speciale (a)	OdV speciale (b)	Con l'ordine speciale (a) + (b)
Unità	2.000	100	2.100
Ricavi di vendita	18 €/u × 2.000 u = €36.000	15 €/u × 100 = €1.500	€37.500
CV di acquisto	10 €/u × 2.000 u = (€20.000)	10 €/u × 100 = (€1.000)	(€21.000)
CV di stampa	2 €/u × 2.000 u = (€4.000)	2 €/u × 100 = (€200)	(€4.200)
CV tot	12 €/u × 2.000 u = **(€24.000)**	12 €/u × 100 = **(€1.200)**	**(€25.200)**
MdC	€36.000 – €24.000 = **€12.000**	€1.500 – €1.200 = **€300**	**€12.300**
CF	€6.000 + €2.000 = (€8.000)	€0	(€8.000)
RO	€12.000 – €8.000 = **€4.000**	€300 – €0 = **€300**	**€4.300**

L'approccio del CE complessivo evidenzia il medesimo risultato mostrando che l'OdV speciale contribuirebbe a incrementare il RO aziendale di €300.

Esercizio 5.2

Dati

	Situazione attuale
Prezzo	389,95 €/u
MP	143,00 €/u
MOD	86,00 €/u
CF produzione	28,00 €/u
CV produzione	7,00 €/u
Costo u	**264,00 €/u**

OdV speciale:
u OdV = 10
P OdV = 349,95 €/u
MP incrementali = 6 €/u
CF specifici OdV = €465

Domande

RO con OdV speciale?
OdV conveniente?

- Approccio differenziale: Ricavi incrementali OdV > Costi incrementali OdV?
- Approccio CE complessivo (o RO comparato): RO attuale < RO attuale + RO OdV?

Soluzioni

A tale proposito esistono due approcci: l'approccio differenziale e l'approccio del CE complessivo.

Non disponendo dei volumi di produzione attuali non è possibile adottare l'approccio del CE complessivo e si procede dunque a valutare la convenienza economica ad accettare l'OdV speciale attraverso l'approccio differenziale.

Approccio differenziale:
a. Identificazione delle informazioni rilevanti

	Situazione attuale	Info rilevante	Motivazione
Prezzo	389,95 €/u	No*	Non differenziale
MP	143,00 €/u	Sì**	Incrementale
MOD	86,00 €/u	Sì**	Incrementale
CIV produzione	7,00 €/u	Sì**	Incrementale
CIF produzione	28,00 €/u	No***	Non differenziale

* Il prezzo di vendita della situazione attuale non è rilevante: è un prezzo che l'azienda continuerà a praticare per tutti gli altri ordini a prescindere che si accetti o meno l'OdV speciale, pertanto non è differenziale.
** Accettare un ordine di vendita speciale significa accettare di produrre delle unità aggiuntive in condizioni particolari, per cui saranno rilevanti tutte quelle informazioni di costo che variano al variare delle unità; i costi variabili per definizione variano proporzionalmente ai volumi.
*** I CF non variano al variare dei volumi; pertanto non varieranno se accetto di produrre 10 unità in più. Non essendo differenziali non possono essere considerati rilevanti.

	OdV speciale	Info rilevante	Motivazione
Prezzo	349,95 €/u	Sì*	Futura Specifica Differenziale Incrementale
MP aggiuntive	6 €/u	Sì**	Futura Specifica Incrementale
CIF produzione	€465	Sì***	Futura Specifica Incrementale

* Il prezzo di vendita dell'OdV speciale è un'informazione rilevante in quanto futura (verrà praticato solo se si accetta l'ordine), specifica (è il prezzo proprio dell'OdV speciale), differenziale (differisce dal prezzo applicato a tutti gli altri ordini) e incrementale (comporterà un incremento dei ricavi in conto economico).
** Le MP aggiuntive sono un costo rilevante in quanto futuro (verrà sostenuto solo se si accetta l'ordine), specifico (è un costo proprio dell'OdV speciale) e incrementale (se si accetta l'ordine tale costo andrà a sommarsi al costo attuale di MP).
*** I CF connessi all'acquisto di uno strumento specifico per l'OdV, sono rilevanti in quanto rappresentano un'informazione di costo futura (verranno sostenuti solo se si accetta l'ordine), specifici (l'accettazione dell'OdV speciale presuppone questo specifico investimento) e incrementali (se si accetta l'ordine, comporteranno un incremento dei CF in conto economico). Questi sono espressi in termini totali.

b. Valutazione di convenienza economica

Nell'approccio differenziale le informazioni rilevanti vengono rielaborate in un'analisi di convenienza economica, volta a mettere in evidenza il MdC e il RO incrementali generati dall'accettazione dell'OdV speciale.

OdV conveniente se:
Ricavi incrementali > Costi incrementali => RO incrementale > 0
OdV non conveniente se:
Ricavi incrementali < Costi incrementali => RO incrementale < 0

	OdV speciale (valori unitari)	**OdV speciale tot (10 braccialetti)**
Prezzo	349,95 €/u	
MP	143 €/u + 6 €/u = 149,00 €/u	
MOD	86,00 €/u	
CIV produzione	7,00 €/u	
CV totali	**242 €/u**	
MdC	**107,95 €/u**	**107,95 €/u × 10 u = €1.079,50**
CF specifici		€465,00
RO incrementale		**€614,50**

Possiamo concludere dicendo che, nonostante l'ordine di vendita speciale preveda un prezzo inferiore rispetto a quello normalmente applicato, conviene accettarlo, in quanto consente di incrementare il risultato operativo aziendale di €614,50.

Esercizio 5.3

Dati

	Situazione attuale
Prezzo	200 €/u
Provvigioni (P × 10%)	20 €/u
MP	50 €/u
MOD	40 €/u
CIV produzione	5 €/u
CIF produzione	5 €/u
Costo u	**120 €/u**

OdV speciale:
u = 300
P = 180 €/u
MP = 45 €/u
CF specifici = €21.870

Domande

1. OdV conveniente? (Approccio differenziale: Ricavi incrementali > Costi incrementali?)
2. P equiconvenienza?

Soluzioni

1.

Il testo specifica che non ci sono vincoli di capacità produttiva, per cui ci limiteremo a sviluppare un'analisi di convenienza economica. Dal momento che non disponiamo di informazioni in merito ai volumi attuali, non possiamo optare per l'approccio del CE complessivo, che presuppone la considerazione di valori totali. Opteremo per l'approccio differenziale.

Approccio differenziale:
a. Identificazione delle informazioni rilevanti

	Situazione attuale	Info rilevante	Motivazione
Prezzo	200 €/u	No*	Non differenziale
Provvigioni	10% × 200 €/u = 20€/u	**	(Nell'approccio differenziale le provvigioni sono rilevanti per un importo pari a 10% × 180 €/u = 18 €/u, provvigioni dell'OdV, vedi tabella successiva.)
MP	50 €/u	**	(Nell'approccio differenziale il costo delle MP è rilevante per un importo pari a 45 €/u, costi di MP per l'OdV speciale, vedi tabella successiva.)
MOD	40 €/u	Sì***	Incrementale
CIV produzione	5 €/u	Sì***	Incrementale
CIF produzione	5 €/u	No****	Non differenziale
Costo u	**100 €/u**		

* Il prezzo di vendita della situazione attuale non è rilevante: è un prezzo che l'azienda continuerà a praticare per tutti gli altri ordini a prescindere che si accetti o meno per l'OdV speciale, pertanto non è differenziale.

** Sebbene Provvigioni e MP, in quanto costi variabili, siano categorie di costo rilevanti ai fini dell'analisi di convenienza economica di un OdV speciale, i valori riportati nella situazione attuale differiscono da quelli propri dell'alternativa in esame (accettazione dell'ordine di vendita speciale). Saranno rilevanti i valori riferiti all'OdV speciale.

Il valore delle provvigioni da considerare nell'approccio differenziale sarà dunque pari al 10% × P OdV speciale, ossia 10% × €180 = €18, poiché il prezzo dell'OdV speciale è diverso da quello normalmente applicato (€200). Analogamente il costo delle MP da considerare nell'approccio differenziale sarà quello dell'OdV speciale, pari a €45, in quanto l'accettazione dell'OdV speciale presuppone un risparmio di MP di €5. Si rimanda a tale proposito alla tabella successiva. Le provvigioni di €20 e il costo di €50 continueranno a sussistere per tutti gli altri ordini.

*** Accettare un ordine di vendita speciale significa accettare di produrre delle unità aggiuntive in condizioni particolari, per cui saranno rilevanti tutte quelle informazioni di costo che variano

al variare delle unità e i costi variabili per definizione variano proporzionalmente ai volumi. Nel caso del costo di MOD e dei CIV i valori attuali saranno quelli effettivamente considerati nell'analisi di convenienza economica secondo l'approccio differenziale, infatti non sono previsti cambiamenti.
**** I CF non variano al variare dei volumi, pertanto non varieranno se accetto di produrre 300 unità in più. Non essendo differenziali non possono essere considerati rilevanti.

	OdV speciale	Info rilevante	Motivazione
Prezzo	180 €/u	Sì*	Futuro Specifico Differenziale Incrementale
Provvigioni	10% × €180 = 18 €/u	Sì**	Futuro Specifico Incrementale Differenziale
MP	45 €/u	Sì**	Futuro Specifico Incrementale Differenziale
CF specifici	€21.870	Sì***	Futuro Specifico Incrementale

* Il prezzo di vendita dell'OdV speciale è un'informazione rilevante in quanto futura (verrà praticato solo se si accetta l'ordine), specifica (è il prezzo proprio dell'OdV speciale), differenziale (differisce dal prezzo applicato a tutti gli altri ordini) e incrementale (comporterà un incremento dei ricavi in conto economico).
** Provvigioni e MP sono informazioni rilevanti in quanto sono costi variabili (pertanto crescono al crescere dei volumi), specifici dell'ordine di vendita speciale, differenziali (differiscono dai valori della situazione attuale) e futuri (tali valori si avranno solo a fronte dell'accettazione dell'OdV speciale).
*** I CF di €21.870 sono rilevanti in quanto futuri (verranno sostenuti solo a fronte dell'accettazione dell'ordine), specifici (connessi a investimenti legati all'OdV speciale) e incrementali (qualora si accettasse l'OdV speciale, comporterebbero un incremento dei costi in conto economico).

b. Valutazione di convenienza economica

Nell'approccio differenziale le informazioni rilevanti vengono rielaborate in un'analisi di convenienza economica, volta a mettere in evidenza il MdC e il RO incrementali generati dall'accettazione dell'OdV speciale.

OdV conveniente se:
Ricavi incrementali > Costi incrementali => RO incrementale > 0
OdV non conveniente se:
Ricavi incrementali < Costi incrementali => RO incrementale < 0

	OdV speciale u	OdV speciale tot (300 jeans)
Prezzo/Ricavi	180 €/u	
Provvigioni	180 €/u × 10% = (18 €/u)	
MP	(45 €/u)	
MOD	(40 €/u)	
CIV produzione	(5 €/u)	
CV totali	**(108 €/u)**	
MdC incrementale	**72 €/u**	**72 €/u × 300 = €21.600**
CF		(€21.870)
RO incrementale		**€21.600 – €21.870 = (€270)**

Blue Jeans SpA non ha convenienza ad accettare l'ordine in quanto i costi incrementali superano i ricavi incrementali. L'accettazione dell'ordine di vendita speciale comporterebbe una riduzione del RO aziendale di €270.

2.

Il prezzo che rende le due alternative (accettare l'OdV speciale o non accettarlo) identiche è quello che rende pari a zero il risultato differenziale:

Ricavi incrementali – Costi incrementali = 0
Ricavi incrementali = Costi incrementali

Si tratta in pratica di svolgere una what-if analysis, tipica dell'analisi costi-volumi-risultati, dove P rappresenta l'incognita (Capitolo 2).

Metodo dell'equazione:
Ricavi – CV tot – CF = 0
P(Q) – CV(Q) – CF = 0
P × 300 – P × 300 × 10% – €90* × 300 – €21.870 = 0
P = €181

* 90 €/u = MP + MOD + CIV = 45 €/u + 40 €/u + 5 €/u.

Si noti che il valore delle provvigioni, essendo in percentuale sul prezzo, a differenza degli altri costi variabili (MP e MOD), non può essere assunto in valore assoluto, pari a €18.

Esercizio 5.4

Dati

	Situazione attuale u	Situazione totale
u	1	300.000
Ricavi	€600.000/300.000 u = 2,00 €/u	€600.000,00
CV	€420.000/300.000 u = 1,40 €/u	€420.000,00
CF	1,00 €/u	1,00 €/u × 300.000 u = €300.000,00

OdV speciale:
u = 300.000
P = 1,30 €/u
CV u = 1,40 €/u
CF u = 0,50 €/u

Domande

OdV conveniente?

- Approccio differenziale: Ricavi incrementali OdV > Costi incrementali OdV?
- Approccio CE complessivo (o RO comparato): RO attuale < RO attuale + RO OdV?

Soluzioni

A tale proposito esistono due approcci: l'approccio differenziale e l'approccio del CE complessivo.

Approccio differenziale:
a. Identificazione delle informazioni rilevanti

	Situazione attuale (valori unitari)	Situazione attuale tot (300.000 u)	Info rilevante	Motivazione
Prezzo	2,00 €/u		No*	Non differenziale
CV	1,40 €/u		Sì**	Incrementale
CF	1,00 €/u	€300.000,00	No***	Non differenziale

* Il prezzo di vendita della situazione attuale non è rilevante: è un prezzo che l'azienda continuerà a praticare per tutti gli altri ordini, a prescindere che si accetti o meno l'OdV speciale, pertanto non è differenziale.

** Accettare un ordine di vendita speciale significa accettare di produrre delle unità aggiuntive in condizioni particolari, per cui saranno rilevanti tutte quelle informazioni di costo che variano al

variare delle unità; i costi variabili per definizione variano proporzionalmente ai volumi. Nel caso specifico il CV u resta invariato per l'OdV speciale.
*** I costi fissi non variano al variare delle unità prodotte; inoltre non sono CF specifici dell'OdV speciale.

	OdV speciale (valori unitari)	OdV speciale tot (300.000 u)	Info rilevante	Motivazione
Prezzo	1,30 €/u		Sì*	Futura Specifica Differenziale Incrementale
CF	0,50 €/u	€300.000,00	No**	Non differenziale

* Il prezzo di vendita dell'OdV speciale è un'informazione rilevante in quanto futura (verrà praticato solo se si accetta l'ordine), specifica (è il prezzo proprio dell'OdV speciale), differenziale (differisce dal prezzo applicato a tutti gli altri ordini) e incrementale (comporterà un incremento dei ricavi in conto economico).
** Il presidente sottolinea che i CF unitari scendono da 1 €/u a 0,5 €/u in quanto prima erano spalmati su 300.000 unità (CF u = CF tot/volumi = €300.000/300.000 u = 1 €/u) e ora su 600.000 unità (300.000 unità attuali + 300.000 unità dell'OdV speciale = 600.000 u, per cui CF u = €300.000/600.000 u = 0,5 €/u). Tuttavia il loro ammontare totale non cambia. Quindi, a prescindere dal modo in cui i CF vengono distribuiti, il totale di tali costi sarà pari a €300.000 ed essi rappresenteranno un'informazione di costo non differenziale.

b. Valutazione di convenienza economica

Nell'approccio differenziale le informazioni rilevanti vengono rielaborate in un'analisi di convenienza economica, volta a mettere in evidenza il MdC incrementale.

OdV conveniente se:
Ricavi incrementali> Costi incrementali => RO incrementale > 0
OdV non conveniente se:
Ricavi incrementali < Costi incrementali => RO incrementale < 0

	OdV speciale (valori unitari)	OdV speciale tot (300.000 u)
Ricavi	1,30 €/u	€390.000,00
CV	(1,40 €/u)	(€420.000,00)
MdC incrementale (o differenziale)*	**(0,10 €/u)**	**(€30.000,00)**

* Non essendoci CF rilevanti, l'analisi termina al MdC incrementale.

Dall'analisi svolta emerge che l'OdV speciale non è conveniente; infatti la sua accettazione comporterebbe una riduzione del MdC aziendale, e dunque del RO, di €30.000.

Approccio del CE complessivo o RO comparato (metodo alternativo):
L'approccio del conto economico complessivo consente di comparare il conto economico attuale con il conto economico risultante dall'accettazione dell'ordine di vendita speciale.

OdV conveniente se: RO attuale < RO attuale + RO OdV
OdV non conveniente se: RO attuale > RO attuale + RO OdV

	Situazione attuale tot (300.000 u)	OdV speciale tot (300.000 u)	Totale
Ricavi	€600.000,00	€390.000,00	€990.000
CV	(€420.000,00)	(€420.000,00)	(€840.000)
MdC incrementale (o differenziale)	**€180.000**	**(€30.000)**	**€150.000**
CF	(€300.000)	–	(€300.000)
RO incrementale (o differenziale)	**(€120.000)**	**(€30.000)**	**(€150.000)**

L'approccio del CE complessivo mostra l'impatto dell'accettazione dell'OdV speciale sul RO, confermando la non convenienza ad accettare l'ordine al fine di evitare una riduzione del RO pari a €30.000, per una perdita totale di €150.000.

L'affermazione del presidente è pertanto errata: la riduzione dei CF unitari (da 1 €/u a 0,5 €/u), dovuta all'aumento dei volumi prodotti per effetto dell'accettazione dell'OdV speciale (da 300.000 u a 600.000 u), non determina la variazione dell'ammontare totale dei costi fissi, che restano pari a €300.000.

$$\text{Costi fissi unitari} = \frac{\text{Totale costi fissi}}{\text{Volume di produzione}} = \frac{€300.000}{300.000 \text{ unità}} = €1$$

Ossia:

$$\frac{€300.000}{600.000 \text{ unità}} = €0,50$$

Ciò che cambia è solo la base di ripartizione (i volumi) attraverso la quale vengono allocati e dunque la quota di CF unitario allocata a ciascun prodotto, ma non il loro ammontare totale. Di conseguenza essi sono da considerarsi non differenziali e quindi irrilevanti ai fini dell'analisi.

Questa distorta interpretazione aveva portato il presidente a sostenere (erroneamente) la convenienza dell'ordine di vendita speciale. La morale è: attenzione ai costi unitari.

Il totale dei costi fissi resta immutato a prescindere dal volume scelto come denominatore per il calcolo del costo unitario.

Esercizio 5.5

Dati

Ricavi (600 h × 12 €/h):	€ 7.200
Stipendi degli insegnanti addetti al doposcuola	(€ 5.200)
Acquisto materiali per il doposcuola	(€ 800)
Ammortamento attrezzature	(€ 1.300)
Servizi di pulizia dei locali	(€ 100)
Altri costi fissi	(€ 200)
Totale costi	**€ 7.600**
Reddito operativo	**(€ 400)**

Domande

Eliminazione conveniente? (MdC perso < CF evitabili?)

Soluzioni

Nel caso in cui si debba valutare la convenienza a eliminare o meno un prodotto, un'attività, un segmento e così via esistono due approcci alternativi:

- l'approccio differenziale;
- l'approccio del conto economico complessivo.

In questo caso, dal momento che il testo fornisce esclusivamente informazioni in merito all'attività di doposcuola, e non ci è dato conoscere gli altri costi e ricavi della scuola, non possiamo comparare il conto economico con e senza doposcuola e dobbiamo dunque optare per l'approccio differenziale.

L'approccio differenziale, in sede di valutazione della convenienza all'eliminazione, consta di due fasi:

a. identificazione dei costi evitabili (o eliminabili) e non evitabili (o non eliminabili);

b. analisi di convenienza economica, volta a evidenziare se il MdC perso sia inferiore ai costi risparmiati con l'eliminazione.

Di seguito lo svolgimento dell'esercizio.

Approccio differenziale:
a. Identificazione dei costi evitabili (eliminabili)

	Doposcuola	Evitabile
Acquisto materiali per il doposcuola	€800	Sì*
Stipendi degli insegnanti addetti al doposcuola	€5.200	Sì**
Ammortamento attrezzature	€1.300	No***
Servizi di pulizia	€100	No****
Altri costi fissi allocati	€ 200	No*****

* I materiali per il doposcuola sono un costo variabile, pertanto si tratta di un costo che verrà eliminato con l'eliminazione dell'attività di doposcuola.
** Gli stipendi degli insegnanti addetti al doposcuola rappresentano un costo fisso specifico di quell'attività, pertanto l'eliminazione del doposcuola comporterebbe l'eliminazione di tali costi dal conto economico.
*** L'ammortamento delle attrezzature scolastiche ovviamente continuerà a essere imputato a conto economico fino a chiusura del fondo ammortamento, a prescindere dall'eliminazione del programma di doposcuola. Se la scuola avesse potuto utilizzare le attrezzature per scopi alternativi al suo interno, avrebbe avuto un risparmio di costo (cioè avrebbe potuto evitare di investire in ulteriori attrezzature) e per questo motivo le attrezzature sarebbero state considerate un costo eliminabile. Tuttavia, in assenza di un loro utilizzo alternativo, come indicato dal testo, il loro costo deve essere considerato non evitabile.
**** La scuola continuerà inoltre a pagare i servizi di pulizia dei locali in quanto all'interno degli stessi vengono svolte anche le lezioni d'aula; pertanto essi rappresentano un costo non eliminabile.
***** I costi fissi allocati sono costi fissi comuni, risultato di un processo di allocazione, e di conseguenza permangono in conto economico e non possono essere evitati; semplicemente verranno allocati ad altri oggetti di costo.

b. Valutazione di convenienza economica

Una volta individuati i costi evitabili si procede a verificare la convenienza economica all'eliminazione.

Eliminazione conveniente se: MdC perso < CF evitabili
Eliminazione non conveniente se: MdC perso > CF evitabili

Ricavi persi (600 h × 12 €/h)	**(€7.200)***
Acquisti materiali	€ 800
MdC perso	**(€6.400)***
CF evitabili:	
Stipendi degli insegnanti	€5.200
Riduzione di RO	**(€1.200)**

* Il segno negativo dei ricavi e del MdC è dovuto al fatto che si tratta di Ricavi e MdC "persi" a fronte dell'eliminazione del programma di doposcuola.

Dall'analisi svolta emerge che:

MdC perso > CF evitabili
€6.400 > €5.200

Pertanto se la scuola optasse per l'eliminazione del doposcuola, il risultato operativo si ridurrebbe di €1.200. La scuola dovrebbe dunque mantenere il programma di doposcuola.

Oltre ai costi evitabili illustrati, qualcuno potrebbe far notare che l'eliminazione dell'attività di doposcuola potrebbe comportare un risparmio nei servizi di pulizia (meno necessaria) e di ammortamento (minore usura delle attrezzature). Tuttavia, a meno che questi risparmi non siano superiori ai €1.200 di diminuzione del reddito operativo, il risultato finanziario della scuola sarà peggiore senza il programma di assistenza dopo scuola.

Esercizio 5.6

Dati

Vedi tabella fornita nel testo.

Domande

Eliminazione del segmento "Pulizia della casa" conveniente? (MdC perso < Costi evitabili?)

Soluzioni

Si tratta di valutare la convenienza economica a eliminare un programma attualmente offerto.

A tale proposito possiamo adottare due approcci alternativi: l'approccio differenziale e l'approccio del CE complessivo.

Approccio differenziale:
a. Identificazione dei costi evitabili (o eliminabili)

	Pulizia casa	Evitabile
CV	(€160.000)	Sì*
Ammortamento	(€20.000)	No**
Assicurazione responsabilità civile	(€15.000)	Sì***
Retribuzione amministratori programma	(€37.000)	Sì***
Costi amministrativi generali	(€48.000)	No****

* I costi variabili sono ovviamente evitabili: cesseranno di esistere con l'eliminazione del programma.

** L'ammortamento riguarda un furgone che in caso di eliminazione del programma verrebbe donato a un'organizzazione benefica. Pertanto non esistono utilizzi alternativi all'interno dell'organizzazione no profit, né sarà oggetto di vendita (valore residuo = 0). Esso dunque rappresenta un costo non eliminabile (non evitabile).
*** L'assicurazione e la retribuzione degli amministratori sono definite dal testo costi evitabili, infatti rappresentano CF specifici del programma che si intende eliminare.
**** I costi amministrativi generali sono costi comuni allocati, pertanto permangono in conto economico; semplicemente verranno allocati in quota maggiore ai restanti programmi, ma il loro ammontare totale non varierà. Per questo motivo si considerano non evitabili.

b. Valutazione di convenienza economica
Eliminazione conveniente se: MdC perso < CF evitabili
Eliminazione non conveniente se: MdC perso > CF evitabili

	Pulizia casa
Ricavi	(€240.000)*
CV	€160.000
MdC perso	**(€80.000)***
CF evitabili:	
Assicurazione responsabilità civile	€15.000
Retribuzione amministratori programma	€37.000
Totale CF evitabili	**€52.000**
Riduzione RO**	**(€28.000)**

* Il segno negativo dei ricavi e del MdC è dovuto al fatto che si tratta di Ricavi e MdC "persi" a fronte dell'eliminazione del programma di "Pulizia casa".
** Riduzione RO = MdC perso – Costi eliminabili = (€80.000) + €52.000 = (€28.000).

Come emerge dall'analisi svolta:
MdC perso > CF evitabili
€80.000 > €52.000

Di conseguenza, nonostante il programma di pulizia determini una perdita, la sua eliminazione non è conveniente: comporterebbe la riduzione del RO aziendale totale di €28.000.

Approccio del CE complessivo o del RO comparato (metodo alternativo):
Eliminazione conveniente se:
RO attuale < RO con eliminazione
RO attuale < (Ricavi mantenuti – Costi non evitabili)
Eliminazione non conveniente se:
RO attuale > RO con eliminazione
RO attuale > (Ricavi mantenuti – Costi non evitabili)

	Totale attuale	**Eliminazione "Pulizia casa" (Ricavi mantenuti – Costi non evitabili)**	**Δ (Ricavi persi e Costi evitabili)**
Fatturato	€900.000	€900.000 – €240.000 = €660.000	(€240.000)*
CV	(€490.000)	(490.000 – €160.000 = €330.000)	€160.000**
MdC	**€410.000**	**€330.000**	**(€80.000)****
Ammortamento	(€68.000)	(€68.000)	–
Assicurazione responsabilità civile	(€42.000)	€42.000 – €15.000 = (€27.000)	€15.000**
Retribuzione amministratori programma	(€115.000)	€115.000 – €37.000 = (€78.000)	€37.000**
Costi amministrativi generali	(€180.000)	(€180.000)	–
Totale CF	**(€405.000)**	**(€353.000)**	**€52.000****
RO	**€5.000**	**(€23.000)**	**(€28.000)*****

* La riduzione di ricavo o margine (ricavo perso) ha segno negativo.
** La riduzione di costo (costo evitato) ha segno positivo.
*** La riduzione di RO (reddito perso) ha segno negativo.

Oppure, concentrandosi sul CE del programma di "Pulizia casa":

	Mantenimento "Pulizia casa"	**Costi non evitabili**	**Δ (Ricavi persi e Costi evitabili)**
Fatturato	€240.000	–	(€240.000)*
CV	(€160.000)	–	€160.000**
MdC	**€80.000**	**–**	**(€80.000)***
Ammortamento	(€20.000)	(€20.000)	–
Assicurazione responsabilità civile	(€15.000)	–	€15.000**
Retribuzione amministratori programma	(€37.000)	–	€37.000**
Costi amministrativi generali	(€48.000)	(€48.000)	–
Totale CF	**(€120.000)**	**(€68.000)**	**€52.000****
RO	**(€40.000)**	**(€68.000)**	**(€28.000)*****

* La riduzione di ricavo o margine (ricavo perso) ha segno negativo.
** La riduzione di costo (costo evitato) ha segno positivo.
*** La riduzione di RO (reddito perso) ha segno negativo.

Nella prima tabella è stato comparato il CE attuale (prima colonna) con il CE che si verrebbe a determinare a seguito dell'eliminazione del programma di "Pulizia casa" (seconda colonna).

Nella seconda tabella è stato comparato il CE del programma "Pulizia casa" (prima colonna) con i costi che permarrebbero a fronte della sua eliminazione (seconda colonna). In entrambi i casi la differenza mette in evidenza la situazione economica a seguito dell'eliminazione, in cui:

MdC perso > CF evitabili
€80.000 > €52.000

La differenza tra i due (€28.000) determina la riduzione di RO aziendale cui si farebbe fronte in caso di eliminazione del programma.

Pertanto il programma "Pulizia casa" non dovrebbe essere eliminato.

Esercizio 5.7

Dati

u pre-scioperi = 40.000 u

	Situazione attuale (valori mensili)	Post 2 mesi scioperi/ Chiusura impianto (valori mensili)
u (in galloni)	11.000 u	
Prezzo	35 €/u	
CV u	€21 €/u	
CGP	€230.000	€230.000 – €170.000 = €60.000
CF vendita	€310.000	€310.000 × 0,1 = €31.000

Domande

1. Chiusura conveniente? (MdC perso < CF evitabili?)
2. BEP(Q)?

Soluzioni

1.

Si tratta di valutare la convenienza a chiudere un impianto per due mesi o a mantenerlo aperto.

A tale proposito possiamo seguire due diversi approcci: l'approccio differenziale e l'approccio del conto economico complessivo (o del RO comparato).

Approccio differenziale:
a. Identificazione delle informazioni rilevanti

A tal fine è necessario identificare i costi che potranno essere eliminati a seguito della chiusura dell'impianto e quelli che sono invece ineliminabili (inevitabili).

	Situazione pre-scioperi (valori mensili)	Evitabili
CV u*	21 €/u	Sì
CGP	€230.000	No, ma riducibili a €170.000 (evitabili: €60.000)
CF vendita	€310.000	No, ma riducibili a €279.000 (evitabili: €31.000)

* I CV sono eliminabili: cesseranno di esistere con la chiusura dell'impianto.

b. Valutazione di convenienza economica
In base all'approccio differenziale si determina la convenienza nel modo seguente:

Chiusura conveniente se: MdC perso < CF evitabili
Chiusura non conveniente se: MdC perso > CF evitabili

	Chiusura (valori 2 mesi)*
u (in galloni)	11.000 u × 2 mesi = 22.000 u
Ricavi	35 €/u × 22.000 = (€770.000)*
CV u	21 €/u × 22.000 = €462.000
MdC perso	**(€308.000)******
CF evitabili:	
CGP	€60.000 × 2 mesi = €120.000
CF vendita	€31.000 × 2 mesi = €62.000
Totale CF evitabili	**€182.000**
Riduzione RO	**(€126.000)**

* La chiusura riguarda un periodo di 2 mesi, pertanto devono essere considerati valori bimestrali.
** Il segno negativo dei ricavi e del MdC è dovuto al fatto che si tratta di Ricavi e MdC "persi" a fronte della chiusura dell'impianto.

Secondo l'analisi svolta non è conveniente procedere alla chiusura dell'impianto, in quanto:

MdC perso > CF evitabili
€308.000 > €182.000

La differenza di €126.000 rappresenta la riduzione di RO aziendale a cui si andrebbe incontro a seguito della chiusura.

Approccio del CE complessivo o RO comparato (metodo alternativo):
Chiusura conveniente se:
RO attuale < RO con chiusura
RO attuale < (Ricavi mantenuti – Costi non evitabili)
Chiusura non conveniente se:
RO attuale > RO con chiusura
RO attuale > (Ricavi mantenuti – Costi non evitabili)

	Situazione attuale (valori bimestrali)	**Impianto chiuso (Costi non evitabili)**	**Δ (Ricavi persi e Costi evitabili)**
Ricavi	€770.000	–	(€770.000)*
CV u	(€462.000)	–	€462.000**
MdC	**€308.000**	**–**	**(€308.000)***
CGP	(€460.000)	€170.000 × 2 = (€340.000)	€120.000**
CF vendita	(€620.000)	€279.000 × 2 = (€558.000)	€62.000**
CF tot	**(€1.080.000)**	**(€898.000)**	**€182.000****
RO	**(€772.000)**	**(€898.000)**	**(€126.000)*****

* La riduzione di ricavo e quella di margine hanno segno negativo.
** La riduzione di costo ha segno positivo.
*** La riduzione di RO ha segno negativo.

Anche l’approccio del CE complessivo mette in evidenza che la chiusura dell’impianto comporterebbe una perdita ulteriore di €126.000 rispetto al caso in cui la società continuasse a lavorare durante i due mesi di scioperi. Lo stabilimento dovrebbe dunque continuare a operare seppure a un livello ridotto di 11.000 galloni al mese.

2.
Metodo dell’equazione
Posto CF = CF evitabili
P(Q) – CV(Q) – CF = 0
35 €/u (Q) – 21 €/u (Q) – €182.000 = 0
Q = €182.000/14 €/u = 13.000 u

Metodo del MdC (alternativo)
BEP(Q) = CF evitabili/MdC u = €182.000/(€308.000/22.000 u) =
= €182.000/14 €/u = 13.000 u

In corrispondenza di 13.000 galloni venduti sarebbe indifferente chiudere l'impianto per due mesi o mantenerlo attivo.

Esercizio 5.8

Dati

OdV speciale:
P = 6 €/Kg
MP = 3 €/Kg
MOD reparto Filmatura = 3 operai × €1.900 = €5.700
Costo confezionamento = 1.000 Kg × 2,5 €/Kg = €2.500
CPN reparto Filmatura = 1.000 Kg
u OdV = 1.000 Kg

Fattibilità tecnica:
CP tot reparto Filmatura = 23.000 Kg
CP satura reparto Filmatura = 95%
CPN OdV = 1.000 Kg

Domande

1. CPD < o > CPN?
2. OdV conveniente? (Approccio differenziale: Ricavi incrementali > Costi incrementali?)
3. P equiconvenienza?

Soluzioni

1.

Verifichiamo innanzitutto la fattibilità tecnica dell'OdV speciale, ossia verifichiamo che la capacità produttiva disponibile sia sufficiente a coprire la capacità produttiva necessaria per la realizzazione dell'ordine.

Sulla base delle informazioni fornite dal testo:

- per l'OdV speciale la MP (composto base) viene acquistata da un fornitore esterno, non si prevedono quindi lavorazioni nel reparto Miscelazione;
- il reparto Filmatura è saturo al 95%;
- per l'OdV speciale la fase di confezionamento è esternalizzata.

Analisi di fattibilità tecnica

Procediamo con la verifica di fattibilità tecnica, che consta di tre fasi:

a. determinazione CPD;
b. determinazione CPN;
c. confronto CPD e CPN.

a. CPD
CPD = 23.000 Kg × 5 % = 1.150 Kg

b. CPN
CPN = 1.000 Kg (quantità OdV speciale)

c. CPD vs CPN

CPD	1.150 Kg
CPN	1.000 Kg
Capacità residua	**1.150 Kg – 1.000 Kg = 150 Kg**

Possiamo concludere che: CPD > CPN, per cui non siamo in presenza di risorse scarse e l'OdV speciale è tecnicamente fattibile.

2.
Analisi di convenienza economica: approccio differenziale
Avendo a disposizione solo informazioni in merito all'OdV speciale e non disponendo di informazioni di costo e ricavo relative all'azienda nel suo complesso, possiamo solo fare riferimento all'approccio differenziale.

a. Identificazione informazioni rilevanti

	OdV speciale	Info rilevante	Motivazione
Ricavi	6 €/Kg	Sì*	Futura Specifica Differenziale Incrementale
MP (composto base)	3 €/Kg	Sì**	Futura Specifica Differenziale Incrementale
Manodopera filmatura	3 × €1.900 = €5.700	No***	No
Costo confezionamento	2,5 €/Kg	Sì****	Futura Specifica Differenziale Incrementale

* Il prezzo di vendita dell'OdV speciale è un'informazione rilevante in quanto futura (verrà praticato solo se si accetta l'ordine), specifica (è il prezzo proprio dell'OdV speciale), differenziale (differisce dal prezzo applicato a tutti gli altri ordini) e incrementale (comporterà un incremento dei ricavi in conto economico).
** Le MP rappresentano un CV, tipicamente rilevante. Inoltre, nel caso di accettazione dell'OdV speciale l'azienda acquisterà il composto base all'esterno, anziché miscelarlo internamente; si tratta pertanto anche di un'informazione di costo differenziale.

*** Il testo specifica che i 3 operai che si occupano della fase di filmatura percepiscono e continueranno a percepire un compenso di €1.900 ciascuno, senza necessità di straordinari. Non si tratta pertanto in questo caso di un costo rilevante: non si incrementerà a fronte della produzione di 1.000 Kg in più dovuti all'accettazione dell'OdV speciale.

**** Si tratta di un'informazione di costo futura (solo a fronte dell'accettazione dell'ordine verrà sostenuto il costo esterno di confezionamento), specifica dell'alternativa in esame, differenziale (solo in caso di OdV speciale il confezionamento verrà svolto esternamente) e incrementale (in caso di accettazione i costi di CE si incrementeranno di €2.500).

b. Valutazione convenienza economica

OdV conveniente se: Ricavi incrementali > Costi incrementali => RO OdV > 0

OdV non conveniente se: Ricavi incrementali < Costi incrementali => RO OdV < 0

	OdV speciale (valori unitari)	**OdV speciale (1.000 Kg)**
Ricavi	6 €/Kg	
MP (composto base)	(3 €/Kg)	
Costo confezionamento	(2,5 €/Kg)	
MdC incrementale	**0,5 €/Kg**	**0,5 €/Kg × 1.000 Kg = €500**

L'azienda dovrebbe accettare l'OdV speciale, in quanto consentirebbe di incrementare il MdC aziendale e il RO aziendale di €500.

Si noti che in questo caso specifico vi erano solo costi variabili rilevanti; pertanto nella valutazione di convenienza economica ci si è fermati alla determinazione del MdC differenziale.

3.

Il prezzo di equiconvenienza è il prezzo in corrispondenza del quale il RO differenziale è uguale a zero:

Ricavi incrementali – Costi incrementali = 0

Ricavi incrementali = Costi incrementali

Metodo dell'equazione:

Ricavi – CV tot – CF = 0

P(Q) – CV(Q) – CF = 0

P × 1.000 – 5,5 × 1.000 = 0

P = 5.500/1.000 = 5,5

Il prezzo che renderebbe indifferente accettare o meno l'OdV speciale è pari a 5,5 €/u.

Esercizio 5.9

Dati

Nel presente esercizio la capacità produttiva è misurata in h MOD.

Budget	Classica	Elettronica	Super
Prezzo	100 €/u	110 €/u	200 €/u
Volumi vendita	12.000 u	10.000 u	8.000 u
MP Kg/u	1 Kg/u	0,8 Kg/u	1,6 Kg/u
MP €/Kg	0,6 €/Kg	0,6 €/Kg	1,2 €/Kg
Componenti €/u	5,0 €/u	20,0 €/u	25,0 €/u
Imballi €/u	1,10 €/u	1,10 €/u	1,10 €/u

	Stampaggio	Officina	Elettronica	Assemblaggio
Classica MOD h/u	0,25 h/u	–	–	0,5 h/u
Elettronica MOD h/u	0,2 h/u	–	0,3 h/u	0,4 h/u
Super MOD h/u	–	1,2 h/u	0,2 h/u	0,8 h/u
gg lavoro/anno	220 gg	220 gg	220 gg	220 gg
h lavoro/g	8 h	8 h	8 h	8 h
N° operai	3	6	3	8
Costo annuo operaio	€26.400	€26.400	€26.400	€26.400
CF	€35.000	€7.000	€60.000	€5.000

Domande

Programma fattibile? (CPD ≥ CPN?)
Programma di produzione?

Soluzioni

Analisi di fattibilità tecnica:

a. CPD

	Stampaggio	Officina	Elettronica	Assemblaggio
gg lavoro annui	220	220	220	220
h/g lavorative	8	8	8	8
N° operai	3	6	3	8
CPD	220 × 8 × 3 = **5.280 h**	220 × 8 × 6 = **10.560 h**	220 × 8 × 3 = **5.280 h**	220 × 8 × 8 = **14.080 h**

b. CPN

		Stampaggio	Officina	Elettronica	Assemblaggio
C	Quantità (u)	12.000 u	12.000 u	12.000 u	12.000 u
	STD MOD (h/u)	0,25 h/u	–	–	0,5 h/u
	CPN (h)	12.000 × 0,25 = **= 3.000 h**	–	–	12.000 × 0,5 = **= 6.000 h**
E	Quantità (u)	10.000 u	10.000 u	10.000 u	10.000 u
	STD MOD (h/u)	0,2 h/u	–	0,3 h/u	0,4 h/u
	CPN (h)	10.000 × 0,2 = **= 2.000 h**	–	10.000 × 0,3 = **= 3.000 h**	10.000 × 0,4 = **= 4.000 h**
S	Quantità (u)	8.000 u	8.000 u	8.000 u	8.000 u
	STD MOD (h/u)	–	1,2 h/u	0,2 h/u	0,8 h/u
	CPN (h)	–	8.000 × 1,2 = **= 9.600 h**	8.000 × 0,2 = **= 1.600 h**	8.000 × 0,8 = **= 6.400 h**
CPN TOT (h)		**5.000 h**	**9.600 h**	**4.600 h**	**16.400 h**

c. CPD vs CPN

	Stampaggio	Officina	Elettronica	Assemblaggio
CPD	5.280 h	10.560 h	5.280 h	14.080 h
CPN	5.000 h	9.600 h	4.600 h	16.400 h
CP residua	**280 h**	**960 h**	**680 h**	**(2.320 h)**

Dal confronto tra CPD e CPN emerge che la capacità produttiva disponibile è in grado di soddisfare il programma di produzione aziendale, fatta eccezione per il reparto Assemblaggio, per il quale le h MOD rappresentano una risorsa scarsa.

d. Definizione dell'ordine di produzione (ordine di priorità)

Dalla verifica emerge che il programma di produzione non è fattibile in quanto non esiste capacità produttiva sufficiente nel reparto Assemblaggio. Tale reparto, essendo fondamentale per la realizzazione di un prodotto finito, limita la produzione degli altri reparti. Occorre pertanto rinunciare alla produzione di qualche bilancia, ma a quale prodotto dare la priorità e quale sacrificare?

Normalmente la convenienza di un prodotto rispetto a un altro è determinata dal MdC di prodotto: è più conveniente il prodotto con un maggior MdC, in quanto contribuisce maggiormente alla formazione del risultato operativo aziendale.

Tuttavia, in presenza di risorsa scarsa è necessario considerare anche quanto di questa risorsa ciascun prodotto consuma, per cui l'analisi di convenienza sarà determinata dalla misura:

$$\frac{\text{MdC}}{\text{Fattore scarso}}$$

La massimizzazione del risultato economico complessivo per l'azienda viene dunque ottenuta massimizzando la produzione del prodotto che presenta il margine di contribuzione per fattore scarso più elevato. In questo caso il fattore scarso sono le ore di manodopera del reparto Assemblaggio, per cui la misura di risultato da considerare per valutare la convenienza dei prodotti sarà:

$$\frac{\text{MdC u}}{\text{h/u assemblaggio}}$$

	C	E	S
Prezzo	100 €/u	110 €/u	200 €/u
MP plastica	0,6 €/Kg × 1 Kg = (0,60 €/u)	0,6 €/Kg × 0,8 Kg = (0,48 €/u)	–
MP acciaio	–	–	1,2 €/Kg × 1,6 Kg = (1,92 €/u)
Componenti	(5,00 €/u)	(20,00 €/u)	(25,00 €/u)
Imballi	(1,10 €/u)	(1,10 €/u)	(1,10 €/u)
MOD*	15 €/h × (0,25 + 0,5) h/u = (11,25 €/u)	15 €/h × (0,2 + 0,3 + 0,4) h/u = (13,50 €/u)	15 €/h × (1,2 + 0,2 + 0,8) h/u = (33,00 €/u)
CV tot	(17,95 €/u)	(€35,08 €/u)	(€61,02 €/u)
MdC**	**82,05 €/u**	**74,92 €/u**	**138,98 €/u**
F.S.***	0,5 h/u	0,4 h/u	0,8 h/u
MdC/F.S.	**164,1**	**187,3**	**173,73**
Priorità	**III**	**I**	**II**

* Tariffa oraria MOD = €26.400/(220 gg × 8 h/g) = €26.400/1.760 h = 15 €/h. Il costo totale della MOD viene determinato moltiplicando la tariffa oraria per le h MOD necessarie per la realizzazione di 1 unità di prodotto. Per esempio, per il prodotto C il costo totale della MOD è dato da 15 €/h × (0,25 h/u + 0,5 h/u), dove 0,25 h/u sono le ore necessarie per stampare il prodotto C e 0,5 h/u sono le ore necessaire per assemblare il prodotto C. La loro somma, pari a 0,75 h/u, rappresenta le ore totali necessarie per realizzare un prodotto finito C.

** Il MdC viene determinato sottraendo al prezzo di ciascun prodotto il CV unitario totale sostenuto per la sua realizzazione.

*** Come fattore scarso deve essere considerato lo STD di MOD del reparto per il quale si è constatata la risorsa scarsa, ossia il reparto Assemblaggio. Per esempio, per il prodotto C il fattore scarso è dato da 0,5 h/u, le ore necessarie per assemblare 1 unità di C.

L'ordine di priorità è pertanto il seguente:

1. Elettronica
2. Super
3. Classica

e. Definizione del programma di produzione e vendita

Reparto Assemblaggio	h (a)	h/u (b)	Volumi (a)/(b)
CPD	14.080 h*		
CPN prodotto E (I)	(4.000 h)**	0,4 h/u	**10.000 u**
CP residua	10.080 h		
CPN prodotto S (II)	(6.400 h)**	0,8 h/u	**8.000 u**
CP residua per prodotto C (III)	3.680 h	0,5 h/u	**7.360 u**

* Determinata al punto a. dell'analisi di fattibilità tecnica.
** Determinate al punto b. dell'analisi di fattibilità tecnica.

La capacità produttiva disponibile viene impiegata per realizzare tutte le unità del prodotto più conveniente (E), mentre la restante capacità viene utilizzata per soddisfare il programma di produzione del secondo prodotto più conveniente (S). Infine, con la capacità residua, si realizzano le unità possibili di C, il prodotto meno conveniente (7.360 u anziché 12.000 u come previsto nel programma di produzione).

Il programma di produzione e vendita è pertanto il seguente:

Prodotti	Volumi
1. E	10.000 u
2. S	8.000 u
3. C	7.360 u

Il risultato generato dal programma di produzione è pertanto il seguente:

Prodotti	Volumi	MdC unitario	MdC totale
E	10.000 u	74.92 €/u	€749.200
S	8.000 u	138,98 €/u	€1.111.840
C	7.360 u	82,05 €/u	€603.888
RO totale			**€2.464.928**

Si noti, solo a titolo di verifica (non richiesto dall'esercizio), che la definizione del programma di produzione sulla base del MdC/F.S. consente l'effettiva massimizzazione del risultato economico. Infatti, qualora si fosse scelto come criterio di gerarchizzazione il valore del margine di contribuzione, si sarebbe ottenuto il seguente ordine di priorità:

1. Super
2. Classica
3. Elettronica

Il programma di produzione e vendita sarebbe stato pertanto il seguente:

Reparto Assemblaggio	h (a)	h/u (b)	Volumi (a)/(b)
CPD	14.080 h*		
CPN prodotto S	(6.400 h)**	0,8 h/u	**8.000 u**
CP residua	7.680 h		
CPN prodotto C	(6.000 h)**	0,5 h/u	**12.000 u**
CP residua per prodotto E	1.680 h	0,4 h/u	**4.200 u**

* Determinata al punto a. dell'analisi di fattibilità tecnica.
** Determinate al punto b. dell'analisi di fattibilità tecnica.

E il risultato generato dal programma di produzione il seguente:

Prodotti	Volumi	MdC unitario	MdC totale
S	8.000 u	138,98 €/u	€1.111.840
C	12.000 u	82,05 €/u	€984.600
E	4.200 u	74,92 €/u	€314.664
RO Totale			**€2.411.104**

Esercizio 5.10

Dati

Fattibilità tecnica:
CP impianto = 90.000 h macchina/anno = 7.500 h macchina mese
Uso di CP stimato = 80%
Periodo a disposizione = 3 mesi (secondo trimestre)

OdV:

	OdV 1	OdV 2
Volumi (u)	20.000 u	7.500 u
P	67,5 €/u	85 €/u
MP	35 €/u	42,5 €/u
MOD	30 €/u	30 €/u
CIF	6 €/u	12 €/u
CIV	4 €/u	8 €/u
STD u (h/u)	0,25 h/u	0,50 h/u

CF incrementali = €15.000 + €25.000 = €40.000

Domande

OdV 1 conveniente? (Approccio differenziale: Ricavi incrementali > Costi incrementali?)

OdV 2 conveniente? (Approccio differenziale: Ricavi incrementali > Costi incrementali?)

Soluzioni

Prima di valutare la convenienza economica dei due ordini di vendita speciali è necessario verificarne la fattibilità tecnica.

Analisi di fattibilità tecnica

a. CPD

CP annuale	90.000 h macchina
CP mensile	7.500 h macchina
CP II trimestre	7.500 h × 3 = 22.500 h macchina
Uso stimato 80%	22.500 h × 80% = 18.000 h macchina
CPD II trimestre	**22.500 h – 18.000 h = 4.500 h macchina**

b. CPN

	OdV 1	OdV 2
Volumi (u)	20.000 u	7.500 u
STD u MOD (h/u)	0,25 h/u	0,50 h/u
CPN	20.000 u × 0,25 h/u = 5.000 h	7.500 u × 0,50 h/u = 3.750 h

c. CPD vs CPN

	OdV 1	OdV 2
CPD	4.500 h	4.500 h
CPN	5.000 h	3.750 h
CP residua	**(500 h)**	**750 h**

L'ordine Gap, Inc. per 20.000 portagioie richiederebbe 5.000 h macchina, ma nel secondo trimestre sono disponibili solo 4.500 h macchina, pertanto l'ordine non può essere accettato se non liberando capacità produttiva. Dal momento che il testo ci dice che la società non è disposta a ridurre la produzione dei propri articoli per far spazio agli ordini di vendita speciali (non essendo previsti ordini futuri), l'OdV speciale dovrà essere rifiutato.

L'ordine Provence Co. per 7.500 portagioie richiede 3.750 h macchina, per cui esiste capacità residua sufficiente per evadere l'ordine.

Verificata la sua fattibilità tecnica è comunque necessario accertarne la convenienza economica, come di seguito.

Approccio differenziale:
a. Identificazione delle informazioni rilevanti

		Info rilevante	Motivazione
Prezzo	85 €/u	Sì*	Futura Specifica Differenziale Incrementale
MP	42,5 €/u	Sì**	Incrementale
MOD, 0,5 ore a €60	30 €/u	Sì**	Incrementale
CIF, 0,5 ore-macchina a €24	12 €/u	No***	Non differenziale
CIV, 0,5 ore-macchina a €16	8 €/u	Sì**	Incrementale
CF attrezzaggio	€15.000	Sì****	Incrementali specifici
CF apparecchiatura	€25.000	Sì****	Incrementali specifici

* Il prezzo di vendita dell'OdV speciale è un'informazione rilevante in quanto futura (verrà praticato solo se si accetta l'ordine), specifica (è il prezzo proprio dell'OdV speciale), differenziale (differisce dal prezzo applicato a tutti gli altri ordini) e incrementale (comporterà un incremento dei ricavi in conto economico).

** I costi variabili, quali MP, MOD e CIV, variando proporzionalmente ai volumi, si incrementeranno a fronte dell'accettazione dell'OdV speciale, pertanto sono rilevanti.

*** I CF, rimanendo costanti al variare dei volumi, non possono essere considerati rilevanti.

****Tali CF sono rilevanti in quanto specifici e incrementali.

b. Valutazione di convenienza economica

OdV conveniente se: Ricavi incrementali > Costi incrementali => RO OdV > 0

OdV non conveniente se: Ricavi incrementali < Costi incrementali => RO OdV < 0

	Valori unitari	Totali (7.500 u)
Prezzo	85 €/u	
MP	(42,5 €/u)	
MOD 0,5 ore a €60	(30 €/u)	
CIV, 0,5 ore-macchina a €16	(8 €/u)	
MdC differenziale	**4,5 €/u**	**4,5 €/u × 7.500 u = €33.750**
CF attrezzaggio		(€15.000)
CF apparecchiatura		(€25.000)
RO differenziale		**(€6.250)**

L'ordine di Provence Co. dovrebbe essere rifiutato perché non profittevole con la struttura di prezzi e di costi attuale.

In alternativa, per valutare la convenienza economica, si può utilizzare l'approccio del CE complessivo (o RO comparato).

Esercizio 5.11

Dati

Fattibilità tecnica:
CP (h MOD) = 92.040 h
h/u pentole = 2,4 h/u
h/u padelle = 2,8 h/u
u pentole = 20.000 u
u padelle = 15.000 u

Situazione attuale pentole:
u pentole = 20.000
P = 93 €/u
MP €/u = 24 €/u
MOD h/u = 2,4 h/u
MOD €/h = 17,5 €/h

Situazione attuale padelle:
u padelle = 15.000
P = 110 €/u
MP €/u = 26 €/u
MOD h/u = 2,8 h/u
MOD €/h = 17,5 €/h

CIF attuali = €690.300
CIV attuali = €184.080

OdV speciale 1:
u pentole = 800 u
P = 82 €/u
MP €/u = 24 €/u – 8 €/u = 16 €/u
MOD €/h = 17,5 €/u
CF specifici = €15.000

OdV speciale 2:
u pentole = 2.600 u
P = 86 €/u
MP €/u = 24 €/u – 8 €/u = 16 €/u
MOD €/h = 17,5 €/u
CF specifici = €20.000

Domande

1. OdV 1 conveniente?
   – Approccio differenziale: Ricavi incrementali OdV 1 > Costi incrementali OdV 1?
   – Approccio del CE complessivo (o RO comparato): RO attuale < RO attuale + RO OdV 1?
2. OdV 2 conveniente?
   – Approccio differenziale: Ricavi incrementali OdV 2 > Costi incrementali OdV 2?
   – Approccio del CE complessivo o RO comparato: RO attuale > RO attuale + RO OdV 2?

Soluzioni

Prima ancora di valutare la convenienza economica dei due ordini di vendita speciali è necessario verificarne la fattibilità tecnica.

Analisi di fattibilità tecnica

a. CPD

CP esistente	92.040 h MOD
CP impegnata (per volumi previsti a budget)	(20.000 u × 2,4 h/u) + (15.000 × 2,8 h/u) = 90.000 h MOD
CPD	**2.040 h MOD**

b. CPN

	OdV 1	OdV 2
Volumi (u)	800 u	2.600 u
STD u MOD (h/u)	2,4 h/u	2,4 h/u
CPN	**800 u × 2,4 h/u = 1.920 h**	**2.600 u × 2,4 h/u = 6.240 h**

c. CPD vs CPN

	OdV 1	OdV 2
CPD	2.040 h	2.040 h
CPN	1.920 h	6.240 h
CP residua/mancante	**120 h**	**(4.200 h)**

Dall'analisi di fattibilità tecnica emerge che per il primo ordine di vendita speciale esiste capacità produttiva sufficiente, mentre per il secondo non esiste capacità produttiva sufficiente. Pertanto, qualora l'ordine fosse economicamente conveniente, l'azienda dovrà rinunciare alla produzione di parte delle padelle.

1.

Consideriamo innanzitutto l'OdV 1:

Analisi di convenienza economica (approccio differenziale):
a. Identificazione delle informazioni rilevanti

	Situazione budget pentole (u)	Info rilevante	Motivazione
Unità	1		
Ricavi	93 €/u	No*	Non differenziale
MP	24 €/u	**	(Rilevante come €16, vedi tabella successiva.)
MOD	2,4 h/u × 17,5 €/h = 42 €/u	Sì**	Incrementale
CIV	(€184.080/92.040 h) × 2,4 €/h = 4,8 €/u	Sì**	Incrementale
CIF	(€690.300/92.040 h) × 2,4 h/u = 18 €/u	No***	Non differenziale

* Il prezzo di vendita della situazione attuale non è rilevante: è un prezzo che l'azienda continuerà a praticare per tutti gli altri ordini a prescindere che venga accettato o meno l'OdV speciale, pertanto non è differenziale.

** Accettare un ordine di vendita speciale significa accettare di produrre delle unità aggiuntive in condizioni particolari, per cui saranno rilevanti tutte quelle informazioni di costo che variano al variare dei volumi; i costi variabili per definizione variano proporzionalmente ai volumi. Nel caso delle MP, l'informazione rilevante sarà 16 €/u, in quanto l'ordine di vendita speciale consente un risparmio di MP pari a 8 €/u. I CIV vengono allocati al prodotto in base alle h MOD.

*** I costi fissi, allocati al prodotto in base alle h MOD, non variano al variare delle unità prodotte e non sono CF specifici dell'OdV speciale, pertanto non sono rilevanti.

OdV 1	Valori unitari	Info rilevante	Motivazione
Prezzo	82 €/u	Sì*	Futura Specifica Differenziale Incrementale
MP	16 €/u	Sì**	Incrementale
CF specifici	€15.000	Sì***	Futura Specifica Incrementale

* Il prezzo di vendita dell'OdV speciale è un'informazione rilevante in quanto futura (verrà praticato solo se si accetta l'ordine), specifica (è il prezzo proprio dell'OdV speciale), differenziale (differisce dal prezzo applicato a tutti gli altri ordini) e incrementale (comporterà un incremento dei ricavi in conto economico).
** I costi variabili, variando proporzionalmente ai volumi, si incrementeranno a fronte dell'accettazione dell'OdV speciale, pertanto sono rilevanti. Oltre al costo della MP è rilevante il costo della MOD, riportato nella tabella sopra.
*** I CF di €15.000 sono rilevanti in quanto futuri (verranno sostenuti solo a fronte dell'accettazione dell'ordine), specifici (connessi a investimenti legati all'OdV speciale) e incrementali (qualora si accettasse l'OdV speciale, comporterebbero un incremento dei costi in conto economico).

b. Valutazione di convenienza economica

OdV conveniente se: Ricavi incrementali > Costi incrementali => RO OdV > 0
OdV non conveniente se: Ricavi incrementali < Costi incrementali => RO OdV < 0

OdV 1	Valori unitari	Totale (800 unità)
Prezzo	82 €/u	
MP	(16 €/u)	
MOD	(42 €/u)	
CIV	(4,8 €/u)	
CV tot	(62,8 €/u)	
MdC incrementale	**19,2 €/u**	**19,2 €/u × 800 = €15.360**
CF specifici		(€15.000)
RO		**€360**

L'accettazione dell'OdV 1 risulta economicamente conveniente, determinando un miglioramento del risultato aziendale pari a €360.

Analisi di convenienza economica (approccio del CE complessivo o del RO comparato – metodo alternativo):

OdV conveniente se: RO attuale < RO attuale + RO OdV
OdV non conveniente se: RO attuale > RO attuale + RO OdV

	Senza ordine speciale tot (a)	OdV speciale 1 tot (b)	Con l'ordine speciale (a) + (b)
Unità	20.000	800	20.800
Ricavi di vendita	(93 €/u × 20.000 u) + (110 €/u × 15.000 u) = €3.510.000	82 €/u × 800 u = €65.600	€3.575.600
MP	(24 €/u × 20.000 u) + (26 €/u × 15.000 u) = (€870.000)	16 €/u × 800 u = (€12.800)	(€882.800)
MOD*	(42 €/u × 20.000 u) + (49 €/u × 15.000 u) = (€1.575.000)	42 €/u × 800 u = (€33.600)	(€1.608.600)
CIV	(€184.080)	4,8 €/u × 800 u = (€3.840)	(€187.920)
CV tot	**€2.629.080**	62,80 €/u × 800 u = **(€50.240)**	**(€2.679.320)**
MdC	€3.510.000 – €2.629.080 = **€880.920**	€65.600 – €50.240 = **€15.360**	**€896.280**
CF	(€690.300)	(€15.000)	(€705.300)
RO	**€190.620**	**€360**	**€190.980**

* Il costo unitario della MOD è stato calcolato come prodotto tra la tariffa oraria (€/u) e lo standard unitario della MOD (h/u). Così come è già stato calcolato per le pentole, per le padelle si ha 17,5 €/h × 2,8 h/u = 49 €/u.

L'approccio del CE complessivo conferma la convenienza dell'OdV speciale, mettendo in evidenza che il RO aziendale si incrementerebbe di €360, raggiungendo così i €190.980 complessivi.

2.
Consideriamo ora l'OdV 2.

Analisi di convenienza economica (approccio differenziale):

a. Identificazione delle informazioni rilevanti
La rilevanza/irrilevanza delle informazioni relative alla situazione di budget resta invariata (la si riporta di seguito per completezza):

	Situazione budget pentole (u)	Info rilevante	Motivazione
Unità	1		
Ricavi di vendita	93 €/u	No	Non differenziale
MP	24 €/u		(Rilevante come €16, vedi tabella successiva.)
MOD	2,4 h/u × 17,5 €/h = 42 €/u	Sì	Incrementale
CIV	(€184.080/92.040 h) × 2,4 €/h = 4,8 €/u	Sì	Incrementale
CIF	(€690.300/92.040 h) × 2,4 h/u = 18 €/u	No	Non differenziale

OdV 2	Valori unitari	Info rilevante	Motivazione
Prezzo	86 €/u	Sì*	Futura Specifica Differenziale Incrementale
MP	16 €/u	Sì**	Incrementale
CF specifici	€20.000	Sì***	Futura Specifica Incrementale

* Il prezzo di vendita dell'OdV speciale è un'informazione rilevante in quanto futura (verrà praticato solo se si accetta l'ordine), specifica (è il prezzo proprio dell'OdV speciale), differenziale (differisce dal prezzo applicato a tutti gli altri ordini) e incrementale (comporterà un incremento dei ricavi in conto economico).
** I costi variabili, variando proporzionalmente ai volumi, si incrementeranno a fronte dell'accettazione dell'OdV speciale, pertanto sono rilevanti. Oltre al costo della MP è rilevante il costo della MOD, riportato nella tabella sopra.
*** I CF di €20.000 sono rilevanti in quanto futuri (verranno sostenuti solo a fronte dell'accettazione dell'ordine), specifici (connessi a investimenti legati all'OdV speciale) e incrementali (qualora si accettasse l'OdV speciale, comporterebbero un incremento dei costi in conto economico).

b. Valutazione di convenienza economica

OdV conveniente se: Ricavi incrementali > Costi incrementali => RO OdV > 0
OdV non conveniente se: Ricavi incrementali < Costi incrementali => RO OdV < 0

Essendo la capacità produttiva disponibile scarsa ai fini dell'accettazione di un nuovo ordine di 2.600 pentole, la società ai fini dell'accettazione dell'OdV speciale, è costretta a ridurre i volumi di padelle previsti a budget.

CP mancante = 4.200 h MOD (determinata nell'analisi di fattibilità tecnica)
STD u MOD padelle = 2,8 h/u
Unità padelle cui occorre rinunciare: h MOD mancanti/(h/u) = 4.200 h/(2,8 h/u) = 1.500 u

Dovendo rinunciare a produrre 1.500 unità di padelle, la società dovrà anche rinunciare al MdC connesso a tali unità:

Situazione budget padelle	Valori unitari	Valori totali (1.500 padelle)
Prezzo	110 €/u	
MP	(26 €/u)	
MOD	17,5 €/h × 2,8 h/u = (49 €/u)	
CIV	(€184.080/92.040 h) × 2,8 h/u = (5,6 €/u)	
CV tot	(80,6 €/u)	
MdC perso	**29,4 €/u**	**29,4 €/u × 1.500 u = €44.100**

OdV 2	Valori unitari	Totale (2.600 pentole)
Prezzo	86 €/u	
MP	(16 €/u)	
MOD	(42 €/u)	
CIV	(4,8 €/u)	
CV tot	(62,8 €/u)	
MdC incrementale	**23,2 €/u**	**23,2 €/u × 2.600 u = €60.320**
MdC perso padelle	**(29,4 €/u)**	**29,4 €/u × 1.500 u = (€44.100)**
CF specifici		(€20.000)
RO		**(€3.780)**

Dall'analisi di convenienza economica del secondo ordine di vendita speciale risulta che tale ordine non è economicamente conveniente.
Si noti che se nell'analisi non fosse stato considerato il MdC perso, si sarebbe erroneamente accettato l'ordine, riducendo così il RO di €3.780. Pertanto non conviene accettare l'OdV 2 e non è necessario rinunciare alla produzione di 1.500 padelle.

Analisi di convenienza economica (approccio del CE complessivo o del RO comparato – metodo alternativo):

OdV conveniente se: RO attuale < RO attuale + RO OdV

OdV non conveniente se: RO attuale > RO attuale + RO OdV

	Senza ordine speciale tot (a)	OdV speciale tot (b)	Con l'ordine speciale (a) + (b)
Unità	20.000	2.600	22.600
Ricavi di vendita	(93 €/u × 20.000 u) + (110 €/u × 15.000 u) = €3.510.000	86 €/u × 2.600 u = €223.600	€3.733.600
MP	(24 €/u × 20.000 u) + (26 €/u × 15.000 u) = (€870.000)	16 €/u × 2.600 u = (€41.600)	(€911.600)
MOD*	(42 €/u × 20.000 u) + (49 €/u × 15.000 u) = (€1.575.000)	42 €/u × 2.600 u = (€109.200)	(€1.684.200)
CIV	(€184.080)	4,8 €/u × 2.600 u = (€12.480)	(€196.560)
CV tot	**(€2.629.080)**	62,80 €/u × 2.600 u = (**€163.280**)	**(€2.792.360)**
MdC incrementale	€3.510.000 – €2.629.080 = **€880.920**	€223.600 – €163.280 = **€60.320**	**€941.240**
MdC perso padelle		**(€44.100)**	**(€44.100)**
CF	(€690.300)	(€20.000)	(€710.300)
RO	**€190.620**	**(€3.780)**	**€186.840**

L'approccio del CE complessivo dimostra che l'OdV 2 non è economicamente conveniente; infatti comporterebbe una riduzione del RO aziendale, nello specifico da €190.620 a €186.840.

Esercizio 5.12

Dati

	Scenario 1	Scenario 2
Unità	10.000 u	6.000 u
Prezzo	10 €/u	12 €/u
CV	6 €/u	6 €/u
CF	€40.000	€40.000

Domande

RO 1 < o > RO 2?

Soluzioni

	Scenario 1	Scenario 2
Prezzo	10 €/u	12 €/u
CV	(6 €/u)	(6€/u)
MdC u	**4 €/u**	**6 €/u**
MdC tot	**4 €/u × 10.000 u = €40.000**	**6€/u × 6.000 u = €36.000**
CF	(€40.000)	(€40.000)
RO	**–**	**(€4.000)**

Supponendo che i costi fissi totali siano uguali ai livelli di produzione di 6.000 e 10.000 unità, essi non rappresentano un'informazione differenziale e pertanto sono irrilevanti. L'analisi di convenienza economica potrebbe dunque fermarsi al MdC: il risultato economico più elevato sarà generato dall'alternativa 1, il cui risultato economico sarà superiore di €40.000 – €36.000 = €4.000 al prezzo di €10.

Per conoscere il RO generato dalle due alternative (anche se non richiesto dalla domanda in esame) basta sottrarre ai MdC i CF.

Esercizio 5.13

Dati

Ricavi = €60.000
CV tot = €36.000
CF tot = €14.000

CP (costo pieno) = €50.000
CV produzione = €30.000

Domande

1. Ricavi obiettivo % CV?
2. Ricavi obiettivo % CP?
3. Ricavi obiettivo % CV produzione?

Soluzioni

1. (€60.000 – €36.000) ÷ €36.000 = 66,7%
2. (€60.000 – €50.000) ÷ €50.000 = 20%
3. (€60.000 – €30.000) ÷ €30.000 = 100%

Esercizio 5.14

Dati

Materiali e forniture (al costo)	€30.000
Retribuzione oraria dei consulenti (35 €/u × 2.000 h)	€70.000
Indennità supplementari per i consulenti (12 €/h × 2.000 h)	€24.000
CV tot	€124.000
CF allocati:	
Driver = h MOD: CF = 10€/u × 2.000 h	€20.000
Driver = €MP: CF = 80% × 30.000	€24.000
Costo totale	**€168.000**

CF allocati non evitabili = €35.000
P = 150% × €MP + 75 €/h × h

Domande

1. P = 150% × €MP + 75 €/u × h?
2. P minimo = costi totali incarico?
3. P = costo pieno + 20% × costo pieno?

1.
P = (150% × €30.000) + (75 €/u × 2.000 h) = €45.000 + €150.000 = €195.000

2. e **3.**

Materiali e forniture, al costo	€30.000
Paga oraria per i consulenti	€70.000
Indennità supplementari per i consulenti	€24.000

CV tot	€124.000
CF evitabili*	€9.000
Offerta minima (2.)	**€133.000**
CF non evitabili	€35.000
Costo totale	€168.000
Ricarico desiderato, 20% × €168.000	€33.600
Offerta per ottenere il risultato economico desiderato (3.)	**€201.600**

*CF evitabili = €44.000 - €35.000 = €9.000

Esercizio 5.15

Dati

Ricavi = €50.000.000
CP tot comprensivi dei costi non di produzione = €45.000
Offerta = €39.000
Costi operativi totali = €40.000.000
CV operativi = €32.000.000

Domande

1. Posto: approccio MdC, variazione nel RO?
2. Posto: approccio costo pieno comprensivo dei costi non di produzione, variazione nel RO?

Soluzioni

	1. Approccio del margine di contribuzione	2. Approccio del costo pieno comprensivo dei costi non di produzione
Ricavi di vendita	€39.000	€39.000
Costi operativi pieni comprensivi dei costi non di produzione		(€45.000)
Costi operativi variabili (80% × €45.000)*	(€36.000)	
Variazione nel RO	**€3.000**	**(€6.000)**

* % CV = CV tot/Costo pieno tot = €32.000.000/€40.000.000 = 0,8 = 80%. Da cui: CV tot ordine = 80% × Costo pieno tot = 80% × €45.000 = €36.000.

Secondo il metodo del costo pieno l'offerta è poco appetibile, in quanto i costi operativi superano i ricavi operativi. In base al metodo del MdC si avrebbe un vantaggio a breve termine di €3.000 a seguito dell'accettazione dell'ordine.

Una decisione di non accettare l'ordine significherebbe che il reddito a breve termine sarebbe inferiore di €3.000. In effetti, International Shipping investirebbe €3.000 nella massimizzazione dei vantaggi a lungo termine. Hopkins può trovare utile l'approccio del margine di contribuzione perché può ponderare le decisioni di questo tipo chiedendosi se la probabilità di vantaggi a lungo termine (non incoraggiare la riduzione dei prezzi da parte dei concorrenti, non incoraggiare i clienti ad aspettarsi sconti sui prezzi) vale l'investimento attuale quantificabile in un ammontare pari al margine di contribuzione perso (in questo caso €3.000).

Si precisa a tale proposito che non è l'approccio del margine di contribuzione di per sé a consigliare di andare avanti e ridurre i prezzi. Esso infatti si limita a quantificare in modo più preciso le opzioni a disposizione di un manager.

Esercizio 5.16

Dati

	Vendite consumatori (VC)	Vendite distributori (VD)
Unità	?	14.000 negozi × 10 copie = 140.000 u
Prezzo	50 €/u	15 €/u
CV	2 €/u	2 €/u
Costi di produzione	€60.000.000	€60.000.000
Costi di promozione	€40.000.000	€40.000.000

Domande

1. Volumi vendita consumatori tali per cui: MdC vendite consumatori > MdC vendite distributori?
2. Rilevanza costi di produzione e promozione?
3. Posto:
   Vol vendita = 30.000.000 u,
   P consumatori = 15,50 €/u,
   P distributori = 50 €/u,
   Vol vendita distributori tali per cui: RO vendita distributori = Ro vendita consumatori?

Soluzioni

1.

Posto:

Vendite ai consumatori = VC

Vendite ai distributori = VD

MdC VC = P – CV u = 15 €/u – 2 €/u = 13 €/u

MdC VD = P – CV u = 50 €/u – 2 €/u = 48 €/u
MdC tot VD = MdC u VD × Volumi VD = 48 €/u × 140.000 u = €6.720.000

Volumi VC per ottenere un MdC di €6.720.000:
MdC tot VD/MdC u VC =
= [(P – CV u) × Volumi]/(P – CV u) =
= Volumi

Da cui:

MdC VD tot/MdC VC u = €6.720.000/(13 €/u) = 516.923 u

Pertanto sarebbe stato necessario vendere direttamente ai clienti più di 516.923 DVD.

2.
Il costo di produzione e promozione del film è irrilevante per questa decisione, in quanto non varia nelle due alternative prese in esame.

3.
MdC tot VC = MdC u × Volumi vendita = (€15,50 – €2) × 30.000.000 = €405.000.000
Volumi VD per ottenere un MdC di €405.000.000:
MdC tot VC/MdC u VD = €405.000.000/(48 €/u) = 8.437.500 DVD
Vendite per negozio = 8.437.500 DVD/14.000 negozi = 603 DVD/negozio

È improbabile che Disney sarebbe riuscita a vendere 603 DVD per negozio, per cui la decisione di vendere direttamente ai consumatori sembra essere stata saggia.

Esercizio 5.17

Dati

P (approccio *cost-plus*) = €MP + €MOD + 125% × €MOD + 10% × costo totale
CIF = €160.000
Ricavi di vendita di budget + Ricavi ordine = €1.119.800

Budget 20X5	
Ricavi vendita	€1.100.000
MP	€280.000
MOD	€320.000
Costi indiretti fissi	€400.000
RO	**€100.000**

Ordine	Offerta azienda	Offerta cliente
Ricavi vendita	?*	€19.800*
MP	€5.600	€5.600
MOD	€6.400	€6.400
Costi indiretti fissi	€160.000	€160.000

* I ricavi di vendita secondo l'offerta cliente sono dati da Ricavi di vendita totali previsti comprensivi dell'ordine – Ricavi di vendita budget 20X5 = €1.119.800 – €1.100.000 = €19.800.

Domande

1. RO budget + RO Ordine? RO budget (senza ordine)?
2. P = €MP + €MOD + 1,25 × €MOD + 0,1 × costo totale? P = CV tot + 0,2 × costo totale?

Soluzioni

1.

Dando per scontato che l'azienda disponga di capacità produttiva a sufficienza per accettare l'ordine, si tratta di verificarne la convenienza economica. Dal momento che la Domanda 1 richiede di comparare il RO con e senza ordine, adottiamo l'approccio del CE complessivo (o RO comparato).

Analisi di convenienza economica (approccio del CE complessivo o RO comparato):

	Senza l'ordine (a)	Impatto dell'ordine (b)	Con l'ordine (a) + (b)
Ricavi di vendita	€1.100.000	€19.800	€1.119.800
Materie prime dirette	(€280.000)	(€5.600)	(€285.600)
Manodopera diretta	(€320.000)	(€6.400)	€326.400
Costi indiretti variabili	(€240.000)*	(€4.800)**	€244.800
Costi indiretti fissi	(€160.000)	€0	€160.000
Costi totali	(€1.000.000)	(€16.800)	€1.016.800
Reddito operativo	**€100.000**	**€3.000**	**€103.000**

* I costi indiretti variabili sono dati dal totale dei costi indiretti – costi indiretti fissi, ossia: €400.000 – €160.000 = €240.000. L'azienda determina i CIV come % del costo della manodopera diretta; ciò significa che il driver è rappresentato dal costo della MOD.
Il coefficiente di allocazione dei costi indiretti variabili correttamente determinato è pari a €240.000/€320.000 = 0,75 = 75% dei costi di manodopera diretta.
** I costi indiretti variabili dell'ordine sono dati da: CdA × consumo driver = CdA × costo MOD ordine = 0,75 × €6.400 = €4.800.

Il reddito operativo aumenterebbe di €3.000 se l'ordine venisse accettato, pertanto l'ordine è da ritenersi economicamente conveniente.

2.
Prezzo normale = €MP + €MOD + 1,25 × €MOD + 0,1 × costo totale
Prezzo normale = €5.600 + €6.400 + (1,25 × €6.400) + 0,1 × (€5.600 + €6.400 + 1,25 × €6.400) =
= €5.600 + €6.400 + €8.000 + 0,1 × (€5.600 + €6.400 + €8.000) =
= €20.000 + 2.000 = €22.000.

Prezzo = CV tot + 0,2 × costo totale = €16.800 + 0,2 × €16.800 = €16.800 + €3.360 = €20.160

Esercizio 5.18

Dati

	Budget
Unità	2.000 u
Ricavi	€180.000
Costi di produzione	
CV u produzione	26 €/u
CF tot produzione	€60.000
Costi vendita e amministrativi	
CV u vendita e amministrativi	10 €/u
CF tot vendita e amministrativi	€30.000

Domande

1. Posto:
   u OdV = 300,
   P OdV = 40 €/u,
   RO?
2. Posto:
   RO invariato,
   u = + 100,
   Costi vendita e amministrativi non allocati,
   P minimo?
3. Posto:
   u = 2.440 u × 2,
   CF ulteriori strutture = €500.000,
   Durata = 5 anni,

Valore residuo = 0,
Prezzo, CV e altri CF invariati,
Ricavi = 2.400 u × 2 × P,
RO annuo?

Soluzioni

1.

Analisi di convenienza economica (approccio differenziale):
a. Identificazione delle informazioni rilevanti

	Budget	Info rilevante
Ricavi	€180.000	No*
Costi di produzione:		
CV u produzione	26 €/u	Sì**
CF tot produzione	€60.000	No**
Costi vendita e amministrativi		
CV u generali di vendita e amministrativi	10 €/u	Sì**
CF tot generali di vendita e amministrativi	€30.000	No**

* I ricavi di vendita di budget non sono rilevanti in quanto considerano il prezzo normalmente applicato. Tale prezzo è un'informazione non rilevante poiché non differenziale: continuerà a essere applicato per tutte le unità di prodotto che non appartengono all'ordine di vendita speciale.
** Stiamo valutando la convenienza economica a produrre 300 unità aggiuntive, per cui saranno rilevati tutti i costi che variano al variare dei volumi (costi variabili), poiché si incrementeranno a fronte dell'accettazione dell'ordine, e irrilevanti tutti i costi che non variano proporzionalmente alle unità (costi fissi).

	OdV	Info rilevante
Prezzo	40 €/u	Sì*

* Il prezzo dell'OdV speciale è un'informazione rilevante in quanto futura (verrà applicato solo a fronte dell'accettazione dell'ordine), specifica dell'ordine in esame, differenziale (è un prezzo differente rispetto a quello normalmente applicato) e incrementale (se si accetta l'ordine i ricavi si incrementeranno per un importo pari al prezzo × unità dell'ordine).

b. Valutazione di convenienza economica

	OdV u	OdV (300 u)
Ricavi (40 €/u × 300 u)	40 €/u	
CV u produzione	(26 €/u)	
CV u generali di vendita e amministrativi	(10 €/u)	
MdC incrementale	4 €/u	4 €/u × 300 u = €1.200

Qualora l'ordine venisse accettato, il reddito operativo aumenterebbe di 300 × (€40 – €26 – €10) = €1.200.

2.
Il prezzo unitario minimo è pari ai costi di produzione variabili unitari: 26 €/u.

3.

	U	Totale
Unità	1	2.400 u × 2 = 4.800 u
Ricavi*	90 €/u	90 €/u × 4.800 u = (€432.000)
CV produzione	(26 €/u)	26 €/u × 4.800 u = (€124.800)
CV vendita e amministrativi	(10 €/u)	10 €/u × 4.800 u = (€48.000)
MdC	**(54 €/u)**	**€259.200**
CF produzione		€60.000 + €100.000** = (€160.000)
CF generali di vendita e amministrativi		(€30.000)
RO annuo		**€69.200**

* P = €180.000/2.000 u = 90 v/u
**Ammortamento: €500.000/5 anni = €100.000 annui.

Esercizio 5.19

Dati

Prezzo obiettivo = 65 €/u
u = 80.000
RO obiettivo = 0,2 × Ricavi

Domande

Costo unitario obiettivo? Costo totale obiettivo?

Soluzioni

Costo unitario obiettivo = Prezzo obiettivo – Risultato economico obiettivo
= 65 €/u – 0,20 × 65 €/u
= 52 €/u

Costo totale obiettivo = 52 €/u × 80.000 u = €4.160.000

Si osservi che gli importi unitari sono medie calcolate sull'intero ciclo di vita del prodotto. Quindi 65 €/u è il prezzo di vendita medio previsto e 52 €/u è il costo medio per produzione, vendita, distribuzione e assistenza del prodotto spazzolino da denti. Il prezzo di vendita iniziale potrebbe essere sostanzialmente più alto di 65 €/u e i costi iniziali potrebbero anch'essi essere più elevati di 52 €/u. I continui miglioramenti lungo la catena del valore (*kaizen costing*) faranno scendere i costi proprio come le forze della concorrenza molto probabilmente faranno scendere il prezzo.

Esercizio 5.20

Dati

u = 50.000
Prezzo obiettivo = 230 €/u
RO obiettivo = 20% × Ricavi vendita

	Tecnologia esistente	Nuova tecnologia
Ricerca e sviluppo	€1.500.000	€1.500.000
Progettazione	€ 750.000	€ 750.000
Produzione	€5.000.000	€5.000.000 × 0,6 = €3.000.000
Investimenti		€1.000.000
Marketing	€800.000	€800.000
Distribuzione	€1.400.000	€1.400.000
Assistenza clienti	€750.000	€€750.000
Costo totale sul ciclo di vita del prodotto	**€10.200.000**	**€9.200.000**

Domande

1. Tecnologia esistente: avviare produzione articolo?
2. Nuova tecnologia: avviare produzione articolo?

Soluzioni

1.

Tecnologia esistente:

Costo unitario obiettivo = Prezzo obiettivo – Risultato economico obiettivo
= €230 – 0,2 × €230
= €184

Costo unitario esistente = Costo totale sul ciclo di vita del prodotto/Domanda totale
= €10.200.000/50.000
= €204

Si sconsiglia di avviare la produzione del nuovo articolo con la tecnologia di processo esistente, in quanto il costo unitario esistente è superiore al costo unitario obiettivo.

2.
Nuova tecnologia:
Con la nuova tecnologia il costo unitario medio previsto si ridurrà a €9.200.000/50.000 = €184, che è il costo obiettivo.

Si consiglia pertanto di avviare la produzione del nuovo articolo con la nuova tecnologia di processo.

Esercizio 5.21

Dati

Costi di produzione	
Materie prime dirette	13,00 €/u
Manodopera diretta	6,00 €/u
Costi indiretti	8,00 €/u
Totale	**27,00 €/u**

Target costing:
Prezzo obiettivo = 25 €/u
MOL obiettivo = 0,15 × Costo produzione

Cost-plus:
P = 1,15 × Costo produzione

Domande

1. Prezzo con metodologia cost-plus (P = 1,15 × Costo produzione)? Produrre?
2. Costo di produzione massimo con metodologia target costing (Costo produzione = RO obiettivo – Prezzo obiettivo)?
3. Posto: metodo target costing, come rendere fattibile la produzione?

Soluzioni

1.

Costo di produzione	27,00 €/u
Margine lordo (15% × 27,00 €/u)	4,05 €/u
Prezzo	**31,05 €/u***

* Prezzo = Costo di produzione + MOL = 27,00 €/u + 4,05 €/u = 31,05 €/u.

Thompson non produrrebbe il motore perché non potrebbe venderlo a €31,05, supponendo che la ricerca di mercato sia corretta per quanto concerne il prezzo di mercato di €25,00. Anche senza margine di guadagno, il costo di €27 supera il prezzo di €25.

2.
Utilizzando il target costing, Thompson partirebbe con il prezzo di mercato di €25,00 da cui i manager calcolerebbero il massimo costo di produzione accettabile:

Prezzo = Costo produzione + (0,15 × Costo produzione)
25,00 €/u = 1,15 × Costo produzione
Costo produzione = 25,00 €/u ÷ 1,15 = 21,74 €/u
Margine lordo = 25,00 €/u – 21,74 €/u = 3,26 €/u

Prezzo	25,00 €/u
Costo di produzione	21,74 €/u
Margine lordo	**3,26 €/u**

3.
I manager di Thompson dovrebbero determinare se è possibile progettare il motore per porta automatico di garage e il relativo processo di produzione in modo tale che i costi di produzione siano inferiori a 21,74 €/u. Sarebbe necessario prendere in esame le specifiche di progettazione del motore e il processo di produzione. Se non c'è modo di ridurre i costi di produzione a 21,74 €/u o al di sotto, il prodotto non dovrebbe essere realizzato. Tuttavia, l'approccio del target costing costringe i manager a esaminare dei modi per abbassare i costi del prodotto attraverso la progettazione del prodotto e del processo. Invece di prendere progetto e processo come dati di fatto e quindi esaminare il mercato per vedere se Thompson può vendere il prodotto a un prezzo sufficientemente elevato, i manager dell'azienda proveranno a progettare un prodotto e un processo che rispondano ai vincoli imposti dal mercato.

Esercizio 5.22

Dati

Anno	Vendite (u) budget
2004	1.000
2005	5.000
2006	10.000
2007	10.000
2008	8.000
2009	6.000
2010	4.000
Tot 7 anni	**44.000**

Prezzo	800 €/u
CV u produzione	475 €/u
CV u vendita	25 €/u
CF annuo produzione	€900.000
CF annuo vendita	€50.000
CF sviluppo	€5.000.000

Domande

1. RO obiettivo
2. Posto RO lordo = 0,10 × Ricavi, Produzione e vendita da intraprendere?
3. Come il falciatore può diventare profittevole con il target costing?

Soluzioni

1.

Prezzo	800 €/u
CV u produzione	(475 €/u)
CV vendita	(25 €/u)
MdC u	**300 €/u**
MdC tot (300 €/u × 44.000 u)	**€13.200.000**
CF tot produzione (€900.000 × 7 anni)	€6.300.000
CF vendita (€50.000 × 7 anni)	€350.000
CF sviluppo	€5.000.000
RO	**€1.550.000**

2.
RO obiettivo = 0,10 × (800 €/u × 44.000 u) = 0,10 × €35.200.000 = €3.520.000
RO effettivo = €1.550.000
RO obiettivo – RO effettivo = €3.520.000 – €1.550.000 = €1.970.000

Il risultato economico effettivo sul ciclo di vita è inferiore rispetto a quanto desiderato. Pertanto, a meno di apportare qualche cambiamento, Hernandez non entrerà nel mercato dei falciatori da prato.

3.
Un'azienda che utilizza il target costing non rinuncia quando la prima stima dei costi risulta troppo elevata. I manager stabiliscono un costo obiettivo e cercano di adattare i processi di progettazione, produzione e marketing per raggiungere questo valore di costo obiettivo, che in questo caso è:

Costo obiettivo = Ricavi previsti – Risultato obiettivo
Costo obiettivo = €35.200.000 – €3.520.000 = €31.680.000

I costi previsti sono:

CV produzione (475 €/u × 44.000 u)	€20.900.000
CV generali di vendita (25 €/u × 44.000 u)	€1.100.000
CF produzione	€6.300.000
CF generali di vendita	€350.000
CF di sviluppo	€5.000.000
Costi totali	**€33.650.000**

Se fosse possibile ridurre i costi totali di almeno €1.970.000, arrivando a €31.680.000 o meno, intervenendo sul progetto, sulla progettazione del processo di produzione o sui metodi di produzione e vendita, questo inizierebbe a essere un prodotto profittevole.

CAPITOLO 6

Analisi di convenienza economica: le decisioni di produzione

Esercizi e problemi

ESERCIZIO 6.1 Decisioni se produrre o acquisire (Make or Buy)

Si supponga che una divisione di Loud produca un componente elettronico per i propri altoparlanti. Il processo di produzione del componente è una parte altamente automatizzata di un sistema di produzione just-in-time. Tutta la manodopera viene considerata come costo indiretto e tutti i costi indiretti sono considerati fissi in relazione al volume di produzione. I costi di produzione per un volume di 100.000 unità del componente sono i seguenti:

Materie prime		€300.000
Costi indiretti di produzione:		
Manodopera indiretta	€80.000	
Acquisti esterni (forniture)	€30.000	
Costo di occupazione allocato	€40.000	€150.000
Costo totale		**€450.000**

Una piccola azienda locale si è offerta di fornire i componenti a un prezzo unitario di €3,40. Se la divisione decidesse di interrompere la produzione del componente, risparmierebbe i due terzi del costo delle forniture e €30.000 di costo di manodopera indiretta, mentre tutti gli altri costi indiretti rimarrebbero invariati.

Il manager della divisione di recente ha frequentato un seminario sul comportamento dei costi e ha imparato a valutare i costi fissi e variabili. Egli desidera continuare a produrre il componente perché il costo variabile di €3,00 è inferiore all'offerta di €3,40.

Calcolare il costo rilevante della produzione e dell'acquisto del componente. Quale alternativa è più conveniente e in che misura?

ESERCIZIO 6.2 **Decisioni se produrre o acquistare in Sweet Juice**

Si supponga che Sweet Juice rilevi i costi seguenti per la produzione di bottiglie da 50 cl. per i propri nettari di frutta mista:

Sweet Juice Company
Costo per la produzione di bottiglie in vetro da 50 cl.

	Costo totale per 1.000.000 di bottiglie	**Costo per bottiglia**
Materie prime dirette	€85.000	€0,085
Manodopera diretta	€30.000	€0,030
Costi indiretti variabili di produzione	€60.000	€0,060
Costi indiretti fissi di produzione	€85.000	€0,085
Costi totali	**€260.000**	**€0,260**

Un altro produttore si offre di vendere a Sweet Juice le bottiglie per €0,25. La capacità attualmente utilizzata dall'azienda per la produzione delle bottiglie diventerà inattiva se l'azienda decide di acquistarle; inoltre, nel caso in cui decida per l'acquisto delle bottiglie, non verrà più utilizzato un supervisore con uno stipendio di €60.000, un costo fisso. Si prepari uno schema che confronti i costi per la produzione e per l'acquisto delle bottiglie da 50 cl. e si determini qual è la decisione migliore per Sweet Juice.

ESERCIZIO 6.3 **Make or Buy in Howard Company**

Howard Company produce penne a sfera. La società ha appena ricevuto un'offerta da un fornitore estero per la fornitura delle cartucce di inchiostro per la linea Blue, a un prezzo di €0,48 per ogni dozzina di cartucce. La società è interessata a questa offerta, in quanto la produzione avviene saturando la capacità produttiva disponibile per le cartucce.

Howard Company stima che, se accettasse l'offerta del fornitore, i costi della manodopera diretta e i costi indiretti variabili della linea Blue si ridurrebbero del 10% e il costo dei materiali diretti si ridurrebbe del 20%.

In base all'attività attuale l'intero processo produttivo delle penne viene svolto internamente. Le penne della linea Blue vengono vendute tramite grossisti a €4 la scatola. Ogni scatola contiene una dozzina di penne. I costi fissi imputati alla linea ammontano, in totale, a €50.000 l'anno. Si usano le stesse attrezzature e strutture per produrre diverse linee di penne.

Si riporta di seguito l'attuale costo di produzione di una dozzina di penne della linea Blue (una scatola):

Materie prime dirette	1,5 €/u
Manodopera diretta	1,0 €/u
Costi generali di produzione*	0,8 €/u
Costi totali	**3,30 €/u**

* I CGP includono sia i CIF di produzione, sia i CIV di produzione, per una produzione di 100.000 scatole di penne l'anno.

1. Howard Company dovrebbe accettare l'offerta del fornitore esterno? Riportare i calcoli.

2. Qual è il prezzo massimo che Howard Company dovrebbe essere disposta a pagare al fornitore esterno per una dozzina di cartucce?

ESERCIZIO 6.4 — Make or Buy in con impiego alternativo della capacità produttiva

Smith Company è un produttore a livello globale di prodotti di alta ingegneria destinati ai settori industriali, automobilistico, edile, commerciale, aerospaziale e dei semiconduttori. I ricavi di Smith del 2002 sono stati pari a €10,3 miliardi. Accade spesso che l'azienda subappalti il lavoro ad altri produttori nel caso in cui le proprie strutture produttive siano completamente occupate. Si supponga che Smith stia per prendere delle decisioni finali relative all'uso delle proprie strutture di produzione per il prossimo anno.

Quelli che seguono sono i costi per la produzione dell'articolo EC 113, un componente chiave di un sistema di controllo delle emissioni:

	Costo totale per 50.000 unità	**Costo unitario**
Materie prime dirette	€400.000	€8
Manodopera diretta	€300.000	€6
Costi indiretti variabili	€150.000	€3
Costi indiretti fissi	€300.000	€6
Costi totali	**€1.150.000**	**€23**

Un altro produttore ha offerto di vendere a Smith lo stesso componente al prezzo unitario di €21. I costi indiretti fissi includono ammortamento, imposte su elementi patrimoniali, assicurazione e gli stipendi dei supervisori. Tutti i costi indiretti fissi permarrebbero nel caso in cui Smith acquistasse il componente, tranne un ammontare pari a €100.000, destinato al pagamento di personale di supervisione e di custodia, che non sarebbe più necessario.

1. Si supponga che la capacità ora utilizzata per produrre i componenti diventi inattiva se questi venissero acquistati. Qual è la decisione migliore per Smith, produrre o acquistare i componenti? Illustrare i calcoli.
2. Si supponga che la capacità ora utilizzata per produrre i componenti (a) sia affittata a un produttore vicino per €65.000 all'anno o (b) sia utilizzata per realizzare filtri dell'olio che produrranno un margine di contribuzione di €200.000. Qual è la decisione migliore per Smith, produrre o acquistare il componente EC113? Illustrare i calcoli.

ESERCIZIO 6.5 Decisioni se produrre o acquistare (Make or Buy)

Richardson Corporation, che produce e vende a grossisti una linea di grande successo di sci d'acqua, ha deciso di diversificare l'offerta in modo tale da tentare di stabilizzare le vendite in tutto l'arco dell'anno. L'azienda sta quindi considerando l'ipotesi di produrre sci per cross-country.

Dopo un complesso lavoro di ricerca, è stata sviluppata un'apposita linea di sci. Tuttavia, dato che il management dell'azienda ha un atteggiamento tendenzialmente prudente, il presidente di Richardson ha deciso di introdurre solo un tipo dei nuovi sci per il prossimo inverno. Nel caso in cui il prodotto abbia successo, si darà il via a un programma di ulteriore espansione per gli anni a venire.

Il prodotto selezionato è uno sci destinato al consumatore medio con degli attacchi speciali e verrà venduto ai grossisti a €80 al paio. Dato che è disponibile della capacità produttiva, la realizzazione degli sci non comporterà alcun incremento dei costi fissi. La necessità di allocare una quota equa dei costi fissi attuali dell'azienda al nuovo prodotto comporta tuttavia che gli sci assorbiranno €100.000 di costi fissi. I costi indiretti vengono allocati al prodotto utilizzando come base di ripartizione i volumi di produzione.

Basandosi su una stima di produzione e vendita di 10.000 paia di sci come volume previsto, l'ufficio amministrativo ha sviluppato i costi seguenti per paio di sci e relativi attacchi:

Manodopera diretta	€35
Materie prime dirette	€30
Totale costi indiretti	€15
Totale	**€80**

Richardson ha preso contatti con un subappaltatore per valutare la possibilità di acquistare gli attacchi. Il prezzo di acquisto degli attacchi dal subappaltatore sarebbe di €5,25 per attacco, pari a €10,50 per paio. Se Richardson Corporation accetta la proposta di acquisto, si prevede che i costi di manodopera diretta e quelli indiretti variabili si ridurranno del 10% e che i costi di materie prime dirette si ridurranno del 20%.

1. Qual è la decisione migliore per Richardson Corporation, produrre o acquistare gli attacchi? Illustrare i calcoli a sostegno della risposta.
2. Quale sarebbe il prezzo massimo accettabile per Richardson Corporation per l'acquisto degli attacchi? Fornire la risposta con una spiegazione adeguata.
3. Invece di vendite di 10.000 paia, le stime riviste mostrano un volume di vendite di 12.500 paia. Questo nuovo volume comporterebbe il noleggio di attrezzature aggiuntive, a un costo di noleggio annuale di €10.000, per la produzione degli attacchi. Questo costo incrementale sarebbe l'unico costo fisso aggiuntivo richiesto, anche se le vendite salissero a 30.000 (il livello di 30.000 paia è l'obiettivo per il terzo anno di produzione). Valutando queste circostanze, qual è la decisione migliore per Richardson Corporation, produrre o acquistare gli attacchi? Illustrare i calcoli a sostegno della risposta.

ESERCIZIO 6.6 Make or Buy e impiego alternativo della capacità produttiva

Climate Technology, Inc. produce diverse apparecchiature di riscaldamento e condizionamento dell'aria.

Attualmente la società produce direttamente tutte le componenti. Un fornitore esterno ha offerto di vendere a Climate Technology un termostato per €20 per unità. Per valutare questa offerta la società ha raccolto le seguenti informazioni relative ai costi di produzione interna del termostato:

	u	Totale annuo (15.000 u)
Materie prime dirette	6 €/u	€90.000
Manodopera diretta	8 €/u	€120.000
CV produzione	1 €/u	€15.000
CF produzione specifici	5€/u*	€75.000
CF produzione allocati	10 €/u	€150.000
Costo totale	**30 €/u**	**€450.000**

* 40% retribuzioni dei supervisori; 60% ammortamento di attrezzature speciali. Nessun valore di rivendita.

1. Supponendo che la società non abbia un uso alternativo delle strutture ora usate per produrre il termostato, si dovrebbe accettare l'offerta del fornitore esterno? Riportare tutti i calcoli.
2. Supporre che, se si acquistassero i termostati, Climate Technology, Inc. possa utilizzare la capacità liberata per lanciare un nuovo prodotto. Il margine di contribuzione del nuovo prodotto sarebbe di €65.000 l'anno. Climate Tecnology, Inc. dovrebbe accettare l'offerta di acquistare i termostati del fornitore esterno per un prezzo si €20 l'uno? Riportare i calcoli.

ESERCIZIO 6.7 Irrilevanza dei costi passati

Black Coffee acquista e tosta grani di caffè di alta qualità che sono il proprio marchio di fabbrica e li vende insieme ad altri prodotti correlati, principalmente attraverso i negozi al dettaglio della propria catena.

Si supponga che il manager responsabile del controllo di qualità di Black Coffee abbia individuato un lotto di 1.000 Kg di caffè tostato in grani che non soddisfa gli standard di qualità dell'azienda. La politica aziendale non consentirebbe la vendita di questi grani con il marchio Black Coffee. Tuttavia si potrebbe procedere alla rilavorazione, e quindi alla vendita tramite i negozi della catena, oppure si potrebbe decidere di vendere il prodotto così com'è sul mercato del caffè all'ingrosso.

Si supponga che i grani inizialmente siano stati acquistati per €2.000 e che il costo totale per la tostatura del lotto sia stato di €1.500, inclusi €500 di costo variabile e €1.000 di costi fissi (costituiti principalmente dall'ammortamento dell'attrezzatura).

Il prezzo all'ingrosso al quale Black Coffee potrebbe vendere i grani è di €2,65 al Kg. Gli acquirenti pagherebbero i costi di spedizione dallo stabilimento di Black Coffee ai propri magazzini.

Se i grani venissero rilavorati, il costo di lavorazione sarebbe di €600, perché il prodotto non avrebbe bisogno della stessa lavorazione necessaria per il caffè grezzo. Questi €600 sarebbero totalmente dei costi aggiuntivi, ossia i costi che non verrebbero sostenuti se non venisse effettuata la rilavorazione. Il caffè in grani verrebbe venduto nei negozi al dettaglio a €3,70 al Kg e Black Coffee dovrebbe pagare in media €0,20 al Kg per la spedizione del caffè ai negozi.

Qual è la scelta migliore per Black Coffee: vendere il caffè sul mercato così com'è, a €2,65 al Kg, o rilavorarlo e venderlo ai negozi della propria catena? Motivare la risposta.

ESERCIZIO 6.8 Vendita o lavorazione ulteriore in un'azienda petrolchimica

Uno stabilimento petrolchimico realizza due prodotti, L e M, come risultato di un particolare processo congiunto. Entrambi i prodotti vengono venduti ad altri produttori come ingredienti per vari prodotti chimici. Il prodotto L viene venduto al punto di separazione (split-off point) a €0,25 al litro, mentre il prodotto M viene venduto al punto di separazione a €0,30 al litro. Quelli che seguono sono i dati relativi al mese di aprile:

Costo di lavorazione congiunto	€1.600.000
Litri prodotti e venduti:	
L	4.000.000
M	2.500.000

Si supponga che in aprile sarebbe stato possibile lavorare ulteriormente i 2.500.000 litri di M per ottenere il prodotto Super M a un costo aggiuntivo di €225.000. La produzione di Super M sarebbe poi stata venduta a €0,38 al litro. Il prodotto L sarebbe stato venduto al punto di separazione (split-off point) in ogni caso.

Sarebbe stato meglio lavorare ulteriormente M in aprile in modo da venderlo come Super M? Illustrare i calcoli.

ESERCIZIO 6.9 Vendere o lavorare ulteriormente

Artex Company realizza tre prodotti da input comune in un'operazione di lavorazione congiunta. I costi congiunti di lavorazione sino al punto di split-off ammontano a €100.000 all'anno. I ricavi di vendita dei tre prodotti sono i seguenti: prodotto X, €50.000, prodotto Y, €90.000 e prodotto Z, €60.000.

Ogni prodotto può essere venduto al punto di split-off o lavorato ulteriormente. L'ulteriore lavorazione non richiede strutture speciali. Si riportano di seguito i costi di ulteriore lavorazione e il valore di vendita di ciascun prodotto dopo l'ulteriore lavorazione:

	Costi ulteriore lavorazione	Ricavi di vendita post-lavorazione
X	€35.000	€80.000
Y	€40.000	€150.000
Z	€12.000	€75.000

Quali prodotti si dovrebbero vendere al punto di split-off e quali si dovrebbero lavorare ulteriormente?

Riportare i calcoli.

ESERCIZIO 6.10 Prodotti congiunti e ulteriore fase di lavorazione

Da un particolare processo congiunto l'azienda Stewart ottiene tre prodotti, A, B e C, ciascuno dei quali può essere venduto al punto di separazione (split-off point) o lavorato ulteriormente.

La lavorazione ulteriore non richiede strutture speciali e i suoi costi di produzione sono interamente variabili e assegnabili ai prodotti in questione. Nel 2004 per tutti e tre i prodotti si è deciso per una lavorazione ulteriore oltre il punto di separazione. I costi di produzione congiunti per l'anno sono stati di €72.000.

Quelli che seguono sono i valori dei ricavi e dei costi necessari per valutare la politica di produzione adottata da Stewart nel 2004:

			Valori di costi e ricavi aggiuntivi in caso di lavorazione ulteriore	
Prodotto	**Unità prodotte**	**Ricavi di vendita al punto di separazione (split-off point)**	**Ricavi post-lavorazione**	**Costi aggiuntivi**
A	6.000	€25.000	€42.000	€9.000
B	4.000	€41.000	€45.000	€7.000
C	2.000	€24.000	€32.000	€8.000

Per massimizzare il risultato economico, Stewart dovrebbe procedere con la lavorazione ulteriore di quali prodotti?

ESERCIZIO 6.11 Rimanenze di prodotti obsoleti

La libreria Rogers & Co. ha acquistato più calendari "Green Hills" di quanti ne potesse vendere. A giugno erano presenti in magazzino 200 calendari. Il negozio aveva pagato i calendari €4,50 ciascuno e normalmente li vendeva a €8,95. Da febbraio erano stati messi in offerta a €6,00 e due settimane fa il prezzo era sceso a €5,00. Tuttavia ormai se ne vendevano ben pochi. Il direttore della libreria pensava che non valesse più la pena lasciare sugli scaffali dello spazio per i calendari.

Il proprietario di Watson Library si è offerto di acquistare tutti i 200 calendari per €250. Intendeva tenerli in magazzino fino alla fine della stagione di football 2014 per poi venderli come novità.

Il direttore della libreria non era sicuro di voler vendere a €1,25 dei calendari che costavano €4,50. L'unica alternativa tuttavia era mandarli al macero, perché l'editore non li avrebbe accettati in resa.

1. Calcolare la differenza di risultato economico tra accettare l'offerta di €250 e mandare al macero i calendari.
2. Descrivere in che modo i €4,50 × 200 = €900 pagati per i calendari influiscono sulla decisione.

ESERCIZIO 6.12 Sostituzione di attrezzature esistenti

Tre anni fa la gelateria della catena Frozen di Bell Street ha acquistato una macchina per la produzione di yogurt gelato per €8.000. Un rappresentante di vendita ha appena suggerito al direttore di Frozen di sostituire la macchina con una nuova da €12.500. Il direttore ha raccolto i dati seguenti:

	Vecchia macchina	Nuova macchina
Costo originario	€8.000	€12.500
Vita utile (anni)	8	5
Età attuale (anni)	3	0

Vita utile rimanente (anni)	5	5
Fondo ammortamento	€3.000	Non ancora acquistata
Valore contabile	€5.000	Non ancora acquistata
Valore di alienazione attuale (in contanti)	€2.000	Non ancora acquistata
Valore residuo fra 5 anni	0	0
Costo operativo vivo annuale	€4.500	€ 2.000

1. Calcolare la differenza di costi totali nell'arco dei prossimi cinque anni considerando entrambe le alternative, ossia tenendo la macchina originale o sostituendola con quella nuova. Si ignorino le imposte.
2. Si supponga che il direttore della gelateria Frozen di Bell Street sostituisca la macchina originale. Calcolare la "perdita sulla cessione" della macchina originale. In che modo questo ammontare influisce sul calcolo della Domanda 1? Motivare la risposta.

Glossario: terminologia, abbreviazioni adottate e definizioni

Di seguito sono riportati i termini utilizzati nell'ambito del capitolo. Tra parentesi viene indicata l'eventuale abbreviazione adottata, e a seguire viene fornita la definizione.

Analisi differenziale: analisi che si fonda sull'identificazione degli elementi del reddito (volumi, prezzi di vendita, costi variabili, costi fissi) rilevanti per valutare la convenienza delle particolari decisioni oggetto di analisi e valutazione.

Informazione rilevante: ai fini delle analisi di convenienza economica un'informazione è rilevante se futura (si riferisce ad accadimenti che si manifesteranno nel futuro), specifica delle alternative in esame, differenziale (differisce nelle diverse alternative decisionali), incrementale o eliminabile.

Approccio differenziale: approccio di analisi di convenienza economica che considera solo le informazioni rilevanti e le organizza in una valutazione di convenienza economica.

Approccio del conto economico complessivo (o del Reddito Operativo comparato): approccio di analisi di convenienza economica che pone a confronto ricavi complessivi, costi complessivi e dunque reddito operativo delle alternative in esame.

Costo/Ricavo differenziale: è la differenza che si registra nel costo totale o nel ricavo totale tra due corsi alternativi d'azione.

Costo incrementale: si ha quando un'alternativa include dei costi aggiuntivi rispetto a quella con cui è posta a confronto.

Ricavo incrementale: si ha quando un'alternativa comporta dei ricavi aggiuntivi rispetto all'altra con cui è posta a confronto.

Costo vivo: costo che comporta un esborso monetario futuro.

Costo opportunità: sacrificio che si sopporta per non aver scelto l'alternativa migliore, oppure maggiore beneficio economico che si sarebbe conseguito optando per l'alternativa più redditizia. In genere è rappresentato dal margine di contribuzione cui si rinuncia per aver scelto per l'alternativa meno conveniente.

Costo evitabile: costo eliminabile qualora si intraprenda un determinato corso di azione.

Processo congiunto: processo produttivo dal quale scaturiscono, impiegando i medesimi input, più prodotti solo parzialmente modificabili.

Punto di separazione (split-off point): momento del processo produttivo congiunto in cui i prodotti diventano identificabili separatamente.

Prodotti congiunti: due o più prodotti parzialmente modificabili derivanti dall'impiego dei medesimi input, non identificabili separatamente fino al punto di separazione (*split-off point*).

Costi congiunti: costi generati dal processo congiunto, ossia riferiti agli input comuni impiegati per la realizzazione dei prodotti congiunti fino al punto di separazione (*split-off point*).

Costi separabili: costi riferiti a fasi di lavorazione specifiche dei prodotti congiunti oltre il punto di separazione (*split-off point*).

Ammortamento: costo periodico di impianti e attrezzature imputato in conto economico nel corso della sua vita utile, dato dal rapporto tra il suo costo di acquisto e la sua vita utile espressa in anni.

Valore contabile (o valore netto contabile): costo originario del bene meno l'ammortamento accumulato nel relativo fondo ammortamento.

Fondo ammortamento: somma degli ammortamenti allocati fino a quel momento.

Algoritmi utili

Secondo l'approccio differenziale, nell'analisi Make or Buy, conviene produrre internamente se:

- Costi rilevanti *Make* < Costi rilevanti *Buy*
- Ossia, Costi eliminabili < Costo d'acquisto

Secondo l'approccio differenziale, nell'analisi Make or Buy, conviene comprare esternamente se:

- Costi rilevanti *Make* > Costi rilevanti *Buy*
- Ossia, Costi eliminabili > Costo d'acquisto

Secondo l'approccio dei costi complessivi comparati, nell'analisi Make or Buy, conviene produrre internamente se:

- Costi complessivi *Make* < Costi complessivi *Buy*
- Ossia, Costo produzione complessivo < (Costo d'acquisto + Costi non eliminabili)

Secondo l'approccio dei costi complessivi comparati, nell'analisi Make or Buy, conviene comprare esternamente se:

- Costi complessivi *Make* > Costi complessivi *Buy*
- Ossia, Costo produzione complessivo > Costo d'acquisto + Costi non eliminabili

Un'ulteriore fase di lavorazione è conveniente se:
Ricavi incrementali > Costi incrementali

Tra due alternative di azione (per esempio mantenimento o sostituzione di un vecchio impianto; eliminazione o vendita di rimanenze di prodotti obsoleti) è più conveniente l'alternativa che:
genera il maggior RO differenziale (RO differenziale = Ricavi differenziali – Costi differenziali)

Soluzioni agli esercizi

Esercizio 6.1

Dati

Situazione attuale	
Unità	100.000 u
Materie prime	€300.000
Manodopera indiretta	€80.000
Acquisti esterni (forniture)	€30.000
Costo di occupazione allocato	€40.000
Costo totale	**€450.000**

Prezzo d'acquisto = 3,40 €/u

I restanti dati verranno riepilogati nel corso dello svolgimento dell'esercizio.

Domande

Make o *Buy*?

- Approccio differenziale:
  Costi eliminabili < o > Costo d'acquisto?
- Oppure approccio dei costi complessivi comparati:
  Costo complessivo *Make* < o > Costo complessivo *Buy* (Costo d'acquisto + Costi non eliminabili)?

Soluzioni

Si tratta di sviluppare un'analisi di convenienza economica avente come oggetto due alternative d'azione: produrre internamente (*Make*) o acquistare all'esterno (*Buy*). A tale proposito si possono utilizzare due approcci alternativi: l'approccio differenziale e l'approccio dei costi complessivi comparati.

Nel caso dell'analisi *Make or Buy*, anche nell'ambito dell'approccio differenziale, si analizzano i costi totali, non quelli unitari.

Approccio differenziale:

L'approccio differenziale identifica le informazioni rilevanti, ossia i costi eliminabili, e le confronta con il costo d'acquisto.

a. Identificazione delle informazioni rilevanti (costi eliminabili)

	Costi eliminabili	Costi non eliminabili
Materie prime dirette*	€300.000	–
Manodopera indiretta**	€30.000	€50.000
Acquisti esterni (forniture)***	€20.000	€10.000
Costo di occupazione allocato****		€40.000
Totale costi rilevanti (eliminabili)	**€350.000**	

* I costi diretti variabili di produzione, quali il costo delle materie prime, nell'ambito di un'analisi di convenienza *Make or Buy*, sono eliminabili: non verranno più sostenuti qualora venga cessata la produzione interna.

** Il testo precisa che la divisione risparmierebbe €30.000 di manodopera indiretta a fronte dell'interruzione della produzione, pertanto €30.000 rappresenta un costo eliminabile. I restanti €50.000 rappresentano un costo non eliminabile.

*** Il testo precisa che la divisione risparmierebbe i 2/3 del costo per le forniture a fronte dell'interruzione della produzione: pertanto €30.000 × 2/3 = €20.000 rappresenta un costo eliminabile. I restanti €10.000 rappresentano un costo non eliminabile.

**** I costi allocati non sono eliminabili a fronte dell'acquisto esterno verranno semplicemente allocati ad altri oggetti di costo.

b. Valutazione di convenienza economica
Conviene *Make* se: Costi eliminabili < Costo d'acquisto
Conviene *Buy* se: Costi eliminabili > Costo d'acquisto

	Costi eliminabili (Costi rilevanti Make) (a)	**Costo d'acquisto (Costi rilevanti Buy) (b)**	**Delta (a) – (b)**
Costo d'acquisto	–	€340.000*	(€340.000)
Materie prime dirette	€300.000	–	€300.000
Manodopera indiretta	€30.000	–	€30.000
Acquisti esterni (forniture)	€20.000	–	€20.000
Totale costi rilevanti	**€350.000**	**€340.000**	**€10.000**

* Costo d'acquisto totale = Prezzo × unità da acquistare = 3,4 €/u × 100.000 u = €340.000.

Dall'analisi svolta si evince che:

Costi eliminabili > Costo d'acquisto
€350.000 > €340.000

Pertanto conviene comprare esternamente.
La differenza a favore dell'acquisto è €350.000 – €340.000 = €10.000.

Approccio dei costi complessivi comparati (metodo alternativo):
L'approccio dei costi complessivi compara i costi totali dell'alternativa *Make*, ossia i costi totali di produzione, con i costi totali dell'alternativa *Buy*, dati dalla sommatoria di costo d'acquisto e costi non eliminabili.

Conviene *Make* se: Costi complessivi *Make* < Costi complessivi *Buy*
Costi complessivi *Make* < (Costo d'acquisto + Costi non eliminabili)
Conviene *Buy* se: Costi complessivi *Make* > Costi complessivi *Buy*
Costi complessivi *Make* > (Costo d'acquisto + Costi non eliminabili)

	Costi complessivi Make (a)	**Costi complessivi Buy (b)**	**Delta (a) – (b)**
Costo d'acquisto	–	€340.000	(€340.000)
Materie prime dirette	€300.000	–	€300.000**
Manodopera indiretta	€80.000	€50.000*	€30.000**
Acquisti esterni (forniture)	€30.000	€10.000*	€20.000**
Costo di occupazione allocato	€40.000	€40.000*	–
Costo totale	**€450.000**	**€440.000**	**€10.000**

* Questi costi di produzione sono costi non eliminabili. Costo non eliminabile manodopera indiretta = €80.000 – €30.000 = €50.000; costo non eliminabile per forniture = €30.000 – (2/3 × €30.000) = €30.000 – €20.000 = €10.000; costo non eliminabile di occupazione del suolo = €40.000. I costi allocati sono per definizione non rilevanti e quindi non eliminabili.
** Questi costi di produzione, risultato della differenza tra *Make* e *Buy*, non sono altro che i costi eliminabili.

Dall'analisi svolta si evince che:

Costo *Make* > Costo *Buy*
Costi di produzione > (Costo d'acquisto + Costi non eliminabili)
€450.000 > €440.000

Pertanto conviene comprare esternamente.
La differenza a favore dell'acquisto è €450.000 – €440.000 = €10.000.

Esercizio 6.2

Dati

	Costo totale attuale
Materie prime dirette	€85.000
Manodopera diretta	€30.000
Costi indiretti variabili di produzione	€60.000
Costi indiretti fissi di produzione	€85.000
Costi totali	**€260.000**

Unità = 1.000.000 u
P acquisto esterno = 0,25 €/u
I restanti dati verranno riepilogati nel corso dello svolgimento dell'esercizio.

Domande

Make o *Buy*?

- Approccio differenziale:
  Costi eliminabili < o > Costo d'acquisto?
- Oppure approccio dei costi complessivi comparati:
  Costo complessivo *Make* < o > Costo complessivo *Buy* (Costo d'acquisto + Costi non eliminabili)?

Soluzioni

Approccio differenziale:

a. Identificazione delle informazioni rilevanti (costi eliminabili)

	Costi eliminabili	Costi non eliminabili
Materie prime dirette*	€85.000	–
Manodopera diretta*	€30.000	–
Costi indiretti variabili di produzione*	€60.000	–
Costi indiretti fissi di produzione**	€60.000	€25.000
Totale costi rilevanti (eliminabili)	**€235.000**	

* I costi diretti variabili di produzione sono costi rilevanti (eliminabili): se si decidesse di optare per l'acquisto esterno non verrebbero più sostenuti.
**Il testo specifica che in caso di acquisto esterno non verrebbe più utilizzato un supervisore con uno stipendio di €60.000. La restante quota di costo rappresenta un costo non eliminabile.

b. Valutazione di convenienza economica

Conviene *Make* se: Costi eliminabili < Costo d'acquisto
Conviene *Buy* se: Costi eliminabili > Costo d'acquisto

	Costi eliminabili (Costi rilevanti Make) (a)	Costo d'acquisto (Costi rilevanti Buy) (b)	Delta (a) – (b)
Costo d'acquisto	–	€250.000*	(€250.000)
Materie prime dirette	€85.000	–	€85.000
Manodopera diretta	€30.000	–	€30.000
Costi indiretti variabili	€60.000	–	€60.000
Costi indiretti fissi evitabili	€60.000	–	€60.000
Totale costi rilevanti	**€235.000**	**€250.000**	**(€15.000)**

* Costo d'acquisto totale = Prezzo × unità da acquistare = 0,25 €/u × 1.000.000 = €250.000.

Dall'analisi svolta si evince che:

Costi eliminabili < Costo d'acquisto
€235.000 < €250.000

Pertanto conviene produrre internamente.
La differenza a favore della produzione è €235.000 – €250.000 = (€15.000).

Approccio dei costi complessivi comparati (metodo alternativo):
Conviene *Make* se:
Costi complessivi *Make* < Costi complessivi *Buy*
Costi complessivi *Make* < (Costo d'acquisto + Costi non eliminabili)

Conviene *Buy* se:
Costi complessivi *Make* > Costi complessivi *Buy*
Costi complessivi *Make* > (Costo d'acquisto + Costi non eliminabili)

	Costi complessivi Make (a)	Costi complessivi Buy (b)	Delta (a) – (b)
Costo d'acquisto	–	€250.000	(€250.000)
Materie prime dirette	€85.000	–	€85.000**
Manodopera diretta	€30.000	–	€30.000**
Costi indiretti variabili di produzione	€60.000	–	€60.000**
Costi indiretti fissi di produzione	€85.000	€25.000*	€60.000**
Costi totali	**€260.000**	**€275.000**	**(€15.000)**

* CIF di produzione non eliminabili = €85.000 – €60.000 = €25.000.
** Questi costi di produzione, risultato della differenza tra *Make* e *Buy*, non sono altro che i costi eliminabili.

Dall'analisi svolta si evince che:

Costo *Make* < Costo *Buy*
Costi di produzione < (Costo d'acquisto + Costi non eliminabili)
€260.000 < €275.000

Pertanto conviene produrre internamente.

La differenza a favore della produzione è €260.000 – €275.000 = (€15.000).

Esercizio 6.3

Dati

	U	Totale* (100.000 u)
MP	1,5 €/u	€150.000
MOD	1,0 €/u	€100.000
CIF produzione		€50.000
CIV produzione	0,3 €/u	€30.000**
Costi totali		**€330.000**

* Per ottenere i valori totali si moltiplicano i costi unitari per il totale delle unità, pari a 100.000.
** CGP = 0,8€/u × 100.000 u = €80.000

CIF imputati = €50.000 (Dati)
CIV = CGP – CIF produzione = €80.000 – €50.000 = €30.000. Da cui: CV u = €30.000/100.000 u = 0,3 €/u.

Domande

1. *Make* o *Buy*?
   - Approccio differenziale:
     Costi eliminabili < o > Costo d'acquisto?
   - Oppure approccio dei costi complessivi comparati:
     Costo complessivo *Make* < o > Costo complessivo *Buy* (Costo d'acquisto + Costi non eliminabili)?
2. Prezzo massimo accettabile?

Soluzioni

1.
Approccio differenziale:
a. Identificazione delle informazioni rilevanti (costi eliminabili)

	Costi eliminabili	Costi non eliminabili
MP*	€30.000	€120.000
MOD**	€10.000	€90.000
CIV***	€3.000	€27.000
CIF****	–	€50.000
Totale costi rilevanti (eliminabili)	**€43.000**	

* Il testo specifica che, in caso di interruzione della produzione, il costo delle materie prime si ridurrebbe del 20%. Da cui: costo MP eliminabile = €150.000 × 0,2 = €30.000; costo MP non eliminabile = €120.000.
** Il testo specifica che il costo della manodopera diretta, in caso di cessazione della produzione, si ridurrebbe del 10%. Da cui: costo MOD eliminabile = €100.000 × 0,1 = €10.000; costo MOD non eliminabile = €90.000.
*** A fronte dell'accettazione dell'alternativa *Buy*, i costi indiretti variabili si ridurrebbero del 10%. Da cui: CIV eliminabili = €30.000 × 0,1 = €3.000; CIV non eliminabili = €27.000
****I CIF, essendo imputati e dunque il risultato di un processo di allocazione, non sono eliminabili.

b. Valutazione di convenienza economica
Conviene *Make* se: Costi eliminabili < Costo d'acquisto
Conviene *Buy* se: Costi eliminabili > Costo d'acquisto

	Costi eliminabili (Costi rilevanti Make) (a)	**Costo d'acquisto (Costi rilevanti Buy) (b)**	**Delta (a) – (b)**
Costo d'acquisto	–	€48.000*	(€48.000)
Materie prime dirette	€30.000	–	€30.000
Manodopera diretta	€10.000	–	€10.000
Totale costi indiretti variabili	€3.000	–	€3.000
Totale costi rilevanti	**€43.000**	**€48.000**	**(€5.000)**

* Costo d'acquisto = Prezzo × unità da acquistare = 0,48 €/u × 100.000 u = €48.000.

Dall'analisi svolta si evince che:

Costi eliminabili < Costo d'acquisto
€43.000 < €48.000

Pertanto conviene produrre internamente.
La differenza a favore della produzione è €43.000 – €48.000 = (€5.000).

Approccio dei costi complessivi comparati (metodo alternativo):

Conviene *Make* se:
Costi complessivi *Make* < Costi complessivi *Buy*
Costi complessivi *Make* < (Costo d'acquisto + Costi non eliminabili)

Conviene *Buy* se:
Costi complessivi *Make* > Costi complessivi *Buy*
Costi complessivi *Make* > (Costo d'acquisto + Costi non eliminabili)

	Costi complessivi Make (a)	**Costi complessivi Buy (b)**	**Delta (a) – (b)**
Costo d'acquisto	–	€48.000	(€48.000)
Materie prime	€150.000	€120.000*	€30.000**
Manodopera diretta	€100.000	€90.000*	€10.000**
Totale costi indiretti	€80.000	€77.000*	€3.000**
Totale costi	**€330.000**	**€335.000**	**(€5.000)**

* Costo MP non eliminabile = €150.000 – €30.000 = €120.000; costo MOD non eliminabile = €100.000 – €10.000 = €90.000; CI non eliminabili = €50.000 + €27.000 = €77.000.
** Questi costi di produzione, risultato della differenza tra *Make* e *Buy*, non sono altro che i costi eliminabili.

Dall'analisi svolta si evince che:

Costo *Make* < Costo *Buy*
€330.000 < €335.000

Pertanto conviene produrre internamente.
La differenza a favore della produzione è €330.000 – €335.000 = (€5.000).

2.
I costi eliminabili nel caso si optasse per l'acquisto esterno delle cartucce, determinati al punto precedente, rappresentano i costi per la realizzazione di una dozzina di cartucce:

Costo unitario scatola cartucce (costo eliminabile unitario) = costi eliminabili tot/unità tot = €43.000/100.000 u = 0,43 €/u.

Il prezzo massimo accettabile è pari a 0,43 €/u: Howard Company non pagherebbe più di €0,43 per ciascuna scatola di cartucce, perché questo è il costo per la realizzazione del prodotto al proprio interno.

Esercizio 6.4

Dati

	Situazione tot attuale
Materie prime dirette	€400.000
Manodopera diretta	€300.000
Costi indiretti variabili	€150.000
Costi indiretti fissi	€300.000
Costi totali	**€1.150.000**

Unità = 50.000 u
Prezzo d'acquisto = 21 €/u.

Domande

1. *Make* o *Buy*?
   - Approccio differenziale:
     Costi eliminabili < o > Costo d'acquisto?
   - Oppure approccio dei costi complessivi comparati:
     Costo complessivo *Make* < o > Costo complessivo *Buy* (Costo d'acquisto + Costi non eliminabili)?
2. Posto:
   (a) Affitto CP = €65.000 annui, alternativa più conveniente?
   (b) Utilizzo CP con MdC = €200.000, alternativa più conveniente?

Soluzioni

1.

Approccio differenziale:

a. Identificazione delle informazioni rilevanti (costi eliminabili)

	Costi eliminabili	Costi non eliminabili
Materie prime dirette*	€400.000	–
Manodopera diretta*	€300.000	–
Costi indiretti variabili*	€150.000	–
Costi indiretti fissi**	€100.000	€200.000
Totale costi rilevanti (eliminabili)	**€950.000**	

* I costi diretti variabili di produzione sono costi rilevanti (eliminabili): se si optasse per l'acquisto esterno non verrebbero più sostenuti.

**Il testo specifica che in caso di acquisto esterno verrebbe meno il costo di supervisione e custodia (CIF di produzione) pari a €100.000. I restanti CIF rappresentano un costo non eliminabile,

b. Valutazione di convenienza economica

Conviene *Make* se: Costi eliminabili < Costo d'acquisto

Conviene *Buy* se: Costi eliminabili > Costo d'acquisto

	Costi eliminabili (Costi rilevanti Make) (a)	Costo d'acquisto (Costi rilevanti Buy) (b)	Delta (a) – (b)
Costo d'acquisto	–	€1.050.000*	(€1.050.000)
Materie prime dirette	€400.000	–	€400.000
Manodopera diretta	€300.000	–	€300.000
Costi indiretti variabili	€150.000	–	€150.000
Costi indiretti fissi	€100.000	–	€100.000
Totale costi rilevanti	**€950.000**	**€1.050.000**	**(€100.000)**

* Costo d'acquisto totale = Prezzo × unità da acquistare = 21 €/u × 50.000 = €1.050.000.

Dall'analisi svolta si evince che:

Costi eliminabili < Costo d'acquisto
€950.000 < €1.050.000

Pertanto conviene produrre internamente.

La differenza a favore della produzione è €950.000 – €1.050.000 = (€100.000).

Approccio dei costi complessivi comparati (metodo alternativo):

Conviene *Make* se:

Costi complessivi *Make* < Costi complessivi *Buy*

Costi complessivi *Make* < (Costo d'acquisto + Costi non eliminabili)

Conviene *Buy* se:
Costi complessivi *Make* > Costi complessivi *Buy*
Costi complessivi *Make* > (Costo d'acquisto + Costi non eliminabili)

	Costi complessivi Make (a)	Costi complessivi Buy (b)	Delta (a) – (b)
Costo d'acquisto	–	€1.050.000	(€1.050.000)
Materie prime dirette	€400.000	–	€400.000**
Manodopera diretta	€300.000	–	€300.000**
Costi indiretti variabili	€150.000	–	€150.000**
Costi indiretti fissi	€300.000	€200.000*	€100.000**
Costi totali	**€1.150.000**	**€1.250.000**	**(€100.000)**

* CIF non eliminabili = €300.000 – €100.000 = €200.000.
** Questi costi, risultato della differenza tra *Make* e *Buy*, non sono altro che i costi eliminabili.

Dall'analisi svolta si evince che:

Costo *Make* < Costo *Buy*
Costi di produzione < (Costo d'acquisto + Costi non eliminabili)
€1.150.000 < €1.250.000

Pertanto conviene produrre internamente.
La differenza a favore della produzione è €1.150.000 – €1.250.000 = (€100.000).

2.
La Domanda 2 sottolinea come la decisione se produrre o acquistare sia sostanzialmente legata al migliore impiego delle strutture produttive.

Approccio differenziale:

	Costi eliminabili (Costi rilevanti Make)	Costo d'acquisto (Costi rilevanti Buy)	Buy + locazione (Valori differenziali)	Buy + utilizzo strutture (Valori differenziali)
Costo d'acquisto	–	€1.050.000	€1.050.000	€1.050.000
Materie prime dirette	€400.000	–	–	–
Manodopera diretta	€300.000	–	–	–
Costi indiretti variabili	€150.000	–	–	–
Costi indiretti fissi	€100.000	–	–	–
Canone di locazione	–	–	(€65.000)*	–
MdC filtri olio	–	–	–	(€200.000)**
Totale costi rilevanti	**€950.000**	**€1.050.000**	**€985.000**	**€850.000**

* Ricavi derivanti dalla locazione della capacità produttiva liberata in caso di acquisto esterno dei componenti.
** MdC ottenibile dalla produzione di filtri dell'olio attraverso l'impiego della capacità produttiva liberata.

L'analisi indica che l'acquisto dei componenti e l'uso delle strutture libere per la realizzazione di altri prodotti è l'alternativa che darebbe i risultati migliori in questo caso. Il vantaggio rispetto alla produzione dei componenti sarebbe pari a: €950.000 – €850.000 = €100.000.

Approccio dei costi complessivi comparati (metodo alternativo):

	Costi complessivi Make	Costi complessivi Buy	Buy + locazione	Buy + utilizzo strutture
Costo d'acquisto	–	€1.050.000	€1.050.000	€1.050.000
Materie prime dirette	€400.000	–	–	–
Manodopera diretta	€300.000	–	–	–
Costi indiretti variabili	€150.000	–	–	–
Costi indiretti fissi	€300.000	€200.000	€200.000	€200.000
Canone di locazione	–	–	(€65.000)	–
MdC filtri olio	–	–	–	(€200.000)
Totale costi rilevanti	**€1.150.000**	**€1.250.000**	**€1.185.000**	**€1.050.000**

L'analisi secondo l'approccio dei costi complessivi comparati porta ovviamente allo stesso risultato, e indica che l'acquisto dei componenti e l'uso delle strutture libere per la realizzazione di altri prodotti sono l'alternativa che darebbe i risultati migliori. Il vantaggio rispetto alla produzione dei componenti sarebbe pari a: €1.150.000 – €1.050.000 = €100.000.

Esercizio 6.5

Dati

	Costo unitario produzione sci	Calcoli	Costo totale produzione sci
Manodopera diretta	35 €/u	35 €/u × 10.000 u =	€350.000
Materie prime dirette	30 €/u	30 €/u × 10.000 u =	€300.000
CIF	10 €/u**		€100.000*
CIV	5 €/u**	5 €/u × 10.000 u =	€50.000*
Totale	**80 €/u**	**80 €/u × 10.000 u =**	**€800.000**

* CIV tot = CI tot – CF = €150.000 – €100.000 = €50.000.
** Dal momento che i costi indiretti vengono allocati al prodotto in base ai volumi di produzione: CIV u = CV tot/unità = €50.000/10.000 u = 5 €/u; CIF = CIF tot/unità = €100.000/10.000 u = 10 €/u.

Unità = 10.000 paia
Prezzo d'acquisto = 10,50 €/paio

Gli altri dati verranno riepilogati nel corso dello svolgimento dell'esercizio.

Domande

1. *Make* o *Buy*?
   Approccio differenziale:
   Costi eliminabili < o > Costo d'acquisto?
   Oppure approccio dei costi complessivi comparati:
   Costo complessivo *Make* < o > Costo complessivo *Buy* (Costo d'acquisto + Costi non eliminabili)?
2. Prezzo massimo accettabile?
3. Posto:
   Unità = 12.500 paia,
   CF specifici incrementali = €10.000,
   Make o *Buy*?
   - Approccio differenziale:
     Costi eliminabili < o > Costo d'acquisto?
   - Oppure approccio dei costi complessivi comparati:
     Costo complessivo *Make* < o > Costo complessivo *Buy* (Costo d'acquisto + Costi non eliminabili)?

Soluzioni

1.

Approccio differenziale:

a. Identificazione delle informazioni rilevanti (costi eliminabili)

	Costi eliminabili	Costi non eliminabili
Manodopera diretta*	€35.000	€315.000
Materie prime dirette**	€60.000	€240.000
Totale costi indiretti***	€5.000	€145.000
Totale costi rilevanti (eliminabili)	**€100.000**	

* Il testo specifica che il costo della manodopera diretta, in caso di cessazione della produzione, si ridurrebbe del 10%: costo MOD eliminabile = €350.000 × 0,1 = €35.000. Da cui: costo MOD non eliminabile = €350.000 – €35.000 = €315.000.

** Il testo specifica che, in caso di interruzione della produzione, il costo delle materie prime si ridurrebbe del 20%: costo MP eliminabile = €300.000 × 0,2 = €60.000. Da cui: costo MP non eliminabile = €300.000 – €60.000 = €240.000.

*** Il testo ci informa che dei costi indiretti €100.000 sono costi allocati, per definizione non eliminabili. Inoltre sappiamo che, a fronte dell'accettazione dell'alternativa *Buy*, i costi indiretti variabili si ridurrebbero del 10%: CIV = €150.000 – €100.000 = €50.000; CIV eliminabili = €50.000 × 0,1 = €5.000. Da cui: CI non eliminabili = €150.000 – €5.000 = €145.000.

b. Valutazione di convenienza economica
Conviene *Make* se: Costi eliminabili < Costo d'acquisto
Conviene *Buy* se: Costi eliminabili > Costo d'acquisto

	Costi eliminabili (Costi rilevanti Make) (a)	**Costo d'acquisto (Costi rilevanti Buy) (b)**	**Delta (a) – (b)**
Costo d'acquisto	–	€105.000*	(€105.000)
Manodopera diretta	€35.000	–	€35.000
Materie prime dirette	€60.000	–	€60.000
Costi indiretti variabili	€5.000	–	€5.000
Totale costi rilevanti	**€100.000**	**€105.000**	**(€5.000)**

* Costo d'acquisto = Prezzo × unità da acquistare = 10,5 €/u × 10.000 u = €105.000.

Dall'analisi svolta si evince che:

Costi eliminabili < Costo d'acquisto
€950.000 < €1.050.000

Pertanto conviene produrre internamente.
La differenza a favore della produzione è €100.000 – €105.000 = (€5.000).

Approccio dei costi complessivi comparati (metodo alternativo):
Conviene *Make* se:
Costi complessivi *Make* < Costi complessivi *Buy*
Costi complessivi *Make* < (Costo d'acquisto + Costi non eliminabili)

Conviene *Buy* se:
Costi complessivi *Make* > Costi complessivi *Buy*
Costi complessivi *Make* > (Costo d'acquisto + Costi non eliminabili)

	Costi complessivi Make (a)	**Costi complessivi Buy (b)**	**Delta (a) – (b)**
Costo d'acquisto	–	€105.000	(€105.000)
Manodopera diretta	€350.000	€315.000*	€35.000**
Materie prime dirette	€300.000	€240.000*	€60.000**
Totale costi indiretti	€150.000	€145.000*	€5.000**
Totale costi	**€800.000**	**€805.000**	**(€5.000)**

* Costo MOD non eliminabile = €350.000 – €35.000 = €315.000; costo MP non eliminabile = €300.000 – €60.000 = €240.000; CI non eliminabili = €150.000 – €5.000 = €145.000.
** Questi costi di produzione, risultato della differenza tra *Make* e *Buy*, non sono altro che i costi eliminabili.

Dall'analisi svolta si evince che:

Costo *Make* < Costo *Buy*
€800.000 < €805.000

Pertanto conviene produrre internamente.
La differenza a favore della produzione è €800.000 – €805.000 = (€5.000).

2.
I costi eliminabili nel caso in cui si optasse per l'acquisto esterno degli attacchi, determinati al punto precedente, rappresentano i costi per la realizzazione degli attacchi.

Costo unitario attacchi (costo eliminabile unitario) = costi eliminabili tot/unità tot = €100.000/10.000 u = 10 €/u.

Il prezzo massimo accettabile è pari a 10 €/u: Richardson Corporation non pagherebbe più di €10 ciascuno, perché questo è il costo per la realizzazione del prodotto al proprio interno.

3.

	Costo unitario produzione sci	Calcoli	Costo totale produzione sci (12.500 u)
Manodopera diretta	35 €/u	35 €/u × 12.500 u =	€437.500
Materie prime dirette	30 €/u	30 €/u × 12.500 u =	€375.000
CIF			€110.000*
CIV	5 €/u	5 €/u × 12.500 u =	€62.500
Totale			**€985.000**

* L'incremento di volume comporta un incremento dei costi fissi pari a €10.000 per noleggio attrezzature: €100.000 + €10.000 = €110.000.

Approccio differenziale:
a. Identificazione delle informazioni rilevanti (costi eliminabili)

	Costi eliminabili	Costi non eliminabili
Manodopera diretta*	€43.750	€393.750
Materie prime dirette**	€75.000	€300.000
CIF***	€10.000	€100.000
CIV****	€6.250	€56.250
Totale costi rilevanti (eliminabili)	**€135.000**	

* Il testo specifica che il costo della manodopera diretta, in caso di cessazione della produzione, si ridurrebbe del 10%: costo MOD eliminabile = €437.500 × 0,1 = €43.750. Da cui: costo MOD non eliminabile = €437.500 – €43.750 = €393.750.

** Il testo specifica che, in caso di interruzione della produzione, il costo delle materie prime si ridurrebbe del 20%: costo MP eliminabile = €375.000 × 0,2 = €75.000. Da cui: costo MP non eliminabile = €375.000 – €75.000 = €300.000.
*** Il costo di noleggio delle attrezzature per produrre un volume di 12.500 attacchi, pari a €10.000, è un costo eliminabile: se si decide di acquistare gli attacchi non verrà sostenuto. CIF non eliminabili = €100.000.
**** A fronte dell'accettazione dell'alternativa *Buy*, i costi indiretti variabili si ridurrebbero del 10%: CIV eliminabili = €62.500 × 0,1 = €6.250. Da cui: CIV non eliminabili = €62.500 – €6.250 = €56.250.

b. Valutazione di convenienza economica

Conviene *Make* se: Costi eliminabili < Costo d'acquisto
Conviene *Buy* se: Costi eliminabili > Costo d'acquisto

	Costi eliminabili (Costi rilevanti Make) (a)	**Costo d'acquisto (Costi rilevanti Buy) (b)**	**Delta (a) – (b)**
Costo d'acquisto	–	€131.250*	(€131.250)
Manodopera diretta	€43.750	–	€43.750
Materie prime dirette	€75.000	–	€75.000
Totale costi indiretti	€16.250**	–	€16.250
Totale costi rilevanti	**€135.000**	**€131.250**	**€3.750**

* Costo d'acquisto = Prezzo × unità da acquistare = 10,5 €/u × 12.500 u = €131.250.
** CI tot = CIF + CIV = €10.000 + €6.250 = €16.250.

Dall'analisi svolta si evince che:

Costi eliminabili > Costo d'acquisto
€135.000 > €131.250

Pertanto conviene acquistare esternamente.

La differenza a favore dell'acquisto è €135.000 – €131.250 = €3.750.

Un altro modo più veloce di applicare l'approccio differenziale sarebbe stato il seguente:

Costo attacchi (Costo eliminabile unitario) = 10 €/u*.

	Costi eliminabili (Costi rilevanti Make) (a)	**Costo d'acquisto (Costi rilevanti Buy) (b)**	**Delta (a) – (b)**
Costo d'acquisto	–	(€131.250)	(€131.250)
Costo di produzione di 12.500 paia (10 €/u × 12.500)	€125.000	–	€125.000
Costi fissi aggiuntivi	€10.000	–	€10.000
Totale	**€135.000**	**(€131.250)**	**€3.750**

* Costo u attacchi determinato al punto 2.

Approccio dei costi complessivi comparati (metodo alternativo):
Conviene *Make* se:
Costi complessivi *Make* < Costi complessivi *Buy*
Costi complessivi *Make* < (Costo d'acquisto + Costi non eliminabili)

Conviene *Buy* se:
Costi complessivi *Make* > Costi complessivi *Buy*
Costi complessivi *Make* > (Costo d'acquisto + Costi non eliminabili)

	Costi complessivi Make (a)	**Costi complessivi Buy (b)**	**Delta (a) – (b)**
Costo d'acquisto	–	€131.250	(€131.250)
Manodopera diretta	€437.500	€393.750**	€43.750***
Materie prime dirette	€375.000	€300.000**	€75.000***
Totale costi indiretti	€172.500*	€156.250**	€16.250***
Totale costi	**€985.000**	**€981.250**	**€3.750**

* CI tot = CF + CIV = €110.000 + €62.500 = €172.500.
** Costo MOD eliminabile = €437.500 – €43.750 = €393.750; costo MP eliminabile = €375.000 – €300.000 = €75.000; CI eliminabili = €172.500 – €156.250 = €16.250.
*** Questi costi di produzione, risultato della differenza tra *Make* e *Buy*, non sono altro che i costi eliminabili.

Dall'analisi svolta si evince che:

Costo *Make* > Costo *Buy*
€985.000 > €981.250

Pertanto conviene acquistare esternamente.
La differenza a favore dell'acquisto è €985.000 – €981.250 = (€3.750).

Esercizio 6.6

Dati

	Totale annuo (15.000 u)
Materie prime dirette	€90.000
Manodopera diretta	€120.000
CV produzione	€15.000
CF produzione specifici	€75.000
CF produzione allocati	€150.000
Costo totale	**€450.000**

I restanti dati verranno riepilogati nel corso dello svolgimento dell'esercizio.

Domande

1. *Make* o *Buy* in caso di inutilizzo della capacità produttiva liberata:
   - Approccio differenziale:
     Costi eliminabili < o > Costo d'acquisto?
   - Oppure approccio dei costi complessivi comparati:
     Costo complessivo *Make* < o > Costo complessivo *Buy* (Costo d'acquisto + Costi non eliminabili)?
2. *Make* or *Buy* in caso di utilizzo della capacità produttiva per la realizzazione di un nuovo prodotto e posto MdC tot prodotto = €65.000 annuo:
   - Approccio differenziale:
     Costi eliminabili < o > Costo d'acquisto?
   - Oppure approccio dei costi complessivi comparati:
     Costo complessivo *Make* < o > Costo complessivo *Buy* (Costo d'acquisto + Costi non eliminabili)?

Soluzioni

1.

Approccio differenziale:

a. Identificazione delle informazioni rilevanti (costi eliminabili)

	Costi eliminabili	Costi non eliminabili
Materie prime dirette*	€90.000	–
Manodopera diretta*	€120.000	–
Costi indiretti variabili di produzione*	€15.000	–
Costi indiretti fissi di produzione specifici**	€30.000	€45.000
Costi indiretti fissi di produzione allocati***	–	€150.000
Totale costi rilevanti (eliminabili)	**€255.000**	

* I costi diretti e indiretti variabili di produzione sono costi rilevanti (eliminabili): se si decidesse di optare per l'acquisto esterno non verrebbero più sostenuti.

** I CIF di produzione specifici comprendono l'ammortamento delle attrezzature e il costo dei supervisori. L'ammortamento, dal momento che le attrezzature non hanno un utilizzo alternativo, non è eliminabile. Il costo fisso specifico dei supervisori è eliminabile in caso di acquisto esterno, in quanto, essendo specifico, fa riferimento a supervisori impiegati esclusivamente per la supervisione della produzione del termostato. Pertanto i CF di produzione eliminabili sono pari a €75.000 × 0,4 = €30.000. Da cui: CIF non eliminabili = €75.000 – €30.000 = €45.000.

***I CF di produzione allocati sono non eliminabili (verranno semplicemente allocati agli altri prodotti, ma il loro ammontare totale resta invariato).

b. Valutazione di convenienza economica

Conviene *Make* se: Costi eliminabili < Costo d'acquisto
Conviene *Buy* se: Costi eliminabili > Costo d'acquisto

	Costi eliminabili (Costi rilevanti Make) (a)	Costo d'acquisto (Costi rilevanti Buy) (b)	Delta (a) – (b)
Costo d'acquisto	–	€300.000*	(€300.000)
Materie prime dirette	€90.000	–	€90.000
Manodopera diretta	€120.000	–	€120.000
Costi indiretti variabili	€15.000	–	€15.000
Costi indiretti fissi specifici	€30.000	–	€30.000
Totale costi rilevanti	**€255.000**	**€300.000**	**(€45.000)**

* Costo d'acquisto totale = Prezzo × unità da acquistare = 20 €/u × 15.000 = €300.000.

Dall'analisi svolta si evince che:

Costi eliminabili < Costo d'acquisto
€255.000 < €300.000

Pertanto conviene produrre internamente.
La differenza a favore della produzione è €255.000 – €300.000 = (€45.000).

Approccio dei costi complessivi comparati (metodo alternativo):
Conviene *Make* se:
Costi complessivi *Make* < Costi complessivi *Buy*
Costi complessivi *Make* < (Costo d'acquisto + Costi non eliminabili)

Conviene *Buy* se:
Costi complessivi *Make* > Costi complessivi *Buy*
Costi complessivi *Make* > (Costo d'acquisto + Costi non eliminabili)

	Costi complessivi Make (a)	Costi complessivi Buy (b)	Delta (a) – (b)
Costo d'acquisto	–	€300.000	(€300.000)
Manodopera diretta	€90.000	–	€90.000**
Materie prime dirette	€120.000	–	€120.000**
Costi indiretti variabili	€15.000	–	€15.000**
Costi indiretti fissi specifici	€75.000	€45.000*	€30.000**
Costi indiretti fissi allocati	€150.000	€150.000	–
Totale costi	**€450.000**	**€495.000**	**(€45.000)**

* CIF specifici non eliminabili = Costi di ammortamento attrezzature = €75.000 × 0,6 = €45.000.
** Questi costi di produzione, risultato della differenza tra *Make* e *Buy*, non sono altro che i costi eliminabili.

Dall'analisi svolta si evince che:

Costo *Make* < Costo *Buy*
€450.000 < €495.000

Pertanto conviene produrre internamente.

La differenza a favore della produzione è €450.000 – €495.000 = (€45.000).

2.

Approccio differenziale:

	Costi eliminabili (Costi rilevanti Make) (a)	Costo d'acquisto (Costi rilevanti Buy) (b)	Delta (a) – (b)
Costo d'acquisto	–	€300.000	(€300.000)
MdC nuovo prodotto	€65.000*	–	€65.000
Materie prime dirette	€90.000	–	€90.000
Manodopera diretta	€120.000	–	€120.000
Costi indiretti variabili	€15.000	–	€15.000
Costi indiretti fissi specifici	€30.000	–	€30.000
Totale costi rilevanti	**€320.000**	**€300.000**	**€20.000**

* Il MdC di €65.000 è un costo opportunità: è il margine cui si rinuncia se si optasse per la produzione interna (ossia il margine che si otterrebbe con l'impiego alternativo della capacità produttiva qualora si optasse per l'acquisto esterno). Pertanto va a incremento dei costi eliminabili e rende l'opzione di produzione interna meno conveniente.

Dall'analisi svolta si evince che:

Costi eliminabili > Costo d'acquisto
€320.000 > €300.000

Pertanto conviene acquistare esternamente.

La differenza a favore dell'acquisto è €320.000 – €300.000 = €20.000.

Approccio dei costi complessivi comparati (metodo alternativo):

	Costi complessivi Make (a)	Costi complessivi Buy (b)	Delta (a) – (b)
Costo d'acquisto	–	€300.000	(€300.000)
MdC nuovo prodotto	–	(€65.000)*	€65.000
Manodopera diretta	€90.000	–	€90.000
Materie prime dirette	€120.000	–	€120.000
CIV	€15.000	–	€15.000
CIF specifici	€75.000	€45.000	€30.000
CIF allocati	€150.000	€150.000	–
Totale costi	**€450.000**	**€430.000**	**€20.000**

* Il MdC di €65.000 è il margine che si ottiene qualora si optasse per l'alternativa *Buy*, grazie all'impiego alternativo della capacità produttiva. Pertanto va a ridurre i costi dell'alternativa *Buy*, rendendola più conveniente.

Dall'analisi svolta si evince che:

Costo *Make* > Costo *Buy*
€450.000 > €430.000

Pertanto conviene acquistare esternamente.
La differenza a favore dell'acquisto è €450.000 – €430.000 = €20.000.

Esercizio 6.7

Dati

	Lotto = 1.000 Kg
Prezzo vendita dettaglio	3,70 €/Kg
Prezzo vendita ingrosso	2,65 €/Kg
Costo acquisto lotto	2.000 €/lotto
CF tostatura lotto	1.000 €/lotto
CV tostatura lotto	500 €/lotto
Costo rilavorazione lotto	600 €/lotto
Costo spedizione negozi	0,20 €/Kg

Domande

Vendita all'ingrosso o vendita al dettaglio post-lavorazione?
Ossia: ricavi incrementali ulteriore lavorazione < o > costi incrementali ulteriore lavorazione?

Soluzioni

Approccio differenziale:

a. Identificazione informazioni rilevanti

Si sta valutando la convenienza economica a lavorare ulteriormente i grani di caffè.

	Lotto = 1.000 Kg	Info rilevante	Motivazione
Prezzo vendita dettaglio	3,70 €/Kg	*	Ricavo rilevante = Ricavo allo split-off – Ricavo post-lavorazione
Prezzo vendita ingrosso	2,65 €/Kg	*	Ricavo rilevante = Ricavo allo split-off – Ricavo post-lavorazione
Costo acquisto lotto	2.000 €/lotto	No	Passata Non differenziale
CF tostatura lotto	1.000 €/lotto	No	Passata Non differenziale

	Lotto = 1.000 Kg	Info rilevante	Motivazione
CV tostatura lotto	500 €/lotto	No	Passata Non differenziale
Costo rilavorazione lotto	600 €/lotto	Sì	Futura Specifica Incrementale
Spedizione negozi	0,20 €/Kg	Sì	Futura Specifica Incrementale

* L'informazione di ricavo rilevante è data dalla differenza tra il ricavo al punto di split-off e il ricavo post-lavorazione; tale differenza rappresenta il ricavo incrementale.

b. Valutazione di convenienza economica

Ulteriore lavorazione conveniente se: Ricavi incrementali > Costi incrementali

	Lotto = 1.000 Kg
Ricavi post-lavorazione	3,70 €/Kg × 1.000 Kg = €3.700
Ricavi pre-lavorazione (al punto di split-off)	2,65 €/Kg × 1.000 Kg = €2.650
Ricavi incrementali	**€3.700 – €2.650 = €1.050**
Costi lavorazione	€600 + 0,20 €/Kg × 1.000 Kg = €800
RO da ulteriore lavorazione	**€1.050 – €800 = €250**

In conclusione conviene sottoporre i grani a ulteriore lavorazione ai fini della vendita al dettaglio in quanto:

Ricavi incrementali > Costi incrementali
€1.050 > €800

Optare per l'ulteriore lavorazione consente di incrementare il RO aziendale di €250.

Esercizio 6.8

Dati

	L	M
Prezzo	0,25 €/l	0,30 €/l
Prezzo post-lavorazione	–	0,38 €/l
Costi congiunti	€1.600.000	
Costi separabili	–	€225.000
Litri prodotti e venduti	4.000.000 l	2.500.000 l

Domande

Conviene lavorare ulteriormente M?

- Approccio differenziale: Ricavi incrementali M > Costi incrementali M?
- Approccio del CE complessivo (o RO comparato): RO punto split-off < RO post-lavorazione

Soluzioni

Approccio differenziale

a. Identificazione informazioni rilevanti

Si sta valutando la convenienza economica a lavorare ulteriormente il prodotto M, pertanto dobbiamo identificare le informazioni di costo e ricavo di M rilevanti.

	M	Info rilevante	Motivazione
Prezzo post-lavorazione	0,38 €/l	*	Ricavo rilevante = Ricavo allo split-off – Ricavo post-lavorazione
Prezzo al punto di split-off	0,30 €/l	*	Ricavo rilevante = Ricavo allo split-off – Ricavo post-lavorazione
Costi congiunti	€1.600.000	No**	Passata Non differenziale
Costi separabili	€225.000	Sì***	Futura Specifica Incrementale

* L'informazione di ricavo rilevante è pari ai ricavi incrementali, dati da: Ricavi post-lavorazione – Ricavi al punto di split-off.

** I costi congiunti riguardano il processo congiunto, precedente a eventuali ulteriori lavorazioni, e pertanto si tratta di un'informazione passata (è un costo già sostenuto) e non differenziale (è un costo che resterà invariato a prescindere dall'eventuale ulteriore lavorazione); in tal senso non possono essere considerati un'informazione rilevante.

*** I costi separabili sono costi futuri (verranno sostenuti solo se si opta per la lavorazione ulteriore), specifici dell'alternativa in esame e incrementali (qualora si opti per l'ulteriore lavorazione comporteranno un incremento di costi in conto economico).

b. Valutazione di convenienza economica

Ulteriore lavorazione conveniente se: Ricavi incrementali > Costi incrementali

	M
Ricavi post-lavorazione	0,38 €/l × 2.500.000 l = €950.000
Ricavi al punto di split-off	0,30 €/l × 2.500.000 l = €750.000
Ricavi incrementali	**€950.000 – €750.000 = €200.000**
Costi separabili	€225.000
RO da ulteriore lavorazione	**(€25.000)**

Non conviene lavorare ulteriormente il prodotto M oltre il punto di split-off, poiché:

Ricavi incrementali < Costi incrementali
€200.000 < €225.000

Optare per l'ulteriore lavorazione del prodotto comporterebbe un decremento del RO pari a €25.000.

Approccio del CE complessivo (o RO comparato):
Ulteriore lavorazione conveniente se: RO punto split-off < RO post-lavorazione
Ulteriore lavorazione non conveniente se: RO punto split-off > RO post-lavorazione

	Situazione attuale			Ulteriore lavorazione			
	L	M	Totale	L	Super M	Totale	Effetti differenziali
Ricavi di vendita*	€1.000.000	€750.000	€1.750.000	€1.000.000	€950.000	€1.950.000	€200.000
Costi congiunti			€1.600.000			€1.600.000	–
Costi separabili			–		€225.000	€225.000	225.000
Costi totali			€1.600.000			€1.825.000	€225.000
Effetti sul risultato economico			€150.000			€125.000	(€25.000)

* Ricavi L = 0,25 €/l × 4.000.000 l = €1.000.000; ricavi M = 0,30 €/l × €2.500.000 l = €750.000; ricavi Super M = 0,38 €/l × 2.500.000 l = €950.000.

Anche dall'approccio del CE complessivo emerge che optare per l'ulteriore lavorazione del prodotto comporterebbe un decremento del RO pari a €25.000.

Esercizio 6.9

Dati
Costi congiunti = €100.000

	Ricavi di vendita split-off	Costi ulteriore lavorazione	Ricavi di vendita post-lavorazione
X	€50.000	€35.000	€80.000
Y	€90.000	€40.000	€150.000
Z	€60.000	€12.000	€75.000

Domande
Ricavi incrementali (X, Y, Z) > Costi incrementali (X, Y, Z)?

Soluzioni
Quando si deve valutare la convenienza a lavorare ulteriormente più prodotti contemporaneamente il metodo più veloce è l'approccio differenziale.

Approccio differenziale
a. Identificazione informazioni rilevanti

	X	Y	Z	Info rilevante	Motivazione
Ricavi post-lavorazione	€80.000	€150.000	€75.000	*	Ricavo rilevante = Ricavo allo split-off – Ricavo post-lavorazione
Ricavi al punto di split-off	€50.000	€90.000	€60.000	*	Ricavo rilevante = Ricavo allo split-off – Ricavo post-lavorazione
Costi congiunti	€100.000			No**	Passata Non differenziale
Costi separabili	€35.000	€40.000	€12.000	Sì***	Futura Specifica Incrementale

* L'informazione di ricavo rilevante è pari ai ricavi incrementali, dati da: Ricavi post-lavorazione – Ricavi al punto di split-off).
** I costi congiunti riguardano il processo congiunto, precedente a eventuali ulteriori lavorazioni, e pertanto si tratta di un'informazione passata (è un costo già sostenuto) e non differenziale (è un costo che resterà invariato a prescindere dall'eventuale ulteriore lavorazione); in tal senso non può essere considerata un'informazione rilevante.
*** I costi separabili sono costi futuri (verranno sostenuti solo se si opta per la lavorazione ulteriore), specifici dell'alternativa in esame e incrementali (qualora si opti per l'ulteriore lavorazione comporteranno un incremento di costi in conto economico).

b. Valutazione di convenienza economica
Ulteriore lavorazione conveniente se: Ricavi incrementali > Costi incrementali

	X	Y	Z
Ricavi post-lavorazione	€80.000	€150.000	€75.000
Ricavi al punto di split-off	(€50.000)	(€90.000)	(€60.000)
Ricavi incrementali	**€30.000**	**€60.000**	**€15.000**
Costi separabili	(€35.000)	(€40.000)	(€12.000)
RO da ulteriore lavorazione	**(€5.000)**	**€20.000**	**€3.000**

I prodotti Y e Z dovrebbero essere lavorati ulteriormente, il prodotto X no. Infatti Y e Z consentirebbero, a fronte dell'ulteriore lavorazione, un incremento del risultato economico aziendale rispettivamente di €20.000 e €3.000, mentre l'ulteriore lavorazione di X comporterebbe una riduzione del risultato economico pari a €5.000.

Esercizio 6.10

Dati

Costi congiunti = €72.000

Prodotto	Unità prodotte	Ricavi di vendita al punto di separazione (split-off point)	Ricavi post-lavorazione	Costi aggiuntivi
A	6.000	€25.000	€42.000	€9.000
B	4.000	€41.000	€45.000	€7.000
C	2.000	€24.000	€32.000	€8.000

Domande

Ricavi incrementali (A, B, C) > Costi incrementali (A, B, C)?

Soluzioni

Quando si deve valutare la convenienza a lavorare ulteriormente più prodotti contemporaneamente il metodo più veloce è l'approccio differenziale.

Approccio differenziale:
a. Identificazione informazioni rilevanti

	A	B	C	Info rilevante	Motivazione
Ricavi post-lavorazione	€42.000	€45.000	€32.000	*	Ricavo rilevante = Ricavo allo split-off – Ricavo post-lavorazione
Ricavi al punto di split-off	€25.000	€41.000	€24.000	*	Ricavo rilevante = Ricavo allo split-off – Ricavo post-lavorazione
Costi congiunti			€72.000	No**	Passata Non differenziale
Costi separabili	€9.000	€7.000	€8.000	Sì***	Futura Specifica Incrementale

* L'informazione di ricavo rilevante è pari ai ricavi incrementali, dati da: Ricavi post-lavorazione – Ricavi al punto di split-off.
** I costi congiunti riguardano il processo congiunto, precedente a eventuali ulteriori lavorazioni, e pertanto si tratta di un'informazione passata (è un costo già sostenuto) e non differenziale (è un costo che resterà invariato a prescindere dall'eventuale ulteriore lavorazione); in tal senso non possono essere considerati un'informazione rilevante.
*** I costi separabili sono costi futuri (verranno sostenuti solo se si opta per la lavorazione ulteriore), specifici dell'alternativa in esame e incrementali (qualora si opti per l'ulteriore lavorazione comporteranno un incremento di costi in conto economico).

b. Valutazione di convenienza economica

	A	B	C
Ricavi post-lavorazione	€42.000	€45.000	€32.000
Ricavi al punto di split-off	(€25.000)	(€41.000)	(€24.000)
Ricavi incrementali	**€17.000**	**€4.000**	**€8.000**
Costi separabili	(€9.000)	(€7.000)	(€8.000)
RO da ulteriore lavorazione	**€8.000**	**(€3.000)**	–

L'ulteriore lavorazione del prodotto A è l'unica che produce un incremento di risultato economico. Pertanto è l'unica conveniente sotto un profilo economico.

Esercizio 6.11

Dati

Rimanenze (unità)	200 u
Costo storico u	4,50 €/u
Prezzo storico	8,95 €/u
I prezzo scontato	6,00 €/u
II prezzo scontato	5,00 €/u
Offerta Watson	1,25 €/u*

* Prezzo offerta Watson = Offerta tot per 200 u/numero unità = €250/200 u = 1,25 €/u.

Domande

RO differenziale vendita > o < RO differenziale macero?

Soluzioni

La convenienza a mandare al macero/rottamare o vendere a un prezzo inferiore rimanenze obsolete di prodotti finiti si può valutare attraverso un approccio differenziale, che comporta una prima fase di identificazione delle informazioni rilevanti e una seconda fase di valutazione di convenienza economica, volta a comparare i costi rilevanti delle due alternative in esame.

Approccio differenziale:
a. Identificazione informazioni rilevanti

	Dati	Info rilevante	Motivazione
Costo storico u	4,50 €/u	No*	Passata (storica)
Prezzo storico	8,95 €/u	No*	Passata (storica)
I prezzo scontato	6,00 €/u	No*	Passata (storica)
II prezzo scontato	5,00 €/u	No*	Passata (storica)
Offerta Watson	1,25 €/u*	Sì**	Futura Specifica Incrementale

* Tali informazioni di costo e ricavo non sono rilevanti in quanto riguardano il passato.
** Il prezzo offerto da Watson è rilevante in quanto futuro (si otterrà il ricavo solo a fronte della vendita delle rimanenze dei prodotti obsoleti), specifico (prezzo proprio dei prodotti obsoleti) e incrementale (la vendita comporterà un incremento dei ricavi in conto economico).

b. Valutazione di convenienza economica
Vendita rimanenze prodotti obsoleti conveniente se:
RO differenziale vendita > RO differenziale macero

Vendita rimanenze prodotti obsoleti non conveniente se:
RO differenziale vendita < RO differenziale macero

	Vendita (a)	Macero (b)	Delta (a) – (b)
Ricavi incrementali	1,25 €/u × 200 u = €250	–	€250
Costi incrementali	–	–	–
Risultato differenziale	**€250**	–	**€250**

L'unico elemento rilevante sono i €250 che si riceveranno per i calendari. Non ci sono costi incrementali da sostenere. Pertanto il risultato economico sarà superiore di €250 nel caso in cui si accetti l'offerta rispetto all'ipotesi del macero.

L'ammontare pagato per i calendari (4,50 €/u × 200 u = €900) è irrilevante, poiché è un costo storico che in quanto tale non può influenzare né essere influenzato dalla decisione in esame.

Esercizio 6.12

Dati

Costo originario vecchia macchina	€8.000
Costo originario nuova macchina	€12.500
Quota ammortamento vecchia macchina (Costo originario/Vita utile = €8.000/8 = €1000)	€1.000
Ammortamento rimanente vecchia macchina (Quota ammortamento × Vita utile rimanente = €1.000 × 5 = €5.000)	€5.000
Fondo ammortamento vecchia macchina (Quota ammortamento × Età attuale = €1.000 × 3 = €3.000)	€3.000
Valore contabile vecchia macchina (Costo originario – Fondo ammortamento = €8.000 – €3.000 = €5.000)	€5.000
Valore di alienazione attuale in contanti (valore di cessazione) vecchia macchina	€2.000
Costo operativo vivo annuale vecchia macchina	€4.500
Costo operativo vivo annuale nuova macchina	€ 2.000

Domande

Costi totali rilevanti mantenimento vecchio impianto > o < Costi totali rilevanti sostituzione vecchio impianto?

Soluzioni

La convenienza a mantenere o sostituire un vecchio impianto si può valutare attraverso un approccio differenziale che comporta una prima fase di identificazione delle informazioni rilevanti e una seconda fase di valutazione di convenienza economica, volta a comparare i costi rilevanti delle sue alternative in esame.

In questo esercizio non disponiamo di altre informazioni di costo e ricavo per adottare l'approccio del CE complessivo, che consisterebbe nel comparare i due CE complessivi, che riepilogano tutti i costi e i ricavi aziendali in caso di mantenimento o di sostituzione dell'impianto.

Approccio differenziale:
a. Identificazione informazioni rilevanti

	Mantenimento vecchia macchina	Info rilevante	Motivazione
Costo originario vecchia macchina	€8.000	No*	Passata (Storica)
Fondo ammortamento	€3.000	No*	Passata (Storica)

	Mantenimento vecchia macchina	Info rilevante	Motivazione
Valore contabile vecchia macchina	€5.000	No*	Passata (Storica)
Ammortamento rimanente	€5.000	No**	Non differenziale
Costo operativo vivo annuale vecchia macchina	€4.500	Sì***	Specifica differenziale

* Sono costi passati, storici e per definizione non modificabili, pertanto irrilevanti.
** L'ammortamento rimanente è irrilevante in quanto è un'informazione di costo che non differisce tra le due alternative in esame.
*** È un'informazione rilevante in quanto specifica dell'alternativa di mantenimento del vecchio macchinario e differenziale (differisce dal costo operativo vivo annuale dell'altra alternativa d'azione).

	Sostituzione con nuova macchina	Info rilevante	Motivazione
Valore di cessazione (valore residuo attuale in contanti) vecchia macchina	€2.000	Sì*	Futura Specifica Incrementale
Costo originario nuova macchina	€12.500	Sì**	Futura Specifica Incrementale
Costo operativo vivo annuale nuova macchina	€ 2.000	Sì***	Futura Specifica Differenziale

* È un'informazione rilevante in quanto futura (ricavo che si genererà a fronte della vendita e sostituzione del vecchio macchinario), specifica (propria dell'alternativa di vendita del vecchio macchinario) e incrementale (comporterà un incremento dei ricavi in conto economico).
** È un'informazione rilevante in quanto futura (costo che verrà sostenuto solo a fronte dell'acquisto della nuova macchina), specifica (costo proprio della macchina che si intende acquistare) e incrementale (comporterà un incremento dei costi in conto economico).
*** È un'informazione rilevante in quanto specifica dell'alternativa di sostituzione del macchinario, futura (è un costo che verrà sostenuto solo a fronte dell'acquisto della nuova macchina) e differenziale (differisce dal costo operativo vivo annuale della vecchia macchina).

b. Valutazione di convenienza economica

Sostituzione conveniente se:
Costi totali rilevanti mantenimento vecchio impianto > Costi totali rilevanti sostituzione vecchio impianto

Sostituzione non conveniente se:
Costi totali rilevanti mantenimento vecchio impianto < Costi totali rilevanti sostituzione vecchio impianto

	Mantenere vecchia macchina (a)	**Sostituire vecchia macchina (b)**	**Delta (a) – (b)**
Costo operativi*	€4.500 × 5 = (€22.500)	€2.000 × 5 = (€10.000)	(€12.500)
Ammortamento rimanente** (storno forfettario nel caso dell'alternativa b)	(€5.000)	(€5.000)	–
Valore di cessione (in contanti)	–	€2.000	(€2.000)
Costo acquisto nuova macchina***		(€12.500)	€12.500
Costi totali	(€27.500)	(€25.500)	(€2.000)

* Sia i costi operativi della macchina vecchia sia i costi operativi della macchina nuova sono stati moltiplicati per 5 (anni di vita utile rimanente della macchina vecchia) per renderli confrontabili.
** L'ammortamento rimanente non è di per sé rilevante in quanto non differisce tra le due alternative prese in esame. Tuttavia viene considerato nell'analisi di valutazione economica perché nel conto economico formale ammortamento rimanente e valore di cessione concorrono alla formazione della perdita da alienazione: €2.000 – (€5.000) = (€3.000).
*** Il costo d'acquisto della nuova macchina, ai fini della valutazione economica, viene considerato un ammontare complessivo. Ovviamente in un conto economico formale verrebbe stornato annualmente come ammortamento a quote costanti, dato da: Costo d'acquisto/Vita utile bene = €12.500/5 = €2.500.

La differenza nei costi totali nell'arco dei 5 anni è di €2.000 a favore della sostituzione (ossia dell'acquisto del nuovo macchinario).

La perdita sulla cessione della vecchia macchina combina lo storno forfettario di €5.000 (elemento di costo irrilevante) con il valore di cessione pari a €2.000 (elemento di ricavo rilevante), da cui: (€5.000) – €2.000 = (€3.000) di perdita di cessione.

Considerando che la perdita di cessione combina un elemento irrilevante con uno rilevante, essa non è rilevante nel suo ammontare complessivo ed è bene considerare i due elementi separatamente.

CAPITOLO 7 Il master budget

Esercizi e problemi

ESERCIZIO 7.1 Budget delle vendite e budget degli incassi (o prospetto delle entrate di cassa): il caso Dex

Si supponga che un negozio Dex abbia registrato i dati seguenti:

- Vendite mensili previste: giugno, €400.000; luglio, €440.000; agosto, €500.000; settembre, €530.000.
- Crediti verso clienti, 31 maggio: (0,3 × ricavi di vendita di maggio pari a €400.000) = €120.000.

Le vendite vengono effettuate per il 70% in contanti e per il 30% a credito. Tutti i crediti vengono riscossi nel mese successivo alle vendite. I crediti non esigibili sono trascurabili e possono essere ignorati.

Si prepari uno schema di budget delle vendite e uno schema di budget degli incassi (o prospetto delle entrate di cassa) per i mesi di giugno, luglio e agosto.

ESERCIZIO 7.2 Budget delle vendite e budget degli incassi (o prospetto delle entrate di cassa) di un nuovo prodotto

Un grossista di articoli di bigiotteria di Parigi sta preparando il budget delle vendite, per il primo trimestre dell'anno, di un nuovo bracciale appena lanciato sul mercato. I volumi di vendita previsti sono:

	Volumi vendita
Gennaio	6.000
Febbraio	7.000
Marzo	8.000

Il bracciale verrà venduto ai negozi a €30 al pezzo. Le vendite avverranno per il 20% in contanti e per l'80% a credito. Il 50% dei crediti verrà riscosso nell'arco del mese della vendita, il 40% nel mese successivo alla vendita e il 10% nel mese ancora successivo. Non si prevedono crediti inesigibili. I crediti verso clienti totali sono stati pari a €180.000 a novembre e a €156.000 a dicembre.

Preparare il budget delle vendite e degli incassi di gennaio, febbraio e marzo.

ESERCIZIO 7.3 Budget della produzione

Smart Telecom ha previsto le seguenti vendite del suo innovativo telefono cellulare per i prossimi quattro mesi:

	Luglio	Agosto	Settembre	Ottobre
Volumi vendita previsti	30.000	45.000	60.000	50.000

Attualmente la società sta preparando un budget della produzione per il terzo trimestre. L'esperienza passata ha dimostrato che i magazzini di chiusura dei prodotti finiti devono essere pari al 10% delle vendite del mese successivo. Alla fine di giugno il magazzino era di 3.000 unità.

Preparare un budget della produzione per il terzo trimestre che riporti il numero di unità da produrre ogni mese e per il trimestre in totale.

ESERCIZIO 7.4 Budget degli acquisti dei materiali

Micro Products, Inc. ha sviluppato un calcolatore elettronico molto potente. Ogni calcolatore richiede tre piccoli chip che costano €2 l'uno e vengono acquistati da un fornitore estero. Micro Products ha preparato un budget della produzione per il calcolatore, per trimestre per l'esercizio 2 e per il primo trimestre dell'esercizio 3, come illustrato di seguito:

	Esercizio 2				**Esercizio 3**
	Primo	Secondo	Terzo	Quarto	Primo
Produzione prevista	60.000	90.000	150.000	100.000	80.000

Talvolta il chip usato nella produzione del calcolatore è difficile da ottenere, perciò è necessario mantenere ingenti scorte come precauzione a fronte degli eventuali esaurimenti delle stesse. Per questa ragione, il magazzino dei chip alla fine di un trimestre deve essere pari al 20% del fabbisogno di produzione del trimestre successivo. Per iniziare il primo trimestre dell'esercizio 2, saranno disponibili circa 36.000 chip.

Preparare il budget degli acquisti di materiali per i chip, per il trimestre e in totale, per l'esercizio 2. Si riporti sia l'ammontare in euro degli acquisti per ogni trimestre sia l'ammontare totale dell'esercizio.

ESERCIZIO 7.5 — Budget degli acquisti

Phillips Equipment Group ha programmato i livelli di rimanenze seguenti (al costo) alla fine di ciascun mese: maggio, €250.000; giugno, €220.000; luglio, €270.000; agosto, €240.000.

Le previsioni di vendita per gli stessi mesi sono: giugno, €440.000; luglio, €350.000; agosto, €400.000. Il costo del venduto è pari al 60% delle vendite.

Gli acquisti di aprile sono stati di €250.000 e in maggio di €180.000. Gli acquisti di un dato mese vengono pagati secondo lo schema seguente: 10% nell'arco del mese, 80% il mese successivo e l'ultimo 10% il mese ancora successivo.

Preparare degli schemi di budget relativi agli acquisti e alle uscite di cassa per il pagamento degli acquisti per i mesi di giugno, luglio e agosto.

ESERCIZIO 7.6 — Budget della manodopera diretta

Il reparto di produzione dello stabilimento di Riverside di Junnen Corpration ha presentato la seguente previsione di unità da produrre nello stabilimento per ciascun trimestre del prossimo esercizio. Lo stabilimento produce barbecue per esterni di alta qualità.

	I trimestre	II trimestre	III trimestre	IV trimestre
Unità da produrre	5.000	4.400	4.500	4.900

Ogni unità richiede 0,40 ore di manodopera diretta e il costo della manodopera diretta è pari a €11 l'ora.

1. Determinare il budget della manodopera diretta.
2. Considerato che ai dipendenti viene garantita la remunerazione di 1.800 ore lavorative al mese (anche se il numero delle ore lavorate è inferiore) e che le eventuali ore aggiuntive vengono remunerate a un tasso pari a 1,5 la tariffa ordinaria, determinare il budget della manodopera diretta e indiretta.

ESERCIZIO 7.7 — Budget dei materiali diretti e della manodopera diretta

Il reparto di produzione della Priston Company ha presentato la seguente previsione trimestrale delle unità da produrre per il prossimo esercizio.

	I trimestre	II trimestre	III trimestre	IV trimestre
Unità da produrre	6.000	7.000	8.000	5.000

Inoltre si prevede che il magazzino di materie prime di inizio periodo per il I trimestre sia di 3.600 libbre e che i debiti di inizio periodo per il I trimestre ammontino a €11.775.

Ciascuna unità richiede tre libbre di materia prima il cui costo è di €2,50 la libbra. Il management vuole che alla fine di ogni trimestre il magazzino delle materie prime risulti pari al 20% del fabbisogno di produzione del trimestre successivo. Il magazzino di fine periodo auspicato per il IV trimestre è di 3.700 libbre. Il management prevede di pagare il 70% degli acquisti di materie prime nel trimestre in cui è avvenuto l'acquisto e il 30% nel trimestre seguente. Ogni unità richiede 0,50 ore di manodopera diretta e il costo della manodopera diretta è pari a €12 l'ora.

1. Preparare il budget dei materiali diretti della società e il prospetto delle uscite di cassa previste per i materiali per il prossimo esercizio.
2. Preparare il budget della manodopera diretta della società per il prossimo esercizio, supponendo che la manodopera diretta sia adeguata per raggiungere il numero di ore necessario per produrre il numero di unità previste per il trimestre.

ESERCIZIO 7.8 — Budget dei costi generali di produzione

Il budget della manodopera diretta di Karl Corporation per il prossimo esercizio contiene i seguenti dettagli relativi alle ore di manodopera diretta previste:

	I trimestre	II trimestre	III trimestre	IV trimestre
h MOD previste	5.000	4.800	5.200	5.400

Il coefficiente di allocazione dei costi generali di produzione variabili è di €1,75 per ora di manodopera diretta e i costi fissi generali della società ammontano a €35.000 a trimestre. L'unica voce non monetaria inclusa nei costi fissi di produzione è l'ammortamento, che ammonta a €15.000 a trimestre.

1. Costruire il budget dei costi generali di produzione della società per il prossimo esercizio.
2. Calcolare il coefficiente di allocazione della società (includendo sia le componenti variabili, sia quelle fisse) per il prossimo esercizio. Arrotondare al secondo decimale.

ESERCIZIO 7.9 — Budget della manodopera diretta e dei costi generali di produzione

Il reparto produzione di Foxy Corporation ha presentato la seguente previsione trimestrale delle unità da produrre per il prossimo esercizio:

	I trimestre	II trimestre	III trimestre	IV trimestre
Unità da produrre	16.000	15.000	14.000	15.000

Ciascuna unità richiede 0,80 ore di manodopera diretta e il costo della manodopera diretta è pari a €11,50 l'ora. Inoltre i costi variabili di produzione sono pari a €2,50 per ora di manodopera diretta. I costi fissi di produzione ammontano a €90.000 per trimestre. L'unico elemento non monetario dei costi generali di produzione è l'ammortamento, pari a €34.000 a trimestre.

1. Redigere il budget della MOD dell'esercizio.
2. Redigere il budget dei costi generali di produzione e il relativo prospetto delle uscite di cassa.

ESERCIZIO 7.10 **Budget dei costi di vendita e amministrativi**

Si riportano di seguito le vendite previste in unità di Harvey Company per il prossimo esercizio:

	I trimestre	II trimestre	III trimestre	IV trimestre
Unità da produrre	12.000	14.000	11.000	10.000

Le spese variabili unitarie di vendita e amministrative della società ammontano a €2,75.

Le spese fisse di vendita e amministrative includono: le spese pubblicitarie di €12.000 a trimestre, le retribuzioni dei dirigenti di €40.000 a trimestre e l'ammortamento di €16.000 a trimestre. Inoltre la società effettuerà pagamenti assicurativi per €6.000 nel II trimestre e per €6.000 nel IV trimestre. Infine nel III trimestre verranno pagate imposte patrimoniali per €6.000.

Predisporre il budget dei costi di vendita e amministrativi e il prospetto delle uscite di cassa.

ESERCIZIO 7.11 **Budget di cassa**

Si consideri il budget di conto economico di Parker Company del mese di giugno 2012:

Ricavi di vendita		€290.000
Rimanenze iniziali merci	€50.000	
Acquisti merci	€192.000	
Disponibili per la vendita	€242.000	
Rimanenze finali merci		€202.000
Margine lodo		€88.000
Costi di gestione:		
Stipendi	€36.000	
Utenze	€5.000	
Pubblicità	€10.000	
Ammortamento	€1.000	
Costi generali di ufficio	€4.000	
Assicurazione e imposte patrimoniali	€3.000	
Costi di gestione totali		€59.000
Reddito operativo		€29.000

Il saldo di cassa al 31 maggio 2012 è di €15.000. Gli introiti delle vendite vengono riscossi nel modo seguente: 80% nel mese di vendita, 10% nel secondo mese e 10% nel terzo mese.

I crediti verso clienti sono di €40.000 al 31 maggio 2012, costituiti da €16.000 delle vendite di aprile e €24.000 delle vendite di maggio.

I debiti commerciali al 31 maggio 2012 sono di €145.000. Parker Company paga il 25% degli acquisti nell'arco del mese di acquisto e il resto nel corso del mese successivo. Tutti i costi di gestione che richiedono risorse finanziarie vengono pagati nel corso del mese di riconoscimento; assicurazione e imposte patrimoniali vengono tuttavia pagate annualmente a dicembre.

Preparare un budget di cassa per il mese di giugno, limitando l'analisi ai dati forniti e ignorando le imposte sul reddito e gli altri possibili elementi che potrebbero influire sulle risorse finanziarie.

ESERCIZIO 7.12 Prospetto delle entrate e delle uscite di cassa previste

Bev Products, distributore di bevande organiche, ha bisogno di un budget di cassa per settembre. Sono disponibili le seguenti informazioni:

a. Il saldo di cassa di inizio settembre è pari a €9.000.
b. Le vendite effettive per luglio e agosto e le vendite previste per settembre sono le seguenti:

	Luglio	Agosto	Settembre
Vendite in contanti	€6.500	€5.250	€7.400
Vendite a credito	€20.000	€30.000	€40.000
Vendite totali	**€26.500**	**€35.250**	**€47.400**

Le vendite a credito vengono incassate in un periodo di tre mesi come segue: il 10% viene incassato nel mese della vendita, il 70% nel mese successivo alla vendita e il 18% nel secondo mese successivo alla vendita. Il restante 2% è inesigibile.

c. Gli acquisti di magazzino ammonteranno in totale a €25.000 a settembre. Il 20% degli acquisti di magazzino viene pagato durante il mese di acquisto. I debiti rimasti dagli acquisti di magazzino di agosto ammontano a €16.000 totali, che saranno tutti pagati in settembre.
d. Sono previste spese amministrative e di vendita pari a €13.000 per settembre. Di questo importo, €4.000 si riferiscono all'ammortamento.
e. In settembre si acquisteranno in contanti attrezzature per un costo di €18.000, e nel corso del mese si pagheranno dividendi pari a €3.000 totali.
f. La società deve mantenere un saldo di cassa minimo di €5.000. È disponibile una linea di credito aperta presso la banca della società per eventuali fabbisogni di cassa.

ESERCIZIO 7.13 Budget di cassa, conto economico e stato patrimoniale

Si riporta di seguito lo stato patrimoniale di Pic-tech, distributore di forniture fotografiche, al 31 maggio:

Attivo		Passivo	
Cassa	€8.000	Debiti v/fornitori	€90.000
Crediti	€72.000	Effetti Passivi	€15.000
Magazzino materie prime	€30.000	Capitale sociale	€420.000
Fabbricati e macchinari netti	€500.000	Utili non distribuiti	€85.000
Totale attivo	€610.000	Totale passivo e patrimonio netto	€610.000

Pic-tech non ha mai preparato un budget prima e per questa ragione limita l'orizzonte temporale di pianificazione del suo master budget a un unico mese (nel caso specifico giugno). La società ha preparato i seguenti dati di previsione relativi a giugno.

a. Le vendite previste ammontano a €250.000. Di queste vendite, €60.000 saranno in contanti; le rimanenti saranno vendite a credito. Metà delle vendite a credito di un mese viene incassata nel mese in cui viene effettuata la vendita, e il resto viene incassato nel mese successivo. Tutti i crediti al 31 maggio sono incassati in giugno.
b. Si prevede che gli acquisti di magazzino ammontino a €200.000 in totale, in giugno. Questi acquisti saranno tutti a credito. Il 40% di tutti gli acquisti di magazzino viene pagato nel mese dell'acquisto, il resto nel mese successivo. Tutti i debiti verso fornitori al 31 maggio saranno pagati in giugno.
c. Si prevede che il saldo di magazzino materie prime al 30 giugno ammonti a €40.000.
d. Si prevede che le spese operative per giugno ammontino a €51.000, escluso l'ammortamento. Queste spese saranno pagate in contanti. Si prevede che l'ammortamento sia di €2.000 per il mese.
e. Gli effetti passivi dello stato patrimoniale al 31 maggio saranno pagati in giugno. Gli interessi passivi della società per giugno (su tutto l'indebitamento) ammonteranno a €500, che saranno pagati in contanti.
f. In giugno, verranno acquistate in contanti nuove attrezzature per il magazzino, per un costo di €9.000.
g. In giugno, la società contrarrà nuovi debiti per €18.000 con la banca, rilasciando alla banca un nuovo effetto passivo per tale importo. Il nuovo effetto scadrà tra un anno.

Redigere:

1. il budget di cassa per giugno. Supportare il budget con dei prospetti che riportino le entrate di cassa generate dalle vendite e i pagamenti previsti per gli acquisti di magazzino;

2. il budget di conto economico per giugno;
3. il budget di stato patrimoniale al 30 giugno.

ESERCIZIO 7.14 Master budget in un'impresa manifatturiera

La società Underwater produce un modello avanzato di pinne per subacquei. Il management sta preparando dei budget dettagliati per il terzo trimestre, da giugno a settembre compresi, e ha raccolto le seguenti informazioni:

a. La funzione Marketing ha stimato le seguenti vendite per il resto dell'esercizio (in paia di pinne):

Luglio	6.000	Ottobre	4.000
Agosto	7.000	Novembre	3.000
Settembre	5.000	Dicembre	3.000

Il prezzo di vendita delle pinne è di €30.

b. Tutte le vendite sono a credito. In base all'esperienza passata, si prevede che le vendite siano incassate secondo lo schema che segue:

40% nel mese in cui è avvenuta la vendita
50% nel mese successivo alla vendita
10% inesigibile

Il saldo iniziale dei crediti (esclusi i crediti inesigibili) al 1° luglio sarà di €88.000.

c. La società mantiene magazzini prodotti finiti pari al 10% delle vendite del mese successivo. Il magazzino prodotti finiti a inizio luglio sarà pari a 600 paia.

d. Ogni paia di pinne richiede 2 libbre di composto. Per evitare carenze, la società vorrebbe che il magazzino del composto disponibile alla fine di ogni mese fosse pari al 20% del fabbisogno di produzione del mese successivo. Il magazzino del composto disponibile il 1° luglio sarà di 2.440 libbre.

e. Il composto costa €2,50 per libbra. Underwater paga il 60% dei suoi acquisti nel mese in cui è avvenuto l'acquisto; il resto viene pagato nel mese seguente. Il saldo dei debiti per gli acquisti di composto ammonterà a €11.400 al 1° luglio.

f. Il fabbisogno di manodopera per la realizzazione di un prodotto (paio di pinne) è pari a 0,50 h. La tariffa oraria è di €12. Ai dipendenti viene garantito il pagamento di almeno 3.000 ore di lavoro al mese. Se il numero delle ore lavorate è inferiore, gli operai vengono comunque remunerati per 3.000 ore. Le eventuali ore aggiuntive (ore straordinarie) vengono pagate a un tasso pari a 1,25 volte la normale tariffa oraria.

g. I costi generali di produzione vengono allocati al prodotto in base alle ore di manodopera diretta.
Il coefficiente di allocazione dei costi generali di produzione variabili è pari a €1,50 l'ora.
I costi generali di produzione fissi sono pari a €40.000 al mese, incluso l'ammortamento di €2.000 sulle nuove attrezzature acquistate durante il trimestre.
h. I costi di vendita e amministrativi ammontano a €0,50 per unità venduta (paio di pinne). I costi di vendita e amministrativi fissi ammontano a €50.000 al mese, incluso l'ammortamento di €3.000.
i. In luglio vengono acquistate attrezzature per un valore pari a €10.000.
l. La società deve mantenere un saldo di cassa minimo di €5.000. È disponibile una linea di credito presso una banca locale: tutti i debiti vengono contratti all'inizio di un mese e tutti i rimborsi vengono effettuati alla fine del mese. Il debito viene contratto in multipli di 1.000.
Il tasso di interesse annuo è del 12%. Gli interessi vengono pagati solo al momento del rimborso del capitale. Al 30 giugno sono presenti in stato patrimoniale i seguenti saldi contabili:

Cassa: €9.000
Fabbricati e macchinari netti = €100.000
Capitale sociale = €150.000
Utili non distribuiti = €53.032

Redigere il master budget del trimestre luglio, agosto, settembre.

ESERCIZIO 7.15 Master budget in un'impresa commerciale

Network Company, società commerciale, prepara trimestralmente il proprio master budget. I dati che seguono stati raccolti per consentire la preparazione del master budget per il secondo trimestre.

a. Al 31 marzo (la fine del trimestre precedente), lo stato patrimoniale della società riportava i seguenti saldi:

Attivo		Passivo	
Cassa	€9.000	Debiti commerciali	€18.300
Crediti	€48.000	Capitale sociale	€190.000
Magazzino materie prime	€12.600	Utili non distribuiti	€75.400
Fabbricati e macchinari netti	€214.100		
Totale attivo	**€283.700**	**Totale passivo e patrimonio netto**	**€283.700**

b. Le vendite effettive per marzo e le vendite previste per aprile-luglio sono le seguenti:

Marzo (effettive)	€60.000
Aprile	€70.000
Maggio	€85.000
Giugno	€90.000
Luglio	€50.000

c. Le vendite sono in contanti per il 20% e a credito per l'80%. Tutti i pagamenti sulle vendite a credito sono incassati nel mese successivo alla vendita. I crediti al 31 marzo derivano dalle vendite a credito di marzo.
d. Il profitto (margine) lordo della società è pari al 40% delle vendite (in altri termini, il costo del venduto è pari al 60% delle vendite).
c. Si prevede che le spese mensili siano le seguenti: salari e stipendi, €7.500 al mese; spedizione, 6% delle vendite; pubblicità, €6.000 al mese; altre spese, 4% delle vendite. L'ammortamento, che include quello sulle nuove immobilizzazioni acquisite durante il trimestre, ammonterà a €6.000 per il trimestre.
f. Alla fine di ogni mese, il magazzino disponibile deve essere pari al 30% del costo del venduto del mese successivo.
g. Metà degli acquisti di magazzino di un mese viene pagata nel mese in cui avviene l'acquisto e metà nel mese successivo.
h. Gli acquisti di macchinari nel trimestre saranno i seguenti: aprile, €11.500 e maggio, €3.000.
i. Dividendi pari a €3.500 totali saranno dichiarati e pagati in giugno.
j. La società deve mantenere un saldo di cassa minimo di €8.000. È disponibile una linea di credito aperta presso una banca locale. Tutti i debiti vengono contratti all'inizio del mese, tutti i rimborsi vengono effettuati alla fine di un mese. Gli indebitamenti e i rimborsi del capitale devono avvenire per multipli di €1.000. Gli interessi vengono pagati solo al momento del pagamento del capitale. Il tasso di interesse annuo è del 12%. (Indicare gli interessi su mesi interi, per esempio 1/12, 2/12.)

Usando i dati precedenti, redigere il master budget del trimestre aprile, maggio e giugno.

Glossario: terminologia, abbreviazioni adottate e definizioni

Di seguito sono riportati i termini utilizzati nell'ambito del capitolo. Tra parentesi viene indicata l'eventuale abbreviazione adottata, e a seguire viene fornita la definizione.

Piano strategico: documento che stabilisce gli obiettivi generali dell'azienda; ha per oggetto una pianificazione di lungo termine, che prefigura gli scenari economico-finanziari per periodi che vanno dai cinque ai dieci anni.

Budget degli investimenti: budget che riporta in dettaglio le spese programmate per investimenti in strutture, attrezzature e altri investimenti a lunga scadenza.

Master budget: analisi completa e dettagliata del primo anno del piano di lungo termine (o di periodi più brevi), ossia espressione quantitativa di un piano di azione. Si compone di budget operati e budget finanziari. Definito anche budget statico (poiché basato su un solo livello di attività).

Budget operativi: componenti principali di un master budget che si concentrano sul conto economico e sui costi di supporto. Ne fanno parte: budget delle vendite; budget della produzione; budget delle materie prime (MP) o degli acquisti; budget della manodopera (diretta, MOD e indiretta, MOI); budget dei costi indiretti o generali di produzione (CIP o CGP); budget delle rimanenze o di magazzino di prodotti finiti (RF PF e RI PF); budget del costo del venduto (CDV); budget dei costi di vendita e amministrativi (V&A); budget di conto economico (CE).

Budget finanziari: componenti di un master budget che si concentrano sugli effetti che i budget operativi e altri budget o prospetti (per esempio il budget degli investimenti e il prospetto di finanziamento e rimborso) avranno sulla situazione finanziaria e patrimoniale dell'impresa. Ne fanno parte: budget degli investimenti; budget di cassa e budget di stato patrimoniale (SP).

Previsioni di vendita: ipotesi sulle vendite future in determinate condizioni.

Budget delle vendite: budget volto a determinare il programma di vendita (unità di vendita e vendite previste).

Prospetto delle entrate di cassa: prospetto che rappresenta le entrate di cassa generate dalle vendite previste, a determinate condizioni di incasso.

Budget della produzione: budget volto a determinare la produzione richiesta per soddisfare i programmi di vendita e a garantire il magazzino desiderato.

Budget degli acquisti (o delle MP): budget volto a determinare la quantità di materie prime (o merci, nel caso di imprese commerciali) da acquistare, e dunque il costo di acquisto da sostenere, per realizzare la produzione richiesta.

Prospetto delle uscite di cassa per acquisti: prospetto volto a rappresentare le uscite di cassa generate dagli acquisti, a determinate condizioni di pagamento.

Budget della manodopera (MOD e MOI): budget volto a determinare le ore di manodopera necessarie, e dunque il costo della manodopera da sostenere, per realizzare la produzione richiesta.

Budget dei costi generali di produzione (CGP): budget volto a determinare i CGP da sostenere per realizzare la produzione richiesta.

Budget dei costi operativi: budget volto a riepilogare i costi operativi totali da sostenere per soddisfare i programmi di vendita.

Budget di magazzino: budget volto a valorizzare il magazzino di prodotti finiti previsto, dato dal prodotto tra unità previste a magazzino e costo unitario standard di prodotto.

Budget dei costi di vendita e amministrativi (V&A): budget volto a determinare i costi di vendita e amministrativi da sostenere per soddisfare i programmi di vendita.

Budget di conto economico (CE): budget che riepiloga i costi di conto economico previsti.

Budget di cassa: bilancio delle entrate e delle uscite di cassa previste.

Prospetto di finanziamento e rimborso: prospetto volto a rappresentare i finanziamenti contratti, i rimborsi effettuati e gli interessi pagati al fine di garantire il saldo minimo di cassa previsto.

Budget di stato patrimoniale (SP): budget che riepiloga i saldi di stato patrimoniale previsti.

Budget mobili o a scorrimento: forma di budget che aggiunge il mese successivo eliminando il mese appena terminato.

Budget partecipativo: budget creato con la partecipazione di tutti i dipendenti coinvolti.

Budget funzionale: processo di budgeting in cui l'attenzione è rivolta alle funzioni aziendali, quali produzione, vendita e supporto amministrativo.

Budget basato sulle attività: budget che si concentra sul costo programmato delle attività aziendali richieste per produrre e vendere prodotti e servizi.

Soluzioni agli esercizi

Esercizio 7.1

Dati

Dati per budget delle vendite:

	Ricavi previsti
Giugno	€400.000
Luglio	€440.000
Agosto	€500.000

Dati per prospetto delle uscite di cassa:

Condizioni di incasso

- 70% vendite pagate in contanti nel mese
- 30% vendite pagate a credito e riscosse nel mese successivo

Crediti al 31 maggio = ricavi maggio × 30% = €400.000 × 30% = €120.000

Domande

1. Budget vendite.
2. Budget degli incassi (o prospetto delle uscite di cassa).

Soluzioni

Il budget delle vendite è volto a stimare i volumi di vendita e i ricavi previsti.

Il budget degli incassi è volto a stimare i pagamenti incassati nel periodo di riferimento.

Prima modalità di rappresentazione proposta:

1. Budget delle vendite	Giugno	Luglio	Agosto	Totale trimestre
Vendite in contanti (70%)*	€280.000	€308.000	€350.000	€938.000
Vendite a credito (30%)**	€120.000	€132.000	€150.000	€402.000
Totale vendite 100%* **	**€400.000**	**€440.000**	**€500.000**	**€1.340.000**

* Le vendite in contanti riscosse nel mese in corso sono date da: vendite totali mese × 70%. Da cui: vendite in contanti giugno = €400.000 × 70% = €280.000; vendite in contanti di luglio = €440.000 × 70% = €308.000; vendite in contanti agosto = €500.000 × 70% = €350.000.

** Le vendite a credito riscosse nel mese successivo sono date da: vendite totali mese × 30%. Per esempio: vendite a credito giugno = vendite giugno × 30% = €400.000 × 30% = €120.000; vendite a credito di luglio = vendite luglio × 30% = €440.000 × 30% = €132.000; vendite a credito di agosto = vendite agosto × 30% = €500.000 × 30% = €150.000.

*** Vendite totali previste fornite dal testo.

2. Budget degli incassi (o prospetto delle entrate di cassa)	Giugno	Luglio	Agosto	Totale trimestre
Vendite in contanti del mese in corso (70%)*	€280.000	€308.000	€350.000	€938.000
Vendite a credito del mese precedente (30%)**	€120.000	€120.000	€132.000	€372.000
Totale incassi (entrate di cassa)	**€400.000**	**€428.000**	**€482.000**	**€1.310.000**

* Vendite in contanti del mese in corso (70%) = vendite previste mese corrente × 70%. Da cui: vendite in contanti giugno (70%) = vendite giugno × 70%= €400.000 × 70% = €280.000; vendite in contanti luglio (70%) = vendite luglio × 70% = €440.000 × 70% = €308.000; vendite in contanti agosto (70%) = vendite agosto × 70% = €500.000 × 70% = €350.000.

** Vendite a credito del mese precedente incassate nel mese in corso (30%) = vendite mese precedente × 30%. Da cui: vendite a credito di maggio incassate a giugno (30%) = vendite maggio × 30% = €400.000 × 30% = 120.000; vendite a credito di giugno incassate a luglio (30%) = vendite giugno × 30% = €400.000 × 30% = €120.000; vendite a credito di luglio incassate ad agosto (30%) = vendite luglio × 30% = €440.000 × 30% = €132.000.

Modalità rappresentativa alternativa:

1. Budget delle vendite	Giugno	Luglio	Agosto	Totale trimestre
Totale ricavi	€400.000	€440.000	€500.000	€1.340.000

2. Budget degli incassi (o prospetto delle entrate di cassa)	Giugno	Luglio	Agosto	Totale trimestre
Crediti al 31 maggio	€120.000			€120.000
Vendite giugno: 70% × vendite giugno = 70% × €400.000 30% × vendite giugno = 30% × €400.000	 €280.000	 €120.000		 €400.000
Vendite luglio: 70% × vendite luglio = 70% × €440.000 30% × vendite luglio = 30% × €440.000		 €308.000	 €132.000	 €440.000
Vendite agosto: 70% × vendite agosto = 70% × €500.000			 €350.000	 €350.000
Totale incassi (o entrate di cassa)	**€400.000**	**€428.000**	**€482.000**	**€1.310.000**

Esercizio 7.2

Dati

Dati per budget delle vendite:

	Volumi vendita previsti
Gennaio	6.000 u
Febbraio	7.000 u
Marzo	8.000 u

P = €30

Dati per prospetto delle uscite di cassa:

Condizioni di incasso:

20% vendite pagate in contanti nel mese
80% vendite pagate a credito e in particolare:

- 50% nel mese di vendita;
- 40% nel mese successivo;
- 10% due mesi dopo.

Vendite a credito di novembre = €180.000
Vendite a credito di dicembre = €156.000

Domande

1. Budget vendite.
2. Budget degli incassi (o prospetto delle uscite di cassa).

Soluzioni

Il budget delle vendite è volto a stimare i volumi di vendita e i ricavi previsti.

Il budget degli incassi è volto a stimare i pagamenti incassati nel periodo di riferimento.

Prima modalità di rappresentazione proposta:

1. Budget delle vendite	Gennaio	Febbraio	Marzo	Totale trimestre
Vendite in contanti (20%)*	€36.000	€42.000	€48.000	€126.000
Vendite a credito (80%)**	€144.000	€168.000	€192.000	€504.000
Totale vendite***	**€180.000**	**€210.000**	**€240.000**	**€630.000**

* Le vendite in contanti riscosse nel mese in corso sono date da: vendite totali mese × 20%. Per esempio: vendite in contanti gennaio = vendite gennaio × 20% = €180.000 × 20% = €36.000.
** Le vendite a credito riscosse nel mese successivo sono date da: vendite totali mese × 80%. Per esempio: vendite a credito gennaio: = vendite gennaio × 80% = €180.000 × 80% = €144.000.
*** Le vendite mensili previste sono date da: prezzo × volumi di vendita previsti nel mese. Per esempio: vendite previste gennaio = €30 × 6.000 u = €180.000; vendite previste febbraio = €30 × 7.000 u = €210.000; vendite previste marzo = €30 × 8.000 u = €240.000.

Premessa: il testo fornisce i crediti verso clienti di novembre e dicembre. Essi rappresentano le vendite a credito del mese di novembre e dicembre, ossia l'80% delle vendite totali rispettivamente di novembre e dicembre.

2. Budget degli incassi	Gennaio	Febbraio	Marzo	Totale trimestre
Vendite in contanti del mese in corso (20%)*	€180.000 × 20% = €36.000	€210.000 × 20% = €42.000	€240.000 × 20% = €48.000	€126.000
Vendite a credito del mese in corso (50%)**	€144.000 × 50% = €72.000	€168.000 × 50% = €84.000	€192.000 × 50% €96.000	€252.000
Vendite a credito del mese precedente (40%)***	€156.000 × 40% = €62.400	€144.000 × 40% = €57.600	€168.000 × 40% = €67.200	€187.200
Vendite a credito di due mesi precedenti (10%)****	€180.000 × 10% = €18.000	€156.000 × 10% = €15.600	€144.000 × 10% = €14.400	€48.000
Totale incassi (o entrate di cassa)	**€188.400**	**€199.200**	**€225.600**	**€613.200**

* Vendite in contanti del mese in corso (20%) = vendite previste mese in corso × 20%. Da cui: vendite in contanti gennaio (20%) = vendite gennaio × 20% = €180.000 × 20% = €36.000; vendite in contanti febbraio (20%) = vendite febbraio × 20% = €210.000 × 20% = €42.000; vendite in contanti marzo (20%) = vendite marzo × 20% = €240.000 × 20% = €48.000.

** Vendite a credito del mese in corso (50%) = vendite a credito mese in corso (80%) × 50%. Da cui: vendite a credito del mese di gennaio incassate a gennaio (50%) = vendite a credito di gennaio (80%) × 50% = €144.000 × 50% = €72.000; vendite a credito di febbraio incassate a febbraio (50%) = vendite a credito di febbraio (80%) × 50% = €168.000 × 50% = €84.000; vendite a credito di marzo incassate a marzo (50%) = vendite a credito di marzo (80%) × 50% = €192.000 × 50% = €96.000.
*** Vendite a credito del mese precedente (40%) = vendite a credito mese precedente (80%) × 40%. Da cui: vendite a credito di dicembre incassate a gennaio (40%) = vendite a credito di dicembre (80%) × 40% = €156.000 × 40% = €62.400; vendite a credito di gennaio incassate a febbraio (40%) = vendite a credito di gennaio (80%) × 40% = €144.000 × 40% = €57.600; vendite a credito di febbraio (40%) incassate a marzo = vendite a credito di febbraio (80%) × 40% = €168.000 × 40% = €67.200.
**** Vendite a credito di due mesi precedenti (10%) = vendite a credito di due mesi precedenti (80%) × 10%. Da cui: vendite a credito di novembre incassate a gennaio (10%) = vendite a credito di novembre (80%) × 10% = €180.000 × 10% = €18.000; vendite a credito di dicembre incassate a febbraio (10%) = vendite a credito di dicembre (80%) × 10% = €156.000 × 10% = €15.600; vendite a credito di gennaio incassate a marzo (10%) = vendite a credito di gennaio (80%) × 10% = €144.000 × 10% = €14.400.

Modalità di rappresentazione alternativa:

1. Budget delle vendite	Gennaio	Febbraio	Marzo	Totale trimestre
Totale ricavi*	€180.000	€210.000	€240.000	€630.000

* Le vendite mensili previste sono date da: prezzo × volumi di vendita previsti nel mese. Per esempio: vendite previste gennaio = €30 × 6.000 u = €180.000; vendite previste febbraio = €30 × 7.000 u = €210.000; vendite previste marzo = €30 × 8.000 u = €240.000.

2. Budget degli incassi (o prospetto delle entrate di cassa)	Gennaio	Febbraio	Marzo	Totale trimestre
Crediti al 31 dicembre				
10% × vendite di novembre = 10% × €180.000	€18.000			
40% × vendite dicembre = 40% × 156.000	€62.400			
10% × vendite dicembre = 10% × €156.000		€15.600		€96.000
Vendite gennaio:				
20% × vendite gennaio = 20% × €180.000	€36.000			
50% × 80% × vendite gennaio = 50% × 80% × €180.000	€72.000			
40% × 80% × vendite gennaio = 40% × 80% × €180.000		€57.600		
10% × 80% × vendite gennaio = 10% × 80% × €180.000			€14.400	€180.000
Vendite febbraio:				
20% × vendite febbraio = 20% × €210.000		€42.000		
50% × 80% × vendite febbraio = 50% × 80% × €210.000		€84.000		
40% × 80% × vendite febbraio = 40% × 80% × €210.000			€67.200	€193.200
Vendite marzo:				
20% × vendite febbraio = 20% × €240.000			€48.000	
50% × 80% × vendite agosto = 50% × 80% × €240.000			€96.000	€144.000
Totale incassi (o entrate di cassa)	**€188.400**	**€199.200**	**€225.600**	**€613.200**

Esercizio 7.3

Dati

	Luglio	Agosto	Settembre	Ottobre
Volumi vendita previsti	30.000 u	45.000 u	60.000 u	50.000 u

RF mensili = 10% × Vendite mese successivo
RF giugno = RI luglio = 3.000 u

Domande

Budget produzione 3° trimestre (luglio, agosto, settembre).

Soluzioni

Il budget della produzione è volto a determinare i volumi di produzione che si devono realizzare per soddisfare i programmi di vendita (domanda attesa) e garantire il magazzino finale desiderato.

Budget della produzione	Luglio	Agosto	Settembre	Totale trimestre
Vendite previste u	30.000 u	45.000 u	60.000 u	135.000 u
RF PF*	4.500 u	6.000 u	5.000 u	5.000 u
Totale necessario**	**34.500 u**	**51.000 u**	**65.000 u**	**140.000 u**
RI PF***	(3.000 u)	(4.500 u)	(6.000 u)	(3.000 u)
Produzione richiesta****	**31.500 u**	**46.500 u**	**59.000 u**	**137.000 u**

* In base alla politica aziendale delle scorte, indicata nel testo, le RF di ciascun mese devono essere pari al 10% delle vendite previste nel mese successivo, pertanto: RF luglio = 10% × vendite previste agosto = 10% × 45.000 u = 4.500 u; RF agosto = 10% vendite previste settembre = 10% × 60.000 u = 6.000 u; RF settembre = 10% × vendite previste ottobre = 10% × 50.000 u = 5.000 u. Le RF tot di fine trimestre non sono altro che le rimanenze finali dell'ultimo mese del trimestre (in questo caso le RF di settembre).

** Il totale necessario è la sommatoria di vendite previste e RF, per esempio, totale necessario luglio = 30.000 u + 4.500 u = 34.500 u. Infatti l'azienda necessita di un numero di unità che le consenta di soddisfare i programmi di vendita e garantire il magazzino finale desiderato.

*** Le RI di ciascun mese sono le RF del mese precedente. RI luglio = RF giugno = 3.000 u; RI agosto = RF luglio = 4.500 u; RI settembre = RF agosto = 6.000 u. Le RI di trimestre sono pari alle RI del primo mese del trimestre (3.000 u).

**** La produzione richiesta è la differenza tra il totale necessario e le RI, per esempio: produzione richiesta luglio = 34.500 u – 3.000 u = 31.500 u. Infatti l'azienda produrrà un numero di unità pari al totale necessario meno le rimanenze iniziali disponibili a magazzino che possono essere utilizzate.

Esercizio 7.4

Dati

	Esercizio 2				Esercizio 3
Trimestre	Primo	Secondo	Terzo	Quarto	Primo
Produzione richiesta*	60.000 u	90.000 u	150.000 u	100.000 u	80.000 u

* La produzione richiesta si determina attraverso il budget della produzione. Qui ci viene già fornito il risultato.

Posto: MP = chip = c
Costo MP = 2 €/c
Quantità MP = 3 c/u
RF trimestre = 20% × Fabbisogno produzione (fabbisogno tot MP per la produzione) trimestre successivo
RI MP trimestre = 36.000 c

Domande
Budget MP esercizio 2.

Soluzioni
Il budget delle MP (o budget degli acquisti) è volto a determinare la quantità totale di MP che si deve acquistare, e dunque il costo totale di MP che si deve sostenere, per realizzare la produzione richiesta.

Budget delle MP (o budget degli acquisti)	Primo trimestre	Secondo trimestre	Terzo trimestre	Quarto trimestre	Totale esercizio
Produzione richiesta	60.000 u	90.000 u	150.000 u	100.000 u	400.000 u
MP c/u	3 c/u	3 c/u	3 c/u	3 c/u	3 c/u
Fabbisogno tot MP * (fabb. produzione)	**180.000 c**	**270.000 c**	**450.000 c**	**300.000 c**	**1.200.000 c**
RF MP**	54.000 c	90.000 c	60.000 c	48.000 c	48.000 c
Tot necessario MP* **	**234.000 c**	**360.000 c**	**510.000 c**	**348.000 c**	**1.248.000 c**
RI MP****	(36.000 c)	(54.000 c)	(90.000 c)	(60.000 c)	(36.000 c)
MP da acquistare*** **	**198.000 c**	**306.000 c**	**420.000 c**	**288.000 c**	**1.212.000 c**
Prezzo MP	2€/c	2€/c	2€/c	2€/c	2€/c
Costo tot MP**** **	**€396.000**	**€612.000**	**€840.000**	**€576.000**	€2.424.000

* Il fabbisogno tot di MP è dato dal prodotto tra la produzione richiesta e la quantità di MP necessaria per realizzare un prodotto. Per esempio: produzione richiesta primo trimestre esercizio 2 = 60.000 u × 3 c/u = 180.000 c.

** In base alla politica aziendale delle scorte, le RF di trimestre sono pari al 20% del fabbisogno tot di MP (fabbisogno di produzione) del trimestre successivo. Pertanto, RF Primo trimestre = 270.000 c × 20% = 54.000 c; RF Secondo = 450.000 c × 20% = 90.000 c; RF Terzo = 300.000 c × 20% = €60.000. Per calcolare le RF del quarto trimestre è necessario conoscere il Fabbisogno tot MP del primo trimestre dell'esercizio 3: Fabbisogno MP tot primo trimestre esercizio 3 = 80.000 u × 3 c/u = 240.000 c. Da cui: RF quarto trimestre esercizio 2 = 240.000 c × 20% = 48.000 c. Le RF tot di trimestre sono pari alle RF dell'ultimo mese di trimestre (48.000 c).
*** Il tot necessario è dato da: Fabbisogno MP tot + RF MP. Per esempio: Tot necessario Primo = 180.000 c + 54.000 c = 234.000 c.
**** RI MP Primo trimestre = 36.000 c; RI MP Secondo trimestre = RF MP Primo trimestre = 54.000 c; RI MP terzo trimestre = RF MP Secondo trimestre = 90.000 c; RI MP Quarto trimestre = RF MP Terzo trimestre = 60.000 c; RI MP Totali esercizio = RI MP Primo trimestre = 36.000 c.
***** Le MP da acquistare sono date da: tot necessario MP – RI MP. Per esempio: MP da acquistare Primo = 234.000 c – 36.000 c = 198.000 c.
****** Il costo tot MP è dato da: MP da acquistare × prezzo. Per esempio: Costo tot MP Primo = 198.000 c × 2 €/c = €396.000.

Esercizio 7.5

Dati

Dati per budget delle MP:

	Aprile	Maggio	Giugno	Luglio	Agosto
Vendite previste			€440.000	€350.000	€400.000
CDV			€440.000 × 60%	€350.000 × 60%	€400.000 × 60%
RF		€250.000	€220.000	€270.000	€240.000
Acquisti	€250.000	€180.000			

Dati per prospetto delle uscite di cassa per acquisti MP:

Condizioni di pagamento:

- 10% acquisti pagati nel mese in corso;
- 80% acquisti pagati il mese successivo;
- 10% acquisti pagati due mesi successivi.

Domande

1. Budget acquisti o delle MP per il trimestre giugno, luglio e agosto?
2. Prospetto delle uscite di cassa per acquisti MP per il trimestre giugno, luglio e agosto?

Soluzioni

Il budget delle MP (o budget degli acquisti) è volto a determinare la quantità totale di MP che si deve acquistare, e dunque il costo totale di MP che si deve sostenere, per realizzare la produzione richiesta.

Il prospetto delle uscite di cassa è volto a determinare le uscite di cassa generate dagli acquisti, in presenza di determinate condizioni di pagamento.

In questo esercizio i dati forniti in merito alla produzione richiesta e alle rimanenze iniziali e finali di materie prime non sono in termini di unità, bensì in euro.

La produzione richiesta in euro è rappresentata dal costo del venduto (insieme di tutti i costi di produzione sostenuti per realizzare le unità che si prevede di vendere).

1. Budget degli acquisti (o budget delle MP)	Giugno	Luglio	Agosto	Totale trimestre
CDV (60% dei ricavi di vendita)	€264.000	€210.000	€240.000	€714.000
RF MP	€220.000	€270.000	€240.000	€240.000
Tot necessario MP (€)*	**€484.000**	**€480.000**	**€480.000**	**€1.444.000**
RI MP**	(€250.000)	(€220.000)	(€270.000)	(€250.000)
Costo tot MP* **	**€234.000**	**€260.000**	**€210.000**	**€704.000**

* Il tot necessario è dato da: CDV + RF MP. Per esempio: tot necessario: giugno = €264.000 + €220.000 = €484.000.

** Le RI di MP di un mese sono pari alle RF di MP del mese precedente. Per esempio: RI MP giugno = RF MP maggio = €250.000.

*** Il costo tot MP è dato da: Tot necessario – RI MP. Per esempio: Costo tot MP giugno = €484.000 – €250.000 = €234.000.

Prima modalità di rappresentazione proposta:

2. Prospetto delle uscite di cassa	Giugno	Luglio	Agosto	Totale trimestre
Acquisti del mese in corso pagati nel mese in corso (10%)*	€23.400	€26.000	€21.000	€70.400
Acquisti del mese precedente (80%)**	€144.000	€187.200	€208.000	€539.200
Acquisti di due mesi precedenti (10%)***	€25.000	€18.000	€23.400	€66.400
Totale uscite di cassa	**€192.400**	**€231.200**	**€252.400**	**€676.000**

* Acquisti del mese in corso pagati nel mese in corso (10%) = costo totale MP mese in corso × 10%. Da cui: acquisti di giugno pagati in giugno (10%) = €234.000 × 10% = €23.400; acquisti di luglio pagati in luglio (10%) = €260.000 × 10% = €26.000; acquisti di agosto pagati in agosto (10%) = €210.000 × 10%= €21.000.

** Acquisti del mese precedente (80%) = costo totale MP del mese precedente × 80%. Da cui: acquisti di maggio pagati a giugno (80%) = €180.000 × 80% = €144.000; acquisti di giugno pagati a luglio (80%) = €234.000 × 80%= €187.200; vendite di luglio pagate ad agosto (80%) = €260.000 × 80% = €208.000.

*** Acquisti di due mesi precedenti (10%) = Costo totale MP due mesi precedenti × 10%. Da cui: acquisti di aprile pagati a giugno (10%) = €250.000 × 10% = €25.000; acquisti di maggio pagati a luglio (10%) = €180.000 × 10% = €18.000; acquisti di giugno pagati ad agosto (10%) = €234.000 × 10% = €23.400.

Modalità di rappresentazione alternativa:

Budget degli incassi (o prospetto delle entrate di cassa)	Giugno	Luglio	Agosto	Agosto
Debiti al 31 maggio 10% × acquisti di aprile = 10% × €250.000 80% × acquisti maggio = 80% × 180.000 10% × acquisti maggio = 10% × €180.000	 €25.000 €144.000	 €18.000		 €187.000
Acquisti giugno: 10% × acquisti giugno = 10% × €234.000 80% × acquisti giugno = 80% × €234.000 10% × acquisti giugno = 10% × €234.000	 €23.400	 €187.200	 €23.400	 €234.000
Acquisti luglio: 10% × acquisti luglio = 10% × €260.000 80% × acquisti luglio = 80% × €260.000		 €26.000	 €208.000	 €234.000
Acquisti marzo: 10% × acquisti agosto = 10% × €210.000			 €21.000	 €21.000
Totale incassi (o entrate di cassa)	**€192.400**	**€231.200**	**€252.400**	**€676.000**

Esercizio 7.6

Dati

	I trimestre	II trimestre	III trimestre	IV trimestre
Produzione richiesta u	5.000 u	4.400 u	4.500 u	4.900 u

h MOD/u = 0,40 h/u
Tariffa MOD = 11 €/h

Domande

1. Budget MOD?
2. Posto:
   h MOD garantite = 1.800 h/trimestre,
   se h MOD impiegate < h MOD garantite: pagate 1.800 h,
   se h MOD impiegate > h MOD garantite => h MOD impiegate – h MOD garantite = h MOD straordinarie,
   Tariffa straordinaria = 11 €/h × 1,5 = 16,5 €/h,
   Budget MOD? Budget MOI?

Soluzioni

1.

Il budget della MOD è volto a determinare le h MOD tot da impiegare e dunque il costo totale della MOD da sostenere per realizzare la produzione richiesta.

Budget MOD	I trimestre	II trimestre	III trimestre	IV trimestre	Tot esercizio
Produzione richiesta u	5.000 u	4.400 u	4.500 u	4.900 u	18.800 u
h MOD/u	0,40 h/u	0,40 h/u	0,40 h/u	0,40 h/u	0,40 h/u
Tot h MOD necessarie*	**2.000 h**	**1.760 h**	**1.800 h**	**1.960 h**	**7.520 h**
Tariffa €/h	11 €/h	11 €/h	11 €/h	11 €/h	11 €/h
Costo tot MOD**	**€22.000**	**€19.360**	**€19.800**	**€21.560**	**€82.720**

* Il tot h MOD necessarie si ottiene da: produzione richiesta (u) × h MOD/u. Per esempio: tot h MOD necessarie I trimestre = 5.000 u × 0,40 h/u = 2.000 h.
** Il costo tot MOD si ottiene nel seguente modo: tot h MOD necessarie × Tariffa oraria. Per esempio: costo tot MOD I trimestre = 2.000 h × 11 €/h = €22.000.

2.

Budget MOD	I trimestre	II trimestre	III trimestre	IV trimestre	Tot esercizio
H MOD necessarie	2.000 h	1.760 h	1.800 h	1.960 h	7.520 h
H MOD garantite	1.800 h	1.800 h	1.800 h	1.800 h	7.200 h
H MOD straordinarie	200 h	–	–	160 h	360 h*
Tariffa ordinaria €/h	11 €/h	11 €/h	11 €/h	11 €/h	–
Retribuzione h MOD ordinarie	1.800 h × 11 €/h = **€19.800**	1.760 h × 11 €/h = **€19.360**	1.800 h × 11 €/h = **€19.800**	1.800 h × 11 €/h = **€19.800**	**€78.760**
Tariffa straordinaria €/h	16,5 €/h	16,5 €/h	16,5€/h	16,5 €/h	16,5 €/h
Retribuzione h MOD straordinarie	200 h × 16,5 = **€3.300** h/u	–	–	160 h × 16,5 = **€2.640** h/u	360 h × 16,5 = **€5.940** h/u
Costo tot MOD	**€23.100**	**€19.360**	**€19.800**	**€22.440**	**€84.700**

* Le h MOD straordinarie totali sono date da: 200 h + 160 h = 360 h. In questo caso la somma algebrica dei valori in colonna non può dare lo stesso risultato perché nel II trimestre c'è stato un utilizzo di un numero di ore inferiore rispetto a quelle garantite.

Le h MOD garantite, ma non impiegate (non necessarie) vengono valorizzate per la tariffa oraria della MOD e considerate un costo di manodopera indiretta (MOI), in quanto non direttamente impiegate nella realizzazione dei prodotti.

Budget MOI	I trimestre	II trimestre	III trimestre	Tot esercizio
H MOD garantite	1.800 h	1.800 h	1.800 h	1.800 h
H MOD necessarie	2.000 h	1.760 h	1.800 h	1.960 h
H MOD non utilizzate	–	**40 h**	–	–
Tariffa €/h	11 €/h	11 €/h	11 €/h	11 €/h
Costo tot MOI	–	**€440**	–	**€440**

Esercizio 7.7

Dati

Dati per budget MP e MOD

	I trimestre	II trimestre	III trimestre	IV trimestre	Tot esercizio
Produzione richiesta u	6.000 u	7.000 u	8.000 u	5.000 u	26.000 u

Dati per budget MP:

RI MP I trimestre = 3.600 lb
MP libbre/u = 3 lb/u
Prezzo MP = 2,50 €/lb
RF MP trimestre = 20% × fabbisogno produzione (fabbisogno tot MP) trimestre successivo
RF MP IV trimestre = 3.700 lb

Dati per prospetto delle uscite di cassa per acquisti MP:

Debiti I trimestre = €11.750
Pagamenti MP:

- 70% trimestre in cui è avvenuto l'acquisto
- 30% mese successivo all'acquisto

Dati per budget MOD:

MOD h/u = 0,5 h/u
Tariffa MOD = 12 €/h

Domande

1. Budget MP e prospetto uscite di cassa?
2. Budget MOD?

Soluzioni

1.

Il budget delle MP (o budget degli acquisti) è volto a determinare la quantità totale di MP che si deve acquistare e dunque il costo totale di MP che si deve sostenere per realizzare la produzione richiesta.

Il prospetto delle uscite di cassa è volto a determinare le uscite di cassa generate dagli acquisti, in presenza di determinate condizioni di pagamento.

Budget MP (o budget acquisti)	I trimestre	II trimestre	III trimestre	IV trimestre	Tot esercizio
Produzione richiesta u	6.000 u	7.000 u	8.000 u	5.000 u	26.000 u
MP lb/u	3 lb/u	3 lb/u	3 lb/u	3 lb/u	3 lb/u
Fabbisogno tot MP (fabbisogno produzione)*	**18.000 lb**	**21.000 lb**	**24.000 lb**	**15.000 lb**	**78.000 lb**
RF MP**	4.200 lb	4.800 lb	3.000 lb	3.700 lb	3.700 lb
Tot necessario MP***	**22.200 lb**	**25.800 lb**	**27.000 lb**	**18.700 lb**	**81.700 lb**
RI MP****	(3.600 lb)	(4.200 lb)	(4.800 lb)	(3.000 lb)	3.600 lb
MP da acquistare (lb)*****	18.600 lb	21.600 lb	22.200 lb	15.700 lb	78.100 lb
MP €/lb	2,50 €/lb	2,50 €/lb	2,50 €/lb	2,50 €/lb	2,50 €/lb
Costo tot MP*****	**€46.500**	**€54.000**	**€55.500**	**€39.250**	**€195.250**

* Il fabbisogno tot di MP è dato dal prodotto tra la produzione richiesta e la quantità di MP necessaria per realizzare un prodotto. Per esempio: produzione richiesta I trimestre = 6.000 u × 3 lb/u = 18.000 lb.
** In base alla politica aziendale delle scorte, le RF di trimestre sono pari al 20% del fabbisogno tot di MP (fabbisogno di produzione) del trimestre successivo. Pertanto, RF I trimestre = 21.000 lb × 20% = 4.200 lb; RF II = 24.000 lb × 20% = 4.800 lb; RF III = 15.000 lb × 20% = €3.000. Le RF del IV trimestre sono pari a 3.700 lb (testo). Le RF MP totali d'esercizio sono pari alle RF MP dell'ultimo trimestre dell'esercizio.
*** Il tot necessario è dato da: Fabbisogno MP tot + RF MP. Per esempio: Tot necessario I trimestre = 18.000 lb + 4.200 lb = 22.200 lb.
**** RI MP I trimestre = 3.600 lb; RI MP II trimestre = RF MP I trimestre = 4.200 lb; RI MP III trimestre = RF MP II trimestre = 4.800 lb; RI MP IV trimestre = RF MP III trimestre = 3.000 lb; RI MP tot esercizio = RI MP I trimestre = 3.600 lb.
***** Le MP da acquistare sono date da: tot necessario MP – RI MP. Per esempio: MP da acquistare I trimestre = 22.200 lb – 3.600 lb = 16.800 lb.
****** Il costo tot MP è dato da: MP da acquistare × prezzo. Per esempio: costo tot MP I trimestre = 18.600 lb × 2,50 €/lb = €46.500.

Prima modalità di rappresentazione proposta:

Prospetto delle uscite di cassa	I trimestre	II trimestre	III trimestre	IV trimestre	Tot esercizio
Acquisti del mese in corso pagati nel mese in corso (70%)*	€32.550	€37.800	€38.850	€27.475	€136.675
Acquisti del mese precedente (30%)**	€11.775	€13.950	€16.200	€16.650	€58.575
Totale uscite di cassa	**€44.325**	**€51.750**	**€55.050**	**€44.125**	**€195.250**

* Acquisti del mese in corso pagati nel mese in corso = costo totale MP mese in corso × 70%. Da cui: acquisti I trim pagati nel I trim (70%) = €46.500 × 70% = €32.550; acquisti II trim pagati nel II trim (70%) = €54.000 × 70%= €37.800; acquisti III trim pagati nel III trim (70%) = €55.500 × 70% = €38.850; acquisti IV trim pagati nel IV trim (70%) = €39.250 × 70% = €27.475.
** Acquisti del mese precedente (30%) = costo totale MP del mese precedente × 30%. Da cui: acquisti dell'anno precedente pagati nel I trimestre = Debiti I trimestre = €11.750; acquisti I trim

pagati nel II trim (30%) = €46.500 × 30% = €13.950; acquisti II trim pagati nel III trim (30%) = €54.000 × 30%= €16.200; acquisti III trim pagati nel IV trim (30%) = €55.500 × 30% = €16.650.

Modalità di rappresentazione alternativa:

Prospetto delle uscite di cassa	I trimestre	II trimestre	III trimestre	IV trimestre	Tot esercizio
Debiti al 31 maggio	€11.775				€11.775
Acquisti I trimestre: 70% × acquisti I trim = 70% × €46.500 30% × acquisti I trim = 30% × €46.500	€32.550	€13.950			€46.500
Acquisti II trimestre: 70% × acquisti III trim = 70% × €54.000 30% × acquisti II trim = 30% × €54.000		€37.800	€16.200		€54.000
Acquisti III trimestre: 70% × acquisti III trim = 70% × €55.500 30% × acquisti III trim = 30% × €55.500			€38.850	€16.650	€55.500
Acquisti IV trimestre: 70% × acquisti IV trim = 70% × €39.250				€27.475	€27.475
Totale incassi (o entrate di cassa)	**€44.325**	**€51.750**	**€55.050**	**€44.125**	**€195.250**

2.
Il budget della MOD è volto a determinare le h MOD tot da impiegare e dunque il costo totale della MOD da sostenere per realizzare la produzione richiesta.

Budget MOD	I trimestre	II trimestre	III trimestre	Tot trimestre	Tot esercizio
Produzione richiesta	6.000 u	7.000 u	8.000 u	5.000 u	26.000 u
MOD h/u	0,5 h/u	0,5 h/u	0,5 h/u	0,5 h/u	0,5 h/u
Tot h MOD necessarie*	3.000 h	3.500 h	4.000 h	2.500 h	13.000 h
Tariffa MOD	12,00 €/h	12,00 €/h	12,00 €/h	12,00 €/h	12,00 €/h
Costo tot MOD**	**€36.000**	**€42.000**	**€48.000**	**€30.000**	**€156.000**

* Tot h MOD necessarie = Produzione richiesta × MOD h/u. Per esempio: Tot h MOD necessarie I trimestre = 6.000 u × 0,5 h/u = 3.000 h.
** Costo tot MOD = Tot h MOD necessarie × Tariffa MOD. Per esempio: Costo tot MOD I trimestre = 3.000 h × 12 €/h = €36.000.

Esercizio 7.8

Dati

Dati per budget CGP:

	I trimestre	II trimestre	III trimestre	IV trimestre	Tot esercizio
h MOD previste	5.000 h	4.800 h	5.200 h	5.400 h	20.400 h

CdA CGP variabili = 1,75 €/h => Driver = h MOD
CGP fissi = €35.000

Dati per prospetto delle uscite di cassa per CGP:

Ammortamento (incluso nei CGP fissi) = €15.000 a trimestre

Domande

Budget CGP e prospetto delle uscite di cassa per CGP:

Soluzioni

1. Il budget dei CGP è volto a determinare il totale dei costi generali di produzione da sostenere per realizzare la produzione richiesta.

Budget CGP	I trimestre	II trimestre	III trimestre	IV trimestre	Tot esercizio
h MOD previste	5.000 h	4.800 h	5.200 h	5.400 h	20.400 h
CdA €/h	1,75 €/h	1,75 €/h	1,75 €/h	1,75 €/h	1,75 €/h
CGP variabili*	€8.750	€8.400	€9.100	€9.450	€35.700
CGP fissi	€35.000	€35.000	€35.000	€35.000	€140.000
CGP totali	**€43.750**	**€43.400**	**€44.100**	**€44.450**	**€175.700**
Costi non monetari (ammortamento)	(€15.000)	(€15.000)	(€15.000)	(€15.000)	(€60.000)
Uscite di cassa CGP	**€28.750**	**€28.400**	**€29.100**	**€29.450**	**€115.700**

* Posto che il driver (base di ripartizione) dei CGP variabili sono le h MOD, i CGP variabili totali saranno dati da: CdA × h MOD previste. Per esempio CGP variabili I trimestre = 1,75 €/h × 5.000 h = €8.750.

2. Il CdA dei CGP totali per il prossimo esercizio è così calcolato:
CGP totali di budget/Ore MOD previste totali = €175.500/20.400 h = 8,60 €/h

Esercizio 7.9

Dati

Dati per budget MOD e CGP:

	I trimestre	II trimestre	III trimestre	IV trimestre	Tot esercizio
Produzione richiesta u	16.000 u	15.000 u	14.000 u	15.000 u	60.000 u

Dati per budget MOD:

MOD h/u = 0,80 h/u
MOD €/h = 11,50 €/h

Dati per budget CGP:

CdA CGP variabili = 2,50 €/h
CGP fissi = €90.000 a trimestre
Ammortamento = €34.000 a trimestre

Domande

1. Budget MOD?
2. Budget CGP?

Soluzioni

1.
Il budget della MOD è volto a determinare le h MOD tot da impiegare e dunque il costo totale della MOD da sostenere per realizzare la produzione richiesta.

Budget MOD	I trimestre	II trimestre	III trimestre	IV trimestre	Tot esercizio
Produzione richiesta u	16.000 u	15.000 u	14.000 u	15.000 u	60.000 u
MOD h/u	0,80 h/u	0,80 h/u	0,80 h/u	0,80 h/u	0,80 h/u
Tot h MOD necessarie*	**12.800 h**	**12.000 h**	**11.200 h**	**12.000 h**	**48.000 h**
Tariffa MOD	11,50 €/h	11,50 €/h	11,50 €/h	11,50 €/h	11,50 €/h
Costo tot MOD**	**€147.200**	**€138.000**	**€128.800**	**€138.000**	**€552.000**

* Tot h MOD necessarie = Produzione richiesta (u) × h/u. Per esempio: tot h MOD necessarie I trimestre = 16.000 u × 0,80 h/u = 12.800 h.
** Costo tot MOD = Tot h MOD necessarie × Tariffa oraria. Per esempio: Costo tot MOD I trimestre = 12.800 h × 11,50 €/h.

2.
Il budget dei CGP è volto a determinare il totale dei costi di produzione da sostenere per realizzare la produzione richiesta.

Budget CGP	I trimestre	II trimestre	III trimestre	IV trimestre	Tot esercizio
H MOD previste	12.800 h	12.000 h	11.200 h	12.000 h	48.000 h
CdA €/h*	2,50 €/h	2,50 €/h	2,50 €/h	2,50 €/h	2,50 €/h
CGP variabili tot**	**€32.000**	**€30.000**	**€28.000**	**€30.000**	**€120.000**
CGP fissi	€90.000	€90.000	€90.000	€90.000	€360.000
CGP tot	**€122.000**	**€120.000**	**€118.000**	**€120.000**	**€480.000**
Costi non monetari (ammortamento)***	(€34.000)	(€34.000)	(€34.000)	(€34.000)	(€136.000)
Uscite cassa CGP	**€88.000**	**€86.000**	**€84.000**	**€86.000**	**€344.000**

* Posto che il driver di allocazione dei CGP variabili sono le h MOD, i CGP variabili totali saranno dati da: CdA × h MOD previste. Per esempio: CGP variabili I trimestre = 12.800 h × 2,50 €/h = €32.000.
** CGP variabili tot = CdA × h MOD. Per esempio: CGP variabili tot I trimestre = 2,50 €/h × 12.800 h = €32.000.
*** L'ammortamento non rappresenta un costo monetario; pertanto, al fine di determinare le uscite monetarie per i GGP, deve essere sottratto ai CGP totali.

Esercizio 7.10

Dati

Dati per budget costi V&A:

	I trimestre	II trimestre	III trimestre	IV trimestre	Tot esercizio
Vendite previste u	12.000 u	14.000 u	11.000 u	10.000 u	47.000 u

CV u V&A = 2,75 €/u
CF V&A:

- Spese pubblicitarie = €12.000 a trimestre
- Retribuzioni dirigenti = €40.000 a trimestre
- Ammortamento = €16.000 a trimestre
- Assicurazioni = €6000 nel II trimestre e €6.000 nel IV trimestre
- Imposte patrimoniali = €6.000 nel III trimestre

Dati per prospetto delle uscite di cassa per costi V&A:

Ammortamento = €16.000 a trimestre.

Domande

Budget dei Costi V&A e relativo prospetto delle uscite di cassa?

Soluzioni

Il budget dei costi di V&A è volto a determinare il totale dei costi di V&A che si devono sostenere per soddisfare i programmi di vendita. Il prospetto delle uscite di cassa (ultima riga) mette in evidenza la parte dei monetaria dei costi di V&A, che genera un'uscita di cassa nel periodo di riferimento.

	I trimestre	II trimestre	III trimestre	IV trimestre	Tot esercizio
Vendite previste u	12.000 u	14.000 u	11.000 u	10.000 u	47.000 u
CV u V&A	2,75 €/u	2,75 €/u	2,75 €/u	2,75 €/u	2,75 €/u
CV V&A tot*	€33.000	€38.500	€30.250	€27.500	€129.250
CF V&A tot**	€68.000	€74.000	€74.000	€74.000	€290.000
Costi V&A tot	**€101.000**	**€112.500**	**€104.250**	**€101.500**	**€419.250**
Costi non monetari (ammortamento)***	(€16.000)	(€16.000)	(€16.000)	(€16.000)	(€64.000)
Uscite cassa Costi V&A	**€85.000**	**€96.500**	**€88.250**	**€85.500**	**€355.250**

* CV V&A tot = CV u V&A × Vendite previste. Per esempio: CV V&A tot I trimestre = 2,75 €/u × 12.000 u = €33.000.
** I CF V&A sono dati dalla sommatoria di spese pubblicitarie, retribuzioni dirigenti, ammortamento, assicurazioni e imposte patrimoniali. Pertanto: CF V&A tot I trimestre = €12.000 + €40.000 + €16.000 = €68.000; CF V&A II trimestre = €12.000 + €40.000 + €16.000 + €6.000 (assicurazioni) = €74.000; CF V&A III trimestre = €12.000 + €40.000 + €16.000 + €6.000 (imposte patrimoniali) = €74.000; CF V&A IV trimestre = €12.000 + €40.000 + €16.000 + €6.000 (assicurazioni) = €74.000.
*** L'ammortamento non rappresenta un costo monetario; pertanto, al fine di determinare le uscite monetarie per i Costi V&A, deve essere sottratto ai Costi V&A totali.

Esercizio 7.11

Dati

Dati per prospetto delle entrate di cassa:

Saldo cassa 31 maggio = Saldo cassa 01/06 = €15.000
Crediti 31 maggio = €40.000, di cui:

- vendite a credito aprile = €16.000
- vendite a credito maggio €24.000

Vendite 30 giugno = €290.000
Condizioni di incasso:

- 80% nel mese di vendita
- 10% nel mese successivo
- 10% due mesi successivi

Dati per prospetto delle uscite di cassa per acquisto MP:

Debiti commerciali 31 maggio = €145.000
Acquisti 30 giugno = €192.000

Condizioni di pagamento acquisti:

- 25% nel mese di acquisto
- 75% nel mese successivo

Ulteriori dati per budget di cassa:

Costi di gestione:

- stipendi = €36.000
- utenze = €5.000
- pubblicità = €10.000
- ammortamento = €1.000 (costi non monetari)
- costi generali d'ufficio = €4.000
- assicurazione e imposte patrimoniali = €3.000

Condizioni di pagamento costi di gestione:

- assicurazione e imposte patrimoniali: dicembre
- altri costi di gestione: nel mese di riconoscimento

Domande

1. Prospetto delle entrate di cassa e prospetto delle uscite di cassa per acquisti MP di giugno?
2. Budget di cassa di giugno?

Soluzioni

1.

Il budget degli incassi (o prospetto delle entrate di cassa) è volto a stimare i pagamenti incassati nel periodo di riferimento.

Il prospetto delle uscite di cassa è volto a determinare le uscite di cassa generate dagli acquisti, a date condizioni di pagamento.

Prima modalità di rappresentazione proposta:

Budget degli incassi (o prospetto delle entrate di cassa)	Giugno
Vendite del mese in corso (80%) (giugno)*	€232.000
Vendite del mese precedente (10%) (maggio)**	€12.000
Vendite di due mesi precedenti (10%) (aprile)***	€16.000
Totale incassi (o entrate di cassa)	**€260.000**

* Vendite del mese in corso incassate nel mese in corso (80%) = vendite di giugno incassate a giugno = vendite giugno × 80% = €290.000 × 80% = €232.000.
** Vendite a credito del mese precedente incassate nel mese in corso (10%) = Vendite di maggio incassate a giugno (10%) = vendite maggio × 10%. Sappiamo che i crediti al 31 maggio sono pari a €24.000; questi rappresentano il 20% delle vendite totali di maggio (l'80% è già stato incassato a maggio). Sappiamo inoltre che il 10% (la metà di 20%) viene incassato a giugno e il restante 10% a luglio. Pertanto la metà dei crediti al 31 maggio verrà incassata a giugno: €24.000/2 = €12.000.
*** Vendite a credito di due mesi precedenti incassate nel mese in corso (10%) = vendite di aprile incassate a giugno = vendite di aprile × 10%. Sappiamo che i crediti al 31 maggio riferiti ad aprile sono pari a €16.000; questi rappresentano il 10% delle vendite totali di aprile (l'80% è già stato incassato ad aprile e il 10% a maggio). Pertanto i €16.000 rimanenti verranno incassati interamente a giugno.

Prospetto delle uscite di cassa	Giugno
Acquisti del mese in corso pagati nel mese in corso (25%) (giugno)*	€48.000
Acquisti del mese precedente (75%) (maggio)**	€145.000
Totale uscite di cassa per acquisti MP	**€193.000**

* Acquisti del mese in corso pagati nel mese in corso (25%) = acquisti giugno × 25% = €192.000 × 25% = €48.000.
** Acquisti del mese precedente pagati nel mese in corso (75%) = acquisti di maggio pagati a giugno = acquisti maggio × 75%. I debiti al 31 maggio rappresentano il 75% degli acquisti di maggio, pertanto i restanti €145.000 verranno interamente pagati a giugno.

Modalità di rappresentazione alternativa:

Budget degli incassi (o prospetto delle entrate di cassa)	Giugno
Crediti al 31 maggio 10 % × vendite aprile = €16.000* 10% × vendite maggio = €24.000/2**	 €16.000 €12.000
Vendite giugno: 80% × vendite giugno = 80% × €290.000	 €232.000
Totale incassi (o entrate di cassa)	**€260.000**

* Vendite di aprile incassate a maggio = vendite di aprile × 10%. Sappiamo che i crediti al 31 maggio riferiti ad aprile sono pari a €16.000; questi rappresentano il 10% delle vendite totali di

aprile (l'80% è già stato incassato ad aprile e il 10% a maggio). Pertanto i €16.000 rimanenti verranno incassati interamente a giugno.
** Vendite di maggio incassate a giugno = vendite maggio × 10%. Sappiamo che i crediti al 31 maggio sono pari a €24.000; questi rappresentano il 20% delle vendite totali di maggio (l'80% è già stato incassato a maggio), di cui il 10% (la metà) viene incassato a giugno e il restante 10% a luglio. Pertanto la metà dei crediti al 31 maggio verrà incassata a giugno: €24.000/2 = €12.000.

Prospetto delle uscite di cassa (per acquisti MP)	**Giugno**
Debiti al 31 maggio*	€145.000
Acquisti giugno: 25% × acquisti giugno = 25% × €192.000	€48.000
Totale uscite di cassa per acquisti MP	**€193.000**

* Acquisti di maggio pagati a giugno = acquisti maggio × 75%. I crediti al 31 maggio rappresentano il 75% degli acquisti di maggio, pertanto i restanti €145.000 verranno interamente pagati a giugno.

2.

Il budget di cassa è volto a determinare le entrate e le uscite totali di cassa del periodo e dunque l'eccesso o il deficit di cassa del periodo di riferimento.

Budget di cassa	**Giugno**
Saldo di cassa inizio periodo*	€15.000
Totale entrate di cassa**	€260.000
Totale cassa disponibile* **	**€275.000**
Totale uscite di cassa:	
MP****	(€193.000)
Stipendi*****	(€36.000)
Utenze*****	(€5.000)
Pubblicità*****	(€10.000)
Costi generali di ufficio*****	(€4.000)
Totale uscite di cassa	**(€248.000)**
Eccesso (deficit) di cassa disponibile oltre le uscite******	**€27.000**

* Dato fornito dal testo.
** Dal budget degli incassi (o prospetto delle entrate di cassa).
*** Totale cassa disponibile = Saldo iniziale cassa + Totale entrate cassa.
**** Dal prospetto delle uscite di cassa per acquisti.
***** I costi di gestione riportati nel conto economico di giugno vengono pagati nel corso del mese di riconoscimento, quindi a giugno.
****** Eccesso di cassa = Totale cassa disponibile – Totale uscite di cassa = €275.000 – €248.000 = €27.000.

Esercizio 7.12

Dati

Dati per prospetto delle entrate di cassa:

	Luglio	Agosto	Settembre	Tot trimestre
Vendite in contanti	€6.500	€5.250	€7.400	€19.150
Vendite a credito	€20.000	€30.000	€40.000	€90.000
Vendite totali	€26.500	€35.250	€47.400	€109.150

Condizioni di incasso:

- 10% nel mese della vendita
- 70% nel mese successivo alla vendita
- 18% nel secondo mese successivo alla vendita
- 2% inesigibile

Dati per prospetto delle uscite di cassa per acquisti di magazzino:

Acquisti magazzino settembre = €25.000

Condizioni di pagamento:

- 20% nel mese di acquisto

Ulteriori dati per budget di cassa:

	Settembre
Ammortamenti	€4.000
Altre spese V&A	€9.000
Acquisti attrezzature*	€18.000
Dividendi	€3.000

* Pagamento in contanti.

Debiti per acquisti agosto pagati a settembre = €16.000

Saldo di cassa 1° settembre = €9.000
Saldo di cassa minimo = €5.000

Domande

1. Prospetto entrate e uscite di cassa per acquisti di magazzino settembre?
2. Budget di cassa settembre?

Soluzioni

1.

Il budget degli incassi (o prospetto delle entrate di cassa) è volto a stimare i pagamenti incassati nel periodo di riferimento.

Il prospetto delle uscite di cassa è volto a determinare le uscite di cassa generate dagli acquisti, a determinate condizioni di pagamento.

Prima modalità di rappresentazione proposta:

Budget degli incassi (o prospetto delle entrate di cassa)	Settembre
Vendite in contanti del mese in corso	€7.400
Vendite a credito del mese in corso (10%)*	€4.000
Vendite a credito del mese precedente (70%)**	€21.000
Vendite a credito di due mesi precedenti (18%)***	€3.600
Totale incassi (o entrate di cassa)	**€36.000**

* Vendite a credito del mese in corso incassate nel mese in corso (10%) = vendite a credito di settembre incassate a settembre = vendite a credito di settembre × 10% = €40.000 × 10% = €4.000.
** Vendite a credito del mese precedente incassate nel mese in corso (70%) = vendite a credito di agosto incassate a settembre = vendite a credito di agosto × 70% = €30.000 × 70% = €21.000.
*** Vendite a credito di due mesi precedenti incassate nel mese in corso (18%) = vendite a credito di luglio incassate a settembre = vendite a credito di luglio × 18% = €20.000 × 18% = €3.600.

Prospetto delle uscite di cassa	Settembre
Acquisti del mese in corso pagati nel mese in corso (20%)*	€5.000
Acquisti del mese precedente (€16.000)**	€16.000
Totale uscite di cassa per acquisti MP	**€21.000**

* Acquisti del mese in corso pagati nel mese in corso (20%) = acquisti settembre × 20% = €25.000 × 20% = €5.000.
** Acquisti di agosto interamente pagati a settembre, forniti dal testo.

Modalità di rappresentazione alternativa:

Budget degli incassi (o prospetto delle entrate di cassa)	Settembre
Crediti al 31 agosto: 18 % × vendite a credito luglio = 18% × €20.000 70% × vendite a credito agosto = 70% × €30.000	 €3.600 €21.000
Vendite settembre: Vendite in contanti settembre 10% × vendite a credito settembre = 10% × €40.000	 €7.400 €4.000
Totale incassi (o entrate di cassa)	**€36.000**

Prospetto delle uscite di cassa (per acquisti MP)	**Settembre**
Debiti al 31 agosto	€16.000
Acquisti settembre: 20% × acquisti settembre = 20% × €25.000	€5.000
Totale uscite di cassa per acquisti MP	**€21.000**

2.

Il budget di cassa è volto a determinare le entrate e le uscite totali di cassa del periodo e dunque l'eccesso o il deficit di cassa del periodo di riferimento.

Budget di cassa	**Settembre**
Saldo di cassa inizio periodo*	€9.000
Totale entrate di cassa**	€36.000
Totale cassa disponibile* **	**€45.000**
Totale uscite di cassa:	
MP****	(€21.000)
Costi V&A*****	(€9.000)
Acquisti attrezzature******	(€18.000)
Dividendi pagati	(€3.000)
Totale uscite di cassa	**(€51.000)**
Eccesso (deficit) di cassa disponibile oltre le uscite***** **	**(€6.000)**

* Dato fornito dal testo.
** Dal budget degli incassi (o prospetto delle entrate di cassa).
*** Totale cassa disponibile = Saldo iniziale cassa + Totale entrate cassa.
**** Dal prospetto delle uscite di cassa per acquisti.
***** Costi V&A monetari = Costi V&A – Ammortamento = €13.000 – €4.000 = €9.000.
****** Attrezzature pagate in contanti, per cui l'uscita monetaria si ha a settembre.
******* Deficit di cassa = Totale cassa disponibile – Totale uscite di cassa = €45.000 – €51.000 = (€6.000).

Dal momento che l'azienda deve garantire un saldo di cassa minimo di €5.000, dovrà chiedere un finanziamento:

Prospetto di finanziamento e rimborso	**Settembre**
Eccesso (deficit) cassa*	(€6.000)
Finanziamento:	
Indebitamento**	€11.000
Rimborsi	–
Interesse	–
Finanziamento totale* **	**€11.000**
Saldo cassa fine periodo** **	**€5.000**

* Dal budget di cassa.
** Il finanziamento deve coprire il deficit di cassa e garantire il saldo minimo di cassa, pertanto: Indebitamento = Deficit di cassa + Saldo minimo di cassa = €6.000 + €5.000 = €11.000.
*** Finanziamento totale = Indebitamento – Rimborsi – Interessi. Nel mese di settembre i rimborsi e gli interessi sono pari a zero.
**** Saldo cassa fine periodo = Deficit – Finanziamento totale = (€6.000) – €11.000 = €5.000.

Esercizio 7.13

Dati

Dati per prospetto delle entrate di cassa:

Crediti 31 maggio = €72.000
Condizioni di incasso crediti: giugno

Vendite giugno = €250.000
Condizioni di incasso vendite giugno:

- €60.000 in contanti nel mese della vendita
- €190.000 a credito, di cui:
  - 50% incassate nel mese della vendita (giugno);
  - 50% incassate nel mese successivo (luglio);

Dati per prospetto delle uscite di cassa per acquisti di magazzino:

Debiti v/fornitori al 31 maggio = €90.000
Condizioni di pagamento debiti: giugno

Acquisti giugno = €200.000
Condizioni di pagamento acquisti giugno:

- 100% a credito, di cui:
  - 40% pagato nel mese di acquisto (giugno);
  - 60% pagato nel mese successivo all'acquisto (luglio).

Ulteriori dati per budget di cassa, prospetto finanziamento e rimborso e budget di CE:

Saldo di cassa al 31 maggio = Saldo di cassa al 1° giugno = €8.000

Interessi passivi indebitamento = €500, pagati in contanti
Effetti passivi 31 maggio = €15.000, pagati in giugno
Effetti passivi 30 giugno = €18.000

RF MP 31 maggio = RI MP 01/06 = €30.000
RF MP 30 giugno = €40.000

Costi operativi monetari giugno = €51.000 (ammortamento escluso)
Condizioni di pagamento costi operativi: contanti nel mese corrente
Ammortamento = €2.000 mese

Acquisti attrezzature = €9.000.
Condizioni di pagamento nuove attrezzature: contanti nel mese corrente

Ulteriori dati per budget di SP:

Saldi contabili 31 maggio:

Attivo		Passivo	
Fabbricati e macchinari netti	€500.000	Capitale sociale	€420.000
		Utili non distribuiti	€85.000

Domande

1. Prospetto delle entrate di cassa, delle uscite per gli acquisti di magazzino e budget di cassa.
2. Budget CE.
3. Budget SP.

Soluzioni

1.

Il budget degli incassi (o prospetto delle entrate di cassa) è volto a stimare i pagamenti incassati nel periodo di riferimento.

Il prospetto delle uscite di cassa è volto a determinare le uscite di cassa generate dagli acquisti, a determinate condizioni di pagamento.

In questo esercizio si è scelto di adottare la modalità di rappresentazione del prospetto delle entrate e delle uscite di cassa alternativa (modalità alternativa riportata anche nelle soluzioni degli esercizi precedenti).

Budget degli incassi (o prospetto delle entrate di cassa)	Giugno
Crediti al 31 maggio	€72.000
Vendite giugno: Vendite in contanti giugno 50% × vendite a credito giugno = 50% × (€250.000 – €60.000)	 €60.000 €95.000
Totale incassi (o entrate di cassa)	**€227.000**

Prospetto delle uscite di cassa (per acquisti Magazzino)	Giugno
Debiti al 31 maggio	€90.000
Acquisti giugno: 40% × acquisti giugno = 40% × €200.000	€80.000
Totale uscite di cassa per acquisti MP	**€170.000**

Il budget di cassa è volto a determinare le entrate e le uscite totali di cassa del periodo e dunque l'eccesso o il deficit di cassa del periodo di riferimento.

Budget di cassa	Giugno
Saldo di cassa inizio periodo*	€8.000
Totale entrate di cassa**	€227.000
Totale cassa disponibile* **	**€235.000**
Totale uscite di cassa:	
MP****	(€170.000)
Costi operativi*****	(€51.000)
Acquisti attrezzature*****	(€9.000)
Totale uscite di cassa	**(€230.000)**
Eccesso (deficit) di cassa disponibile oltre le uscite**** **	**€5.000**

* Dato fornito dal testo.
** Dal budget degli incassi (o prospetto delle entrate di cassa).
*** Totale cassa disponibile = Saldo iniziale di cassa + Totale entrate di cassa.
**** Dal prospetto delle uscite di cassa.
***** Costi monetari mese corrente.
****** Totale cassa disponibile – Totale uscite di cassa = €235.000 – €230.000 = €5.000.

Prospetto di finanziamento e rimborso	Giugno
Eccesso (deficit) cassa*	€5.000
Finanziamento:	
Indebitamento (Effetti passivi)**	€18.000
Rimborsi***	(€15.000)
Interessi****	(€500)
Finanziamento totale*** **	**€2.500**
Saldo cassa fine periodo**** **	**€7.500**

* Dal budget di cassa.
** Debito contratto in giugno.
*** Gli effetti passivi al 31 maggio sono pagati in giugno.
**** Interessi maturati su effetti passivi, forniti dal testo.
***** Finanziamento totale = Indebitamento – Rimborsi – Interessi = €18.000 – €15.000 – €500 = €2.500.
****** Saldo di cassa di fine periodo = Eccesso di cassa + Finanziamento totale = €5.000 + €2.500 = €7.500.

2.

Budget di CE	Giugno
Ricavi di vendita	€250.000
CDV:	
RI MP	€30.000
Acquisti MP	€200.000
RF MP	€40.000
CDV*	**€190.000**
MOL**	**€60.000**
Costi operativi (compreso ammortamento)***	€53.000
Utile operativo******	**€7.000**
Interessi	€500
Utile netto*********	**€6.500**

* CDV = RI MP + Acquisti – RF MP = €30.000 + €200.000 – €40.000 = €190.000.
** MOL = Ricavi – CDV = €250.000 – €190.000 = €60.000.
*** Costi operativi = Costi operativi + Ammortamento = €51.000 + €2.000 = €53.000.
**** Utile operativo = MOL – Costi operativi = €60.000 – €53.000 = €7.000.
***** Utile netto = Utile operativo – Interessi = €7.000 – €500 = €6.500.

3.

Budget di SP	Giugno
Attivo circolante	
Cassa*	€7.500
Crediti**	€95.000
RF MP	€40.000
Totale attivo circolante	**€142.500**
Immobilizzazioni materiali	
Fabbricati e macchinari netti	€500.000
Attrezzature	€9.000
Ammortamento	€2.000
Totale immobilizzazioni materiali	**€507.000**
Totale attivo	**€649.500**
Debiti v/fornitori***	€120.000
Debiti v/banche (effetti passivi)****	€18.000
Capitale sociale	€420.000
Utili non distribuiti *****	**€91.500**
Totale passivo e patrimonio netto	**€649.500**

* Saldo di cassa di fine periodo dal prospetto di finanziamento e rimborso.
** Metà delle vendite a credito (pari a €250.000 – €60.000 = €190.000) viene incassato nel mese successivo. Pertanto: crediti 30 giugno = €190.000 × 50% = €95.000.
*** Il 60% degli acquisti a credito (pari al 100%, cioè €200.000) viene pagato nel mese successivo. Pertanto: debiti v/fornitori = 60% × €200.000 = €120.000.
**** Effetti passivi 30 giugno = €18.000.
***** Utili non distribuiti 30 giugno = Utili non distribuiti 31 maggio (da SP al 31 maggio) + Utile netto (da CE al 30 giugno) = €85.000 + €6.500 = €91.500.

Esercizio 7.14

Dati

Posto paio = u

Dati per budget delle vendite:

	Vendite previste u
Luglio	6.000 u
Agosto	7.000 u
Settembre	5.000 u
Ottobre	4.000 u
Novembre	3.000 u
Dicembre	3.000 u

Prezzo = 30 €/u

Dati per prospetto delle entrate di cassa:

Condizioni di incasso:

- 40% nel mese della vendita
- 50% nel mese successivo alla vendita
- 10% inesigibile

Crediti 1° luglio = €88.000

Dati per budget della produzione e la valorizzazione del magazzino PF:

Magazzino PF:
RI PF = 600 u
RF mese PF = 10% vendite mese successivo

Dati per budget MP:

MP lb/u = 2 lb/u
MP €/lb = 2,50 €/lb
RI MP = 2.440 lb
RF MP = 20% × fabbisogno produzione (fabbisogno tot MP) mese successivo

Dati per prospetto delle uscite di cassa per acquisti MP:

Condizioni di pagamento acquisti MP:

- 60% nel mese di acquisto
- 40% nel mese successivo l'acquisto

Debiti v/fornitori 1° luglio = €11.400

Dati per budget MOD:

MOD h/u = 0,50 h/u
Tariffa MOD ordinaria €/h = 12 €/h
Tariffa MOD straordinaria = 12 €/h × 1,25 = 15 €/h
h garantite mese = 3.000 h

Dati per budget CGP:

Driver = h MOD
CdA CGP variabili = 1,50 €/h
CGP fissi = €40.000 mese (di cui €2.000 ammortamento attrezzature)

Dati per costi V&A:

Costi V&A variabili = 0,50 €/u
Costi V&A fissi = €50.000 (incluso ammortamento €3.000 mese)

Ulteriori dati per budget di cassa e prospetto di finanziamento e rimborso:

Saldo di cassa di inizio periodo = €9.000
Saldo cassa minimo = €5.000
Debito = multipli di €1.000
Tasso interesse = 12%
Acquisti attrezzature (in contanti) = €10.000

Dati per budget di CE:

Vedi dati precedenti.

Ulteriori dati per budget di SP:

Immobilizzazioni = €100.000 (valore al netto del relativo fondo ammortamento)
Capitale sociale = €150.000
Utili non distribuiti = €53.032

Domande

1. Budget delle vendite terzo trimestre (luglio, agosto, settembre) e prospetto delle entrate di cassa?
2. Budget della produzione del terzo trimestre?
3. Budget degli acquisti (o delle MP) per il terzo trimestre e prospetto delle uscite di cassa per gli acquisti di MP?
4. Budget della MOD per il terzo trimestre?
5. Budget dei CGP per il terzo trimestre?
6. Budget dei costi V&A per il terzo trimestre?
7. Budget di magazzino PF (o valorizzazione di magazzino PF) per il terzo trimestre? (Arrotondare il valore alle unità.)
8. Budget di cassa per il terzo trimestre?
9. Budget di CE per il terzo trimestre?
10. Budget di SP per il terzo trimestre?

Soluzioni

1.

Il budget delle vendite è volto a determinare le vendite attese, in termini di unità e di valore.

Il budget degli incassi (o prospetto delle entrate di cassa) è volto a stimare i pagamenti incassati nel periodo di riferimento.

Prima modalità di rappresentazione proposta:

Budget delle vendite	Luglio	Agosto	Settembre	Totale trimestre
Vendite in contanti (40%)*	€72.000	€84.000	€60.000	€216.000
Vendite a credito (50%)**	€90.000	€105.000	€75.000	€270.000
Vendite inesigibili (10%)***	€18.000	€21.000	€15.000	€54.000
Vendite previste totali (100%)	**€180.000**	**€210.000**	**€150.000**	**€540.000**

* Vendite in contanti (40%) = vendite totali mese × 40%. Per cui: vendite in contanti luglio (40%) = 6.000 u × 30 €/u × 40% = €72.000; vendite in contanti agosto (40%) = 7.000 u × 30 €/u × 40% = €84.000; vendite in contanti settembre (40%) = 5.000 u × 30 €/u × 40% = €60.000.
** Vendite a credito (50%) = vendite mese × 50%. Per cui: vendite a credito luglio (50%) = 6.000 u × 30 €/u × 50% = €90.000; vendite a credito agosto (50%) = 7.000 u × 30 €/u × 50% = €105.000; vendite a credito settembre (50%) = 5.000 u × 30 €/u × 50% = €75.000.
*** Vendite inesigibili (10%) = vendite mese × 10% = vendite inesigibili luglio (10%) = 6.000 u × 30 €/u × 10% = €18.000; vendite inesigibili agosto (10%) = 7.000 u × 30 €/u × 10% = €21.000; vendite inesigibili settembre (10%) = 5.000 u × 30 €/u × 10% = €15.000.

Budget degli incassi (o prospetto delle entrate di cassa)	**Luglio**	**Agosto**	**Settembre**	**Totale trimestre**
Vendite in contanti del mese in corso (40%)	€72.000	€84.000	€60.000	€216.000
Vendite a credito del mese precedente (50%)*	€88.000	€90.000	€105.000	€283.000
Totale incassi (entrate di cassa)	**€160.000**	**€174.000**	**€165.000**	**€499.000**

* Vendite a credito di giugno incassate a luglio (50%) = crediti al 30 giugno = €88.000; vendite a credito luglio incassate ad agosto (50%) = 6.000 u × 30 €/u × 50% = €90.000; vendite a credito di agosto (incassate a settembre 50%) = 7.000 × 30 €/u × 50% = €105.000.

Modalità di rappresentazione alternativa:

Budget delle vendite	**Luglio**	**Agosto**	**Settembre**	**Totale trimestre**
Vendite previste u	6.000 u	7.000 u	5.000 u	18.000 u
Prezzo	30 €/u	30 €/u	30 €/u	30 €/u
Ricavi tot	**€180.000**	**€210.000**	**€150.000**	**€540.000**

Budget degli incassi (o prospetto delle entrate di cassa)	**Luglio**	**Agosto**	**Settembre**	**Totale trimestre**
Crediti al 30 giugno	€88.000			€88.000
Vendite luglio:				
40% × vendite luglio = 40% × €180.000	€72.000			
500% × vendite luglio = 50% × €180.000		€90.000		€162.000
Vendite agosto:				
40% × vendite agosto = 40% × €210.000		€84.000		
50% × vendite agosto = 50% × €210.000			€105.000	€189.000
Vendite settembre:				
40% × vendite settembre = 40% × €150.000			€60.000	€60.000
Totale incassi (o entrate di cassa)	**€160.000**	**€174.000**	**€165.000**	**€499.000**

2.

Il budget della produzione è volto a determinare i volumi di produzione che si devono realizzare per soddisfare i programmi di vendita (domanda attesa) e garantire il magazzino finale desiderato.

Budget della produzione	**Luglio**	**Agosto**	**Settembre**	**Totale trimestre**
Vendite previste u	6.000 u	7.000 u	5.000 u	18.000 u
RF PF*	700 u	500 u	400 u	400 u
Totale necessario**	6.700 u	7.500 u	5.400 u	18.400 u
RI PF***	(600 u)	(700 u)	(500 u)	(600 u)
Produzione richiesta	**6.100 u**	**6.800 u**	**4.900 u**	**17.800 u**

* In base alla politica delle scorte aziendale le RF PF mensili sono pari al 10% delle unità di vendita del mese successivo. Da cui: RF PF luglio = u vendita agosto × 10% = 7.000 u × 10% = 700 u; RF PF agosto = u vendita settembre × 10% = 5.000 × 10% = 500 u; RF PF settembre = u vendita ottobre × 10% = 4.000 u × 10% = 400 u. RF PF totale trimestre = RF PF ultimo mese trimestre = RF PF settembre = 400 u.

** Totale necessario = vendite previste u + RF PF. Per esempio: tot necessario luglio = 6.000 u + 700 u = 6.700 u.

*** Le RI PF di ciascun mese sono pari alle RF PF del mese precedente. Da cui: RI PF luglio = RF PF giugno = 600 u (testo); RI PF agosto = RF PF luglio = 700 u; RI PF settembre = RF PF agosto = 500 u. RI PF totale trimestre = RI PF primo mese trimestre = RI PF luglio = 600 u.

Produzione richiesta di ottobre (utile per domanda successiva):

Budget della produzione	**Ottobre**
Vendite previste u	4.000 u
RF PF	300 u*
Totale necessario	4.300 u
RI PF**	(400 u)**
Produzione richiesta	**3.900 u**

* RF PF ottobre = u vendita novembre × 10% = 3.000 u × 10% = 300 u.

** RI PF ottobre = RF PF settembre = 400 u.

3.

Il budget delle MP è volto a determinare la quantità totale di materie prime da acquistare, e quindi il costo totale di MP che si deve sostenere, per realizzare la produzione richiesta.

Budget delle MP (o budget degli acquisti)	**Luglio**	**Agosto**	**Settembre**	**Totale trimestre**
Produzione richiesta	6.100 u	6.800 u	4.900 u	17.800 u
MP lb/u	2 lb/u	2 lb/u	2 lb/u	2 lb/u
Fabbisogno tot MP* (fabb. produzione)	**12.200 lb**	**13.600 lb**	**9.800 lb**	**35.600 lb**
RF MP**	2.720 lb	1.960 lb	1.560 lb	1.560 lb
Tot necessario MP* **	**14.920 lb**	**15.560 lb**	**11.360 lb**	**37.160 lb**
RI MP****	(2.440 lb)	(2.720 lb)	(1.960 lb)	(2.440 lb)
MP da acquistare*****	**12.480 lb**	**12.840 lb**	**9.400 lb**	**34.720 lb**
Prezzo MP	2,50 €/lb	2,50 €/lb	2,50 €/lb	2,50 €/lb
Costo tot MP	**€31.200**	**€32.100**	**€23.500**	**€86.800**

* Il fabbisogno tot di MP è dato dal prodotto tra la produzione richiesta e la quantità di MP necessaria per realizzare un prodotto. Per esempio: fabbisogno tot MP luglio = 6.100 u × 2 lb/u = 12.200 lb.
** In base alla politica aziendale delle scorte, le RF MP di trimestre sono pari al 20% del fabbisogno tot di MP (fabbisogno di produzione) del mese successivo. Pertanto, RF MP luglio = 13.600 lb × 20% = 2.720 lb; RF MP agosto = 9.800 lb × 20% = 1.960 lb. Per calcolare le RF MP di settembre è necessario conoscere il fabbisogno tot MP di ottobre: fabbisogno MP ottobre = produzione richiesta ottobre × 2 lb = 3.900 u × 2 lb/u = 7.800 lb; da cui: 7.800 lb × 20% = 1.560 lb.
*** Il tot necessario è dato da: fabbisogno MP tot + RF MP. Per esempio: tot necessario luglio = 12.200 lb + 2.720 lb = 14.920 lb. RF MP tot trimestre = RF MP settembre = 1.560 lb.
**** RI MP luglio = 2.440 lb (Dati); RI MP agosto = RF MP luglio = 2.720 lb; RI MP settembre = RF MP agosto = 1.960 lb; RI MP trimestre = RI MP luglio = 2.440 lb.
***** Le MP da acquistare sono date da: tot necessario MP – RI MP. Per esempio: MP da acquistare luglio = 14.920 lb – 2.440 lb = 12.480 lb.

Prima modalità di rappresentazione proposta:

Prospetto delle uscite di cassa	**Luglio**	**Agosto**	**Settembre**	**Totale trimestre**
Acquisti del mese in corso pagati nel mese in corso (60%)*	€18.720	€19.260	€14.100	€52.080
Acquisti del mese precedente (40%)**	€11.400	€12.480	€12.840	€36.720
Totale uscite di cassa per acquisti MP	**€30.120**	**€31.740**	**€26.940**	**€88.800**

* Acquisti del mese in corso pagati nel mese in corso (60%) = acquisti del mese × 60%. Da cui: acquisti di luglio pagati a luglio (60%) = acquisti luglio × 60% = €31.200 × 60% = €18.720; acquisti di agosto pagati ad agosto (60%) = acquisti agosto × 60% = €32.100 × 60% = €19.260; acquisti di settembre pagati a settembre = acquisti settembre × 60% = €23.500 × 60% = €14.100.
** Acquisti del mese precedente (40%) = acquisti mese precedente × 40%. Da cui: acquisti del mese di giugno pagati a luglio = debiti giugno = €11.400; acquisti di luglio pagati ad agosto (40%) = acquisti di luglio × 40% = €31.200 × 40% = €12.480; acquisti di agosto pagati a settembre = acquisti di agosto × 40% = €32.100 × 40% = €12.840.

Modalità di rappresentazione alternativa:

Prospetto delle uscite di cassa (per acquisti MP)	**Luglio**	**Agosto**	**Settembre**	**Totale trimestre**
Debiti al 30 giugno	€11.400			€11.400
Acquisti luglio: 60% × acquisti agosto = 60% × €31.200 40% × acquisti agosto = 40% × 31.200	 €18.720	 €12.480		 €31.200
Acquisti agosto: 60% × acquisti agosto = 60% × €32.100 40% × acquisti agosto = 40% × 32.100		 €19.260	 €12.840	 €32.100
Acquisti settembre: 60% × acquisti settembre = 60% × €23.500			 €14.100	 €14.100
Totale uscite di cassa per acquisti MP	**€30.120**	**€31.740**	**€26.940**	**€88.800**

4.

Il budget della MOD è volto a determinare le h MOD tot da impiegare, e dunque il costo totale della MOD da sostenere, per realizzare la produzione richiesta.

Budget MOD	**Luglio**	**Agosto**	**Settembre**	**Totale trimestre**
Produzione richiesta	6.100 u	6.800 u	4.900 u	17.800 u
h MOD/u	0,50 h/u	0,50 h/u	0,50 h/u	0,50 h/u
Tot h MOD necessarie	**3.050 h**	**3.400 h**	**2.450 h**	**8.900 h**
h MOD garantite	3.000 h	3.000 h	3.000 h	9.000 h
h MOD straordinarie*	50 h	400 h	–	450 h*
Tariffa ordinaria h/u	12 €/u	12 €/u	12 €/u	12 €/u
Retribuzione h MOD ordinarie	3.000 h × 12 €/u = **€36.000**	3.000 h × 12 €/u = **€36.000**	2.450 h × 12 €/u = **€29.400**	= **€101.400**
Tariffa straordinaria h/u	15 €/h	15 €/h	15 €/h	15 €/h
Retribuzione h MOD straordinarie	50 h × 15 €/h = **€750**	400 h × 15 €/h = **€6.000**	–	450 h × 15 €/h = **€6.750**
Costo tot MOD	**€36.750**	**€42.000**	**€29.400**	**€108.150**

* Le h MOD straordinarie totali sono date da: 50 h + 400 h = 450 h. In questo caso la sommatoria dei valori in colonna non può dare lo stesso risultato perché nel secondo trimestre c'è stato un utilizzo di un numero di ore inferiore rispetto a quelle garantite.

Le h MOD garantite ma non impiegate vengono valorizzate per la tariffa oraria della MOD e considerate un costo di manodopera indiretta (MOI), in quanto non direttamente impiegate nella realizzazione dei prodotti.

Budget MOI	Luglio	Agosto	Settembre	Totale trimestre
h MOD garantite	3.000 h	3.000 h	3.000 h	9.000 h
h MOD necessarie	3.050 h	3.400 h	2.450 h	8.900 h
h MOD non utilizzate	–	–	550 h	550 h
Tariffa €/h	12 €/h	12 €/h	12 €/h	12 €/h
Costo tot MOI	–	–	**€6.600**	**€6.600**

5.

Il budget dei CGP è volto a determinare il totale dei costi generali di produzione da sostenere per realizzare la produzione richiesta.

Budget CGP	Luglio	Agosto	Settembre	Totale trimestre
h MOD	3.050 h	3.400 h	2.450 h	8.900 h
CdA €/h	1,5 €/h	1,5 €/h	1,5 €/h	1,5 €/h
CGP variabili	€4.575	€5.100	€3.675	€13.350
CGP fissi	€40.000	€40.000	€40.000	€120.000
CGP totali	**€44.575**	**€45.100**	**€43.675**	**€133.350**
Costi non monetari (ammortamento)	(€2.000)	(€2.000)	(€2.000)	(€6.000)
Uscite di cassa per CGP	**€42.575**	**€43.100**	**€41.675**	**€127.350**

6.

Il budget dei costi V&A è volto a determinare il totale dei costi di vendita e amministrativi da sostenere per soddisfare i programmi di vendita.

Budget costi V&A	Luglio	Agosto	Settembre	Totale trimestre
Vendite previste u	6.000 u	7.000 u	5.000 u	18.000 u
CdA Costi V&A variabili (Costo V&A variabile u)	0,50 €/u	0,50 €/u	0,50 €/u	0,50 €/u
Costi V&A variabili	€3.000	€3.500	€2.500	€9.000
Costi V&A fissi	€50.000	€50.000	€50.000	€150.000
Costi V&A totali	**€53.000**	**€53.500**	**€52.500**	**€159.000**
Costi non monetari (ammortamento)	(€3.000)	(€3.000)	(€3.000)	(€9.000)
Uscite cassa per costi V&A	**€50.000**	**€50.500**	**€49.500**	**€150.000**

7.

Il budget del magazzino dei prodotti finiti è volto a determinare il valore del magazzino di budget, dato dal prodotto tra unità a magazzino e il costo unitario di prodotto.

Costo u	Q	P	Costo u (P × Q)
MP	2 lb/u	2,500000 €/lb**	5,00000 €/lb
MOD	0,50 h/u	12,15168 €/h****	6,07584 €/u
MOI	0,50 h/u	0,741578 €/h****	0,370789 €/u
CGP	0,50 h/u***	14,98314 €/h****	7,49157 €/u
Costo u tot			**18,93821 €/u**

*L'azienda sostiene un costo totale di manodopera diretta pari a €108.150, per un totale in ore di 8.900 (comprensivo di straordinari). Pertanto, dal momento che le ore straordinarie sono maggiormente remunerate, il costo orario sarà pari a €108.150/8.900 h = 12,15168 €/h.
** L'azienda utilizza come driver dei costi indiretti le h MOD. CdA MOI = Costo tot MOI/h MOD necessarie tot = €6.600/8.900 h = 0,741578 €/h.
*** I CGP sono allocati al prodotto utilizzando come driver le h MOD, pertanto la Q unitaria è rappresentata da h MOD/u.
**** CdA CGP = CGP tot/h MOD necessarie tot = €133.350/8.900 h = 14,9831 €/h.

Budget Magazzino PF	U	Costo u	Costo totale
RF PF	400 u*	18,9382 €/u	€7.575
RI PF	600 u*	18,9382 €/u	€11.363

* Dal budget della produzione.

8.

Il budget di cassa è volto a determinare le entrate e le uscite di cassa totali del periodo e dunque l'eccesso o deficit di cassa alla fine del periodo di riferimento.

Lo svolgimento del budget di cassa presuppone di procedere per colonna: si compilerà dunque prima il budget di cassa di luglio (colonna a) e il prospetto di finanziamento e rimborso di luglio, al fine di determinare il saldo di cassa finale di luglio che diventerà il saldo di cassa iniziale di agosto. A seguire si compilerà il budget di cassa di agosto (colonna b) e infine di settembre (colonna c).

Budget di cassa	Luglio (a)	Agosto (b)	Settembre (c)	Tot trimestre
Saldo di cassa inizio periodo*	€9.000	€5.555	€6.095	€9.000
Totale entrate di cassa**	€160.000	€174.000	€165.000	€499.000
Totale cassa disponibile* **	**€169.000**	**€179.555**	**€171.095**	**€508.000**
Totale uscite di cassa:				
MP****	€30.120	€31.740	€26.940	€88.800
MOD*****	€36.750	€42.000	€29.400	€108.150
MOI******	–	–	€6.600	€6.600
CGP monetari*******	€42.575	€43.100	€41.675	€127.350
Costi V&A monetari********	€50.000	€50.500	€49.500	€150.000
Acquisti attrezzature*********	€10.000	–	–	€10.000
Totale uscite di cassa	**€169.445**	**€167.340**	**€154.115**	**€490.900**
Eccesso (deficit) di cassa disponibile oltre le uscite******** **	**(€445)**	**€12.215**	**€16.980**	**€17.100**

* Il saldo di cassa iniziale di luglio è fornito dal testo e pari a €9.000. Il saldo di cassa iniziale degli altri mesi è il saldo di cassa finale del mese precedente, determinato nel prospetto di finanziamento e rimborso. Da cui: saldo di cassa iniziale agosto = saldo di cassa finale di luglio (dal prospetto di finanziamento e rimborso) = €5.555; saldo di cassa iniziale di settembre = saldo di cassa finale di agosto (dal prospetto di finanziamento e rimborso) = €6.095. Il saldo di cassa iniziale totale di trimestre è pari al saldo iniziale di cassa del primo mese del trimestre, luglio, e quindi pari a €9.000.
** Dal budget degli incassi (o prospetto delle entrate di cassa).
*** Totale cassa disponibile = Saldo iniziale cassa + Entrate cassa.
**** Dal prospetto delle uscite di cassa.
***** Dal budget della MOD.
****** Dal budget della MOI.
******* Dal budget dei CGP.
******** Dal budget dei costi V&A.
********* Acquistate in contanti.
********** Eccesso (deficit) cassa = Totale cassa disponibile – Totale uscite cassa.

L'azienda deve garantire un saldo minimo id cassa pari a €5.000, pertanto deve richiedere un finanziamento.

Prospetto di finanziamento e rimborso	**Luglio**	**Agosto**	**Settembre**	**Tot trimestre**
Eccesso (deficit) di cassa*	(€445)	€12.215	€16.980	€17.100
Finanziamento:				
Indebitamento**	€6.000	–	–	€6.000
Rimborsi***	–	(€6.000)	–	(€6.000)
Interessi****	–	(€120)	–	(€120)
Finanziamento totale	**€6.000**	**(€6.120)**	**–**	
Saldo cassa fine periodo***	**€5.555**	**€6.095**	**€16.980**	**€16.980**

* Dal budget di cassa.
** Il finanziamento deve coprire il deficit di cassa e garantire il saldo di cassa minimo. Pertanto: Indebitamento = €445 + €5.000 = €5.445. Poiché il finanziamento può essere richiesto per multipli di €1.000, verrà richiesto un finanziamento di €6.000, da cui: Indebitamento = €6.000.
*** Il finanziamento viene rimborsato ad agosto, quando l'azienda ha determinato un eccesso di cassa che consente il rimborso e il pagamento degli interessi maturati.
**** Interessi = (€6.000 × 12% × 2/12) = €120 (arrotondato).
***** Il saldo di cassa di fine periodo di un mese (determinato con il prospetto di finanziamento e rimborso) rappresenta il saldo cassa di inizio periodo del mese successivo nel budget di cassa. Per esempio: saldo di cassa fine periodo luglio = saldo di cassa di inizio periodo agosto = €5.555. Nel mese di agosto e settembre l'azienda è in grado di generare un saldo di cassa finale tale da superare il saldo minimo di €6.000.

9.

Ai fini della realizzazione del budget di CE di trimestre realizziamo prima il budget del CDV di trimestre.

Budget CDV	Calcoli	Tot trimestre
RI*	2.440 lb × 2,50 €/lb = €6.100	€6.100
Acquisti MP*		€86.800
RF*	1.560 lb × 2,50 €/lb = (€3.900)	(€3.900)
Consumo tot MP**		**€89.000**
MOD***		€108.150
MOI****	–	€6.600
CGP*****		€133.350
Costo del prodotto ottenuto		**€337.100**
RI PF******		€11.363
RF PF******		(€7.575)
CDV		**€340.888**

* Dati tratti dal budget delle MP.
** Il consumo tot di trimestre è dato da RI – Acquisti + RF totali di trimestre (sommatoria algebrica di colonna).
*** Dal budget della MOD.
**** Dal budget della MOI.
***** Dal budget dei CGP.
****** Dal budget del magazzino PF.

Budget CE	Tot trimestre
Ricavi	€540.000
CDV	(€340.888)
MOL	**€199.112**
Costi V&A	(€159.000)
RO	**€40.112**
Interessi passivi	(€120)
RO competenza	**€39.992**
Perdite su crediti*	(€54.000)
Utile/Perdita netto/a	**(€14.008)**

* Perdite su crediti = Vendite totali × 10% = €540.000 × 10% = €54.000.

10.

Budget SP	Tot trimestre
Attivo circolante:	
Cassa*	€16.980
Crediti**	€75.000
RF MP***	€3.900
RF PF****	€7.544

Budget SP	Tot trimestre
Totale attivo circolante	**€103.424**
Immobilizzazioni:	
Immobilizzazioni e altri beni*****	€95.000
Totale immobilizzazioni	**€95.000**
Totale attivo	**€198.424**
Debiti commerciali******	€9.400
Patrimonio netto:	
Capitale sociale	€150.000
Utile non distribuito*******	€39.024
Totale patrimonio netto	**€189.024**
Totale passivo e patrimonio netto	**€198.424**

* Cassa = saldo di cassa finale del trimestre, determinato nel prospetto di finanziamento e rimborso.
** Crediti = vendite settembre × 50% = €150.000 × 50% = €75.000.
*** RF MP = dal budget del magazzino PF.
***** Il valore delle Immobilizzazioni e altri beni è pari a:
Valore iniziale (al netto del fondo) = €100.000
+ Acquisti luglio = €10.000
= Totale = €110.000
– Ammortamenti trimestre = €15.000
= Totale netto = €95.000
Dove Ammortamenti = (€2.000 + €3.000) × 3 mesi = €15.000
***** Debiti commerciali = acquisti settembre × 40% = €23.500 × 40% = €9.400
****** Utile non distribuito:
Saldo iniziale = €53.032
– Perdita esercizio = (€14.008) (da budget di CE)
– Dividendi = €0
Saldo finale = €39.024

Esercizio 7.15

Dati

Dati per il budget delle vendite:

	Marzo	Aprile	Maggio	Giugno	Luglio
Vendite previste	€60.000	€70.000	€85.000	€90.000	€50.000

Dati per il prospetto delle entrate di cassa:

Condizioni di incasso:

- 20% in contanti nel mese della vendita
- 80% a credito nel mese successivo la vendita

Crediti al 31 marzo (da vendite di marzo) = crediti 1° aprile = €48.000

Dati per il budget degli acquisti:

RF = 30% CDV mese successivo
RF 31 marzo = RF 1° aprile = €12.600

Dati per il prospetto delle uscite di cassa:

Debiti commerciali 31 marzo = €18.300

Condizioni di pagamento merci:

- 50% nel mese d'acquisto
- 50% nel mese successivo

Dati per il budget dei costi operativi:

- Salari e stipendi = €7.500
- Spedizioni = 6% × vendite
- Pubblicità = €6.000 mese
- Altre spese = 4% × vendite
- Ammortamento (costo non monetario) = €6.000 trimestre

Dati per il budget di cassa:

Cassa 31 marzo = €9.000
Acquisti macchinari:

- Aprile = €11.500
- Maggio = €3.000

Dividendi (giugno) = €3.500

Dati per il prospetto di finanziamento e rimborso:

Saldo di cassa minimo = €8.000
Tasso d'interesse = 12%
Indebitamento = multipli di €1.000

Dati per il budget di CE:

Vedi dati precedenti.

Ulteriori dati per budget di SP:

Fabbricati e macchinari (netto) = €214.100
Capitale sociale = €190.000
Utili non distribuiti = €75.400

Domande

Master budget per il trimestre aprile, maggio, giugno:

1. Budget vendite e prospetto entrate di cassa?
2. Budget degli acquisti e prospetto delle uscite di cassa?
3. Budget dei costi operativi?
4. Budget di cassa?
5. Budget di CE?
6. Budget di SP?

Soluzioni

1.

Il budget delle vendite è volto a stimare i volumi di vendita e i ricavi previsti.

Il budget degli incassi (o prospetto delle entrate di cassa) è volto a stimare i pagamenti incassati nel periodo di riferimento.

Prima modalità di rappresentazione proposta:

Budget delle vendite	Aprile	Maggio	Giugno	Totale trimestre
Vendite in contanti (20%)*	€14.000	€17.000	€18.000	€49.000
Vendite a credito (80%)**	€56.000	€68.000	€72.000	€196.000
Totale vendite	**€70.000**	**€85.000**	**€90.000**	**€245.000**

* Le vendite in contanti riscosse nel mese in corso sono date da: vendite totali × 20%. Per esempio: vendite in contanti aprile = vendite aprile × 20% €70.000 × 20% = €14.000.
** Le vendite a credito riscosse nel mese successivo sono date da: vendite totali × 80%. Per esempio: vendite a credito aprile = vendite aprile × 80% = €70.000 × 80% = €56.000.

Budget degli incassi (o prospetto delle entrate di cassa)	Aprile	Maggio	Giugno	Totale trimestre
Vendite in contanti del mese in corso (20%)*	€14.000	€17.000	€18.000	€49.000
Vendite a credito del mese precedente (80%)**	€48.000	€56.000	€68.000	€172.000
Totale incassi (o entrate di cassa)	**€62.000**	**€73.000**	**€86.000**	**€221.000**

* Vendite in contanti del mese in corso (20%) = vendite previste mese in corso × 20%. Da cui: vendite in contanti aprile (20%) = vendite aprile × 20% = €70.000 × 20% = €14.000; vendite in contanti maggio (20%) = vendite maggio × 20% = €85.000 × 20% = €17.000; vendite in contanti giugno (20%) = vendite giugno × 20% = €90.000 × 20% = €18.000.
** Vendite a credito del mese precedente (80%). Da cui: vendite a credito del mese di marzo incassate ad aprile (80%) = vendite di marzo × 80% = €60.000 × 80% = €48.000; vendite a credito di aprile incassate a maggio (80%) = vendite di aprile × 80% = €70.000 × 80% = €56.000; vendite a credito di maggio incassate a giugno (80%) = vendite di maggio × 80% = €85.000 × 80% = €68.000.

Modalità di rappresentazione alternativa:

Budget delle vendite	Aprile	Maggio	Giugno	Totale trimestre
Totale ricavi	€70.000	€85.000	€90.000	€245.000

Budget degli incassi (o prospetto delle entrate di cassa)	Aprile	Maggio	Giugno	Totale trimestre
Crediti al 31 marzo 80% × vendite marzo = 80% × €60.000*	€48.000			€48.000
Vendite aprile: 20% × vendite aprile = 20% × €70.000 80% × vendite aprile = 80% × €70.000	€14.000	€56.000		€70.000
Vendite maggio: 20% × vendite maggio = 20% × €85.000 80% × vendite maggio = 80% × €85.000		€17.000	€68.000	€85.000
Vendite giugno: 20% × vendite giugno = 20% × €90.000			€18.000	€18.000
Totale incassi (o entrate di cassa)	**€62.000**	**€73.000**	**€86.000**	**€221.000**

* Dato fornito anche nello SP al 31 marzo.

2.

Trattandosi di un'azienda commerciale non avremo il budget della produzione e parleremo non di budget delle MP, ma di budget degli acquisti.

Il budget degli acquisti è volto a determinare la quantità di merce totale, e quindi il costo totale da sostenere per l'acquisto di merce, al fine di realizzare i programmi di vendita e garantire il magazzino desiderato.

Budget degli acquisti	Aprile	Maggio	Giugno	Totale trimestre
CDV*	€42.000	€51.000	€54.000	€147.000
RF**	€15.300	€16.200	€9.000	€9.000
Fabbisogno totale	**€57.300**	**€67.200**	**€63.000**	**€156.000**
RI***	(€12.600)	(€15.300)	(€16.200)	(€12.600)
Costo totale acquisti	**€44.700**	**€51.900**	**€46.800**	**€143.400**

* CDV = vendite × 60%. Per esempio: CDV aprile = vendite aprile × 60% = €70.000 × 60% = €42.000.
** RF = CDV mese successivo × 30%. Da cui: RF aprile = CDV maggio × 30% = €51.000 × 30% = €15.300; RF maggio = CDV giugno × 30% = €54.000 × 30% = €16.200; RF giugno = CDV luglio × 30% (dove CDV luglio = vendite luglio × 60% = €50.000 × 60% = €30.000) = €30.000 × 30% = €9.000. Le RF del trimestre sono pari alle RF dell'ultimo mese del trimestre, €9.000.
*** RI = RF mese precedente. Da cui: RI aprile = RF 31 maggio = €12.600; RI maggio = RF aprile = €15.300; RI giugno = RF maggio = €16.200. Le RI totali di trimestre sono pari alle RI del primo mese del trimestre, €12.600.

Prima modalità di rappresentazione proposta:

Prospetto delle uscite di cassa (per acquisti)	Aprile	Maggio	Giugno	Totale trimestre
Acquisti del mese pagati nel mese corrente (50%)*	€22.350	€25.950	€23.400	€71.700
Acquisti del mese precedente (50%)**	€18.300	€22.350	€25.950	€66.600
Totale uscite di cassa per acquisti	**€40.650**	**€48.300**	**€49.350**	**€138.300**

* Acquisti del mese pagati nel mese corrente (50%) = acquisti mese × 50%. Per esempio: acquisti di aprile pagati ad aprile = acquisti aprile × 50% = €44.700 × 50% = €20.325.
** Acquisti del mese precedente pagati nel mese corrente (50%) = acquisti mese precedente × 50%. Per esempio: acquisti marzo pagati ad aprile = acquisti marzo × 50% = Crediti al 31 marzo = €18.300; acquisti aprile pagati a maggio = acquisti aprile × 50% = €44.700 × 50% = €22.350.

Modalità di rappresentazione alternativa:

Prospetto delle uscite di cassa (per acquisti)	Aprile	Maggio	Giugno	Totale trimestre
Debiti al 31 marzo	€18.300			€18.300
Acquisti aprile: 50% × acquisti aprile = 50% × €44.700 50% × acquisti aprile = 50% × €44.700	€22.350	€22.350		€44.700
Acquisti maggio: 50% × acquisti maggio = 50% × €51.900 50% × acquisti maggio = 50% × €51.900		€25.950	€25.950	€51.900
Acquisti giugno: 50% × acquisti giugno = 50% × €51.900			€23.400	€23.400
Totale uscite di cassa per acquisti MP	**€40.650**	**€48.300**	**€49.350**	**€138.300**

3.

Il budget dei costi operativi è volto a determinare i costi operativi totali da sostenere per far fronte ai programmi di vendita.

Budget costi operativi	Aprile	Maggio	Giugno	Totale trimestre
Salari e stipendi	€7.500	€7.500	€7.500	€22.500
Spedizioni*	€4.200	€5.100	€5.400	€14.700
Pubblicità	€6.000	€6.000	€6.000	€18.000
Altre spese**	€2.800	€3.400	€3.600	€9.800
Costi operativi totali (uscite di cassa totali per costi operativi)	**€20.500**	**€22.000**	**€22.500**	**€65.000**

*Spedizioni = vendite × 6%. Per esempio: spedizioni aprile = vendite aprile × 6% = €70.000 × 6% = €4.200.
**Altre spese = vendite × 4%. Per esempio: altre spese aprile = vendite aprile × 4% = €70.000 × 4% = €2.800.

4.
Il budget di cassa è volto a determinare le entrate e le uscite di cassa totali del periodo e quindi l'eccesso o il deficit di cassa del periodo di riferimento.

Budget di cassa	Aprile	Maggio	Giugno	Totale trimestre
Saldo di cassa di inizio periodo*	€9.000	€8.350	€8.050	€9.000
Entrate di cassa**	€62.000	€73.000	€86.000	€221.000
Disponibilità di cassa totale* **	**€71.000**	**€81.350**	**€94.050**	**€230.000**
Totale uscite di cassa:				
Acquisti****	€40.650	€48.300	€49.350	€138.300
Costi operativi	€20.050	€22.000	€22.500	€65.000
Attrezzature	€11.500	€3.000	–	€14.500
Dividendi	–	–	€3.500	€3.500
Uscite di cassa totali	**€72.650**	**€73.300**	**€73.350**	**€221.300**
Eccesso (deficit) di cassa*****	**(€1.650)*****	**€8.050**	**€18.700**	**€8.700**

* Il saldo di cassa iniziale di aprile è fornito dal testo. Il saldo di cassa iniziale di maggio e giugno è determinato dal saldo di cassa di fine periodo del mese precedente (rispettivamente aprile e maggio, determinato nel prospetto di finanziamento e rimborso). Il saldo iniziale di cassa totale di trimestre è pari al saldo di cassa del primo mese del trimestre (aprile).
** Dal budget degli incassi (o prospetto delle entrate di cassa).
*** Disponibilità di cassa = Saldo iniziale cassa + Entrate cassa.
**** Dal prospetto delle uscite di cassa.
***** Eccesso (deficit) = Totale cassa disponibile – Totale uscite di cassa.

Poiché l'azienda deve garantire un saldo minimo di cassa di €8.000, dovrà richiedere un finanziamento:

Prospetto finanziamento e rimborso	**Aprile**	**Maggio**	**Giugno**	**Totale trimestre**
Eccesso (deficit) di cassa*	(€1.650)	€8.050	€18.700***	€8.700
Indebitamento**	€10.000	–	–	€10.000
Rimborso***	–	–	(€10.000)	(€10.000)
Interessi****	–	–	(€300)	(€300)
Finanziamento totale	**€10.000**	**–**	**(€10.300)**	**(€10.300)**
Saldo cassa fine periodo*****	**€8.350**	**€8.050**	**€8.400**	**€8.400**

* L'eccesso di cassa di ciascun mese è stato determinato nel budget di cassa.
** L'azienda chiede un finanziamento per coprire il deficit di cassa e garantire il saldo minimo di cassa. Finanziamento necessario = €1.650 + €8.000 = €9.650. Poiché il finanziamento viene richiesto per multipli di €1.000, avrà un indebitamento pari a €10.000.
*** Con l'eccesso di cassa di giugno l'azienda riesce a rimborsare il finanziamento e pagare gli interessi, garantendo un saldo di cassa superiore a €8.000 (saldo minimo).
**** Interessi = (€10.000 × 12% × 3/12) = €300.
***** Il saldo di cassa di fine periodo di un mese (determinato con il prospetto di finanziamento e rimborso) rappresenta il saldo cassa di inizio periodo del mese successivo nel budget di cassa. Per esempio: saldo di cassa fine periodo ad aprile (dal prospetto di finanziamento e rimborso) = saldo di cassa di inizio periodo a maggio (nel budget di cassa) = €8.350. Il saldo di cassa di fine periodo del trimestre è pari al saldo di cassa di fine periodo dell'ultimo mese del trimestre (giugno, cioè €8.400).

5.

Budget CE	**Tot trimestre**
Ricavi	€245.000
CDV	(€147.000)
MOL	**€98.000**
Costi operativi	€65.000
Ammortamento	€6.000
RO	**€27.000**
Interessi passivi	(€300)
Utile netto	**€26.700**

6.

Budget SP	Tot trimestre
Attivo circolante:	
Cassa*	€8.400
Crediti**	€72.000
RF ***	€9.000
Totale attivo circolante	**€89.400**
Immobilizzazioni:	
Immobilizzazioni e altri beni****	€222.600
Totale immobilizzazioni	**€222.600**
Totale attivo	**€312.000**
Debiti commerciali*****	€23.400
Patrimonio netto:	
Capitale sociale	€190.000
Utile non distribuito******	€98.600
Totale patrimonio netto	**€288.600**
Totale passivo e patrimonio netto	**€312.000**

* Cassa = saldo di cassa finale del trimestre, determinato nel prospetto di finanziamento e rimborso.
** Crediti = vendite giugno × 80% = €90.000 × 80% = €72.000.
*** RF di trimestre, determinate nel budget degli acquisti.
**** Il valore delle immobilizzazioni e altri beni è pari a:
valore iniziale (al netto fondo) = €214.100
\+ acquisti aprile = €11.500
\+ acquisti maggio = €3.000
Totale = €228.600
– ammortamenti trimestre €6.000
Totale = €222.600
***** Debiti commerciali = acquisti giugno × 50% = €46.800 × 50% = €23.400
****** Utile non distribuito pari a:
saldo iniziale = €75.400
\+ utile netto = €26.700 (da budget di CE)
– Dividendi = €3.500
Totale = €98.600
– dividendi = €3.500
Saldo finale = €98.600

CAPITOLO 8

Flessibilizzazione del budget e analisi degli scostamenti

Esercizi e problemi

ESERCIZIO 8.1 Preparazione di una scheda di costi standard

Una società farmaceutica svedese realizza un farmaco anticoagulante. L'ingrediente principale è una materia prima chiamata Beta SR40. Si riportano di seguito le informazioni relative all'acquisto e all'uso di Beta SR40.

La materia prima Beta SR40 viene acquistata in container da 2 Kg a un costo di €3.000 al Kg. Il fornitore offre uno sconto del 2% per pagamenti entro i 10 giorni e la società farmaceutica approfitta di tutti gli sconti. I costi di spedizione ammontano a €1.000 per una spedizione media di 10 container da 2 Kg.

La distinta base indica 6 grammi di Beta SR40 per capsula del farmaco anticoagulante, compresa la tolleranza per eventuali scarti di produzione.

1. Determinare il prezzo standard (€/gr) della materia prima Beta SR$=.

2. Determinare il costo standard del farmaco coagulante.

ESERCIZIO 8.2 Budget flessibile e budget statico

Entrepreneurs & Charity, un'associazione di imprenditori, di recente ha organizzato una cena danzante. Quelli che seguono sono i dati del budget (statico) originale e i risultati effettivi:

	Budget	Risultati effettivi	Scostamento
Partecipanti	75 u	90 u	15 u
Ricavi	€2.625	€3.255	€630 F
Cene a base di pollo a €17,60	€1.320	€1.670	€350 S
Bevande, €6 per persona	€450	€466	€16 S
Affitto del locale, €75 più 8% di tasse	€81	€81	€0
Musica, 3 ore a €250 l'ora	€750	€875	€125 S
Risultato economico	**€24**	**€163**	**€139 F**

1. Suddividere ciascuno scostamento in una porzione di scostamento di volume di vendita e in una di scostamento dal budget flessibile.
2. Fornire delle possibili spiegazioni per gli scostamenti.

ESERCIZIO 8.3 Budget flessibile

I costi programmati per materie prime dirette e manodopera diretta per unità di prodotto finito sono rispettivamente €13 e €5. Il manager responsabile della produzione è soddisfatto dei seguenti dati:

	Master budget (statico)	Costi effettivi	Scostamento
Materiali diretti	€104.000	€99.000	€5.000 F
Manodopera diretta	€40.000	€37.600	€2.400 F

La soddisfazione del manager è giustificata? Si prepari un report che riesca a fornire una spiegazione più dettagliata del motivo per cui il master budget non è stato raggiunto. Il livello di output effettivo è pari a 6.800 unità.

ESERCIZIO 8.4 Scostamenti da budget flessibile

Si supponga che una catena di ristoranti Hu in franchising a Shangai abbia programmato nel proprio budget per il 20X1 dei ricavi pari a €7,3 milioni. I costi variabili totali erano previsti al 70% delle vendite; i costi fissi annuali programmati erano di €1,8 milioni. La fiorente economia cinese ha fatto sì che i ricavi di vendita del 20X1 abbiano avuto un'impennata, salendo a €9,2 milioni (a parità di prezzo) e i risultati economici effettivi siano saliti a €570.000, mentre i costi fissi per l'anno si sono mantenuti al livello programmato. Il titolare del contratto di franchising era lieto di questo incremento del risultato economico.

Calcolare lo scostamento di volume di vendita e quello dal budget flessibile per il 20X1. Che cosa può imparare il titolare del franchising da questi scostamenti?

ESERCIZIO 8.5 Scostamenti da budget flessibile in una compagnia aerea

Si considerino i risultati (in migliaia di euro) di Campbell Airlines per un dato anno nella tabella che segue:

	Risultati effettivi	Master budget	Scostamento totale
Ricavi	?	€300.000	?
Costi variabili	€200.000	€195.000*	€5.000 S
Margine di contribuzione	**?**	**€105.000**	**?**
Costi fissi	€83.000	€80.000	€3.000 S
Reddito operativo	**?**	**€25.000**	**?**

* Include il costo di €90.000 del carburante degli aerei (in migliaia di euro).

Il master budget era basato su un ricavo unitario di €0,20 per miglio-passeggero. Un miglio-passeggero è il valore di un passeggero pagante che viaggia per un miglio. Una diminuzione media dell'8% nelle tariffe aeree ha contribuito a generare un incremento delle miglia-passeggero volate del 10% rispetto al budget statico per l'anno. I costi variabili vengono allocati ai prodotti utilizzando come base di ripartizione il fatturato.

Il prezzo al litro del carburante per gli aerei è salito oltre il prezzo utilizzato per formulare il budget statico; l'aumento medio del prezzo del carburante per l'anno è stato del 10%.

1. Come spiegazione per il presidente, si elabori un budget flessibile.
2. Si supponga che i costi del carburante per gli aerei siano puramente variabili e che l'uso del carburante sia allo stesso livello di efficienza previsto nel budget statico. Quale parte dello scostamento dal budget flessibile per i costi variabili è attribuibile ai costi del carburante?

ESERCIZIO 8.6 **Scostamento di volume e scostamento da budget flessibile**

I costi di supporto dei materiali per l'azienda Scott & Anderson Corporation (SAC) sono costi variabili che dipendono dal peso del materiale spostato (lamiera d'acciaio, colate e così via). Per il periodo di budget corrente e in base alla produzione programmata, SAC prevedeva di spostare 750.000 Kg di materiale a un costo di €0,25 al Kg. Diversi ordini però sono stati annullati dai clienti, e SAC ha movimentato solo 650.000 Kg di materiale. Il totale dei costi di supporto dei materiali per il periodo è stato di €170.000.

Si confrontino i costi di supporto effettivi con quelli previsti dal master budget calcolando gli scostamenti del livello di attività dal master budget e gli scostamenti dal budget flessibile per i costi di supporto dei materiali.

ESERCIZIO 8.7 **Scostamenti dei materiali diretti**

L'azienda Noel Shirt Company utilizza un tessuto speciale per la produzione di camicie. Nel mese di agosto Elegant Shirt ha acquistato e utilizzato per €695 al metro quadro 7.900 metri quadri di tessuto nella produzione di 3.800 camicie. Lo standard a volume di produzione effettivo è di due metri quadri a €710 al metro quadro per una camicia.

Calcolare lo scostamento di prezzo e quello di efficienza del materiale.

ESERCIZIO 8.8 **Scostamenti della manodopera e dei costi indiretti variabili**

Hollowel Audio, Inc. produce compact disc per uso militare. La società usa gli standard per controllare i propri costi. Gli standard della manodopera che sono stati fissati per un disco sono:

Q std	P std	Costo u std
24 minuti	6,00 €/h	2,40 €/u

In luglio sono state registrate 8.500 h di manodopera diretta per realizzare 20.000 dischi. Il costo della manodopera diretta è stato, in totale, di €49.300 per il mese.

I costi indiretti variabili vengono allocati al prodotto considerando come driver le ore di manodopera diretta. La tariffa oraria dei costi indiretti variabili di produzione prevista è pari a 4 €/h. In luglio, la società ha sostenuto costi indiretti variabili di produzione pari a €39.100.

1. Determinare lo scostamento da budget flessibile della manodopera diretta.
2. Determinare gli scostamenti di tariffa e di impiego della manodopera diretta.
3. Determinare gli scostamenti di prezzo e di efficienza dei costi indiretti variabili.

ESERCIZIO 8.9 Scostamenti delle materie prime e della manodopera diretta

Si considerino i dati seguenti:

	Materiali diretti	Manodopera diretta
Costi sostenuti: input effettivi × prezzi effettivi sostenuti	€154.000	€79.200
Input effettivi × prezzi programmati	€165.000	€74.000
Input standard a volume di produzione effettivamente raggiunto × prezzi standard	€172.500	€71.300

1. Calcolare gli scostamenti di prezzo e di impiego (efficienza) dal budget flessibile per i materiali diretti.
2. Calcolare gli scostamenti di prezzo e di impiego (efficienza) dal budget flessibile per la manodopera diretta.

ESERCIZIO 8.10 Scostamenti della manodopera diretta e delle materie prime

Tariffa standard della manodopera diretta	14,00 €/h
Tariffa effettiva della manodopera diretta	12,20 €/h
Quantità standard a volume di produzione effettivo di manodopera diretta	12.000 h
Scostamento di impiego della manodopera diretta, sfavorevole	€14.140 S
Prezzo standard dei materiali	4,50 €/Kg
Quantità effettiva acquistata e utilizzata	1.800 Kg
Quantità standard a volume di produzione effettivo dei materiali	1.650 Kg
Scostamento di prezzo di acquisto dei materiali	(€288) F

1. Calcolare le ore di lavoro effettive, arrotondate all'unità più vicina.
2. Calcolare il prezzo di acquisto effettivo per unità di materiale, arrotondato al centesimo più vicino.

ESERCIZIO 8.11 Scostamenti di materiali, manodopera e costi indiretti

Extreme Kayak Company produce kayak in plastica stampata. I costi standard per un kayak da fiume di base sono:

Materiali diretti (60 lb a 5,50 €/lb)	€330
Manodopera diretta (1,5 h a €16/h)	€24
Costi indiretti (€12 €/kayak)	€12
Totale	**€366**

Il coefficiente di allocazione dei costi indiretti considera come base di ripartizione i volumi di produzione preventivi, pari a 450 kayak al mese.

La funzione dei costi indiretti è €2.808 + €5,76 × numero di kayak.

Nel mese di marzo, la società ha prodotto 430 kayak e ha ottenuto i risultati effettivi seguenti:

Materiali diretti acquistati e utilizzati	27.000 libbre a 5,30 €/lb
Manodopera diretta	660 h a 15,90 €/h
Costi indiretti totali (variabili + fissi)	€5.355

A consuntivo non si sono verificate variazioni dei costi indiretti fissi.

1. Calcolare gli scostamenti di materiali, manodopera e costi indiretti variabili.
2. Interpretare gli scostamenti.

ESERCIZIO 8.12 Analisi degli scostamenti da budget flessibile: MP, MOD e CIV

Metal Engineering, Inc., utilizza un sistema di misurazione a costi standard. Quelli che seguono sono i dati mensili relativi alle attività di fusione della ghisa:

- Materiali acquistati e utilizzati, 3.300 Kg.
- Costo della manodopera diretta sostenuto, €41.800.
- Ore di manodopera diretta impiegate, 5.500 ore.
- Costi indiretti variabili sostenuti, €4.730.
- Unità finite prodotte, 1.000.
- Prezzo effettivo dei materiali, €0,96 al Kg.
- Coefficiente di allocazione standard dei costi indiretti variabili, €0,80 all'ora.
- Prezzo della manodopera diretta standard, €8 all'ora.

- Prezzo standard dei materiali, €1 al Kg.
- Quantità standard di materiale in chilogrammi per unità finita, 3 Kg.
- Ore di manodopera diretta standard per unità finita, 5 ore.

Calcolare:

1. Scostamenti di prezzo e impiego (efficienza) dei materiali.
2. Scostamenti di prezzo e impiego (efficienza) della manodopera diretta.
3. Scostamenti di spesa ed efficienza dei costi indiretti variabili.

ESERCIZIO 8.13 Scostamenti da budget flessibile

L'azienda Dark Chocolate Company utilizza dei costi standard e un budget flessibile per controllare la propria produzione di cioccolatini di qualità. L'agente di acquisto è responsabile degli scostamenti di prezzo dei materiali diretti, mentre il manager di produzione è responsabile di tutti gli altri scostamenti. Quello che segue è un riepilogo dei dati relativi alla settimana appena trascorsa:

- Unità finite prodotte: 4.000 scatole di cioccolatini.
- Materiali diretti: acquistati e utilizzati, 4.300 Kg di cioccolato a €15,5 al Kg; il prezzo standard è €16 al Kg. Standard per scatola prodotta a volume di produzione effettivo, 1 Kg.
- Manodopera diretta: costi effettivi, 6.300 ore a €30,5 all'ora (o €192.150 complessivi). Standard per scatola prodotta a volume di produzione effettivo, 1 ½ ora. Prezzo standard per ora di manodopera diretta, €30.
- Costi indiretti di produzione variabili: costi effettivi, €69.500. La formula del budget è €10 per ora di manodopera diretta standard.

Calcolare quanto segue:

1. a. Scostamento di prezzo e di impiego (efficienza) dei materiali diretti.
   b. Scostamento di prezzo e di impiego (efficienza) della manodopera diretta.
   c. Scostamento di prezzo e di efficienza dei costi indiretti di produzione variabili.
2. a. Qual è il costo di budget flessibile per la manodopera diretta?
   b. Sarebbe diverso se la produzione fosse di 5.000 scatole?

ESERCIZIO 8.14 Scostamenti di manodopera diretta e di costi indiretti variabili

L'azienda Yang & Zaho Company ha avuto grandi difficoltà nel controllare i costi a Pechino nel corso degli ultimi tre anni. Il mese scorso l'azienda ha messo in funzione un sistema di misurazione a costi standard e budget flessibile. Quello che segue è un condensato dei risultati di un reparto produttivo:

	Costo previsto per ora di manodopera diretta standard	Scostamento dal budget flessibile
Lubrificanti	0,60 €/h	€330 F
Altre forniture	0,30 €/h	€225 S
Rilavorazione	0,60€/h	€450 S
Manodopera indiretta	1,50 €/h	€450 S
Totale costi indiretti variabili	**3,00 €/h**	**€795 S**

F = Favorevole, S = Sfavorevole.

Il reparto inizialmente aveva pianificato di produrre 9.000 coppie di altoparlanti audio in 6.000 ore di manodopera diretta standard a volume di produzione effettivo. La scarsità di alcuni materiali e un'ondata di caldo hanno portato invece alla produzione di 8.100 unità in 5.700 ore di manodopera diretta. Lo stipendio orario standard è di €5,25 all'ora, €0,15 in più rispetto alla tariffa oraria media effettiva.

1. Si prepari il budget flessibile, mostrando il confronto tra costi effettivi e costi di budget flessibile che ha generato gli scostamenti riportati nel testo.
2. Preparare un'analisi riepilogativa degli scostamenti di prezzo ed efficienza per la manodopera diretta e degli scostamenti di spesa ed efficienza per i costi indiretti variabili.

ESERCIZIO 8.15 ● **Scostamento del volume di vendita**

Nice Company vuole effettuare un'analisi delle proprie varianze commerciali. Nel corso del 2012 l'azienda aveva realizzato un volume di vendite pari a 3.500 u, ottenendo un margine di contribuzione totale pari a €4.200.000. Nel budget di inizio anno erano state stimate vendite per 3.200 unità ed era previsto un margine di contribuzione totale pari a €4.320.000.

Determinare lo scostamento del volume di vendita.

Glossario: terminologia, abbreviazioni adottate e definizioni

Di seguito sono riportati i termini utilizzati nell'ambito del capitolo. Tra parentesi viene indicata l'eventuale abbreviazione adottata, e a seguire viene fornita la definizione.

Costo previsto: costo probabile da conseguire, determinato su base storico-statistica.

Costo standard: costo unitario desiderabile, determinato su base ingegneristico-organizzativa.

Standard ideali: espressione dei risultati più efficienti possibili nelle migliori condizioni immaginabili, utilizzando le specifiche e le attrezzature esistenti.

Standard pratici (o effettivamente raggiungibili): espressione di livelli di rendimento che i manager possono raggiungere con uno sforzo realistico (considerando tolleranza, sprechi e tempi morti).

Costo standard (Costo std): costo unitario determinato dal prodotto tra prezzo (tariffa o CdA) standard e quantità standard.

Scostamenti dal master budget (o Scostamento totale) (Δ totale): scostamenti che si originano dal confronto tra risultati effettivi e master budget (o budget statico).

Scostamento di costo favorevole (Δ F): scostamento che si verifica quando costi effettivi sono inferiori costi programmati.

Scostamento di costo sfavorevole (Δ S): scostamento che si verifica quando i costi effettivi sono superiori ai costi programmati.

Budget flessibile (budget flex): si adegua alle variazioni del volume di vendita e delle altre attività (determinanti di costo o driver) che generano i costi. A tale proposito valorizza i ricavi e i costi unitari standard per i volumi effettivi.

Efficacia: misura in cui un obiettivo viene raggiunto.

Efficienza: misura in cui un'azienda utilizza quantità appropriate di input per ottenere un dato livello di output.

Scostamento di volume (o del livello di attività) (Δ Volume): scostamento che si origina dal confronto tra unità budget flessibile e master budget. Tale scostamento misura l'efficacia.

Scostamenti da budget flessibile (Δ da budget flex o altri delta): scostamenti generati dalla differenza tra budget flessibile e risultati effettivi. Tali scostamenti misurano l'efficienza e si compongono di scostamento di prezzo o tariffa *(Δ P)* e scostamento di impiego o efficienza (*Δ I* o *Δ E*).

Scostamento del volume di vendita (Δ Vol Vendita): misura l'efficacia dei manager nel soddisfare gli obiettivi di vendita programmati.

Algoritmi utili

Costo u std MP = P std × Q std

- Per esempio: Costo std MP = €/Kg × Kg/u

Costo u std MOD = P (o tariffa) std × Q std

- Per esempio: Costo std MOD = €/h × h/u

Costo u std CIV = CdA std × Q std

- Per esempio, posto driver = h MOD: Costo std CIV = €/h × CdA
  Dove CdA = CIV budget tot/h MOD budget tot

Scostamento da budget = Risultati effettivi – Risultati master budget

- Scostamento di costo da budget = Costi effettivi – Costi master budget = (P acq eff × Q eff) – (P acq std × Q std)
  - Scostamento di costo favorevole (Δ F) se: Costi effettivi < Costi budget
  - Scostamento di costo sfavorevole (Δ S) se: Costi effettivi > Costi budget
- Scostamento di ricavo da budget = Ricavi effettivi – Ricavi master budget = (P vend eff × Vol eff) – (P vend std × Vol budget)
  - Scostamento di ricavo favorevole (Δ F) se: Ricavi effettivi > Ricavi budget
  - Scostamento di ricavo sfavorevole (Δ S) se: Ricavi effettivi < Ricavi budget

Scostamento di volume (o del livello di attività) = Unità budget flessibile (o consuntivo) – Unità master budget

- Scostamento di volume favorevole (Δ F) se: Unità effettive > Unità budget
- Scostamento di volume sfavorevole (Δ S) se: Unità effettive < Unità budget

Scostamento da budget flessibile = Risultati effettivi – Risultati budget flessibile

- Scostamento dei costi da budget flessibile = Costi effettivi – Costi budget flex = (P acq eff × Q eff) – (P acq std × Q std × Vol eff)
  - Scostamento di costo favorevole (Δ F) se: Costi effettivi < Costi budget flex
  - Scostamento di costo sfavorevole (Δ S) se: Costi effettivi > Costi budget flex
- Scostamento dei ricavi da budget flessibile = Ricavi effettivi – Ricavi budget flex = (P vend eff × Vol eff) – (P vend std × Vol eff)
  - Scostamento di ricavo favorevole (Δ F) se: Ricavi effettivi > Ricavi budget flex
  - Scostamento di ricavo sfavorevole (Δ S) se: Ricavi effettivi < Ricavi budget flex

Scostamenti da budget flessibile delle MP:

- Scostamento di prezzo (Δ P) = Q eff × (P eff – P std)
  - Scostamento di prezzo favorevole (Δ F) se: P eff < P std
  - Scostamento di prezzo sfavorevole (Δ S) se: P eff > P std
- Scostamento di impiego o efficienza (Δ I o Δ E) = P std × (Q eff – Q std × Vol eff)

- Scostamento di impiego favorevole (Δ F) se: Q eff < (Q std × Vol eff)
- Scostamento di impiego sfavorevole (Δ S) se: Q eff > (Q std × Vol eff)

- Scostamento totale MP (Δ MP tot) = Δ P + Δ I (o Δ E)

Scostamenti da budget flessibile della MOD:

- Scostamento di prezzo o tariffa (Δ P o Δ T) = Q eff × (P eff – P std)
  - Scostamento di tariffa favorevole (Δ F) se: P eff < P std
  - Scostamento di tariffa sfavorevole (Δ S) se: P eff > P std
- Scostamento di impiego o efficienza (Δ I o Δ E) = P std × (Q eff – Q std × Vol eff)
  - Scostamento di impiego favorevole (Δ F) se: Q eff < (Q std × Vol eff)
  - Scostamento di impiego sfavorevole (Δ S) se: Q eff > (Q std × Vol eff)
- Scostamento totale MOD (Δ MOD tot) = Δ P + Δ I (o Δ E)

Scostamenti da budget flessibile dei CIV:

- Scostamento di spesa (Δ S) = Q eff × (P eff – P std) oppure: CIV eff – (Q eff × P std)
  - Scostamento di prezzo favorevole (Δ F) se: P eff < P std oppure: CIV eff < (Q eff × P std)
  - Scostamento di prezzo sfavorevole (Δ S) se: P eff > P std oppure: CIV eff > (Q eff × P std)
- Scostamento di efficienza (Δ E) = P std × (Q eff – Q std × Vol eff)
  - Scostamento di efficienza favorevole (Δ F) se: Q eff < (Q std × Vol eff)
  - Scostamento di efficienza sfavorevole (Δ S) se: Q eff > (Q std × Vol eff)
- Scostamento totale CIV = Δ CIV tot = Δ S + Δ E

Scostamento del volume di vendita (Δ Vol Vendita) = (Vol Vendita eff – Vol Vendita budget) × MdC u budget

- Scostamento favorevole (Δ F) se: Vol Vendita eff > Vol vendita budget
- Scostamento sfavorevole (Δ S) se: Vol Vendita eff < Vol vendita budget

Soluzioni agli esercizi

Esercizio 8.1

Dati

MP €/Kg = 3.000 €/Kg

Sconto = 2%
Costo spedizione €/Kg = €1.000/(10 × 2 Kg) = €1.000/20 Kg = 50 €/Kg
Posto: capsula = u
Mp Kg/u = 6 gr/u

Domande

1. P std €/gr?
2. C std €/u = P std × Q std?

Soluzioni

1.
MP €/Kg scontato = 3.000 €/Kg × 0,98 = 2.940 €/Kg
MP €/gr scontato = 2,94 €/gr
Costo spedizione €/gr = 0,05 €/gr

P std €/gr = MP €/gr + Costo spedizione €/gr
P std = 2,94 €/gr + 0,05 €/gr = 2,99 €/gr

2.
C std €/u = P std × Q std
C std €/u = 2,99 €/gr × 6 gr/u = 17,94 €/u

Esercizio 8.2

Dati

Volumi budget = 75 u
Volumi effettivi = 90 u
Ricavi budget = €2.625
Ricavi effettivi = €3.255
Costo pollo €/u = 17,60€/u
Costo bevande €/u = 6 €/u
Affitto = €75 + 8% × € 75 = €75 × 1,08 = €81
Tariffa musica = 250 €/h
h musica = 3 h

Domande

1. Budget flex?
2. Spiegazione scostamenti?

Soluzioni

1.
P std = Ricavi budget/Volumi budget = €2.625/75 u = 35 = €/u
Costo musica = Tariffa × h = 250 €/h × 3 h = €750

Prima modalità di rappresentazione proposta:

	Risultati effettivi (1)	Scostamento dal budget flessibile (2) = (1) – (3)	Budget flessibile (3)	Scostamento di volume di vendita (4) = (3) – (5)	Master budget (5)	Scostamento totale (6) = (1) – (5) (6) = (2) + (4)
Partecipanti	90 u	–	90 u	15 F	75 u	15 F
Ricavi	€3.255	€105 F	35 €/u × 90 u = €3.150*	€525 F	€2.625	€630 F
CV:						
Cene pollo	€1.670	€86 S	17,60 €/u × 90 u = €1.584**	€264 S	€1.320	€350 S
Bevande	€466	(€74) F	6 €/u × 90 u = €540**	€90 S	€450	€16 S
CF:						
Affitto	€81	€0	€81***	€0	€81	€0
Musica	€875	€125 S	€750***	€0	€750	€125 S
Risultato economico	**€163**	**€32 S**	**€195**	**€171 F**	**€24**	**€139**

* Ricavi budget flex = P std × Vol eff = 35 €/u × 90 u = €3.150.
** CV budget flex = CV u std × Vol eff. Da cui: Cene pollo budget flex = 17,60 €/u × 90 u = €1.584; Bevande budget flex = 6 €/u × 90 u = €540.
*** I CF restano invariati rispetto al master budget in quanto non variano al variare dei volumi.

Modalità di rappresentazione alternativa:

	Master budget (1)	Budget flessibile (2)	Scostamento di volume di vendita (3) = (2) – (1)	Risultati effettivi (4)	Scostamento dal budget flessibile (altri delta) (5) = (4) – (2)	Scostamento totale (6) = (4) – (1) (6) = (3) + (5)
Partecipanti	75 u	90 u	15 F	90 u	–	15 F
Ricavi	€2.625	35 €/u × 90 u = €3.150*	€525 F	€3.255	€105 F	€630 F
CV:						
Cene pollo	€1.320	17,60 €/u × 90 u = €1.584**	€264 S	€1.670	€86 S	€350 S
Bevande	€450	6 €/u × 90 u = €540**	€90 S	€466	(€74) F	€16 S
CF:						
Affitto	€81	€81***	€0	€81	€0	€0
Musica	€750	250 €/h × 3 h/u × 90 u = €750***	€0	€875	€125 S	€125 S
Risultato economico	**€24**	**€195**	**€171 F**	**€163**	**€32 S**	**€139**

* Ricavi budget flex = P std × Vol eff = 35 €/u × 90 u = €3.150.
** CV budget flex = CV u std × Vol eff. Da cui: Cene pollo budget flex = 17,60 €/u × 90 u = €1.584; Bevande budget flex = 6 €/u × 90 u = €540.
*** I CF restano invariati rispetto al master budget in quanto non variano al variare dei volumi.

2.

Se il comportamento di tutti i costi fosse stato come previsto dal budget, i 15 partecipanti in più avrebbero prodotto €171 in più di risultato economico:

Ricavi aggiuntivi = €35 €/u × 15 = €525
Costi aggiuntivi = CV u × u aggiuntive = (17,60 €/u + 6 €/u) × 15 u = 23,60 €/u × 15 u = €354
RO aggiuntivo = Ricavi aggiuntivi – Costi aggiuntivi = €525 – €354 = €171

Lo scostamento di volume di vendita riepiloga questo effetto in termini di volume. I ricavi sono stati €105 in più rispetto al budget previsto per il numero di partecipanti (scostamento da budget flex dei ricavi). Può essere che tre biglietti siano stati venduti a persone che non hanno partecipato. Il costo è stato pari a €86 S + €125 S – €74 F = €137 in più rispetto al budget per 90 partecipanti (scostamenti da budget flex dei costi variabili). In particolare, il costo dei pasti è stato di €86 superiore al budget; questa discrepanza non è facilmente giustificabile: l'azienda di catering ha forse addebitato dei costi aggiuntivi? Il costo delle bevande è stato inferiore di €74 rispetto al budget, mentre a quanto pare il gruppo ha suonato mezz'ora in più (o quantomeno è stato pagato in più in questa misura).

Esercizio 8.3

Dati

	Master budget (statico)	Costi effettivi	Scostamento
MP	€104.000	€99.000	€5.000 F
MOD	€40.000	€37.600	€2.400 F

Costo std MP = 13 €/u
Costo std MOD = 5 €/u
Volumi eff = 6.800 u

Domande

Budget flex?

Soluzioni

Volumi budget = Costo tot budget MP/Costo u std MP = €104.000/(13 €/u) = 8.000 u
Volumi budget = Costo tot budget MOD/Costo u std MOD = €40.000/(5 €/u) = 8.000 u.

La soddisfazione del manager è ingiustificata. Se si realizza il budget flessibile si ottiene infatti un'analisi in grado di offrire maggiori informazioni.

Prima modalità di rappresentazione proposta:

	Costi effettivi (1)	Scostamento dal budget flessibile (2) = (1) – (3)	Budget flessibile (3)	Scostamento di volume di vendita (4) = (3) – (5)	Master budget (5)	Scostamento totale (6) = (1) – (5) (6) = (2) + (4)
Volumi	6.800 u	–	6.800 u	(1.200) S	8.000 u	(1.200) S
MP	€99.000	€10.600 S	13 €/u × 6.800 u = €88.400*	(€15.600) F	€104.000	(€5.000) F
MOD	€37.600	€3.600 S	5 €/u × 6.800 u = €34.000**	(€6.000) F	€40.000	(€2.400) F
Totale	**€136.600**	**€14.200 S**	**€122.400**	**(€21.600)F**	**€144.000**	**(€7.400) F**

* Costo MP budget flex = Costo std MP × Vol eff = 13 €/u × 6.800 u = €88.400.
** Costo MOD budget flex = Costo std MOD × Vol eff = 5 €/u × 6.800 u = €34.000.

Modalità di rappresentazione alternativa:

	Master budget (1)	Budget flessibile (2)	Scostamento di volume di vendita (3) = (2) – (1)	Costi effettivi (4)	Scostamento dal budget flessibile (altri delta) (5) = (4) – (2)	Scostamento totale (6) = (4) – (1) (6) = (3) + (5)
Volumi	**8.000 u**	**6.800 u**	**(1.200) S**	**6.800 u**	–	(1.200) S
CV:						
MP	€104.000	13 €/u × 6.800 u = €88.400*	(€15.600) F	€99.000	€10.600 S	(€5.000) F
MOD	€40.000	5 €/u × 6.800 u = €34.000**	(€6.000) F	€37.600	€3.600 S	(€2.400) F
Totale	**€144.000**	**€122.400**	**(€21.600) F**	**€136.600**	**€14.200 S**	**(€7.400) F**

* Costo MP budget flex = Costo std MP × Vol eff = 13 €/u × 6.800 u = €88.400.
** Costo MOD budget flex = Costo std MOD × Vol eff = 5 €/u × 6.800 u = €34.000.

Gli scostamenti da budget flessibile dei costi variabili sono sfavorevoli in quanto, a parità di volumi, il costo effettivo delle MP e della MOD è stato superiore a quello previsto. Ciò può essere dovuto a un maggior prezzo delle materie prime e a una maggiore tariffa della manodopera o a un loro maggiore impiego in termini quantitativi.

Con la produzione di 1.200 unità in meno rispetto a quanto pianificato sono stati risparmiati €21.600; tuttavia il manager ha speso €14.200 in più del previsto per produrre 6.800 unità.

Pertanto gli scostamenti favorevoli evidenziati nel testo dell'esercizio, derivanti dal confronto tra budget statico e consuntivo, sono dovuti esclusivamente a una riduzione dei volumi (vedi scostamenti dei volumi di vendita favorevoli) e nascondono in realtà un impiego meno efficiente delle MP e della MOD rispetto a quanto previsto (mostrato dagli scostamenti da budget flessibile).

Esercizio 8.4

Dati

Valori di budget
Ricavi budget = €7.300.000 = €7,3 milioni
CV tot budget = Ricavi × 70%
CF budget = €1.800.000 = €1,8 milioni

Valori effettivi
Ricavi effettivi = €9.200.000 = €9,2 milioni
RO effettivo = €570.000 = €0,57 milioni
CF effettivi = CF budget = €1.800.000 = €1,8 milioni

Domande

Budget flessibile?

Soluzioni

Valori di budget
CV budget = € 7.300.000 × 70% = € 5.110.000 = €5,11 milioni

MdC tot budget = Ricavi budget – CV tot budget =
= €7.300.000 – €5.110.000 =
= €2.190.000 = €2,19 milioni

Valori effettivi
MdC tot eff – CF eff = RO eff
MdC tot eff = RO eff + CF eff
MdC tot eff = €570.000 + €1.800.000 = €2.370.000 = €2,37 milioni

CV tot eff = Ricavi eff – MdC tot eff
= €9.200.000 – €2.370.000 = €6.830.000 = €6,83 milioni

Valori di budget flex
Poiché il prezzo applicato a consuntivo è pari a quello programmato:

Ricavi budget flex = P std × Vol eff = Ricavi eff = €9.200.000 = €9,2 milioni

CV tot budget flex = Ricavi budget flex × 70% = €9.200.000 × 70% = €6.440.000 = €6,44 milioni

Poiché i CF non variano al variare dei volumi:

CF budget flex = CF budget = €1.800.000 = €1,8 milioni

MdC tot budget flex = Ricavi budget flex – CV tot budget flex =
= €9.200.000 – €6.440.000 =
= €2.760.000 = €2,76 milioni

I valori che seguono sono in milioni di euro.

Prima modalità di rappresentazione proposta:

	Risultati effettivi (1)	**Scostamenti dal budget flessibile (2) = (1) – (3)**	**Budget flessibile (3)**	**Scostamenti di volume di vendita (4) = (3) – (5)**	**Master budget (5)**	**Scostamento totale (6) = (1) – (5) (6) = (2) + (4)**
Ricavi	€9,20	–	€9,20	€1,90 F	€7,30	€1,90 F
CV	€6,83	€0,39 S	€6,44	€1,33 S	€5,11	€1,72 S
MdC	**€2,37**	**(€0,39) S**	**€2,76**	**€0,57 F**	**€2,19**	**€0,18 F**
CF	€1,80	–	€1,80	–	€1,80	–
RO	**€ 0,57**	**(€0,39) S**	**€0,96**	**€0,57 F**	**€0,39**	**€0,18 F**

Modalità di rappresentazione alternativa:

	Master budget (1)	Budget flessibile (2)	Scostamento di volume di vendita (3) = (2) – (1)	Risultati effettivi (4)	Scostamento dal budget flessibile (altri delta) (5) = (4) – (2)	Scostamento totale (6) = (4) – (1) (6) = (3) + (5)
Ricavi	€7,30	€9,20	€1,90 F	€9,20	–	€1,90 F
CV	€5,11	€6,44	€1,33 S	€6,83	€0,39 S	€1,72 S
MdC	**€2,19**	**€2,76**	**€0,57 F**	**€2,37**	**(€0,39) S**	**€0,18 F**
CF	€1,80	€1,80	–	€1,80	–	–
RO	**€0,39**	**€0,96**	**€0,57 F**	**€0,57**	**(€0,39) S**	**€0,18 F**

Lo scostamento di volume di vendita è di €570.000 favorevole, mentre lo scostamento dal budget flessibile è di €390.000 sfavorevole. Pertanto, nonostante il delta totale sia favorevole, ciò è dovuto esclusivamente a un incremento dei ricavi; infatti si è registrata una gestione dei costi variabili meno efficiente di quanto previsto a budget.

Esercizio 8.5

Dati

Valori di budget (in migliaia di euro)
Ricavi budget = €300.000
P budget = 0,20 €/miglio-passeggero
CV tot budget = €195.000 (Di cui: CV carburante = €90.000)
MdC tot budget = €105.000
CF budget = €80.000
RO budget = €25.000

Valori effettivi (in migliaia di euro)
CV tot eff = €200.000
CF eff = €83.000
Volumi eff = Volumi budget + 10%
P eff = P budget – 8%
Costo carburante eff = Costo carburante budget + 10%

Driver CV = fatturato

Domande

1. Budget flessibile?
2. Posto:
   Costo carburante = CV,
   Efficienza consumo carburante budget = Efficienza effettiva,
   Scostamento budget flex costo carburante?

Soluzioni

1.
Valori di budget
Volumi budget = Ricavi budget/P budget = €300.000/0,2 €/u = 1.500.000 u
CdA budget CV = CV budget tot /Driver budget tot =
= CV budget tot/
Ricavi budget
= €195.000/€300.000 =
0,65 €/u

Valori effettivi
Volumi effettivi = 1.500.000 u + 10% = 1.500.000 u × 1,1 = 1.650.000 u
Ricavi effettivi = €330.000 – 0,08 (€330.000) = €303.600
Posto: driver = Ricavi

Gli importi monetari sono in migliaia di euro.

Prima modalità di rappresentazione proposta:

	Risultati effettivi (1)	**Scostamento dal budget flessibile (2) = (1) – (3)**	**Budget flessibile (3)**	**Scostamento di volume di vendita (4) = (3) – (5)**	**Master budget (5)**	**Scostamento totale (6) = (1) – (5) (6) = (2) + (4)**
u	1.650 u	–	1.650 u	150 F	1.500 u	150 F
Ricavi	€303.600	€26.400 S	0,2 €/u × 1.650 u = €330.000	€30.000 F	€300.000	€3.600 F
CV	€200.000	(€14.500) F	0,65 €/u × 0,2 €/u × 1.650 u = €214.500*	€19.500 S	€195.000	€5.000 S
MdC	**€103.600**	**€11.900 S**	**€115.500**	**€10.500 F**	**€105.000**	**(€1.400) S**
CF	€83.000	€3.000 S	€80.000**	–	€80.000	€3.000 S
RO	**20.600**	**€14.900 S**	**€35.500**	**€10.500 F**	**€25.000**	**(€4.400) S**

* CV tot budget flex = CdA budget CV × consumo driver eff = CdA budget CV × Ricavi eff = 0,65 €/u × (0,2 €/u × 1.650) = €214.500.
** CF budget flex = CF budget = €80.000.

Modalità di rappresentazione alternativa:

	Master budget (1)	Budget flessibile (2)	Scostamento di volume di vendita (3) = (2) – (1)	Risultati effettivi (4)	Scostamento dal budget flessibile (altri delta) (5) = (4) – (2)	Scostamento totale (6) = (4) – (1) (6) = (3) + (5)
u	1.500 u	1.650 u	150 F	1.650 u	–	150 F
Ricavi	€300.000	0,2 €/u × 1.650 u = €330.000	€30.000 F	€303.600	€26.400 S	€3.600 F
CV	€195.000	0,65 €/u × 0,2 €/u × 1.650 u = €214.500*	€19.500 S	€200.000	(€14.500) F	€5.000 S
MdC	**€105.000**	**€115.500**	**€10.500 F**	**€103.600**	**€11.900 S**	**(€1.400) S**
CF	€80.000	€80.000**	–	€83.000	€3.000 S	€3.000 S
RO	**€25.000**	**€35.500**	**€10.500 F**	**20.600**	**€14.900 S**	**(€4.400) S**

* CV tot budget flex = CdA budget CV × consumo driver eff = CdA budget CV × Ricavi eff = 0,65 €/u × (0,2 €/u × 1.650) = €214.500.
** CF budget flex = CF budget = €80.000.

2.

Costo carburante tot budget = €90.000.000
Costo carburante u budget = Costo carburante tot budget/Volumi budget
= €90.000.000/1.500.000 = 60 €/u

Costo carburante u eff = Costo carburante u budget + 10%
= 60 €/u × 1,1 = 66 €/u
Costo carburante tot eff = Costo carburante u budget × Volumi eff
= 66 €/u × 1.650.000 = €108.900.000

Prima modalità di rappresentazione proposta:

Valori in migliaia di euro.

	Risultati effettivi (1)	Scostamento dal budget flessibile (2) = (1) – (3)	Budget flessibile (3)	Scostamenti di volume di vendita (4) = (3) – (5)	Master budget (5)	Scostamento totale (6) = (1) – (5) (6) = (2) + (4)
u	1.650 u	–	1.650 u	150 F	1.500 u	1.500 u
Costo carburante	€108.900	€9.900 S	60 €/u × 1.650 = €99.000*	€9.000 S	€90.000	€18.900 S

* Costo carburante budget flex = CV u budget × Volumi effettivi = 60 €/u × 1.650 = €99.000.

Modalità di rappresentazione alternativa:

Valori in migliaia di euro.

	Master budget (1)	Budget flessibile (2)	Scostamento di volume di vendita (3) = (2) – (1)	Risultati effettivi (4)	Scostamento dal budget flessibile (altri delta) (5) = (4) – (2)	Scostamento totale (6) = (4) – (1) (6) = (3) + (5)
u	1.500 u	1.650 u	150 F	1.650 u	–	150 F
Costo carburante	€90.000	60 €/u × 1.650 = €99.000*	€9.000 S	€108.900	€9.900 S	€18.900 S

* Costo carburante budget flex = CV u budget × Volumi effettivi = 60 €/u × 1.650 = €99.000.

Esercizio 8.6

Dati

Valori budget
MP Kg budget = 750.000 Kg
Costo u supporto budget = 0,25 €/Kg

Valori effettivi
MP Kg effettivi = 650.000 Kg
Costo tot supporto effettivo = €170.000

Domande

Budget flex? Scostamento di volume? Scostamento da budget flex?

Soluzioni

Si parla in questo caso di scostamento del livello di attività in quanto si tratta di costi variabili il cui driver è rappresentato dal peso dei materiali (Kg MP). Pertanto lo scostamento di volume sarà lo scostamento dovuto alla variazione del livello di consumo del driver (attività).

Prima modalità di rappresentazione proposta:

	Costi effettivi (1)	Scostamento dal budget flessibile (2) = (1) – (3)	Budget flessibile (3)	Scostamento del livello di attività (4) = (3) – (5)	Master budget (5)	Scostamento totale (6) = (1) – (5) (6) = (2) + (4)
CV	€170.000	€7.500 S	€0,25 × 650.000 Kg = €162.500*	(€25.000) F	750.000 Kg × €0,25 = €187.500	(€17.500) F

* CV tot budget flex = MP €/Kg budget × Kg eff = 0,25 €/Kg × 650.000 Kg = €162.500.

Modalità di rappresentazione alternativa:

	Master budget (1)	Budget flessibile (2)	Scostamento del livello di attività (3) = (2) – (1)	Risultati effettivi (4)	Scostamento dal budget flessibile (altri delta) (5) = (4) – (2)	Scost. totale (6) = (4) – (1) (6) = (3) + (5)
CV	750.000 Kg × €0,25 = €187.500	€0,25 × 650.000 Kg = €162.500*	(€25.000) F	€170.000	€7.500 S	(17.500) F

* CV tot budget flex = MP €/Kg budget × Kg eff = 0,25 €/Kg × 650.000 Kg = €162.500.

Esercizio 8.7

Dati

Valori effettivi
P eff MP = 695 €/m^2
Q eff MP = 7.900 m^2
Volumi eff = 3.800 u

Valori budget
Q u std = 2 m^2/u
P std MP = 710 €/m^2

Domande

ΔI e ΔP MP?

Soluzioni

Metodo 1 – Applicazione delle formule:

Δ P = Q eff × (P eff – P std)
Δ P = 7.900 × (€695 – €710) = (€118.500) F
Peff < Pstd => Δ Favorevole

Il prezzo effettivo pagato per i materiali è inferiore al prezzo previsto. Poiché l'azienda è riuscita a ottenere un prezzo migliore, si tratta di uno scostamento favorevole.

Δ I = P std × (Q eff – Q u std × Vol eff)
Δ I = €710 × (7.900 – 2 × 3.800) = €710 × (7.900 – 7.600) = €213.000 S
Q eff > Qstd × Vol eff => Δ Sfavorevole

La quantità di materia prima effettivamente utilizzata è superiore a quella prevista. C'è stato dunque un impiego meno efficiente di materie prime di quanto previsto, il che determina uno scostamento di impiego sfavorevole.

$\Delta MP = \Delta P + \Delta I$

Δ MP = (€118.500) F + €213.000 S = €94.500 S

Lo scostamento da budget flessibile dei materiali diretti è dato dalla sommatoria di scostamento di prezzo e di impiego. Ai fini puramente dimostrativi, pur non essendo richiesto dal testo dell'esercizio, viene offerta una dimostrazione di seguito:

Scheda di costo std	P std (1)	Q std (2)	Costo u std (3) = (1) × (2)
MP	710 €/m^2	2 m^2/u	1.420 €/u

Costo MP eff tot = P eff × Q eff = 695 €/m^2 × 7.900 m^2 = €5.490.500

	Budget flessibile (1)	Risultati effettivi (2)	Scostamento dal budget flessibile (3) = (2) – (1)
MP	€1.420 × 3.800 u = €5.396.000*	€5.490.500	€94.500 S

* Costo MP budget flex = Costo u std × Vol eff = €1.420 × 3.800 u = €5.396.000.

Dalla tabella di cui sopra si nota che lo scostamento da budget flessibile delle MP (€94.500 S) corrisponde esattamente alla somma di scostamento di prezzo e di impiego delle MP. In conclusione, lo scostamento di prezzo e di impiego spiegano quanta parte dello scostamento da budget flessibile (dato dal confronto tra consuntivo e budget flessibile) è dovuta a variazioni di prezzo e quanta parte è dovuta a variazioni di impiego.

Metodo 2 (alternativo) – Rappresentazione grafica:

<table>
<tr><th>Costi sostenuti:
input effettivi ×
prezzo effettivo

(Q eff × P eff)</th><th colspan="2">Budget flessibile basato su input necessari per volume di produzione effettivo × prezzi standard
(Q eff × P std)</th><th>Budget flessibile basato su input standard necessari per volume di produzione effettivo × prezzi standard
(Q std × Vol eff × P std)</th></tr>
<tr><td>7.900 m^2 × €695 = €5.490.500</td><td colspan="2">7.900 m^2 × €710 = €5.609.000</td><td>7.600 m^2 × €710 = €5.396.000</td></tr>
<tr><td colspan="2">7.900 m^2 × (695 €/m^2 – €710) =
(Oppure: €5.490.500 – €5.609.000)
Scostamento di prezzo, €118.500 F</td><td colspan="2">(7.900 m^2 – 7.600 m^2) × €710 =
(Oppure: €5.609.000 – €5.396.000)
Scostamento di efficienza, €213.000 S</td></tr>
<tr><td colspan="4">Scostamento da budget flessibile, €118.500 F + €213.000 S = €94.500 S</td></tr>
</table>

Esercizio 8.8

Dati

Valori budget

Scheda di costo std	P std (1)	Q std (2)	Costo u std (3) = (1) × (2)
MOD	6,00 €/h	24 min/60 min = 0,40 h/u	2,40 €/u
CIV	4,0 €/h	?	?

Valori effettivi

Volumi eff = 20.000 u
Q MOD eff = 8.500 h
Costo MOD eff = €49.300
CIV tot eff = €39.100

Domande

1. Budget flex MOD?
2. Δ P e Δ I MOD?
3. Δ P e Δ Efficienza CIV?

Soluzioni

1.

	Budget flessibile (1)	Costi effettivi (2)	Scostamento dal budget flessibile (3) = (2) – (1)
MOD	2,40 €/u × 20.000 u = €48.000	€49.300	€1.300 S

Dal momento che i costi di MOD effettivamente sostenuti sono superiori a quelli previsti (a parità di volumi), si ottiene uno scostamento da budget flessibile della MOD sfavorevole.

2.
Δ MOD

Metodo 1 – Applicazione delle formule:

Δ P = Q eff × (P eff – P std)

Q eff = 8.500 h
P std = 6,00 €/h
P eff = Costo MOD eff/Q eff = €49.300/8.500 h = 5,80 €/h

Δ P = 8.500 × (5,80 – 6,00) = (€1.700) F
P eff < P std => Δ Favorevole

La società è riuscita a pagare un prezzo inferiore per le MP rispetto a quanto previsto, pertanto lo scostamento è favorevole.

$\Delta\ I = P\ std \times (Q\ eff - Q\ u\ std \times Vol\ eff)$

P std = 6,00 €/h
Q eff = 8.500 h
Q u std = 0,40 h/u
Vol eff = 20.000 u

Δ I = 6,00 × (8.500 – 0,40 × 20.000) = 6,00 × (8.500 – 8.000) = €3.000 S
Q eff > Q std × Vol eff => Δ Sfavorevole

La società ha impiegato più ore di MOD di quanto previsto, pertanto è stata meno efficiente nel consumo di manodopera e lo scostamento è sfavorevole.

$\Delta\ MOD = \Delta\ P + \Delta\ I$
Δ MOD = (€1.700) F + €3.000 S = €1.300 S

Come si può notare la somma degli scostamenti di prezzo e di impiego corrisponde allo scostamento da budget flessibile della MOD determinato al punto 1.

Metodo 2 (alternativo) – Rappresentazione grafica:

<table>
<tr><th colspan="2">Costi sostenuti:
ore effettive ×
tariffa effettiva
(Q eff × P eff)</th><th colspan="2">Budget flessibile basato su ore effettive per volume di produzione effettivo × prezzi standard
(Q eff × P std)</th><th colspan="2">Budget flessibile basato su ore standard per volume di produzione effettivo × tariffa standard
(Q std × Vol eff × P std)</th></tr>
<tr><td colspan="2">€49.300</td><td colspan="2">8.500 h × 6,00 €/h = €51.000</td><td colspan="2">0,40 h/u × 20.000 u × 6,00 €/u = €48.000</td></tr>
<tr><td colspan="3">€49.300 – €51.000 =
Scostamento di tariffa, €1.700 F</td><td colspan="3">€51.000 – €48.000 =
Scostamento di efficienza, €3.000 S</td></tr>
<tr><td colspan="6">Scostamento da budget flessibile, €1.300 S</td></tr>
</table>

3.
Δ CIV

Metodo 1 – Applicazione delle formule:

Δ S = Q eff × (P eff – P std)

Q eff = 8.500 h
P std = 4,00 €/h
P eff = CIV tot eff/Q eff = €39.100/8.500 h = 4,60 €/h

Δ S = 8.500 × (4,60 – 4,00) = €5.100 S
P eff > P std => Δ Sfavorevole

Lo scostamento sfavorevole è dovuto al fatto che la tariffa di MOD effettivamente pagata è superiore a quella prevista.

Δ I = P std × (Q eff – Q u std × Vol eff)

P std = 4,00 €/h
Q eff = 8.500 h
Q u std = 0,40 h/u
Vol eff = 20.000 u

Δ I = 4,00 × (8.500 – 0,40 €/h × 20.000 u) = 4,00 × (8.500 – 8.000) = €2.000 S
Q eff > Q std × Vol eff => Δ Sfavorevole

Lo scostamento sfavorevole è dovuto al fatto che a consuntivo è stata impiegata più manodopera diretta di quanto previsto.

Δ MOD = Δ P + Δ I
Δ MOD = €5.100 S + €2.000 S = €7.100 S

Metodo 2 (alternativo) – Rappresentazione grafica:

Costi sostenuti: ore effettive × prezzo effettivo (Q eff × P eff)	**Budget flessibile basato su ore effettive per volume di produzione effettivo × prezzi standard (Q eff × P std)**	**Budget flessibile basato su ore standard per volume di produzione effettivo × tariffa standard (Q std × Vol eff × P std)**
€39.100	8.500 h × 4,00 €/h = €34.000	0,40 h/u × 20.000 u × 4,00 €/u = €32.000
€39.100 – €34.000 = Scostamento di prezzo, €5.100 S	€34.000 – €32.000 = Scostamento di efficienza, €2.000 S	
Scostamento da budget flessibile, €7.100 S		

Esercizio 8.9

Dati

	MP	MOD
Q eff × P eff	€154.000	€79.200
Q eff × P std	€165.000	€74.000
Q std × Vol eff × P std	€172.500	€71.300

Domande

1. Δ P e Δ I MP?
2. Δ P e Δ I MOD?

Soluzioni

1.
Δ MP

Metodo 1 – Applicazione delle formule:

Δ P = Q eff × (P eff – P std) = (Q eff × P eff) – (Q eff × P std)
Δ P = €154.000 – €165.000 = (€11.000) F
P eff < P std => Δ Favorevole

Lo scostamento di prezzo è favorevole in quanto il prezzo effettivo pagato per l'acquisto della MP è inferiore a quello previsto.

Δ I = P std × (Q eff – Q u std × Vol eff) = (Q eff × Pstd) – (Q std × Vol eff × P std)
Δ I = €165.000 – €172.500 = (€7.500) F
Q eff < Qstd × Vol eff => Δ Favorevole

Lo scostamento di impiego (o efficienza) è favorevole in quanto a consuntivo si è impiegata meno MP di quanto previsto.

Δ MP = Δ P + Δ I
Δ MP = (€11.000) F + (€7.500) F = (€18.500) F

Oppure:

Δ MP = Costo MP eff – Costo MP budget flex = (Q eff × P eff) – (Q std × Vol eff × P std)
Δ MP = €154.000 – €172.500 = (€18.500) F

Metodo 2 (alternativo) – Rappresentazione grafica:

<table>
<tr><th>Costi sostenuti:
input effettivo × prezzo effettivo
(Q eff × P eff)</th><th colspan="2">Budget flessibile basato su input effettivo per volume di produzione effettivo × prezzi standard
(Q eff × P std)</th><th>Budget flessibile basato su input standard necessario per volume di produzione effettivo × tariffa standard
(Q std × Vol eff × P std)</th></tr>
<tr><td>€154.000</td><td colspan="2">€165.000</td><td>€172.500</td></tr>
<tr><td colspan="2">€154.000 – €165.000
Scostamento di prezzo, €11.000 F</td><td colspan="2">€165.000 – €172.500 =
Scostamento di impiego (efficienza), €7.500 F</td></tr>
<tr><td colspan="4">Scostamento da budget flessibile, €18.500 F</td></tr>
</table>

2.
Δ MOD

Metodo 1 – Applicazione delle formule:

Δ P = Q eff × (P eff – P std) = (Q eff × P eff) – (Q eff × P std)
Δ P = €79.200 – €74.000 = €5.200 S
P eff > P std => Δ Sfavorevole

Lo scostamento di prezzo della MOD è sfavorevole perché la tariffa pagata a consuntivo è superiore a quella prevista.

Δ I = P std × (Q eff – Q u std × Vol eff) = (Q eff × Pstd) – (Q std × Vol eff × P std)
Δ I = €74.000 – €71.300 = €2.700 S
Q eff > Q std × Vol eff => Δ Sfavorevole

Lo scostamento di impiego (o di efficienza) della MOD è sfavorevole perché a consuntivo sono state impiegate più ore MOD di quanto previsto.

Δ MOD = Δ P + Δ I
Δ MOD = €5.200 S + €2.700 S = €7.900 S

Oppure:

Δ MOD = Costo MOD eff – Costo MOD budget flex = (Q eff × P eff) – (Q std × Vol eff × P std)
Δ MOD = €79.200 – €71.300 = €7.900 S

Metodo 2 (alternativo) – Rappresentazione grafica:

<table>
<tr><th>Costi sostenuti:
input effettivo ×
prezzo effettivo

(Q eff × P eff)</th><th colspan="2">Budget flessibile basato su input effettivo per volume di produzione effettivo ×
prezzi standard
(Q eff × P std)</th><th>Budget flessibile basato su input standard necessario per volume di produzione effettivo × tariffa standard
(Q std × Vol eff × P std)</th></tr>
<tr><td>€79.200</td><td colspan="2">€74.000</td><td>€71.300</td></tr>
<tr><td colspan="2">€79.200 – €74.000 =
Scostamento di prezzo, €5.200 S</td><td colspan="2">€74.000 – €71.300 =
Scostamento di impiego (efficienza), €2.700S</td></tr>
<tr><td colspan="4">Scostamento da budget flessibile, €7.900 S</td></tr>
</table>

Esercizio 8.10

Dati

Valori std MOD
P std MOD = 14,00 €/h

Valori effettivi MOD
P eff MOD = 12,20 €/h

Valori di budget flessibile – Scostamenti MOD
Q std MOD × Vol eff = 12.000 h
Δ I = P std × (Q eff – Q std × Vol eff) = €14.140 S

Valori std MP
P std MP = 4,50 €/Kg

Valori effettivi MP
Q eff MP = 1.800 Kg

Valori budget flessibile – Scostamenti MP
Q std MP × Vol eff = 1.650 Kg
Δ P = Q eff × (P eff – P std) = (€288) F

Domande

1. Q eff MOD = h MOD eff?
2. P eff MP?

Soluzioni

1.
Δ I = P std × (Q eff – Q std × Vol eff)
14.140 = 14 × (Q eff – 12.000)
14.140 = 14 × Q eff – 168.000
Q eff = (14.140 + 168.000)/14 = 13.010
Q eff = h MOD eff = 13.010 h

2.

Δ P = Q eff × (P eff – P std)

– 288 = 1.800 × (P eff – 4,50)

– 288 = 1.800 × P eff – 8.100

P eff = (8.100 – 288)/1.800 = 4,34

P eff = 4,34 €/Kg

Esercizio 8.11

Dati

Valori standard	MP	MOD	CIV
P std	5,50 €/lb	16,00 €/h	5,76 €/u*
Q u std	60 lb/u	1,50 h/u	1
Volumi budget		450 u	

* Funzione dei CI = €2.808 + 5,76X. Dove: CIV u = 5,76 €/u e X = volumi.

Valori effettivi	MP	MOD	CIV
P eff	5,30 €/lb	15,90 €/h	?
Q eff tot	27.000 lb	660 h	430 u
Costo eff tot			€5.355
Volumi effettivi		430 u	

CI u budget = 12 €/u

CI tot = CI = €2.808 + 5,76X

CIF budget = CIF eff = €2.808

Domande

1.

a) Δ P e Δ I MP?

b) Δ P e Δ I MOD?

c) Δ S e Δ E CIV?

2. Commentare

Soluzioni

1.

Metodo 1 – Applicazione delle formule:

Δ MP

Δ P = Q eff × (P eff – P std)

Δ P = 27.000 × (5,30 – 5,50) = (€5.400) F

P eff < P std => Δ Favorevole

Δ I = P std × (Q eff – Q std × Vol eff)
Δ I = 5,50 × (27.000 – 60 × 430) = 5,50 × (27.000 – 25.800) = €6.600 S
Q eff > Q std × Vol eff => Δ Sfavorevole

Δ MP = Δ P + Δ I
Δ MP = (€5.400) F + €6.600 S = €1.200 S

Δ MOD

Δ P = Q eff × (P eff – P std)
Δ P = 660 × (15,90 – 16,00) = (€66) F
P eff < P std => Δ Favorevole

Δ I = P std × (Q eff – Q std × Vol eff)
Δ I = 16,00 × (660 – 1,5 × 430) = 16,00 × (660 – 645) = €240 S
Q eff > Qstd × Vol eff => Δ Sfavorevole

Δ MOD = Δ P + Δ I
Δ MOD = (€66) F + €240 S = €174 S

Δ CIV

Δ S = CIV eff – (Q eff × P std)
CI tot eff = €5.355
CIV eff = €5.355 – €2.808 = €2.547

Δ S = 2.547 – (430 × 5,76) = 2.547 – 2.476,8 = €70,20 S
CIV eff > Q eff × P std => Δ Sfavorevole

Oppure:

Δ S = Q eff × (P eff – P std)
P eff = CIV eff /Q eff = €2.547/430 = €5,92
Δ S = 430 × (5,92325 – 5,76) = €70,20 S
P eff > P std => Δ Sfavorevole

Δ E = P std × (Q eff – Q std × Vol eff)
Δ E= 5,76 × (430 – 1 × 430) = 0

Δ CIV = Δ S + Δ E
Δ CIV = 70,20 S + 0 = 70,20 S

Metodo 2 (alternativo) – Rappresentazione grafica:

Δ MP

	Costi sostenuti: input effettivo × prezzo effettivo (Q eff × P eff)	Budget flessibile basato su input effettivo per volume di produzione effettivo × prezzi standard (Q eff × P std)	Budget flessibile basato su input standard necessario per volume di produzione effettivo × tariffa standard (Q std × Vol eff × P std)
Materiali diretti	27.000 lb × 5,30 €/lb = €143.100	27.000 lb × 5,50 €/lb = €148.500	60 lb/u × 430 u × 5,50 €/lb = €141.900
	27.000 lb × (5,30 €/lb – 5,50 €/lb) = (Oppure: €143.100 – €148.500) Scostamento di prezzo, €5.400 F		(27.000 lb – 25.800 lb) × 5,50 €/lb = (Oppure: €148.500 – €141.900) Scostamento di impiego (efficienza), €6.600 S
	Scostamento da budget flessibile, €1.200 S		

Δ MOD

	Costi sostenuti: input effettivo × prezzo effettivo (Q eff × P eff)	Budget flessibile basato su input effettivo per volume di produzione effettivo × prezzi standard (Q eff × P std)	Budget flessibile basato su input standard necessario per volume di produzione effettivo × tariffa standard (Q std × Vol eff × P std)
Manodopera diretta	660 h × 15,90 €/h = €10.494	660 h × 16 €/h = €10.560	1,50 h/u × 430 u × 16 €/u = €10.320
	660 h × (15,90 €/h – 16,00 €/h) = (Oppure: €10.494 – €10.560) Scostamento di prezzo, €66 F		(660 h – 645 h) × 16,00 €/h = (Oppure: €10.560 – €10.320) Scostamento di impiego (efficienza), €240 S
	Scostamento da budget flessibile, €174 S		

Δ CIV

	Costi sostenuti: input effettivo × prezzo effettivo (Q eff × P eff)	Budget flessibile basato su input effettivo per volume di produzione effettivo × prezzi standard (Q eff × P std)	Budget flessibile basato su input standard necessario per volume di produzione effettivo × tariffa standard (Q std × Vol eff × P std)
Costi indiretti variabili	€2.547	430 u × 5,76 €/u = €2.476,80	430 u × 5,76 €/u = €2.476,80
	€2.547,00 – €2.476,80 = Scostamento di spesa, €70,20 S		€2.476,80 – €2.476,80 = Scostamento di efficienza, €0
	Scostamento da budget flessibile, €70,20 S		

2.

La persona responsabile degli acquisti ha risparmiato €5.400 acquistando materiali diretti per €0,20 alla libbra al di sotto del costo standard. Tuttavia è stata utilizzata una quantità maggiore di materiale, con un conseguente scostamento di efficienza sfavorevole di €6.600. Nel caso in cui l'acquisto di materiali di bassa qualità sia stato la causa dell'uso in eccesso, l'effetto netto sarebbe uno scostamento sfavorevole di €1.200.

Per quanto riguarda la MOD, si è avuto un esiguo risparmio di €66 perché il costo medio della manodopera è stato di €0,10 in meno rispetto allo standard. Tuttavia è stata utilizzata manodopera in più rispetto allo standard, con un costo di €240. Nel caso in cui l'assunzione di lavoratori meno specializzati (e pertanto meno pagati) abbia causato per intero l'eccesso di utilizzo, l'effetto sarebbe di €174 sfavorevole.

L'eccesso di manodopera potrebbe anche essere in relazione con l'eccesso di uso di materiali. Se qualche lavorazione viene completata prima di identificare i materiali difettosi, parte della manodopera risulterebbe sprecata nel processo. Quindi i €240 di scostamento di efficienza della manodopera sfavorevole potrebbero essere causati dall'acquisto di materiali di bassa qualità.

Lo scostamento di costi indiretti non è ingente, ma è anch'esso sfavorevole; si sono sostenuti più costi indiretti del previsto per la produzione di 430 kayak.

Esercizio 8.12

Dati

Valori standard	MP	MOD	CIV
P std	1,00 €/Kg	8,00 €/h	0,80 €/h
Q std	3 Kg/u	5 h /u	5 h/u

Valori effettivi	MP	MOD	CIV
P eff	0,96 €/Kg	€41.800/5.500 h = 7,60 €/h*	€4.730/5.500 h = 0,86 €/h**
Q eff tot	3.300 Kg	5.500 h	5.500 h
Costo eff tot	0,96 €/Kg × 3.300 Kg = €3.168***	€41.800	€4.730
Volumi effettivi	1.000 u		

* Il P eff della MOD può essere ottenuto dal rapporto tra il costo totale effettivo della MOD e le h MOD effettive totali: P eff MOD = Costo eff MOD/h eff MOD = €41.800/5.500 h = 7,60 €/h.

** Analogamente determiniamo il CdA effettivo dei CIV: Cda eff CIV = CIV eff tot/Driver eff tot = €4.370/5.500 h = 0,86 €/h.

*** Costo eff tot = P eff × Q eff = 0,96 €/Kg × 3.300 Kg = €3.168.

Domande

1. Δ P e Δ I MP?
2. Δ P e Δ I MOD?
3. Δ S e Δ E CIV?

Soluzioni

1.
Metodo 1 – Applicazione delle formule:

Δ MP

Δ P = Q eff × (P eff – P std)
Δ P = 3.300 × (0,96 – 1,00) = (€132) F
P eff < P std => Δ Favorevole

Δ I = P std × (Q eff – Q std × Vol eff)
Δ I = 1,00 × (3.300 – 3 × 1.000) = 1,00 × (3.300 – 3.000) = €300 S
Q eff > Q std × Vol eff => Δ Sfavorevole

Δ MP = Δ P + Δ I
Δ MP = (€132) F + 300 S = €168 S

Metodo 2 (alternativo) – Rappresentazione grafica:

	Costi sostenuti: input effettivi × prezzi effettivi (Q eff × P eff)	Budget flessibile basato su input necessari per volumi di produzione effettivi × prezzi standard (Q eff × P std)	Budget flessibile basato su input standard necessari per volumi di produzione effettivi × prezzi standard (Q std × Vol eff × P std)
Materiali diretti	3.300 Kg × 0,96 €/Kg = €3.168	3.300 Kg × 1,00 €/Kg = €3.300	3.000 Kg × 1,00 €/Kg = €3.000
	3.300 h × (0,96 €/h – 1,00 €/h) = (Oppure: €3.168 – €3.300) Scostamento di prezzo €132 F		(3.300 h – 3.000 h) × 1,00 €/h = (Oppure: €3.300 – €3.000) Scostamento di impiego (efficienza) €300 S
	Scostamento dal budget flessibile, €168 S		

2.
Δ MOD

Δ P = Q eff × (P eff – P std)
Δ P = 5.500 × (7,60 – 8,00) = (€2.200) F
P eff < P std => Δ Favorevole

$\Delta I = P\ std \times (Q\ eff - Q\ std \times Vol\ eff)$
Δ I = 8,00 × (5.500 – 5 × 1.000) = 8,00 × (5.500 – 5.000) = €4.000 S
Q eff > Qstd × Vol eff => Δ Sfavorevole

$\Delta MOD = \Delta P + \Delta I$
Δ MOD = (€2.200) F + €4.000 S = €1.800 S

Metodo 2 (alternativo) – Rappresentazione grafica:

	Costi sostenuti: input effettivi × prezzi effettivi (Q eff × P eff)	**Budget flessibile basato su input necessari per volumi di produzione effettivi × prezzi standard (Q eff × P std)**	**Budget flessibile basato su input standard necessari per volumi di produzione effettivi × prezzi standard (Q std × Vol eff × P std)**
Manodopera diretta	5.500 h × 7,60 €/h = €41.800	5.500 h × 8,00 €/h = €44.000	5.000 h × 8,00 €/h = €40.000
	5.500 h × (7,6 €/h – 8,0 €/h) = (Oppure: €41.800 – €44.000) Scostamento di prezzo €2.200 F		(5.500 h – 5.000 h) × 8,00 €/h = (Oppure: €44.000 – €40.000) Scostamento di impiego (efficienza), €4.000 S
	Scostamento dal budget flessibile, €1.800 S		

3.
Δ CIV

$\Delta S = CIV\ eff - (Q\ eff \times P\ std)$
Δ S = €4.730 – (5.500 × 0,80) = €4.730 – €4.400 = €330 S

Oppure:
$\Delta S = Q\ eff \times (P\ eff - P\ std)$
Δ S = 5.500 × (0,86 – 0,80) = €330 S
P eff > P std => Δ Sfavorevole

$\Delta E = P\ std \times (Q\ eff - Q\ std \times Vol\ eff)$
Δ E= 0,80 × (5.500 – 5 × 1.000) = 0,80 × (5.500 – 5.000) = €400 S
Q eff > Q std × Vol eff => Δ Sfavorevole

$\Delta CIV = \Delta S + \Delta E$
Δ CIV = €330 S + €400 S = €730 S

Metodo 2 (alternativo) – Rappresentazione grafica:

	Costi sostenuti: input effettivi × prezzi effettivi **(Q eff × P eff)**	**Budget flessibile basato su input necessari per volumi di produzione effettivi × prezzi standard** **(Q eff × P std)**	**Budget flessibile basato su input standard necessari per volumi di produzione effettivi × prezzi standard** **(Q std × Vol eff × P std)**
Costi indiretti variabili	5.500 h × 0,86 €/h = €4.730	5.500 ore × 0,80 €/h = €4.400	5.000 ore × 0,80 €/h = €4.000
	5.500 h × (0,86 €/h – 0,80 €/h) = (Oppure: €4.730 – €4.400) Scostamento di spesa, €330 S		(5.500 h – 5.000) × 0,80 €/h = (Oppure: €4.400 – €4.000) Scostamento di efficienza, €400 S
	Scostamento dal budget flessibile, €730 S		

Esercizio 8.13

Dati

Valori standard	MP	MOD	CIV
P std	16,00 €/Kg	30,00 €/h	10 €/h*
Q std	1 Kg/u	1,50 h/u	1,50 h/u

Valori effettivi	MP	MOD	CIV
P eff	15,5 €/Kg	30,50 €/h	
Q eff tot	4.300 Kg	6.300 h	6.300 h
Costo eff tot		€192.150	€69.500
Volumi effettivi	4.000 u		

* I CIV vengono allocati al prodotto in base alle h MOD.

Domande

1. a. Δ P e Δ I MP?
   b. Δ P e Δ I MOD?
   c. Δ S e Δ E CIV?
2. a. Costo MOD di budget flessibile?
   b. Posto: u = 5.000, costo MOD di budget flessibile?

Soluzioni

1.

a.

Metodo 1 – Applicazione delle formule:

Δ MP

$\Delta P = Q\ eff \times (P\ eff - P\ std)$
$\Delta\ \mathrm{P} = 4.300 \times (15{,}5 - 16) = (€2.150)\ \mathrm{F}$
$\mathrm{P\ eff} < \mathrm{P\ std} \Rightarrow \Delta$ Favorevole

$\Delta I = P\ std \times (Q\ eff - Q\ std \times Vol\ eff)$
$\Delta\ \mathrm{I} = 16 \times (4.300 - 1 \times 4.000) = 16 \times (4.300 - 4.000) = €4.800\ \mathrm{S}$
$\mathrm{Q\ eff} > \mathrm{Q\ std} \times \mathrm{Vol\ eff} \Rightarrow \Delta$ Sfavorevole

$\Delta MP = \Delta P + \Delta I$
$\Delta\ \mathrm{MP} = (€2.150)\ \mathrm{F} + €4.800\ \mathrm{S} = €2.650\ \mathrm{S}$

Metodo 2 (alternativo) – Rappresentazione grafica:

	Costi sostenuti: input effettivi × prezzi effettivi (Q eff × P eff)	**Budget flessibile basato su input necessari per volumi di produzione effettivi × prezzi standard (Q eff × P std)**	**Budget flessibile basato su input standard necessari per volumi di produzione effettivi × prezzi standard (Q std × Vol eff × P std)**
Materie prime dirette	4.300 Kg × 15,5 €/Kg = €66.650	4.300 Kg × 16 €/Kg = €68.800	4.000 Kg × 16 €/Kg = €64.000
	4.300 Kg × 0,5 €/Kg = (Oppure: €68.800 – €66.650) Scostamento di prezzo, €2.150 F		300 Kg × 16 €/Kg = (Oppure: €68.800 – €64.000) Scostamento di impiego (efficienza), €4.800 S
	Scostamento dal budget flessibile, €2.650 S		

b.

Δ MOD

$\Delta P = Q\ eff \times (P\ eff - P\ std)$
$\Delta\ \mathrm{P} = 6.300 \times (30{,}50 - 30{,}00) = €3.150\ \mathrm{S}$
$\mathrm{P\ eff} > \mathrm{P\ std} \Rightarrow \Delta$ Sfavorevole

$\Delta I = P\ std \times (Q\ eff - Q\ std \times Vol\ eff)$
Δ I = 30,00 × (6.300 – 1,50 × 4.000) = 30,00 × (6.300 – 6.000) = €9.000 S
Q eff > Qstd × Vol eff => Δ Sfavorevole

$\Delta MOD = \Delta P + \Delta I$
Δ MOD = €3.150 S + €9.000 S = €12.150 S

Metodo 2 (alternativo) – Rappresentazione grafica:

	Costi sostenuti: input effettivi × prezzi effettivi (Q eff × P eff)	**Budget flessibile basato su input necessari per volumi di produzione effettivi × prezzi standard (Q eff × P std)**	**Budget flessibile basato su input standard necessari per volumi di produzione effettivi × prezzi standard (Q std × Vol eff × P std)**
Manodopera diretta	6.300 h × 30,5 €/h = €192.150	6.300 h × 30 €/h = €189.000	6.000 h × 30 €/h = €180.000
	6.300 h × 0,5 €/h = (Oppure: €192.150 – €189.000) Scostamento di prezzo, €3.150 S		300 h × 30 €/h = (Oppure: €189.000 – €180.000) Scostamento di impiego (efficienza), €9.000 S
	Scostamento dal budget flessibile, €12.150 S		

c.
Δ CIV

$\Delta S = CIV\ eff - (Q\ eff \times P\ std)$
Δ S = 69.500 – (6.300 × 10) = 69.500 – 63.000 = €6.500 S
CIV eff > Q eff × P std => Δ Sfavorevole

$\Delta E = P\ std \times (Q\ eff - Q\ std \times Vol\ eff)$
Δ E= 10 × (6.300 – 1,50 × 4.000) = 10 × (6.300 – 6.000) = €3.000 S
Q eff > Q std × Vol eff => Δ Sfavorevole

$\Delta CIV = \Delta S + \Delta E$
Δ CIV = €6.500 S + €3.000 S = €9.500 S

Metodo 2 (alternativo) – Rappresentazione grafica:

	Costi sostenuti: input effettivi × prezzi effettivi (Q eff × P eff)	**Budget flessibile basato su input necessari per volumi di produzione effettivi × prezzi standard (Q eff × P std)**	**Budget flessibile basato su input standard necessari per volumi di produzione effettivi × prezzi standard (Q std × Vol eff × P std)**
Costi indiretti variabili	€69.500	6.300 h × 10 €/h = €63.000	6.000 h × 10 €/h = €60.000
	69.500 – 63.000 = Scostamento di spesa, €6.500 S		300 h × 10 €/h = (Oppure: €63.000 – €60.000) Scostamento di efficienza, €3.000 S
	Scostamento dal budget flessibile, €9.500 S		

2.

a.

Posto: volumi effettivi = 4.000 u
Costo MOD di budget flessibile = Costo std MOD × 4.000 u
Costo std MOD = P std MOD × Q std MOD = 30,00 €/h × 1,50 h/u = 45 €/u
Costo MOD budget flessibile = 45 €/u × 4.000 u = €180.000

b.

Posto: volumi effettivi = 5.000 u
Costo MOD di budget flessibile = Costo std MOD × 5.000 u
Costo std MOD = 45 €/u
Costo MOD budget flessibile = 45 €/u × 5.000 u = €225.000

Esercizio 8.14

Dati

Valori di budget

CIV	Q u std
Lubrificanti	0,60 €/h
Altre forniture	0,30 €/h
Rilavorazione	0,60€/h
Manodopera indiretta	1,50 €/h
CIV tot	**3,00 €/h**

u budget = 9.000 u
h MOD tot budget = 6.000 h
Tariffa MOD budget = 5,25 €/h

Valori effettivi
u effettive = 8.100 u
h MOD tot effettive = 5.700 h
Tariffa MOD effettiva = 5,25 €/h – 0,15 €/h = 5,10 €/h

Valori di budget flex

CIV	Δ da budget flex
Lubrificanti	(€330) F
Altre forniture	€225 S
Rilavorazione	€450 S
Manodopera indiretta	€450 S
CIV tot	**€795 S**

Domande

1. Budget flex vs Consuntivo.

2.

a) Δ P e Δ I MOD?

b) Δ S e Δ E CIV?

Soluzioni

1.
Q std MOD = h MOD tot budget/Volumi budget = 6.000 h/9.000 u = 2/3 h/u*

* Si preferisce considerare la frazione 2/3 per evitare arrotondamenti di decimali.

	Budget flessibile (P std x Q std x Vol eff)	**Scostamento da budget flessibile (Dati)**	**Costi* effettivi (P eff x Q eff)**
MOD	5,25 €/h x 2/3 h/u x 8.100 u = €28.350	€29.070 – €28.350 = €720 S	5,10 €/h x 5.700 h = €29.070
CIV:			
Lubrificanti	0,6 €/h x 2/3 h/u x 8.100 u = €3.240	(€330) F	€3.240 + (330) F = €2.910
Altre forniture	0,3 €/h x 2/3 h/u x 8.100 u = €1.620	€225 S	€1.620 + €225 S = 1.845
Rilavorazione	0,6 €/h x 2/3 h/u x 8.100 u = €3.240	€450 S	€3.240 + 450 S = €3.690
Manodopera indiretta	1,5 €/h x 2/3 h/u x 8.100 u = €8.100	€450 S	€8.100 + €450 S = €8.550
Totale CIV	**€16.200**	**€795 S**	**€16.995**

* Gli scostamenti da budget flessibile derivano da: costi budget flessibile – costi effettivi.
Da cui: Costi effettivi = Budget flessibile + Scostamenti da budget flessibile
Se lo scostamento è favorevole: costi budget flessibile < costi effettivi (pertanto lo scostamento da budget flessibile avrà segno algebrico negativo).
Se lo scostamento è sfavorevole: costi budget flessibile > costi effettivi (pertanto lo scostamento da budget flessibile avrà segno algebrico positivo).

2.
Δ MOD

Δ P = Q eff x (P eff – P std)
Δ P = 5.700 x (5,10 – 5,25) = (€855) F
P eff < P std => Δ Favorevole

Δ I = P std x (Q eff – Q std x Vol eff)
Δ I = 5,25 x (5.700 – 2/3 x 8.100) = 5,25 x (5.700 – 5.400) = €1.575 S
Q eff > Qstd x Vol eff => Δ Sfavorevole

Δ MOD = Δ P + Δ I
Δ MOD = (€855) F + €1.575 S = €720 S

Metodo 2 (alternativo) – Rappresentazione grafica:

<table>
<tr><th></th><th>Costi sostenuti:
Ore effettive ×
prezzo effettivo

(Q eff x P eff)</th><th>Budget flessibile:
Ore effettive ×
prezzo standard

(Q eff x P std)</th><th>Budget flessibile:
Ore standard a volume di produzione effettivo × prezzo standard
(Q std x Vol eff x P std)</th></tr>
<tr><td>Manodopera diretta</td><td>5.700 h × 5,10 €/h = €29.070</td><td>5.700 h × 5,25 €/h = €29.925</td><td>5.400 h × 5,25 €/h = €28.350</td></tr>
<tr><td></td><td colspan="2">5.700 h × 0,15 €/h =
(Oppure: €29.070 – €29.925)
Scostamento di prezzo, €855 F</td><td>300 h × 5,25 €/h =
(Oppure: €29.925 – €28.350)
Scostamento di impiego (efficienza), €1.575 S</td></tr>
<tr><td></td><td colspan="3">Scostamento dal budget flessibile, €720 S</td></tr>
</table>

Δ CIV

Δ S = CIV eff – (Q eff x P std)
Δ S = 16.995 – (5.700 x 3,00) = 16.995 – 17.100 = (€105) F
Δ S = CIV eff < Q eff x P std => Δ Favorevole

Δ E = P std x (Q eff – Q std x Vol eff)
Δ E= 3,00 x (5.700 – 5.400) = €900 S
Q eff > Q std x Vol eff => Δ Sfavorevole

Δ *CIV* = Δ *S* + Δ *E*
Δ CIV = (€105) F + €900 S = €795 S

Metodo 2 (alternativo) – Rappresentazione grafica:

	Costi sostenuti: Ore effettive × prezzo effettivo (Q eff x P eff)		**Budget flessibile: Ore effettive × prezzo standard (Q eff x P std)**	**Budget flessibile: Ore standard a volume di produzione effettivo × prezzo standard (Q std x Vol eff x P std)**
Costi indiretti variabili	€16.995		5.700 h × 3,00 €/h = €17.100	5.400 h × 3,00 €/h = €16.200
	€16.995 – €17.100 Scostamento di spesa, €105 F		300 h x 3 €/h = (Oppure: €17.100 – €16.200) Scostamento di efficienza, €900 S	
	Scostamento dal budget flessibile, €795 S			

Esercizio 8.15

Dati

	Budget	Consuntivo
Volumi di vendita	3.200 u	3.500 u
MdC tot	€4.320.000	€4.200.000

Domande

Δ Vol vendita?

Soluzioni

MdC u budget = MdC tot budget/Volumi budget = €4.320.000/3.200 u = 1.350 €/u

Δ Vol vendita = (Vol vendita eff – Vol vendita budget) x MdC u
Δ Vol vendita = (3.500 – 3.200) x 1.350 = €405.000 F
Vol vendita eff > Vol vendita budget => Δ Favorevole

Lo scostamento è favorevole in quanto sono state vendute più unità di quante previste a budget.

CAPITOLO 9

Sistemi di controllo di gestione e logiche di responsabilizzazione economica

Esercizi e problemi

ESERCIZIO 9.1 **Conto economico per segmento**

Movie Company, distributore all'ingrosso di DVD, ha registrato perdite per un certo tempo, come dimostrato dal suo ultimo conto economico riportato di seguito:

Vendite	€1.500.000
Costi variabili	€588.000
Margine di contribuzione	€912.000
Costi fissi	€945.000
Perdita operativa netta	(€33.000)

Nel tentativo di isolare il problema il presidente ha chiesto un conto economico segmentato per mercato geografico. Di conseguenza, l'ufficio amministrativo ha raccolto i dati che seguono:

	Mercato geografico		
	Sud	**Centro**	**Nord**
Vendite	€400.000	€600.000	€500.000
Costi variabili in % delle vendite	52%	30%	40%
Costi fissi specifici	€240.000	€330.000	€200.000

1. Preparare un conto economico segmentato per area geografica, come vuole il presidente.
2. Il sales manager della società ritiene che le vendite sul mercato geografico centrale possano aumentare del 15% se si aumenta la pubblicità di €25.000.

Si raccomanderebbe l'aumento della pubblicità? Riportare i calcoli a supporto della risposta.

ESERCIZIO 9.2 **Costi controllabili e valutazione delle performance**

Paul's Kitchen è un ristorante nel centro di Londra che tre anni fa ha aperto un secondo locale a Clapham Common, a sud di Londra. Recentemente Paul ha deciso di lasciare la gestione attiva dei singoli ristoranti, limitandosi a un'attività di supervisione sull'attività dell'azienda nel complesso. Per questo motivo ha assunto un direttore per ciascun ristorante. Nel 20X3 ciascun ristorante aveva ricavi di vendita per €850.000. Il ristorante di Clapham sta ancora offrendo dei prezzi inferiori rispetto a quello del centro per creare una base di clientela. I costi variabili sono pari al 60% dei ricavi per il ristorante del centro e al 70% per il ristorante di Clapham.

Ciascun direttore è responsabile dell'affitto e di alcuni altri costi fissi per il proprio ristorante, che ammontano a €125.000 per il ristorante del centro e a €50.000 per quello di Clapham. La differenza è dovuta principalmente al minore canone di affitto di Clapham. Sono inoltre stati centralizzati diversi costi, come quelli relativi a pubblicità, servizi legali, amministrazione e contabilità e servizi del personale. I direttori non avevano alcun controllo su questi costi, ma alcuni di essi andavano a diretto vantaggio dei singoli ristoranti. Dei €360.000 di costi inclusi in questa categoria, €110.000 erano relativi al ristorante del centro e €180.000 a quello di Clapham. Tra i costi di quest'ultimo ci sono quelli per la pubblicità in più, necessaria per la creazione della base di clientela. I rimanenti €70.000 erano costi indiretti generali aziendali.

1. Si preparino dei conti economici per ciascun ristorante e per l'azienda nel complesso, utilizzando un formato che consenta una facile valutazione dei risultati di ciascun direttore e dei risultati economici di ciascun ristorante.
2. Basandosi unicamente sulle informazioni fornite in questo esercizio:
   a. valutare ciascun ristorante come investimento economico;
   b. valutare ciascun direttore.

ESERCIZIO 9.3 **Conto economico di area e margine controllabile**

Style Srl è una piccola azienda italiana che produce e commercializza accessori per abbigliamento di elevata qualità. Le linee di prodotto sono due: Cravatte e Papillon. Il processo produttivo si sviluppa in due reparti.

- Taglio: il tessuto, acquistato da fornitori esterni, viene posizionato su un apposito impianto computerizzato e tagliato mediante un laser. Tre tecnici specializzati si occupano del funzionamento e della manutenzione dell'impianto. Il costo medio annuo di un tecnico è pari a €30.000. La quota di ammortamento annua dell'attrezzatura è pari a €30.000.

- Finitura e confezionamento: la manodopera diretta impiegata nel reparto, rappresentata da 8 addetti, si occupa di completare il prodotto e di confezionarlo. Il costo medio annuo per addetto è di €24.000. La quota di ammortamento annua delle attrezzature impiegate è pari a €20.000. Gli addetti lavorano 8 ore al giorno per 200 giorni annui.

L'azienda distribuisce le due linee di prodotto in due aree geografiche: Nord e Centro Italia da un lato e Sud Italia e Isole dall'altro. Ciascuna area è di responsabilità di un direttore commerciale, che si occupa di gestire la commercializzazione, la produzione e la distribuzione dei prodotti.

La retribuzione dei due direttori commerciali è costituita da una componente fissa, stabilita dalla direzione generale e pari a €60.000, cui si va ad aggiungere una provvigione del 5% sulle vendite.

La distribuzione nell'area Nord e Centro Italia viene effettuata mediante due automezzi, appositamente acquistati dal direttore commerciale, il cui costo annuo complessivo è pari a €20.000. Nell'area Sud e Isole il direttore ha preferito stipulare un accordo contrattuale con una società di trasporti il cui costo annuo è di €40.000.

Nel 2012 il direttore commerciale dell'area Sud Italia e Isole ha avviato una campagna promozionale sostenendo costi per €30.000.

I costi di logistica e magazzino sono pari a €288.000 e vengono ripartiti tra le aree geografiche in funzione dei volumi commercializzati.

I costi amministrativi e generali sono stati pari a €804.400 e non vengono ripartiti tra le aree geografiche.

Sono inoltre disponibili le seguenti informazioni relative ai prodotti:

	Cravatte	Papillon
Prezzo unitario	50 €/u	40 €/u
Materia prima	0,4 metri/u	0,2 metri/u
Tempo standard di finitura e confezionamento	16 minuti/u	10 minuti/u

Il costo del tessuto è stato pari a €15 al metro. Il costo della confezione è pari a €2 per le Cravatte e €1 per i Papillon.

Nel 2012 sono stati realizzati i seguenti volumi di vendita:

	Nord e Centro Italia	Sud Italia e Isole	Totale
Cravatte	12.800 u	19.200 u	32.000 u
Papillon	10.240 u	15.360 u	25.600 u

Si elabori un conto economico parziale che possa essere utilizzato per valutare i risultati delle due aree geografiche nelle quali vengono commercializzati i prodotti, evidenziando il margine di contribuzione, il margine di area controllabile dal Direttore Commerciale, il margine di area non controllabile dal Direttore Commerciale e il reddito operativo aziendale.

ESERCIZIO 9.4 Indicatori di performance in una balanced scorecard

Quello riportato sotto è un elenco di indicatori di performance che appaiono comunemente nella balanced scorecard. Si indichi se l'indicatore elencato è associato principalmente alla prospettiva finanziaria, del cliente, dei processi interni o di apprendimento e crescita.

- Redditività delle vendite.
- Mantenimento dei clienti obiettivo.
- Flusso di cassa netto.
- Ore di formazione.
- Indice di rotazione dei dipendenti.
- Costo unitario di movimentazione materiali.
- Quota di mercato.
- Tempo di ciclo per lo sviluppo dei prodotti.
- Crescita dei ricavi nei segmenti.
- Infortuni e malattie professionali.
- Giorni di permanenze in magazzino degli articoli venduti.
- Costo medio per fattura.

ESERCIZIO 9.5 Balanced scorecard

L'azienda Advanced Technology Company (ATC) di recente ha rivisto il proprio sistema di valutazione dei risultati, identificando quattro traguardi principali e diversi obiettivi necessari per raggiungere ciascun traguardo. Clark Powell, controller di ATC, ha suggerito di utilizzare una balanced scorecard per la realizzazione dei reporting sul progressivo raggiungimento degli obiettivi. In occasione di una delle ultime riunioni, ha detto ai manager di ATC che l'elencazione degli obiettivi era solo il primo passo verso l'adozione di un nuovo sistema di misurazione dei risultati. Ciascun obiettivo doveva essere accompagnato da uno o più indicatori per monitorare il progresso verso il raggiungimento degli obiettivi; per questo motivo Clark ha chiesto l'aiuto dei manager nell'identificazione degli indicatori appropriati.

Ecco quindi i traguardi e gli obiettivi individuati dall'alta direzione di ATC.

1. Mantenere una situazione finanziaria solida.
   a. Mantenere dei saldi di cassa sufficienti a garantire la sopravvivenza finanziaria.
   b. Ottenere una crescita costante di vendite e risultato economico.

2. Fornire un servizio eccellente ai clienti.
   a. Offrire prodotti che rispondano alle esigenze dei clienti.
   b. Soddisfare puntualmente le esigenze dei clienti.
   c. Soddisfare le richieste di qualità dei clienti.
   d. Essere il fornitore preferenziale dei clienti.
3. Collocarsi tra i leader del settore per innovazioni di prodotti e processi.
   a. Lanciare sul mercato nuovi prodotti prima della concorrenza.
   b. Guidare la competizione nell'innovazione dei processi di produzione.
4. Sviluppare e mantenere processi di produzione efficienti e all'avanguardia.
   a. Eccellere nell'efficienza dei processi di lavorazione.
   b. Rispettare o anticipare i piani di introduzione dei prodotti.

Si invita a proporre almeno un indicatore di performance per ciascuno degli obiettivi di ATC.

ESERCIZIO 9.6 Misure di produttività

La lavanderia Violet's Chelsea Laundry ha ottenuto i risultati seguenti nel 20X1 e 20X3:

	20X1	20X3
Chilogrammi di bucato lavato	1.360.000 Kg	1.525.000 Kg
Ricavi di vendita	€720.000	€1.394.000
Ore di manodopera diretta	45.100 h	46.650 h
Costo della manodopera diretta	€316.000	€498.000

Nel 20X3 la lavanderia ha utilizzato le stesse strutture del 20X1. Nel corso degli ultimi tre anni, tuttavia, l'azienda si è impegnata maggiormente nell'addestramento dei dipendenti. Il direttore di Violet's era pertanto curioso di sapere se l'addestramento avesse aumentato la produttività della manodopera.

1. Si calcoli una misura della produttività della manodopera per il 20X3 basandosi interamente su misure fisiche, quindi effettuare lo stesso calcolo per il 20X1. In pratica, a partire dai dati forniti, scegliere degli indicatori di output e input fisici e utilizzarli per confrontare la produttività fisica della manodopera nel 20X3 con quella del 20X1.
2. Si calcoli una misura della produttività della manodopera per il 20X3 basandosi interamente su indicatori finanziari, quindi effettuare lo stesso calcolo per il 20X1. In pratica, a partire dai dati forniti, scegliere degli indicatori di output e input finanziari e utilizzarli per confrontare la produttività finanziaria della manodopera nel 20X3 con quella del 20X1.
3. Si supponga di aver utilizzato la seguente misura della produttività:

$$\text{Produttività} = \frac{\text{Ricavi di vendita}}{\text{Ore di manodopera diretta}}$$

Per effetto dell'inflazione, un dollaro del 20X1 equivale a 1,4 dollari del 20X3. Calcolare degli adeguati indicatori numerici della produttività per confrontare la produttività del 20X3 con quella del 20X1.

ESERCIZIO 9.7 Obiettivi di produttività

Information Technology Services (ITS) svolge servizi informatici di routine e personalizzati per molte aziende di una grande area metropolitana del Midwest. ITS è rinomata per un'assistenza clienti di alta qualità e per la sicurezza del posto di lavoro dei propri dipendenti. Servizio di qualità e soddisfazione dei clienti sono stati i principali obiettivi secondari di ITS, e il mantenimento di una forza lavoro abile e motivata è stato un fattore importante per il raggiungimento di questi obiettivi. In passato, i cali temporanei di attività non si sono tradotti in licenziamenti di dipendenti, anche se ad alcuni è stato chiesto di svolgere compiti diversi da quelli svolti di consueto. Prevedendo una crescita di attività, ITS ha noleggiato nuove attrezzature che, a partire da agosto, hanno aggiunto €10.000 al mese di costi operativi. Tre mesi fa, tuttavia, un nuovo concorrente ha iniziato a offrire gli stessi servizi ai clienti di ITS a prezzi mediamente inferiori del 20%. Ryan Foster, fondatore e presidente dell'azienda, è convinto che sia necessaria una significativa riduzione dei prezzi per mantenere la quota di mercato ed evitare il disastro finanziario, ma è perplesso in merito alle modalità per raggiungere questo obiettivo senza compromettere la qualità, il servizio e il favore della propria forza lavoro.

ITS ha un obiettivo di produttività di 20 account per dipendente, ossia ogni dipendente dovrebbe gestire 20 account. Foster non pensa di poter aumentare questa produttività e continuare a mantenere sia qualità, sia flessibilità di risposta alle esigenze dei clienti. ITS tiene inoltre sotto controllo il costo medio per account e il numero di correzioni della soddisfazione dei clienti (risoluzioni di lamentele). L'indice medio di ricarico (markup) per la fatturazione è pari al 25% del costo. Si considerino i dati seguenti relativi agli ultimi sei mesi:

	Giugno	Luglio	Agosto	Settembre	Ottobre	Novembre
Numero di account	797	803	869	784	723	680
Numero di dipendenti	40	41	44	43	43	41
Costo medio per account	€153	€153	€158	€173	€187	€191
Stipendio medio per dipendente	€3.000	€3.000	€3.000	€3.000	€3.000	€3.000

1. Discutere i trade-off che Ryan Foster si trova ad affrontare.
2. Quali soluzioni è possibile suggerire per risolvere questo dilemma?

Glossario: terminologia, abbreviazioni adottate e definizioni

Di seguito sono riportati i termini utilizzati nell'ambito del capitolo. Tra parentesi viene indicata l'eventuale abbreviazione adottata, e a seguire viene fornita la definizione.

Indicatori di performance: misure di risultato che stabiliscono la direzione e motivano i manager.

Fattori critici di successo: caratteristiche o attributi che i manager devono raggiungere per poter guidare l'azienda verso i propri obiettivi.

Centro di responsabilità: insieme di attività e risorse assegnate a un manager, a un gruppo di manager o ad altri dipendenti. Sono centri di responsabilità i centri di costo, i centri di profitto e i centri di investimento.

Sistema di responsabilizzazione economica: identificazione delle parti dell'azienda che hanno responsabilità primaria per ciascuna azione, sviluppo di indicatori di performance e obiettivi e progettazione di sistemi di reporting per centro di responsabilità.

Centro di Costo (CdC): centro di responsabilità economica dato dall'insieme di costi operativi rispetto ai quali i manager sono responsabili.

Centro di Profitto (CdP): centro di responsabilità in cui i manager sono responsabili del controllo dei ricavi così come di quello dei costi.

Centro di Investimento (CdI): centro di responsabilità il cui successo dipende sia dal reddito operativo sia dal capitale investito.

Costi controllabili: costi influenzabili dalle decisioni di un manager di un centro di responsabilità.

Costi non controllabili: costi sui quali il management di un centro di responsabilità non può influire in un determinato lasso di tempo. Normalmente includono i costi vincolati (come l'ammortamento e le imposte patrimoniali) e i costi discrezionali (come gli stipendi dei manager dell'area di risultato).

Aree di risultato: centri di responsabilità per i quali un'azienda sviluppa misurazioni separate di ricavi e costi e quindi misura un risultato economico.

Margine di segmento controllabile: margine sotto il controllo dei manager delle aree di risultato, ossia influenzabile dalle loro decisioni.

Margine di segmento complessivo (Contributo per area di risultato): differenza tra ricavi e costi di area.

Costi non allocati: costi per i quali l'azienda non riesce a trovare una relazione di causa-effetto per la loro allocazione alle aree di risultato.

Balanced scorecard: sistema di misurazione e reporting delle prestazioni che bilancia le misure economico-finanziarie e quelle operative, collega le performance alle ricompense e stabilisce un legame diretto tra indicatori di performance e obiettivi aziendali. Tali indicatori vengono normalmente raggruppati in quattro categorie: economico-finanziaria, dei clienti, dei processi interni e di crescita e apprendimento.

Controllo di qualità: sforzo di garantire che i prodotti e i servizi rispondano alle esigenze dei clienti.

Total Quality Management (TQM): sistema volto alla prevenzione dei difetti, al miglioramento della qualità e alla soddisfazione dei clienti.

Tempo di ciclo: tempo necessario per portare a termine un prodotto o servizio, o un qualunque componente di un prodotto o servizio.

Produttività: misura degli output divisa per gli input. Le misure di produttività includono misure fisiche (input e output fisici), misure finanziarie (input e output finanziari) e misure miste (solitamente input finanziari e output fisici).

Algoritmi utili

Approccio del margine di contribuzione con suddivisione in aree di risultato (segmenti):

Ricavi di area (segmento)
– Costi variabili di area (segmento)
= Margine di contribuzione di area (segmento)
– Costi fissi controllabili dal manager di area (segmento)
= Margine controllabile di area (segmento) (o Margine di II grado)
– Costi fissi non controllabili
= Margine di area (segmento) complessivo
– Costi non allocabili
= Reddito operativo al lordo delle imposte sul reddito

Indicatori di produttività:
Output/input

Esempi:

Risorsa	Output		Input
Manodopera	Ore standard di MOD a volume di produzione effettivo per realizzare una produzione valida	÷	Ore effettive di MOD utilizzate
	Ricavi di vendita	÷	Numero dipendenti

Risorsa	Output		Input
	Ricavi di vendita	÷	Costi della MOD
	Attività di deposito/prestito bancario (di una banca)	÷	Numero di dipendenti
	Chiamate di assistenza	÷	Numero di dipendenti
	Ordini dei clienti	÷	Numero di dipendenti
Materiali	Peso dell'output	÷	Peso dell'input
	Numero di unità valide	÷	Numero totale di unità
Attrezzature, capitale, capacità	Tempo (h) utilizzato	÷	Tempo disponibile
	Tempo disponibile	÷	Tempo totale (es. h/g)
	Ricavi di vendita	÷	Costo MOD

Soluzioni agli esercizi

Esercizio 9.1

Dati

Vendite	€1.500.000
Costi variabili	€588.000
Margine di contribuzione	€912.000
Costi fissi	€945.000
Perdita operativa netta	(€33.000)

	Mercato geografico		
	Sud	Centro	Nord
Vendite	€400.000	€600.000	€500.000
CV in % delle vendite	52%	30%	40%
CF specifici	€240.000	€330.000	€200.000

Domande

1. CE per area geografica
2. Posto:
   vendite = + 15%
   pubblicità = + €25.000
   è conveniente aumentare la pubblicità?

Soluzioni

1.

	Sud	Centro	Nord	Totale
Vendite	€400.000	€600.000	€500.000	€1.500.000
CV	€400.000 × 52% = (€208.000)	€600.000 × 30% = (€180.000)	€500.000 × 40% = (€200.000)	(€588.000)
MdC	**€192.000**	**€420.000**	**€300.000**	**€912.000**
CF specifici	(€240.000)	(€330.000)	(€200.000)	(€770.000)
Margine di segmento per area geografica (o margine di II grado)	**(€48.000)**	**€90.000**	**€100.000**	**€142.000**
CF comuni non allocati*				(€175.000)
RO al lordo delle imposte sul reddito				**(€33.000)**

* CF comuni non allocati = CF totali – CF specifici = €945.000 – €770.000 = €175.000.

2.

Vendite incrementali (€600.000 × 15%)	€90.000
MdC incrementale (€420.000 × 15%)	€63.000
CF incrementali	(€25.000)
RO incrementale	€38.000

Sì, si dovrebbe avviare il programma pubblicitario, in quanto il RO si incrementerebbe di €38.000.

Esercizio 9.2

Dati

	Centro	Clapham	Azienda
Ricavi 20X3	€850.000	€850.000	€1.700.000
CV	€850.000 × 60% = €510.000	€850.000 70% = €595.000	€1.105.000
Affitto e altri CF controllabili	€125.000	€50.000	€175.000
CF non controllabili allocati	€110.000	€180.000	€290.000
CF non controllabili non allocati			€70.000

Domande

1. CE per ristorante?
2. Valutare:
   ristorante come investimento;
   direttore.

Soluzioni

1.

	Centro	Clapham	Azienda
Ricavi di vendita	€850.000	€850.000	€1.700.000
CV	(€510.000)	(€595.000)	(€1.105.000)
MdC per ristorante	**€340.000**	**€255.000**	**€595.000**
CF controllabili dai direttori di ristorante	(€125.000)	(€50.000)	(€175.000)
Margine controllabile dai direttori di ristorante (o margine di II grado)	**€215.000**	**€205.000**	**€420.000**
CF non controllabili allocati	(€110.000)	(€180.000)	(€290.000)
Margine per ristorante	**€105.000**	**€25.000**	**€130.000**
CF non controllabili non allocati			(€70.000)
Reddito operativo			**€60.000**

2.

a. Il nuovo ristorante di Clapham non è ancora profittevole come quello in centro. A quanto pare la campagna pubblicitaria necessaria per creare una base di clientela a Clapham pesa in modo considerevole sul risultato economico di questo ristorante. Tuttavia entrambi ottengono un margine di contribuzione positivo dopo la sottrazione di tutti i costi che l'azienda può identificare in modo specifico per un particolare ristorante.

b. I due manager hanno livelli di performance quasi uguali, con il direttore del ristorante del centro che si trova con un margine controllabile superiore di €10.000. Il margine di contribuzione inferiore di Clapham è compensato dall'ammontare inferiore del canone di affitto. Benché i due direttori raggiungano il loro livello di redditività con mezzi diversi (ossia per un mix di costi diverso), entrambi sembrano ottenere buoni risultati.

Esercizio 9.3

Dati

	Taglio	Finitura e Confezionamento*
N° addetti	3	8
Costo medio annuo addetto	€30.000	€24.000
Quota amm.to	€30.000	€20.000
h lavorative/giorno		8 h/g
gg lavorativi/anno		200 gg

* Poiché nel reparto Finitura e Confezionamento viene impiegata MOD, è importante conoscere le h lavorative in quanto il costo della MOD è espresso in €/h.

	Nord e Centro	Sud e Isole
Unità Cravatte	12.800 u	19.200 u
Unità Papillon	10.240 u	15.360 u
Costo distribuzione	€20.000	€40.000
Costi promozionali		€30.000
Direttori commerciali	€60.000 + 5% × fatturato	€60.000 + 5% × fatturato
Costi logistica e magazzino	€288.000	
Costi amministrativi	€804.400	

	Cravatte	Papillon
P	50 €/u	40 €/u
MP m/u	0,4 m/u	0,2 m/u
MP €/u	15 €/m	15 €/m
Costo confezione	2 €/u	1 €/u
Tempo std Finitura e Confezionamento	16 min/u	10 min/u

Domande

1. CE per area geografica?
2. Margine controllabile?
3. Margine non controllabile?
4. RO?

Soluzioni

Costi variabili	Calcoli	Cravatte	Calcoli	Papillon
MP	15 €/m × 0,4 m =	6,00 €/u	15 €/m × 0,2 m =	3,00 €/u
MOD*	0,25 €/min × 16 min =	4,00 €/u	0,25 €/min × 10 min =	2,50 €/u
Confezione	Dati	2,00 €/u	Dati	1,00 €/u
Provvigione	5% × 50 €/u =	2,50 €/u	5% × 40 €/u =	2,00 €/u
CV u tot		**14,50 €/u**		**8,50 €/u**

* Tariffa MOD al minuto = Costo annuo operario/minuti in un anno = €24.000/96.000 min = 0,25 €/min.

	Nord e Centro	Sud e Isole	Totale
Fatturato	€1.049.600*	€1.574.400*	€2.624.000
CV**	(€272.640)	(€408.960)	(€681.600)
MdC	**€776.960**	**€1.165.440**	**€1.942.400**
CF specifici controllabili:			
Costi promozionali		(€30.000)	(€30.000)
Costi distribuzione	(€20.000)	(€40.000)	(€60.000)

	Nord e Centro	Sud e Isole	Totale
Margine di area geografica controllabile dal Direttore Commerciale (o margine di II grado)	**€756.960**	**€1.095.440**	**€1.852.400**
CF specifici non controllabili:			
Direttori commerciali	(€60.000)	(€60.000)	(€120.000)
Costi logistici***	(€115.200)	(€172.800)	(€288.000)
Margine di area geografica non controllabile	**€581.760**	**€862.640**	**€1.444.400**
CF comuni:			
Costi personale reparto Taglio			(€90.000)
Amm.to reparto Taglio			(€30.000)
Amm.to reparto Finitura			(€20.000)
Costi amministrativi e generali****			(€804.400)
Reddito operativo			**€500.000**

* Fatturato Nord e Centro = (50 €/u × 12.800 u) + (40 €/u × 10.240 u) = €640.000 + €409.600 = €1.049.600. Fatturato Sud e Isole = (50 €/u × 19.200 u) + (40 €/u × 15.360 u) = €960.000 + €614.400 = €1.574.400.

** Costi variabili Nord e Centro = (14,50 €/u × 12.800) + (8,50 €/u × 10.240 u) = €185.600 + €87.040 = €272.640. Costi variabili Sud e Isole = (14,50 €/u × 19.200) + (8,50 €/u × 15.360 u) = €278.400 + €130.560 = €408.960.

*** CdA Costi logistici = €288.000/(32.000 u + 25.600 u) = €288.000/57.600 u = 5 €/u. Costi logistici Nord e Centro = 5 €/u × (12.800 u + 10.240 u) = €115.200. Costi logistici Sud e Isole = 5 €/u × (19.200 u + 15.360 u) = €172.800.

**** I costi sottostanti il Margine non controllabile sono i costi comuni non allocati alle aree geografiche. Essi vengono imputati al di sotto del margine di area complessivo e concorrono alla formazione del Reddito operativo aziendale.

Esercizio 9.4

Domande

Rapporto Indicatore-Prospettiva?

Soluzioni

Alcuni degli indicatori potrebbero essere classificati in modo diverso da quanto illustrato qui. Va tuttavia sottolineato che la caratteristica importante di una balanced scorecard è che vi siano rappresentate tutte le prospettive.

Indicatore di performance	Prospettiva
Redditività delle vendite	Finanziaria
Mantenimento dei clienti obiettivo	Clienti
Flusso di cassa netto	Finanziaria
Ore di formazione	Apprendimento e crescita
Indice di rotazione dei dipendenti	Apprendimento e crescita
Costo unitario di movimentazione materiali	Processo interno, finanziaria
Quota di mercato	Clienti

Indicatore di performance	Prospettiva
Tempo di ciclo per lo sviluppo dei prodotti	Processo interno
Crescita dei ricavi nei segmenti	Finanziaria
Infortuni e malattie professionali	Apprendimento e crescita
Giorni di permanenze in magazzino degli articoli venduti	Processo interno, finanziaria
Costo medio per fattura	Processo interno, finanziaria

Esercizio 9.5

Domande

Obiettivi-Indicatore?

Soluzioni

Gli studenti potrebbero suggerire una varietà di indicatori, in quanto non esiste un indicatore giusto per ciascun obiettivo. L'elenco che segue riporta alcuni indicatori possibili.

1. Mantenere una situazione finanziaria solida.
   a. Saldo di cassa giornaliero.
   b. Incremento percentuale di vendite e risultato economico.
2. Fornire un servizio eccellente ai clienti.
   a. Indagini sulla soddisfazione dei clienti.
   b. Tempo medio dalla ricezione degli ordini alla spedizione.
   c. Percentuale di resi dai clienti o importo degli indennizzi per difetti di qualità.
   d. Numero e importo a valore dei contratti come fornitore esclusivo.
3. Collocarsi tra i leader del settore per innovazioni di prodotti e processi.
   a. Percentuale delle vendite di prodotti con meno di due anni di vita.
   b. Risorse finanziarie (o percentuale delle vendite) investite nel miglioramento dei processi.
4. Sviluppare e mantenere processi di produzione efficienti e all'avanguardia.
   a. Costo unitario di prodotto.
   b. Ritardo medio tra la data di disponibilità programmata e quella di consegna effettiva.

Esercizio 9.6

Dati

	20X1	20X3
Chilogrammi di bucato lavato	1.360.000 Kg	1.525.000 Kg
Ricavi di vendita	€720.000	€1.394.000

	20X1	20X3
Ore di manodopera diretta	45.100 h	46.650 h
Costo della manodopera diretta	€316.000	€498.000

Domande

1. Misura fisica produttività 20X1 e 20X3?
2. Misura finanziaria della produttività 20X1 e 20X3?
3. Posto: produttività = Ricavi/h MOD
   inflazione = €1 20X1 = €4 20X3
   Indicatori numerici produttività?

Soluzioni

1.

La migliore misura della produttività basata sulle misure fisiche è la seguente:

Chilogrammi di bucato lavato ÷ Ore di manodopera diretta.

Confrontando 20X1 e 20X3 si ottiene:

20X1		20X3	
1.360.000 Kg	= 30,2 Kg/h	1.525.000 Kg	= 32,7 Kg/h
45.100 h		46.650 h	

La produttività è aumentata di 32,7 Kg/h – 30,2 Kg/h = 2,5 Kg/h, un incremento pari al 2,5 Kg/h ÷ 30,2 Kg/h = 8,3%.

2.

La migliore misura della produttività basata sulle misure finanziarie è la seguente:

Ricavi di vendita ÷ Costo della manodopera diretta.

Confrontando 20X1 e 20X3 si ottiene:

20X1		20X3	
€720.000	= 2,28	€1.394.000	= 2,80
€316.000		€498.000	

In base a questa misura, la produttività è aumentata di 2,80 – 2,28 = 0,52, cioè ha avuto un incremento del 0,52 ÷ 2,28 = 22,8%. Ci sono tre spiegazioni per questo forte incremento:

a. aumento della produttività fisica, come illustrato nella Domanda 1;

b. incremento del ricavo per chilogrammo a un tasso superiore rispetto all'inflazione: €720.000 ÷ 1.360.000 Kg = 0,53 €/Kg nel 20X1 in confronto a €1.394.000 ÷ 1.525.000 Kg = 0,91 €/Kg nel 20X3, un incremento del (0,91 €/Kg – 0,53 €/Kg) ÷ 0,53 €/Kg = 72%;

c. aumento della retribuzione oraria superiore all'inflazione: €316.000 ÷ 45.100 h = 7,01 €/h nel 20X1 in confronto a €498.000 ÷ 46.650 h = 10,68 €/h nel 20X3, un incremento del (10,68 €/h – 7,01 €/h) ÷ 7,01 €/h = 52%.

3.
Questa misura della produttività mescola misure finanziarie e fisiche, pertanto è essenziale adeguarla all'inflazione. Esprimendo le misure di produttività nel 20X1 e 20X3 in euro del 20X3 si ottiene:

20X1		20X3	
(€720.000 × 1,4)	= 22,35 €/h	€1.394.000	= 29,88 €/h
45.100 h		46.650 h	

Questa misura mostra un incremento della produttività pari a (29,88 €/h – 22,35 €/h) ÷ 22,35 €/h = 33,7%. Essa incorpora l'aumento di produttività fisica e l'incremento nei ricavi a un tasso superiore a quello dell'inflazione, ma esclude l'effetto delle variazioni di retribuzione oraria incluse nella soluzione della Domanda 2.

Esercizio 9.7

Dati

Noleggio nuove attrezzature = €10.000/mese
Obiettivo di produttività = 20 account/dipendente
Prezzo ITS = Costo + 25%
Prezzo concorrenza = Prezzo ITS × 80%

	Giugno	Luglio	Agosto	Settembre	Ottobre	Novembre
Numero di account	797	803	869	784	723	680
Numero di dipendenti	40	41	44	43	43	41
Costo medio per account	€153	€153	€158	€173	€187	€191
Stipendio medio per dipendente	€3.000	€3.000	€3.000	€3.000	€3.000	€3.000

Domande

1. Trade-off?
2. Soluzioni?

Soluzioni

Le soluzioni di questo caso sono diverse, e in queste pagine ne verrà presentata una. Una soluzione alternativa consisterebbe nel cercare di aumentare la produttività dei dipendenti.

1. e **2.**

Ryan Foster deve affrontare dei trade-off difficili. Il suo obiettivo secondario di mantenere una forza lavoro abile e motivata è minacciato da nuove pressioni competitive. Via via che Foster perde account, distribuisce i propri costi (fissi discrezionali) di manodopera su un numero inferiore di account; di conseguenza il costo medio aumenta. Se cercherà di mantenere il proprio ricarico (markup) abituale del 25%, Foster diventerà meno concorrenziale e probabilmente perderà altri clienti.

È probabile che Foster possa mantenere un servizio di qualità e la soddisfazione dei clienti con una forza lavoro ridotta.

Posto l'obiettivo di produttività di 20 account gestiti per ciascun dipendente, Foster a novembre, in condizioni di efficienza, dovrebbe avere 680/20 = 34 dipendenti (dove 680 = n° account novembre; 20 = account per dipendente).

Dalla tabella si evince che i dipendenti a novembre sono 41, per cui sembra che Foster abbia 41 – 34 = 7 dipendenti in eccesso (a meno che si tratti di un calo temporaneo di attività). Questo esubero di dipendenti sta costando a Foster 7 × €3.000 = €21.000 al mese (ignorando le imposte e le indennità supplementari). Se Foster potesse risparmiare questo ammontare, potrebbe ridurre il costo medio per account nel modo qui indicato:

Novembre	
Numero di account	680
Costo medio mensile per account	€191
Totale costo mensile (680 × €191)	**€129.880**
Risparmi sugli stipendi (7 × €3.000)	(€21.000)
Costo mensile rivisto	**€108.880**

Prezzo corrente di ITS:	
Costo medio	€191,00
Ricarico al 25% (€191 × 0,25)	€47,75
Prezzo di ITS	**€238,75**

Prezzo ITS post-riduzione personale:	
Costo medio mensile per account (€108.880/680)	€160,12
Ricarico al 25%	€40,03
Prezzo di ITS	**€200,15**

Prezzo del concorrente = €238,75 × 80% = €191,00.

Anche a fronte della riduzione del personale in misura pari a 7 dipendenti, lasciando invariate le altre condizioni, il prezzo del concorrente sarebbe inferiore a quello di ITS:

P concorrente < P ITS
€191 < €200,15

Possibili risposte di ITS:

a. Mantenere il markup attuale del 25%:
Prezzo obiettivo = Prezzo concorrente = €191
Prezzo obiettivo = Costo obiettivo (target) + 25%
Posto: Costo obiettivo = X, si ha:
€191 = X + X(0,25)
€191 = 1,25X
x = €191/1,25 = €152,80
Da cui:
Costo obiettivo (target cost) = €152.80
Costo totale = 680 × €152,80 = €103.904
Riduzione di costo richiesta = €108.880 – €103.904 = €4.976
Riduzione di personale richiesta a €3.000 ciascuno = €4.976/€3.000 = 1,66 = 2 dipendenti circa

Pertanto, volendo mantenere l'attuale markup del 25%, si dovrebbe ridurre ulteriormente il costo del personale, per un importo pari a circa lo stipendio di due dipendenti.

b. Ridurre il markup al 15%:
Prezzo obiettivo = Prezzo concorrente = €191
Prezzo obiettivo = Costo obiettivo (target) + 15%
Posto: Costo obiettivo = X, si ha:
€191 = X + X(0,15)
€191 = 1,15X
X = €191/1,15 = €166,09
Costo obiettivo (target cost) = €166,09
Costo totale = 680 × €166,09 = €112.941,20
Riduzione di costo richiesta = Nessuna (€108.880 < €112.941,10)

Pertanto, potendo ridurre l'attuale markup al 15%, non sarebbe necessaria nessuna riduzione ulteriore di costo e quindi di personale.

Per mantenere l'attuale ricarico (markup) del 25%, Foster dovrebbe ottenere un costo obiettivo (target cost) di €152,80, ma questo implicherebbe la necessità di risparmi ulteriori per €4.976, equivalenti a circa altri due dipendenti oltre i 7 previsti.

Foster potrebbe evitare ulteriori licenziamenti riducendo il proprio ricarico, ma a quel punto l'attività potrebbe risultare per lui meno interessante (meno profittevole).

Il noleggio delle attrezzature in agosto probabilmente era in risposta a una crescita degli affari, mentre ora sembra assolutamente non necessario. Foster è in grado di chiudere questi contratti di leasing? In tal caso, potrebbe riuscire a ridurre ulteriormente i costi e/o a mantenere alcuni dipendenti che in caso contrario verrebbero licenziati.

CAPITOLO 10

Misurazione delle performance nelle aziende decentralizzate

Esercizi e problemi

ESERCIZIO 10.1 Redditività del capitale investito

In base ai dati forniti di seguito:

Vendite	€130.000.000
Capitale investito	€50.000.000
Reddito operativo	€6.000.000

Calcolare quanto segue:

1. Tasso di rotazione del capitale.
2. Redditività delle vendite.
3. Redditività del capitale investito (ROI).

ESERCIZIO 10.2 Analisi della redditività

Inserire il valore mancante:

	Divisione		
	A	B	C
Redditività delle vendite	7%	3%	? %
Tasso di rotazione del capitale	3	?	4
Tasso di redditività del capitale investito	? %	24%	20%

ESERCIZIO 10.3 ROI e reddito residuale

Si considerino i dati seguenti:

	Divisione		
	X	Y	Z
Capitale investito	€1.000.000	? €	€1.250.000
Risultato economico	? €	€182.000	€150.000
Ricavi di vendita	€2.000.000	€3.640.000	? €
Redditività delle vendite	5%	? %	? %
Tasso di rotazione del capitale	?	?	3
Tasso di redditività del capitale investito	? %	14%	? %

1. Si prepari un tabella analoga, inserendo tutti i valori mancanti.
2. Quale divisione ha i risultati migliori? Motivare la risposta.
3. Si supponga che a ogni divisione venga imposto un costo del capitale (in percentuale) pari al 12% del capitale investito. Calcolare il reddito residuale per ciascuna divisione.

ESERCIZIO 10.4 Confronto tra le definizioni di capitale investito

Si consideri il seguente stato patrimoniale:

Attività a breve termine	€600.000	Passività a breve termine	€400.000
Proprietà, impianti e attrezzature nette	€1.000.000	Passività a lungo termine	€600.000
Costruzioni in economia	€300.000	Capitale netto	€900.000
Totale attività	€1.900.000	Totale passività e capitale netto	€1.900.000

Dato un RO pari a €400.000, calcolare la redditività del capitale investito considerando le diverse definizioni di capitale investito.

Commentare quale scelta risulta essere più appropriata ai fini della valutazione di un manager di divisione.

ESERCIZIO 10.5 ROI per area di risultato aziendale

L'attività di Ruiz Media, Inc. si esplica attraverso tre diverse aree di risultato aziendale: (1) Intrattenimento, (2) Editoria/Informazione e (3) Prodotti finanziari per privati/aziende. Quelli che seguono sono i risultati di uno degli ultimi anni (in milioni):

	Ricavi di vendita	Reddito operativo	Totale attività
Intrattenimento	€1.272,2	€223,0	€1.120,1
Editoria/Informazione	€705,5	€122,4	€1.308,7
Prodotti finanziari per privati/aziende	€1.235,0	€244,6	€924,4

1. Calcolare quanto segue per ciascuna area di risultato aziendale:
   a. redditività delle vendite;
   b. tasso di rotazione del capitale;
   c. ROI.
2. Commentare le differenze di redditività del capitale investito tra le diverse aree di risultato aziendale, cercando di individuare delle ragioni in grado di spiegare tali differenze.

ESERCIZIO 10.6 EVA in Engine & Co

Engine & Co Corporation è il più grande produttore al mondo di motori a benzina raffreddati ad aria destinati ad apparecchi per il lavoro all'aperto. I motori prodotti dall'azienda, per esempio, sono impiegati nel settore dei tagliaerba e delle attrezzature per giardinaggio. In base alla relazione di bilancio annuale, "il management sottoscrive la premessa che il valore di Engine & Co aumenta nel caso in cui il capitale investito nelle proprie operazioni produca un ritorno di cassa maggiore di quanto previsto da chi fornisce il capitale".

I dati che seguono sono tratti dalla relazione di bilancio annuale del 20X2 di Engine & Co (in migliaia di euro):

	20X2	20X1
Reddito operativo rettificato al lordo delle imposte	€115.352	€107.593
Uscita di cassa per imposte	€22.903	€16.468
Capitale investito medio rettificato	€1.154.653	€942.811
Costo del capitale (in percentuale)	8,7%	9,6%

1. Calcolare il valore economico (EVA) aggiunto per Engine & Co per il 20X1 e 20X2.
2. Il risultato complessivo di Engine & Co è migliorato dal 20X1 al 20X2? Motivare la risposta.

ESERCIZIO 10.7 Valore economico aggiunto in Strike

Strike, Inc. è il più importante venditore di scarpe e abbigliamento sportivo del mondo. Quello che segue è un estratto dei risultati finanziari per gli anni fiscali 20X1 e 20X2 (in milioni):

	20X2	20X1
Ricavi di vendita	€9.893	€9.489
Costi operativi	€8.825	€8.475
Costi per oneri finanziari	€51	€93
Imposte sul reddito	€349	€332
Capitale investito medio (totale attività meno passività a breve termine)	€4.320	€3.875

1. Si supponga che il costo del capitale di Strike sia del 9,5%. Calcolare il valore economico aggiunto (EVA) per il 20X1 e il 20X2.
2. Si discuta la variazione di EVA tra il 20X1 e il 20X2.

ESERCIZIO 10.8 Valore economico aggiunto in Coca-Cola

Coca-Cola Company utilizza il valore economico aggiunto (EVA) per valutare i risultati dell'alta direzione. Nel 20X2 Coca-Cola ha ottenuto un reddito operativo rettificato di €5.458 milioni, ha pagato imposte sul reddito per €1.523 milioni e aveva in media passività a lungo termine più capitale netto pari a €15.574 milioni. Il capitale dell'azienda è costituito per circa il 30% da debiti a lungo termine e per il 70% da capitale netto. Si supponga che il costo del debito al netto delle imposte sia del 5% e il costo del capitale netto sia dell'11%.

1. Calcolare il valore economico aggiunto (EVA) di Coca-Cola. Ci si basi sulle definizioni di reddito operativo al netto delle imposte e capitale investito riportate nelle relazioni annuali di Coca-Cola.
2. Si spieghi ciò che l'EVA può dire sulla performance dell'alta direzione di Coca-Cola nel 20X2.

ESERCIZIO 10.9 Confronto tra EVA e reddito residuale in McKenzie & Brothers

La differenza principale tra le misure del valore economico aggiunto e il reddito residuale è la maggiore attenzione ai flussi di cassa che caratterizza l'EVA. Le aziende che utilizzano l'EVA effettuano diverse rettifiche sia al reddito operativo ottenuto dal conto economico sia al capitale investito proveniente dallo stato patrimoniale. Tra gli esempi più comuni di questi tipi di rettifiche ci sono la capitalizzazione dei costi di ricerca e sviluppo e il rilevamento dei costi di garanzia sulla base dei flussi di cassa. La maggior parte delle aziende che utilizza l'EVA effettua solo alcune di queste rettifiche.

I dati che seguono sono tratti dalla relazione di bilancio annuale del 20X2 di McKenzie & Brothers (in migliaia di euro):

Reddito operativo	€118.358
Accantonamento per le imposte sul reddito	€27.390
Rettifiche nette dedotte dal reddito operativo per l'EVA	€3.006
Capitale medio ponderato impiegato per l'EVA	€1.154.653
Capitale netto totale finale	€449.646
Uscita di cassa per imposte	€22.903
Totale passività a breve termine finali	€266.023
Totale attività finali	€1.349.033
Capitale netto totale iniziale	€422.752
Totale passività a breve termine iniziali	€242.182
Totale attività iniziali	€1.296.195
Stima del costo del capitale effettuata dal management	8,7%

Si prepari uno schema che calcoli e confronti il valore economico aggiunto con il reddito residuale per McKenzie & Brothers.

ESERCIZIO 10.10 Confronto tra valore lordo e netto dei beni

La divisione Texas di Red Company ha appena acquistato un bene del valore di €150.000 che ha una vita utile prevista di tre anni. L'alta direzione di Red valuta Sue Stratton, manager della divisione Texas, in base al ROI della sua divisione. Ella può scegliere di misurare le proprie attività utilizzando il valore lordo o quello netto del bene. Il suo reddito operativo al lordo dell'ammortamento è €80.000 ogni anno.

1. Qual è il ROI della divisione Texas per ciascuno dei tre anni utilizzando il valore lordo del bene?
2. Qual è il ROI della divisione Texas per ciascuno dei tre anni utilizzando il valore netto del bene?
3. Se Sue Stratton si aspettasse che Red la trasferisca a una diversa divisione nel giro di un anno circa, quale politica di valutazione preferirebbe?

ESERCIZIO 10.11 Valutazione dei risultati delle divisioni

In qualità di amministratore delegato di Martin & Jackson Company si esaminano le seguenti misurazioni dei risultati di tre divisioni (in migliaia di euro):

	Attività nette basate su:		Reddito operativo basato su:*	
Divisione	**Costo storico**	**Costo di sostituzione**	**Costo storico**	**Costo di sostituzione**
Scarpe	€15.000	€15.000	€2.700	€2.700
Abbigliamento	€44.000	€55.000	€6.750	€6.150
Accessori	€27.000	€48.000	€5.000	€3.900

* Le differenze di reddito operativo tra costo storico e costo di sostituzione sono attribuibili alle differenze nei costi di ammortamento.

1. Si calcoli per ogni divisione il tasso di redditività del capitale investito netto e il reddito residuale basato sul costo storico e sul costo di sostituzione. Ai fini del calcolo del reddito residuale, utilizzare il 10% come costo del capitale.
2. Preparare, per ciascuna delle 4 misure calcolate al punto 1, un ranking dei risultati delle divisioni.
3. Cosa indicano queste misure in merito ai risultati delle divisioni? E in merito ai risultati dei manager di divisione? Quale misura è preferibile? Motivare la risposta.

ESERCIZIO 10.12 Prezzo di trasferimento massimo e minimo

W-Bike Company produce biciclette. Varie divisioni realizzano i componenti e li trasferiscono alla divisione Cycles per l'assemblaggio nei prodotti finali. La divisione Cycles può anche acquistare componenti da fornitori esterni. La divisione Wheels produce le ruote, che vengono vendute anche a clienti esterni. Tutte le divisioni sono centri di profitto e i manager sono liberi di negoziare i prezzi di trasferimento. I prezzi e i costi per le divisioni Wheels e Cycles sono i seguenti:

Divisione Wheels	
Prezzo di vendita ai clienti esterni	€13
Prezzo di trasferimento interno	?
Costi:	
Costi variabili per ruota	€9
Totale costi fissi	€320.000
Produzione programmata	64.000 ruote*

*Include la produzione da trasferire a Cycles.

Divisione Cycles	
Prezzo di vendita ai clienti esterni	€160
Costi:	
Ruote, per bicicletta	?
Altri componenti, per bicicletta	€80
Altri costi variabili, per bicicletta	€40
Totale costi fissi	€640.000
Produzione programmata	16.000 biciclette

I costi fissi di entrambe le divisioni non subiranno l'influenza del trasferimento delle ruote da Wheels a Cycles.

1. Calcolare il prezzo di trasferimento massimo per ruota che la divisione Cycles sarebbe disposta a pagare per l'acquisto di ruote dalla divisione Wheels in assenza di un mercato esterno.
2. Calcolare il prezzo di trasferimento massimo per ruota che la divisione Cycles sarebbe disposta a pagare per l'acquisto di ruote dalla divisione Wheels in presenza di un fornitore esterno che offre un prezzo di €13 a ruota.
3. Calcolare il prezzo di trasferimento minimo per ruota che la divisione Wheels accetterebbe per trasferire le ruote alla divisione Cycles in presenza di un prezzo di mercato esterno. Si supponga che Wheels non abbia capacità in eccesso.
4. Calcolare il prezzo di trasferimento minimo per ruota che la divisione Wheels accetterebbe per trasferire le ruote alla divisione Cycles in presenza di un prezzo di mercato esterno. Si supponga che Wheels abbia capacità in eccesso.
5. Calcolare il prezzo di trasferimento minimo per ruota che la divisione Wheels accetterebbe per trasferire le ruote alla divisione Cycles in assenza di un prezzo di mercato (la divisione Wheels non può vendere all'esterno). Si supponga che Wheels abbia capacità in eccesso.
6. Calcolare il prezzo di trasferimento minimo per ruota che la divisione Wheels accetterebbe per trasferire le ruote alla divisione Cycles in assenza di un prezzo di mercato, supponendo che la divisione Wheels abbia la propria capacità produttiva impegnata in un'altra produzione di ruote, sempre da trasferire internamente, con un MdC per ruota pari a €5.

ESERCIZIO 10.13 — Determinazione del prezzo di trasferimento

La divisione Pompe di Water Pump Company produce pompe idrauliche per automobili. Essa è il fornitore esclusivo di pompe della divisione Automobili e si fa pagare €30 per unità, pari al prezzo di mercato attuale per lotti all'ingrosso di un grande numero di pezzi. La divisione Pompe vende anche a magazzini esterni che vendono ricambi al dettaglio, al prezzo unitario di €38. Normalmente le vendite esterne ammontano al 25% del volume di vendita totale di 1 milione di pompe idrauliche all'anno. Quelli che seguono sono i dati annuali combinati tipici della divisione:

Vendite	€32.000.000
Costi variabili, a €25 per pompa idraulica	€25.000.000
Costi fissi	€3.000.000
Costi totali	€28.000.000
Margine lordo	**€4.000.000**

Pump Company, un'azienda completamente separata, ha offerto alla divisione Automobili delle pompe idrauliche simili a un prezzo di fabbrica unitario di €28. La divisione Pompe di Water Pump sostiene di non riuscire a eguagliare questo prezzo perché a €28 non avrebbe alcun margine di guadagno.

1. Si determini il prezzo massimo accettabile dalla divisione Automobili.
2. Calcolare il margine lordo aziendale in caso di accettazione del trasferimento interno a €28 e in caso di rifiuto del trasferimento interno e si determini la convenienza ad accettare o meno il trasferimento interno a €28.
3. La divisione Pompe è convinta di poter incrementare le vendite esterne di 750.000 pompe idrauliche all'anno con un aumento dei costi fissi di €2 milioni e di costi variabili di €3 per unità, riducendo nel contempo il prezzo di vendita a €36. Si supponga che la capacità massima sia di 1 milione di pompe all'anno. È il caso che la divisione rifiuti l'attività interna all'azienda per concentrarsi sulle vendite esterne?

ESERCIZIO 10.14 **Prezzi di trasferimento e capacità produttiva inutilizzata**

La divisione A di Wood International acquista legname che utilizza per fabbricare tavoli, sedie e altri mobili in legno. Essa acquista la maggior parte del legname dalla divisione B, un'altra divisione di Wood International. Le divisioni A e B sono entrambe dei centri di profitto.

La divisione A propone di produrre una nuova sedia in stile Shaker che verrà venduta a €94. Il manager sta esplorando la possibilità di acquistare il legname necessario dalla divisione B. Viene programmata la produzione di 800 sedie, utilizzando della capacità produttiva della divisione A che attualmente è inutilizzata.

La divisione A può acquistare il legname da un fornitore esterno per €72. In base alla politica di Wood International, il prezzo dei trasferimenti interni è pari al costo pieno comprensivo dei costi non di produzione.

Si supponga che i costi per la produzione di una sedia e per il legname necessario siano i seguenti:

Divisione B		Divisione A	
Costi variabili	€48	Legname acquistato dalla divisione A	€70
Costi fissi allocati	€22	Costi variabili di produzione	€23
Costi pieni comprensivi di costi non di produzione	**€70**	Costi variabili di vendita	€6
		Totale costo	**€99**

1. Si supponga che la divisione B abbia della capacità produttiva inutilizzata e pertanto non debba sostenere costi fissi aggiuntivi per produrre il legname richiesto. Il manager della divisione A acquisterebbe il legname per la produzione delle sedie dalla divisione B data la politica esistente di determinazione del prezzo di trasferimento? Motivare la risposta, positiva o negativa che sia. La compagnia nel complesso trarrebbe un vantaggio se il manager decidesse di acquistare dalla divisione B? Motivare la risposta.
2. Si supponga che la divisione B non abbia capacità produttiva inutilizzata e che il legname necessario per una sedia possa essere venduto a clienti esterni per €72. L'azienda nel complesso trarrebbe un vantaggio se il manager della divisione A acquistasse dalla divisione B? Motivare la risposta.

ESERCIZIO 10.15 Prezzi di trasferimento nelle multinazionali

Karl Enterprises, Inc. ha divisioni di produzione e marketing in tutto il mondo. Essa realizza un particolare prodotto in Giappone, dove l'aliquota di imposta sul reddito è del 30%, e lo trasferisce a una divisione di marketing in Svezia, dove l'aliquota di imposta sul reddito è del 60%. Si supponga che la Svezia imponga un dazio di importazione del 10% sul prodotto e che i dazi di importazione non siano deducibili ai fini fiscali.

Il costo variabile del prodotto è €200 mentre il costo pieno è €400. Si supponga che l'azienda possa legalmente scegliere un prezzo di trasferimento che si collochi in un qualunque punto tra il costo variabile e il costo pieno.

1. Quale prezzo di trasferimento dovrebbe utilizzare Karl Enterprises per ridurre al minimo le imposte?
2. Si calcoli l'importo risparmiato in imposte grazie all'impiego del prezzo di trasferimento calcolato al punto 1 invece del prezzo di trasferimento che si tradurrebbe nel massimo importo di imposte da pagare.

ESERCIZIO 10.16 Riepilogo degli argomenti principali del capitolo

Top Equipment Company ha una struttura organizzativa decentralizzata e considera ciascuna delle proprie divisioni come centro di investimento. La divisione North-West attualmente vende 15.000 filtri dell'aria all'anno, benché disponga di una capacità sufficiente a produrre 21.000 unità all'anno. I costi di produzione variabili unitari ammontano a €20, mentre il totale dei costi fissi ammonta a €90.000. Questi 15.000 filtri dell'aria vengono venduti a clienti esterni al prezzo unitario di €40.

La divisione South-East, anch'essa parte di Top Equipment, ha indicato che desidererebbe acquistare 1.500 filtri dell'aria dalla divisione North-West, ma al prezzo unitario di €37, che è il prezzo che la divisione attualmente paga al proprio fornitore esterno.

1. Calcolare l'effetto che avrebbe sul reddito operativo dell'azienda nel complesso l'eventuale decisione della divisione South-East di acquistare i 1.500 filtri dell'aria dalla divisione North-West.
2. Qual è il prezzo minimo che la divisione North-West dovrebbe essere disposta ad accettare per questi 1.500 filtri dell'aria?
3. Qual è il prezzo massimo che la divisione South-East dovrebbe essere disposta a pagare per questi 1.500 filtri dell'aria?
4. Si supponga invece che la divisione North-West attualmente produca e venda 21.000 filtri dell'aria all'anno a clienti esterni. Quale sarebbe l'effetto sul reddito operativo complessivo di Top Equipment Company nel caso in cui l'alta direzione richiedesse alla divisione North-West di vendere 1.500 filtri dell'aria alla divisione South-East al prezzo unitario di (a) €20 e (b) €37?
5. Solo per questa domanda, si supponga che la divisione North-West attualmente realizzi un reddito operativo annuale (al netto delle imposte) di €36.000 e che il capitale investito medio della divisione sia di €300.000. Il manager della divisione ha un'opportunità di investire in una proposta che richiederà un investimento aggiuntivo di €20.000 e che porterà a un incremento di €2.200 del reddito operativo annuale. (a) Il manager della divisione dovrebbe accettare questa proposta nel caso in cui Top Equipment Company utilizzi il ROI per la valutazione dei risultati dei manager delle proprie divisioni? (b) E nel caso in cui l'azienda utilizzi il valore economico aggiunto (supponendo un costo del capitale del 9%)?

Glossario: terminologia, abbreviazioni adottate e definizioni

Di seguito sono riportati i termini utilizzati nell'ambito del capitolo. Tra parentesi viene indicata l'eventuale abbreviazione adottata, e a seguire viene fornita la definizione.

Autonomia delle aree di risultato: delega del potere decisionale ai manager delle aree di risultato di un'azienda.

Incentivi: ricompense informali e formali basate sui risultati aziendali che migliorano lo sforzo manageriale verso gli obiettivi aziendali.

Teoria dell'agenzia: teoria che riguarda la contrattazione tra un'azienda e i suoi manager che agiscono e decidono per l'azienda.

Controllabilità: capacità di influenzare con le proprie decisioni una determinata misura di risultato.

Gestione per obiettivi (MBO, Management By Objectives): formulazione congiunta da parte di un manager e del suo superiore di un insieme di obiettivi e piani per raggiungere gli obiettivi stabiliti per un periodo futuro.

Redditività del capitale investito (ROI, Return on Investement): indicatore di redditività pari al rapporto tra il reddito operativo e l'investimento necessario per ottenere tale risultato economico.

Redditività delle vendite: indicatore di redditività pari al rapporto tra reddito operativo e ricavi.

Tasso di rotazione del capitale investito: indice pari al rapporto tra ricavi e capitale investito.

Reddito residuale (RI, Residual Income): reddito operativo al netto delle imposte meno il costo del capitale.

Costo del capitale (Capital charge): costo del capitale in percentuale moltiplicato per l'importo dell'investimento.

Valore economico aggiunto (EVA, Economic Value Added): modalità di calcolo del reddito residuale pari al reddito operativo rettificato al netto delle imposte meno il costo del capitale investito (%), moltiplicato per il capitale investito medio rettificato.

Valore contabile lordo: costo originario di un bene al lordo del fondo ammortamento.

Valore contabile netto: costo originario di un bene al netto del fondo ammortamento.

Prezzo di trasferimento: prezzo applicato, per un prodotto o servizio, da un'area di risultato (divisione) a un'altra appartenente alla stessa azienda. La sua formula generica consiste nella sommatoria di costi vivi e costi opportunità. In presenza di un mercato esterno corrisponde al prezzo di mercato. Il prezzo di trasferimento si può basare su: costo variabile, costo pieno (eventualmente più un ricarico), prezzo di mercato, prezzo negoziato.

Prezzo minimo accettabile dall'area di risultato (divisione) di vendita (P min) = prezzo di trasferimento minimo che la divisione che trasferisce internamente è disposta ad accettare.

Prezzo massimo accettabile dall'area di risultato (divisione) acquirente (P max) = prezzo di trasferimento massimo che la divisione che acquista è disposta ad accettare.

Costi vivi: costi che l'area di risultato (divisione) di vendita deve sostenere per produrre e trasferire un prodotto o un servizio a un'altra area di risultato (divisione). Possono corrispondere a costi variabili o costi pieni.

Capacità produttiva in eccesso: in presenza di un mercato esterno è la capacità di produrre in misura sufficiente a garantire sia il trasferimento interno sia la vendita esterna; oppure, in assenza di un mercato esterno, è la capacità di produrre in misura sufficiente a garantire il trasferimento interno di prodotti diversi.

Capacità produttiva satura: in presenza di un mercato esterno si determina quando i vincoli di capacità produttiva costringono un'area di risultato/divisione a scegliere se trasferire internamente o vendere esternamente; in assenza di un mercato esterno si determina quando i vincoli di capacità produttiva costringono un'area di risultato/divisione a scegliere di trasferire internamente alcuni prodotti a scapito di altri.

Costo opportunità: beneficio cui si rinuncia, in presenza di capacità produttiva satura, per aver scelto un corso alternativo d'azione. In presenza di un mercato esterno, il costo opportunità per il trasferimento interno è il margine di contribuzione che l'area di risultato avrebbe ottenuto con la vendita esterna. In assenza di un mercato esterno il costo opportunità è il margine di uno specifico prodotto cui si rinuncia per trasferire internamente un altro prodotto.

Prezzo di vendita: prezzo a cui l'area di risultato/divisione acquirente (che acquista il materiale da una divisione aziendale) vende i prodotti finiti sul mercato.

Costi aggiuntivi: costi ulteriori che l'area di risultato (divisione) acquirente deve sostenere a seguito dell'acquisto di materiale dall'area di risultato (divisione) venditrice prima di vendere i beni sul mercato.

Prezzo di mercato: prezzo offerto da un fornitore esterno presente sul mercato alla divisione acquirente.

Prezzo di vendita esterno: prezzo a cui la divisione venditrice vende esternamente.

Algoritmi utili

Redditività del capitale investito (ROI, Return on Investment) = RO/CI
Dove CI può essere rappresentato da:

- Totale attività
- Attività – Costruzioni in economia
- Attività – Passività a breve termine
- Capitale netto

Redditività delle vendite = RO/Ricavi

Tasso di rotazione del capitale = Ricavi/CI

Formula alternativa ROI
ROI = Redditività delle vendite × Tasso di rotazione capitale = RO/Ricavi × Ricavi/CI = RO/CI

Reddito residuale = RO – Imposte – Costo capitale investito % × Capitale medio investito
Dove Imposte = Imposte di competenza

Valore economico aggiunto (EVA, Economic Value Added) = RO rettificato – Imposte – Costo capitale investito (%) × Capitale medio investito
Dove le rettifiche riguardano:

- Imposte = Imposte pagate
- Capitalizzazione costi R&S
- Valutazione rimanenze a FIFO
- Aggiunta del valore dell'avviamento non rilevato al CI e aggiunta dell'ammortamento dell'avviamento al RO al netto delle imposte
- Aggiunta costo di interessi dedotti al RO al netto delle imposte

Valore contabile lordo = Costo acquisto

Valore contabile netto = Costo acquisto – Fondo ammortamento

Prezzo di trasferimento – regola generale
P trasferimento = Costi vivi + Costo opportunità

Costi vivi:

- costo variabile
- costo pieno

Prezzo di trasferimento basato sul mercato:
P trasferimento = Costo variabile + Costo opportunità
= Costo variabile + (Prezzo di mercato – Costo variabile)
= Costo variabile + Prezzo di mercato – Costo variabile
= Prezzo di mercato

Posto:
P minimo (P min) = Prezzo minimo accettabile dall'area di risultato/divisione che vende

P massimo (P max) = Prezzo massimo accettabile dall'area di risultato/divisione che acquista

Si ha:

Presenza prezzo mercato		**Assenza prezzo mercato**	
Capacità in eccesso*	Divisione venditrice: P min = Costi vivi (Costo opportunità = 0) Divisione acquirente:*** P max = Costo opportunità = P vendita – Costi aggiuntivi (Dove P max < o = P mercato) Azienda: Trasferimento al P min se: P min < o = P max P min < o = P mercato	**Capacità in eccesso***	Divisione venditrice: P min = Costi vivi (Costo opportunità = 0) Divisione acquirente: P max = Costo opportunità = P vendita – Costi aggiuntivi Azienda: Trasferimento al P min se: P min < o = P max
Capacità satura**	Divisione venditrice: P min = Costi vivi + Costo opportunità (Costo opportunità > 0) Divisione acquirente:*** P max = Costo opportunità = P vendita – Costi aggiuntivi (Dove P max < o = P mercato) Azienda: Trasferimento al P min se: P min < o = P max P min < o = P mercato	**Capacità satura****	Divisione venditrice: P min = Costi vivi + Costo opportunità (Costo opportunità > 0) Divisione acquirente: P max = Costo opportunità = P vendita – Costi aggiuntivi Azienda: Trasferimento al P min se: P min < o = P max

*In presenza di capacità in eccesso, sia che esista o meno un mercato esterno, per la divisione venditrice: costo opportunità = 0

** In presenza di capacità satura, sia che esista o meno un mercato esterno, per la divisione venditrice: costo opportunità > 0. Qualora esista un mercato esterno, tale costo opportunità rappresenta il margine che l'area di risultato/divisione venditrice avrebbe ottenuto dalla vendita esterna (cui rinuncia); in assenza di mercato esterno, il costo opportunità è il margine generato da un prodotto cui l'area di risultato/divisione venditrice rinuncia per produrre e trasferire internamente un altro prodotto.

*** Per la divisione acquirente il P max è sempre pari a: P vendita – Costi aggiuntivi. In presenza di mercato esterno tale P max dovrà essere ovviamente inferiore o uguale al prezzo di mercato.

Soluzioni agli esercizi

Esercizio 10.1

Dati

Vendite	€130.000.000
Capitale investito	€50.000.000
Reddito operativo	€6.000.000

Domande

1. Tasso di rotazione del capitale?
2. Redditività delle vendite?
3. Redditività del capitale investito (ROI)?

Soluzioni

1.

Tasso di rotazione del capitale = Ricavi/CI
Tasso di rotazione del capitale = €130.000.000/€50.000.000 = 2,6 volte

2.

Redditività delle vendite = RO/Ricavi
Redditività delle vendite = €6.000.000/€130.000.000 = 4,6%

3.

Redditività del capitale investito (ROI) = RO/CI
ROI = €6.000.000/€50.000.000 = 12%

Oppure:

ROI = Redditività delle vendite × Tasso di rotazione del capitale
ROI = 2,6 × 4,6% = 12%

Esercizio 10.2

Dati

	Divisione		
	A	B	C
Redditività delle vendite	7%	3%	? %
Tasso di rotazione del capitale	3	?	4
Tasso di redditività del capitale investito (ROI)	? %	24%	20%

Domande

1. ROI A?
2. Tasso di rotazione del capitale B?
3. Redditività delle vendite C?

Soluzioni

1.
ROI = RO/CI
ROI = Redditività delle vendite × Tasso di rotazione del capitale = RO/Ricavi × Ricavi/CI = RO/CI
ROI A = 7% × 3 = **21%**

2.
Tasso di rotazione del capitale = Ricavi /CI
Tasso di rotazione del capitale = ROI/Redditività delle vendite = RO/CI ÷ RO/Ricavi = RO/CI × Ricavi/RO = Ricavi/CI
Tasso di rotazione del capitale B = 24% ÷ 3% = **8**

3.
Redditività delle vendite C = RO/Ricavi
Redditività delle vendite = ROI/Tasso di rotazione del capitale = RO/CI ÷ Ricavi/CI = RO/CI × CI/Ricavi = RO/Ricavi
Redditività delle vendite C = 20% ÷ 4 = **5%**

	Divisione		
	A	B	C
Redditività delle vendite	7%	3%	**5%**
Tasso di rotazione del capitale	3	**8**	4
Tasso di redditività del capitale investito (ROI)	**21%**	24%	20%

Esercizio 10.3

Dati

	Divisione		
	X	Y	Z
Capitale investito	€1.000.000	? €	€1.250.000
Risultato economico	? €	€182.000	€150.000

	Divisione		
	X	Y	Z
Ricavi di vendita	€2.000.000	€3.640.000	? €
Redditività delle vendite	5%	? %	? %
Tasso di rotazione del capitale	?	?	3
Tasso di redditività del capitale investito	? %	14%	? %

Domande

1. Trovare le incognite.
2. Divisione con i risultati migliori?
3. Posto: costo del capitale % = 12%, RI X, Y, Z?

Soluzioni

1. I valori inseriti sono in grassetto:

	Divisione		
	X	Y	Z
Capitale investito	€1.000.000	**€1.300.000**	€1.250.000
Risultato economico	**€100.000**	€182.000	€150.000
Ricavi di vendita	€2.000.000	€3.640.000	**€3.750.000**
Redditività delle vendite	5%	**5%**	**4%**
Tasso di rotazione del capitale	**2**	**2,8**	3
Tasso di redditività del capitale investito (ROI)	**10%**	14%	**12%**

X.

RO X = Ricavi di vendita × Redditività delle vendite = Ricavi × RO/Ricavi = RO = €2.000.000 × 5% = **€100.000**
Tasso di rotazione del capitale X = Ricavi/CI = €2.000.000/€1.000.000 = **2**
ROI X = RO/CI = €100.000/€1.000.000 = 0,10 = 10%
Oppure: ROI X = Redditività delle vendite × Tasso di rotazione capitale =
= RO/Ricavi × Ricavi/CI = RO/CI = 5% × 2 = **10%**

Y.

CI Y = RO/ROI = RO ÷ RO/CI = RO × CI/RO = CI = €182.000/0,14 = **€1.300.000**
Redditività delle vendite Y = RO/Ricavi = €182.000/€3.640.000 = **5%**
Tasso di rotazione del capitale Y = Ricavi/CI = €3.640.000/€1.300.000 = **2,8**

Z.
Ricavi Z = CI × Tasso di rotazione capitale = CI × Ricavi/CI = Ricavi
Ricavi = €1.250.000 × 3 = **€3.750.000**
Redditività delle vendite Z = RO/Ricavi = €150.000/€3.750.000 = **4%**
ROI Z = RO/CI = €150.000/€1.250.000 = 0,12 = **12%**
Oppure: ROI Z = Redditività delle vendite × Tasso di rotazione capitale =
= RO/Ricavi × Ricavi/CI = RO/CI = 4% × 3 = **12%**

2.
Se il criterio per giudicare le performance relative è il ROI, la divisione Y è la migliore per questo periodo. Tra gli altri fattori che meritano attenzione ci sono i rischi relativi affrontati da ciascuna divisione e il confronto tra le implicazioni a breve termine e quelle a lungo termine dei risultati attuali.

3.
RI (Residual Income) = RO – Costo capitale

	Divisione		
	X	**Y**	**Z**
Risultato economico	€100.000	€182.000	€150.000
Costo del capitale	12% × €1.000.000 = (€120.000)	12% × €1.300.000 = (€156.000)	12% × €1.250.000 = (€150.000)
Reddito residuale	**€(20.000)**	**€26.000**	**€0**

Esercizio 10.4

Dati

Attività a breve termine	€600.000	Passività a breve termine	€400.000
Proprietà, impianti e attrezzature nette	€1.000.000	Passività a lungo termine	€600.000
Costruzioni in economia	€300.000	Capitale netto	€900.000
Totale attività	€1.900.000	Totale passività e capitale netto	€1.900.000

RO = €400.000

Domande

1. a. Posto CI = Attività totali, ROI?
b. Posto CI = Attività – Costruzioni in economia, ROI?
c. Posto CI = Attività – Passività a breve, ROI?
d. Posto CI = Capitale netto, ROI?

2. Qual è la scelta migliore per valutare un manager di divisione?

Soluzioni

1.

a. Posto CI = Attività totali
ROI = RO/CI = €400.000/€1.900.000 = 0,21 = 21%

b. Posto CI = Attività – Costruzioni in economia
ROI = RO/CI = €400.000/(€1.900.000 – €300.000) = 0,25 = 25%

c. Posto CI = Attività – Passività a breve
ROI = RO/CI = €400.000/(€1.900.000 – €400.000) = 0,27 = 27%

d. Posto CI = Capitale netto
ROI = RO/CI = €400.000/€900.000 = 0,44 = 44%

2.

Per la misurazione delle performance dei manager di divisione si consiglia di non utilizzare il capitale netto.
CI = Attività totali: scelta migliore se la missione del manager di divisione è utilizzare nel modo migliore possibile tutte le attività a prescindere dalla loro provenienza.
CI = Attività impiegate = Attività totali – Costruzioni in economia: scelta migliore se l'alta direzione spinge i manager a mantenere nella propria divisione attività aggiuntive che attualmente non sono produttive
CI = Totale attività – Passività a breve termine: scelta migliore se il manager ha il controllo diretto sull'ottenimento del credito a breve termine e dei prestiti bancari.

Esercizio 10.5

Dati

	Ricavi di vendita	Reddito operativo	Totale attività
Intrattenimento	€1.272,2	€223,0	€1.120,1
Editoria/Informazione	€705,5	€122,4	€1.308,7
Prodotti finanziari per privati/aziende	€1.235,0	€244,6	€924,4

Domande

1. a. Redditività delle vendite per area?
   b. Tasso di rotazione del capitale per area?
   c. ROI per area?
2. Commentare le differenze.

Soluzioni

1.

a.

Redditività delle vendite = RO/Ricavi
Intrattenimento: €223,0/€1.272,2 = 17,5%
Editoria/Informazione: €122,4/€705,5 = 17,3%
Prodotti finanziari per privati/aziende: €244,6/€1.235 = 19,8%

b.

Tasso di rotazione del capitale = Ricavi /CI
Intrattenimento: €1.272,2/€1.120,1 = 1,14%
Editoria/Informazione: €705,5/€1.308,7 = 0,54%
Prodotti finanziari per privati/aziende: €1.235,0/€924,4 = 1,34%

c.

ROI = RO/CI
Intrattenimento: €223,0/€1.120,1 = 19,9%
Editoria/Informazione: €122,4/€1.308,7 = 9,4%
Prodotti finanziari per privati/aziende: €244,6/€924,4 = 26,5%

2.

Questa domanda può condurre a una lunga discussione su cosa causi le differenze nelle tre misure calcolate nella Domanda 1. La differenza ovvia è la bassa redditività del capitale investito nell'area di risultato Editoria/Informazione. Vale la pena osservare che questa differenza insorge principalmente per via del basso tasso di rotazione del capitale nell'area di risultato. L'area di risultato Editoria/Informazione genera meno della metà dei ricavi di vendita per dollaro investito rispetto a quanto facciano entrambe le altre due aree di risultato.

Esercizio 10.6

Dati

	20X2	20X1
Reddito operativo rettificato al lordo delle imposte	€115.352	€107.593
Uscita di cassa per imposte	€22.903	€16.468
Capitale investito medio rettificato	€1.154.653	€942.811
Costo del capitale (in percentuale)	8,7%	9,6%

I valori sono in migliaia di euro.

Domande

1. EVA?
2. Commentare la variazione.

Soluzioni

Gli importi sono in migliaia di euro.

1.

20X2:	Redditività operativa rettificata al netto delle imposte (€115.352 – €22.903) =	€92.449
	Costo del capitale (0,087 × €1.154.653) =	€100.455
	EVA =	**(€8.006)**
20X1:	Redditività operativa rettificata al netto delle imposte (€107.593 – €16.468) =	€91.125
	Costo del capitale (0,096 × €942.811) =	€90.510
	EVA =	**€615**

2.

Il risultato complessivo di Engine & Co è diminuito considerevolmente, con una riduzione dell'EVA da €615.000 positivi a €8.006.000 negativi. Questo nonostante un incremento nella redditività operativa rettificata al netto delle imposte da €91.125.000 a €92.449.000. A causa del forte aumento di capitale investito, il costo del capitale è aumentato di circa €10 milioni.

Esercizio 10.7

Dati

	20X2	20X1
Ricavi di vendita	€9.893	€9.489
Costi operativi	€8.825	€8.475
Costi per oneri finanziari	€51	€93
Imposte sul reddito	€349	€332
Capitale investito medio (totale attività meno passività a breve termine)	€4.320	€3.875

Costo del capitale (%) = 9,5%

Domande

1. EVA 20X1 e 20X2?
2. Commentare le variazioni.

Soluzioni

Gli importi sono in milioni di euro.

1.

EVA = RO rettificato al netto delle imposte – Costo del capitale investito (%) × Capitale investito medio rettificato

RO 20X2 = €9.893 – €8.825 – €51 – €349 = €668

EVA 20X2 = €668 – (9,5% × €4.320) = €258*

RO 20X1 = €9.489 – €8.475 – €93 – €332 = €589

EVA 20X1 = €589 – (9,5% × €3.875) = €221*

* Risultati arrotondati.

2.

L'EVA è leggermente diminuito da €258 milioni a €221 milioni. In una fase di crisi economica, questo è stato un risultato ragionevolmente buono. Entrambi gli anni hanno mostrato un EVA positivo e pertanto una creazione di valore positiva.

Esercizio 10.8

Dati

RO = €5.458.000.000

Imposte = €1.523.000.000

Capitale investito medio = Passività a lungo termine + Capitale netto = €15.574.000.000

Debiti a lungo = 30% × Capitale investito medio

Capitale netto = 70% × Capitale investito medio

Costo del debito al netto delle imposte = 5%

Costo del capitale netto = 11%

Domande

1. EVA?
2. Commentare la performance.

Soluzioni

1.

Costo del capitale investito medio % = (Debiti × Costo debito %) + (Capitale netto × Costo capitale netto %)

Debiti × Costo debito = 30% × 5% = 1,5%
Capitale netto × Costo capitale netto = 70% × 11% = 7,7%
Costo del capitale investito medio = (1,5% + 7,7%) = 9,2%

EVA = RO – Imposte – (Costo del capitale investito % × Capitale investito medio rettificato)
EVA = €5.458.000.000 – €1.523.000.000 – (9,2% × €15.574.000.000)
= €2.502.192.000

2.
L'EVA di €2,5 miliardi di Coca-Cola è molto alto. Questo significa che Coca-Cola ha generato €2,5 miliardi di valore per i suoi azionisti oltre il normale rendimento previsto su un investimento. Si osservi tuttavia che questa è una misura del valore di tipo amministrativo-contabile, e non è necessariamente equivalente al rendimento di mercato di un'azione di Coca-Cola.

Esercizio 10.9

Dati
Vedi tabella del testo.

Domande
Confronto fra Reddito residuale (RI, Residual Income) ed EVA?

Soluzioni
Gli importi sono in migliaia di euro.

	Reddito residuale	**Valore economico aggiunto**
Reddito dalle operazioni	€118.358	€118.358
Rettifica netta per EVA		(€3.006)
Accantonamento per le imposte	(€27.390)	
Uscita di cassa per imposte		(€22.903)
Reddito operativo al netto delle imposte	**€90.968**	**€92.449**
Totale attività medie, (€1.349.033 + €1.296.195) ÷ 2	€1.322.614	
Passività correnti medie, (€266.023 + €242.182) ÷ 2	(€254.103)	
Capitale medio*	€1.068.511	€1.154.653
Costo del capitale percentuale	8,7%	8,7%
Costo del capitale (Costo capitale % × Capitale medio)**	**€92.960**	**€100.455**
Reddito residuale o EVA (RO netto – Costo capitale)	**(€1.992)**	**(€8.006)**

* Capitale medio con il metodo del Reddito residuale = Attività medie – Passività medie. Capitale medio EVA fornito dal testo.
** Costo del capitale con il metodo del Reddito residuale = €1.068.511 × 8,7% = €92.960. Costo del capitale con il metodo dell'EVA = €1.154.653 × 8,7% = €100.455

Esercizio 10.10

Dati

Costo acquisto = €150.000
Vita utile = 3 anni
RO al lordo ammortamento = €80.000

Domande

1. ROI utilizzando valore lordo?

2. ROI utilizzando valore netto?

Soluzioni

1. e **2.**

Anno	RO al lordo ammortamento (a)	Ammortamento (b)	RO netto (c) = (a) – (b)	Valore contabile netto* (d)	2. ROI al valore netto (e) = (c)/(d)	Valore contabile lordo** (f)	1. ROI al valore lordo (g) = (c)/(f)
1	€80.000	€50.000	€30.000	€125.000	24%	€150.000	20%
2	€80.000	€50.000	€30.000	€75.000	40%	€150.000	20%
3	€80.000	€50.000	€30.000	€25.000	120%	€150.000	20%

* Quando si pone a confronto un dato di CE, come il RO (valore di flusso), con un dato di SP, come il capitale investito (valore fondo), al fine di rendere confrontabili le due misure si considera il valore medio del capitale investito (Capitale iniziale + Capitale finale)/2.
Capitale investito inizio anno 1 = €150.000; Capitale investito fine anno 1 = Capitale iniziale – Ammortamento = €150.000 – €50.000 = €100.000; da cui: Valore netto contabile anno 1 = (Capitale iniziale + Capitale finale)/2 = (€150.000 + €100.000)/2 = €125.000.
Capitale investito inizio anno 2 = Capitale investito fine anno 1 = €100.000; Capitale investito fine anno 2 = €100.000 – €50.000 = €50.000; da cui: Valore netto contabile anno 2 = (€100.000 + €50.000)/2 = €75.000.
Capitale investito inizio anno 3 = Capitale investito fine anno 2 = €50.000; Capitale investito fine anno 3 = €50.000 – €50.000 = €0; da cui: Valore netto contabile anno 3 = (€50.000 + €0)/2 = €25.000.
** Valore lordo contabile = Valore al lordo dell'ammortamento = Costo di acquisto = €150.000.

Stratton potrebbe preferire il valore contabile netto perché dà sempre un ROI più elevato. Tuttavia, se tutte le divisioni utilizzassero il valore contabile netto, la sua decisione potrebbe cambiare. In relazione alle altre divisioni, ella potrebbe rinunciare ai tassi di rendimento più elevati che potrebbero registrarsi nella divisione Texas dopo il suo trasferimento.

Esercizio 10.11

Dati

	Attività nette basate su:		Reddito operativo basato su:*	
Divisione	**Costo storico**	**Costo di sostituzione**	**Costo storico**	**Costo di sostituzione**
Scarpe	€15.000	€15.000	€2.700	€2.700
Abbigliamento	€44.000	€55.000	€6.750	€6.150
Accessori	€27.000	€48.000	€5.000	€3.900

Costo del capitale % = 10%

Domande

1. a. RR e ROI con costo storico?
   b. RR e ROI con costo sostituzione?
2. Classifica risultati.
3. Commenti.

Soluzioni

Gli importi sono in migliaia di euro.

1.

a.

Costo storico:	**Scarpe**	**Abbigliamento**	**Accessori**
Attività nette	€15.000	€44.000	€27.000
Reddito operativo	€2.700	€6.750	€5.000
Costo del capitale*	€1.500	€4.400	€2.700
Reddito residuale**	**€1.200**	**€2.350**	**€2.300**
Tasso di redditività del capitale investito (ROI)***	**18,0%**	**15,3%**	**18,5%**

* Costo capitale = Attività nette × Costo capitale %. Per esempio: Costo capitale Scarpe = €15.000 × 10% = €1.500.

** Reddito residuale = RO – Costo capitale investito. Per esempio: RR Scarpe = €2.700 – €1.500 = €1.200.

*** ROI = RO/CI = RO/Attività. Per esempio: ROI Scarpe = €2.700/€15.000 = € 0,18 = 18%.

b.

Costo di sostituzione:	Scarpe	Abbigliamento	Accessori
Attività nette	€15.000	€55.000	€48.000
Reddito operativo	€2.700	€6.150	€3.900
Costo del capitale*	€1.500	€5.500	€4.800
Reddito residuale**	**€1.200**	**€650**	**(€900)**
Tasso di redditività del capitale investito (ROI)***	**18,0%**	**11,2%**	**8,1%**

* Costo capitale = Attività nette × Costo capitale %. Per esempio: Costo capitale Scarpe = €15.000 × 10% = €1.500.

** Reddito residuale = RO – Costo capitale investito. Per esempio: RR Abbigliamento = €6.150 – €5.500 = €650

*** ROI = RO/CI = RO/Attività. Per esempio: ROI Abbigliamento = €6.150/€55.000 = 0,12 = 12%.

Nessuna base è infallibile in relazione alla valutazione dei risultati di un singolo manager. Per prima cosa, l'accento sul breve termine di tali misure include solo una parte delle attività che promuovono la redditività sul lungo termine. In secondo luogo, le condizioni ambientali che una particolare divisione deve affrontare, sommate all'eredità sfavorevole di errori passati, potrebbero ostacolare seriamente le performance, anche nel caso in cui il manager sia chiaramente superiore in qualunque altro test diverso dal tasso di redditività o dal reddito residuale. Ossia, ai manager "migliori" spesso vengono deliberatamente affidate le divisioni più in difficoltà proprio perché hanno la massima capacità di migliorare una situazione sfavorevole. Il miglioramento o il raggiungimento di obiettivi programmati ritagliati su misura potrebbe essere il test migliore dei risultati del management, distinti dai risultati della divisione.

2.
Di seguito le classificazioni:

	Tasso di redditività		**Reddito residuale**	
	Sul costo storico	**Sul costo di sostituzione**	**Sul costo storico**	**Sul costo di sostituzione**
Primo	Accessori	Scarpe	Abbigliamento	Scarpe
Secondo	Scarpe	Abbigliamento	Accessori	Abbigliamento
Terzo	Abbigliamento	Accessori	Scarpe	Accessori

3.
In tale situazione, nel caso in cui il costo storico sia la base, l'uso del tasso di redditività sul capitale investito classifica Accessori al primo posto, mentre il

reddito residuale classifica al primo posto Abbigliamento. Nel caso in cui il costo di sostituzione sia la base, tanto il tasso di redditività sul capitale investito quanto il reddito residuale classificano Scarpe al primo posto.

Se utilizzato indiscriminatamente, ciascun metodo ha i propri svantaggi, a prescindere dall'uso del costo storico o di quello di sostituzione come base. Il tasso di redditività pone un freno alle divisioni che producono tassi elevati in seguito all'espansione, mentre il reddito residuale tende a favorire le grandi divisioni che danno un risultato superiore al costo del capitale.

I costi di sostituzione sono più utili rispetto ai costi storici come indicatori della redditività relativa delle divisioni, perché in genere sono delle buone approssimazioni del sacrificio economico che attualmente viene fatto per condurre tali operazioni. Per quanto riguarda i manager, la loro capacità di rispettare gli obiettivi programmati, comunque siano misurati, è di importanza primaria.

Esercizio 10.12

Dati

Divisione Wheels (venditrice)	
Prezzo di vendita ai clienti esterni	€13
Prezzo di trasferimento interno	?
Costi:	
Costi variabili per ruota	€9
Totale costi fissi	€320.000
Produzione programmata	64.000 ruote*

*Include la produzione da trasferire a Cycles.

Divisione Cycles (acquirente)	
Prezzo di vendita ai clienti esterni	€160
Costi:	
Ruote, per bicicletta	?
Altri componenti, per bicicletta	€80
Altri costi variabili, per bicicletta	€40
Totale costi fissi	€640.000
Produzione programmata	16.000 biciclette

Domande

1. P max per la divisione Cycles in assenza di un mercato esterno?
2. P max per la divisione Cycles in presenza di un mercato esterno, dove P fornitore esterno = €13?

3. P min per la divisione Wheels in presenza di un prezzo di mercato e in assenza di capacità in eccesso (cioè con capacità satura)?
4. P min per la divisione Wheels in presenza di un prezzo di mercato e di capacità in eccesso?
5. P min per la divisione Wheels in assenza di un prezzo di mercato e con capacità produttiva in eccesso?
6. P min per la divisione Wheels in assenza di un prezzo di mercato e in presenza di capacità produttiva con MdC perso per ruota pari a €5?

Soluzioni

1. P max Cycles – Assenza di mercato esterno:

P max = Costo opportunità = P vendita – Costi aggiuntivi
Costo opportunità Cycles per 2 ruote = €160 – (€80 + €40) = €40
Costo opportunità Cycles 1 ruota = €40/2 = €20
P max = €20

I €40 devono poter pagare le due ruote, quindi il massimo che è possibile pagare per ruota è €40 ÷ 2 = €20.

Il manager della divisione Cycles probabilmente non pagherebbe l'intera somma di €20 per ruota, perché questo non lascerebbe alcun margine di contribuzione per coprire i costi fissi. Tuttavia, qualunque prezzo inferiore a €20 produrrebbe un margine di contribuzione positivo e pertanto sarebbe meglio rispetto a non produrre le biciclette.

2. P max Cycles – Presenza di mercato esterno (P esterno = €13):

P max = P mercato = €13

In presenza di un mercato esterno, in cui le ruote sono disponibili a €13 ciascuna, Cycles non sarebbe disposta a pagare più di €13 per ruota a Wheels. (Infatti: Costo opportunità > Prezzo mercato, €20 > €13).

3. P min Wheels – Presenza di mercato esterno (Wheels vende all'esterno) e capacità produttiva satura:

P min = Costi vivi + Costo opportunità
Costo opportunità Wheels = P esterno – CV = €13 – €9 = €4
P min Wheels = Costi vivi + Costo opportunità = €9 + €4 = €13
P min Wheels = P mercato = €13

In assenza di capacità produttiva in eccesso e in presenza di un mercato esterno, il P min di trasferimento accettabile da Wheels è il prezzo di mercato, pari a €13, in quanto la divisione Wheels dovrebbe rinunciare a €13 di ricavo da una vendita all'esterno per trasferire una ruota internamente.

Se esiste un mercato concorrenziale l'uso del prezzo di mercato porterà alla congruenza degli obiettivi desiderati e:

P min trasferimento = Costi vivi + Costo opportunità = P mercato = €13

4. P min Wheels – Presenza di mercato esterno e capacità produttiva in eccesso:

P min = Costi vivi = €9

In presenza di mercato e di capacità produttiva in eccesso, il P min accettabile dalla divisione che trasferisce internamente è pari ai costi vivi, in quanto il costo opportunità è pari a zero, dal momento che la capacità produttiva resterebbe altrimenti inutilizzata.

5. P min Wheels – Assenza di mercato e capacità produttiva in eccesso:

P min = Costi vivi (Costo opportunità = 0)
P min = €9

In assenza di un mercato esterno e in presenza di capacità produttiva in eccesso, il costo opportunità della divisione venditrice è pari a zero, avendo capacità produttiva altrimenti inutilizzata, e il prezzo di trasferimento minimo accettabile corrisponde ai costi vivi.

6. P min Wheels – Assenza di mercato e capacità produttiva satura:

P min = Costi vivi + Costo opportunità = €9 + €5 = €14

In assenza di un mercato esterno e in presenza di capacità produttiva satura, il costo opportunità della divisione venditrice è pari al margine generato dal prodotto cui deve rinunciare per produrre e trasferire internamente un altro prodotto, e il prezzo di trasferimento minimo accettabile corrisponde ai costi vivi più tale costo opportunità.

Esercizio 10.13

Dati

Divisione Pompe (venditrice):

Vendite	€32.000.000
Costi variabili, a €25 per pompa idraulica	€25.000.000
Costi fissi	€3.000.000
Costi totali	€28.000.000
Margine lordo	**€4.000.000**

Prezzo applicato alla divisione Automobili = €30
Prezzo applicato all'esterno = €38
Volume di vendita totale = 1.000.000 u
Vendite esterne = 25% × Vendite totali = 25% × 1.000.000 = 250.000 u
CV u = 25 €/u

Divisione Automobili (acquirente):
Prezzo di mercato offerto da un fornitore esterno = €28

Domande

1. Prezzo max accettabile divisione Automobili?
2. MOL aziendale con trasferimento interno e senza trasferimento interno. Trasferire internamente o vendere solo esternamente?
3. Posto:
   Incremento volumi di vendita esterni = 750.000 u,
   Volumi totali vendita esterni = 250.000 u + 750.000 u = 1.000.000 u (saturazione capacità),
   CF incrementali = €2.000.000 (da cui: CF = €3.000.000 + €2.000.000 = €5.000.000),
   CV u incrementali = €3 (da cui: CV u = €25 + €3 = €28),
   Prezzo di vendita esterno = €36,
   Vendere solo esternamente o anche internamente?

Soluzioni

1.

P max divisione Automobili – Presenza di mercato:

P max = P mercato
Il prezzo massimo accettabile dalla divisione Automobili è il prezzo applicato sul mercato, pari a €28.

2.
Vendite interne = Vendite totali – Vendite esterne = 1.000.000 – 250.000 = 750.000

Nel caso in cui il prezzo di €28 sia rispettato, la divisione Pompe registrerà un margine operativo lordo di €2.500.000, come indicato sotto:

Accettazione trasferimento interno			
	Alla divisione Automobili	**A esterni**	**Totale**
Ricavi di vendita	€28 × 750.000 = €21.000.000	€38 × 250.000 = €9.500.000	€30.500.000
Costi variabili	€25 × 750.000 = (€18.750.000)	€25 × 250.000 = (€6.250.000)	(€25.000.000)
Costi fissi*	€3 × 750.000 = (€2.250.000)	€3 × 250.000 = (€750.000)	(€3.000.000)
Costi totali	(€21.000.000)	(€7.000.000)	(€28.000.000)
Margine lordo	**€0**	**€2.500.000**	**€2.500.000**

* CdA CF = CF totali/Volumi = €3.000.000/1.000.000 u = 3 €/u.

In caso di rifiuto della transazione interna, il 75% del volume delle pompe scomparirà e il margine operativo lordo scenderà a €250.000 (margine generato dalle vendite esterne), come indicato sotto:

Rifiuto trasferimento interno	
Ricavi di vendita (€38 × 250.000 u)	€9.500.000
Costi variabili (€25 × 250.000 u)	(€6.250.000)
Costi fissi	(€3.000.000)
Costi totali	(€9.250.000)
Margine lordo	**€250.000**

Il rifiuto della transazione interna all'azienda abbatterà i margini di €2.500.000 – €250.000 = €2.250.000.

In alternativa, l'accettazione della transazione interna genererà un margine di contribuzione per trasferimenti interni pari a:

Prezzo	€28
CV u	(€25)
MdC u	**€3**
Volumi interni	750.000 u
MdC tot	**€2.250.000**

che si andrà ad aggiungere al margine lordo generato da vendite esterne, pari a €2.250.000: €250.000 + €2250.000 = €2.500.000 (vedi prima tabella).

La divisione Pompe e l'azienda nel complesso trarranno dunque un vantaggio nel caso in cui il prezzo di €28,00 sia rispettato.

3.

Ricavi di vendita (€36 × 1.000.000)	€36.000.000
Costi variabili (€28 × 1.000.000)	(€28.000.000)
Costi fissi (€3.000.000 + €2.000.000)	(€5.000.000)
Costi totali	(€33.000.000)
Margine lordo (nuova proposta)	**€3.000.000**
Margine lordo (accettazione della transazione interna all'azienda, vedi punto 2)	**€2.500.000**
Differenza	**€500.000**

Sì, la divisione dovrebbe rifiutare le vendite all'interno dell'azienda e concentrarsi sulle vendite esterne, in quanto il margine lordo sarebbe €3.000.000, mentre il margine lordo nel caso in cui la transazione con la divisione Automobili venisse accettata sarebbe €2.500.000. Il margine lordo aumenterebbe di €500.000, come indicato sopra.

Esercizio 10.14

Dati

Divisione B (venditrice)		**Divisione A (acquirente)**	
Costi variabili	€48	Legname acquistato dalla divisione B	€70
Costi fissi allocati	€22	Costi variabili di produzione	€23
Costi pieni comprensivi di costi non di produzione	**€70***	Costi variabili di vendita	€6
		Totale costo	**€99**

* Poiché in presenza di capacità produttiva in eccesso, per la divisione venditrice: Costo opportunità = 0. Da cui: P min divisione B = Costi vivi = €48 + €22 = €70.

Divisione B:

Prezzo legname di trasferimento interno = costo pieno comprensivo dei costi non di produzione

Divisione A:
Prezzo vendita sedia = €94
Volumi = 800 u
Prezzo legname offerto da un fornitore esterno = €72

Domande

1. Posto:
   capacità produttiva in eccesso nella divisione B, la divisione A acquisterebbe legname dalla divisione B?
   L'azienda trae vantaggio se la divisione A acquista legname dalla divisione B?
2. Posto:
   capacità produttiva satura nella divisione B e prezzo legname applicabile dalla divisione B all'esterno = €72.
   L'azienda trae vantaggio se la divisione A acquista legname dalla divisione B?

Soluzioni

1. Presenza di mercato e capacità in eccesso:

P max divisione A = P vendita – Costi aggiuntivi (Dove P max < P mercato)
P max = €94 – (€23 + €6) = €94 – €29 = €65 (inferiore a prezzo mercato di €72)
P applicato da divisione B = €70
Differenza = €70 – €65 = €5

Il manager della divisione A non acquisterebbe il legname per €70 e non produrrebbe le sedie. La divisione perderebbe €5 su ciascuna sedia prodotta a quel prezzo:

Divisione A	
Ricavo per sedia	€94
Costi della divisione per sedia:	
Legname	(€70)
Costi di produzione	(€23)
Costi generali di vendita	(€6)
Totali costi per sedia	(€99)
Perdita della divisione per sedia	**(€5)**

L'azienda nel complesso guadagnerebbe tuttavia €17 per sedia se queste venissero prodotte e vendute:

Azienda	
Ricavo per sedia	€94
Costi aggiuntivi per sedia:	
Legname	(€48)
Costi di produzione	(€23)
Costi variabili di vendita	(€6)
Totale costi aggiuntivi	(€77)
Contributo totale per sedia	€17

Pertanto, la politica per il trasferimento a costo pieno comprensivo di costi non di produzione motiva il manager a prendere una decisione che non è nell'interesse ottimale dell'azienda nel complesso.

La divisione A non accetterebbe infatti il prezzo di trasferimento di €70 in quanto inferiore al P max di €65, sebbene la produzione e il trasferimento interno genererebbero un incremento del RO aziendale complessivo di €17 a sedia.

2.

Quando non c'è capacità produttiva inutilizzata nella divisione B, il trasferimento del legname alla divisione A fa sì che la divisione B trascuri le vendite ai clienti esterni. Si confronta di seguito il margine di contribuzione derivante dalla vendita del legname con quello derivante dall'uso del legname per la costruzione e la vendita delle sedie:

Vendita del legname esternamente	
Ricavi di vendita	€72
Costo variabile del legname	(€48)
Totale costi variabili	(€48)
Margine di contribuzione totale	**€24**

Produzione e vendita delle sedie	
Ricavi di vendita	€94
Costo variabile del legname	(€48)
Costi variabili di produzione	(€23)
Costi variabili di vendita	(€6)
Totale costi variabili	(€77)
Margine di contribuzione totale	**€17**

L'azienda otterrebbe €7 in più a sedia dalla vendita esterna: €24 – €17 = €7. Pertanto, in presenza di capacità produttiva satura dovrebbe privilegiare la vendita esterna.

Esercizio 10.15

Dati

Aliquota Giappone = 30%
Aliquota Svezia = 60%
Dazio importazione non deducibile Svezia = 10%
CV = €200
CP = €400

Domande

1. P trasferimento Glasgow per ridurre imposte?
2. Importo risparmiato?

Soluzioni

1.
La scelta migliore per Karl Enterprises è:
P di trasferimento = CP = €400.

Un prezzo di trasferimento di €400 produce ulteriori €400 – €200 = €200 di reddito operativo in Giappone (divisione che vende) a differenza della Svezia, mentre un prezzo di trasferimento di €200 produce ulteriori €200 di reddito operativo in Svezia (divisione che acquista) a differenza del Giappone. Inoltre il prezzo di trasferimento di €400 comporta un aumento del dazio di importazione pagato alla Svezia. L'effetto netto è il seguente:

Effetto del trasferimento a €400 anziché €200	
Il reddito giapponese è maggiore di €200; pertanto essa paga 0,3 × €200 in più di imposte sul reddito	(€60)
Il reddito svedese è inferiore di €200; pertanto essa paga 0,6 × €200 in meno di imposte sul reddito	€120
Il dazio di importazione viene pagato dalla divisione svedese su €400 – €200 di incremento; pertanto essa paga 0,1 × €200 di imposte in più	(€20)
Risparmi netti derivanti dal trasferimento a €400 anziché €200	€40

2.
Riduzione netta di imposte derivante dal prezzo di trasferimento di €400 = €40.
Il totale di imposte risparmiate con il prezzo di trasferimento di €400 è di €40 per unità.

Esercizio 10.16

Dati

Divisione North-West (venditrice):
CP utilizzata = 15.000 u
CP totale = 21.000 u
CV u produzione = €20
CF totali = €90.000
P vendita all'esterno = €40

Divisione South-East (acquirente):
Volumi di acquisto = 1.500 u
P acquisto desiderato = €37

Domande

1. Posto:
   volumi di acquisto South-East = 1.500 u,
   P acquisto = €37,
   RO aziendale?
2. P min divisione North-West per 1.500 u?
3. P max divisione South-East per 1.500 u?
4. a. Posto:
      Volumi vendita = 21.000 u (CP utilizzata = 21.000 u => CP satura),
      Volumi vendita a South-East = 1.500 u,
      P trasferimento a South-East = €20,
      RO aziendale?
   b. Posto:
      Volumi vendita = 21.000 u (CP utilizzata = 21.000 u => CP satura),
      Volumi vendita a South-East = 1.500 u,
      P trasferimento a South-East = €37,
      RO aziendale?
5. Posto:
   RO North-West = €36.000,
   CI medio North-West = €300.000,
   Nuovo investimento = €20.000,
   Incremento RO = €2.200,
   In base al ROI accetta il nuovo investimento?
   In base all'EVA (costo capitale = 9%) accetta il nuovo investimento?

Soluzioni

1.

CPD = 21.000 u – 15.000 u = 6.000 u
CPN = 1.500 u
CPD > CPN
MdC u = P – CV u = €37 – €20 = €17
MdC tot = MdC u × Volumi = €17 × 1.500 u = €25.500

Considerato che i CF rimangono invariati a fronte della produzione e vendita di 1.500 unità aggiuntive, l'incremento di RO sarà pari al MdC totale generato da tale vendita, pari a €25.500.

Pertanto, poiché siamo in presenza di un eccesso di capacità produttiva (21.000 – 15.000 = 7.000), alla divisione North-West conviene vendere internamente 1.500 unità, sebbene a un prezzo inferiore.

2.

In presenza di capacità produttiva in eccesso per la divisione venditrice: costo opportunità = 0.

Pertanto:

Prezzo min divisione North-West = Costi vivi = Cv u = €20.

3.

In presenza di un mercato esterno il prezzo massimo che la divisione South-East sarà disposta ad accettare dalla divisione North-West sarà pari al prezzo pagato a un fornitore esterno. Pertanto:

P max divisione South-East = Prezzo di acquisto unitario dall'esterno attualmente = €37.

4.

a. In presenza di capacità produttiva satura per la divisione venditrice: costo opportunità > 0.

Pertanto:

Costo opportunità divisione North-West = P vendita esterno – CV u = €40 – €20 = €20
P min divisione North-West = Costi vivi + Costo opportunità = €20 + €20 = €40
P imposto = €20
P imposto < P min
P imposto – P min = €20 – €40 = (€20)
Svantaggio totale (impatto negativo su RO di divisione) per divisione North-West = (€20) × 1.500 u = (€30.000)

P max divisione South-East = €37
P imposto = €20
P max > P imposto
P max – P imposto = €37 – €20 = €17
Vantaggio totale (incremento RO di divisione) divisione South-East = €17 × 1.500 u = €25.500

Impatto su RO complessivo aziendale: (€30.000) + €25.500 = (€4.500)
Complessivamente il RO aziendale di Top Equipment Company si ridurrebbe di €4.500.

b. Analogamente, in presenza di capacità produttiva satura per la divisione venditrice: Costo opportunità > 0.

Pertanto:

P min divisione North-West = Costi vivi + Costo opportunità = €20 + €20 = €40
P imposto = €37
P imposto < P min
P imposto – P min = €37 – €40 = (€3)
Svantaggio totale (impatto negativo su RO di divisione) per divisione North-West = (€3) × 1.500 u = (€4.500)

P max divisione South-East = €37
P imposto = €37
P max = P imposto
P max – P imposto = €0
Vantaggio zero per la divisione South-East, ma svantaggio di €4,500 per la divisione North-West. Da cui si ha una riduzione netta di €4.500 nel RO di Top Equipment Company.

5.

a. ROI = RO/CI
ROI corrente della divisione North-West = RO/CI = €36.000/€300.000 = 12%. L'investimento proposto guadagna un ROI = €2.200/€20.000 = 11%. Pertanto il ROI della divisione North-West diminuirà in caso di accettazione della proposta e dunque non accetterà la proposta (ROI nuovo investimento < ROI aziendale corrente).

b. EVA = RO al netto imposte – Costo del capitale investito % × Capitale medio investito
EVA = €2.200 – 0,09(€20.000) = €400
Il reddito residuale della divisione North-West aumenterebbe di €400 grazie all'investimento, pertanto la divisione North-West accetterebbe la proposta.

CAPITOLO 11

Capital budgeting e valutazione degli investimenti

Esercizi e problemi

ESERCIZIO 11.1 — Calcolo del VAN

Mitchell & Partners sta considerando l'ipotesi di sostituire un vecchio programma di fatturazione con un nuovo software che dovrebbe far risparmiare €5.000 all'anno di costi operativi netti. Il vecchio programma ha un valore di cessione pari a zero, ma potrebbe essere utilizzato per i prossimi 12 anni. La vita utile stimata del nuovo software è 12 anni, e costerà €25.000. Il tasso di rendimento minimo desiderato è del 10%.

1. Qual è il periodo di recupero?
2. Calcolare il valore attuale netto (VAN).
3. Il management ha qualche dubbio sulla vita utile. Quale sarebbe il VAN se la vita utile fosse di (a) 5 anni invece di 12 o (b) 20 anni invece di 12?
4. Si supponga che la vita utile sarà effettivamente di 12 anni, ma che i risparmi saranno di €3.500 all'anno invece di €5.000. Quale sarebbe il VAN?
5. Si supponga che i risparmi annuali saranno di €4.000 per otto anni. Quale sarebbe il VAN?

ESERCIZIO 11.2 — VAN e valutazione degli investimenti

Il penitenziario a nord di Londra attualmente si rivolge a una lavanderia locale per il lavaggio della biancheria, a un costo annuale di €46.000. Sta però considerando un acquisto di lavatrici, asciugatrici e presse, per un costo totale a installazione avvenuta di €52.000, per permettere ai carcerati di svolgere gli stessi compiti. Il penitenziario prevede di risparmiare €15.000 all'anno e prevede che le macchine avranno una durata di cinque anni. Il tasso di rendimento desiderato è del 10%.

Rispondere alle seguenti domande.

1. Calcolare il VAN dell'investimento in macchinari per la lavanderia.
2. a. Si supponga che la durata delle macchine sia di soli quattro anni. Calcolare il VAN.
   b. Si supponga che la durata delle macchine sia di sette anni. Calcolare il VAN.
3. a. Si supponga che i risparmi annuali siano di soli €12.000. Calcolare il VAN.
   b. Si supponga che i risparmi annuali siano di €18.000. Calcolare il VAN.
4. a. Calcolare la stima più ottimistica del VAN, combinando i risultati migliori dei punti 2 e 3.
   b. Calcolare la stima più pessimistica del VAN, combinando i risultati peggiori dei punti 2 e 3.
5. Supponendo di accettare la stima di durata prevista di cinque anni, qual è il risparmio minimo annuale che giustificherebbe l'investimento in strutture per lavanderia?

ESERCIZIO 11.3 VAN e investimenti profittevoli

Kings Peak Valley, una stazione sciistica nel gruppo montuoso Utah, ha in programma di aggiungere cinque nuovi impianti di risalita. Si supponga che uno degli impianti costi €2 milioni e che la preparazione della pista e l'installazione dell'impianto costino altri €1,3 milioni. L'impianto di risalita permetterà di avere 300 sciatori in più sulle piste, tuttavia la necessità di avere della capacità aggiuntiva si presenta solo per 40 giorni all'anno (si supponga che Kings Peak venderà tutti i 300 biglietti per la seggiovia in quei 40 giorni). Il funzionamento del nuovo impianto di risalita costerà €500 al giorno per tutti i 200 giorni di apertura della stazione sciistica. Si supponga che i biglietti per la seggiovia di Kings Peak costino €60 al giorno e che i costi aggiuntivi per ogni giorno-sciatore siano di €10. Il nuovo impianto di risalita ha una vita economica di 20 anni.

Si supponga che il tasso di rendimento al lordo delle imposte richiesto da Kings Peak sia del 14%. Calcolare il VAN al lordo delle imposte del nuovo impianto di risalita in modo da suggerire ai manager di Kings Peak se l'eventuale aggiunta dell'impianto di risalita sarà un investimento profittevole.

ESERCIZIO 11.4 VAN, ARR e periodo di recupero

Huge Hamburger sta considerando una proposta di investire in un sistema di altoparlanti per offrire un servizio "drive-through" che permetterebbe ai suoi dipendenti di servire i clienti senza farli scendere dall'automobile. Il costo del sistema (compresa l'installazione di speciali finestre e alcune modifiche al viale di accesso) è di €30.000. Jessy Turner, manager di Huge, prevede che l'attività addizionale derivante dal sistema drive-through aumenterà i ricavi annuali di €25.000, con un indice di margine di contribuzione del 40%. Si supponga che il sistema abbia una vita economica di sei anni, quando non avrà più alcun valore di cessione. Il tasso di rendimento richiesto è del 12%. Si ignorino le imposte.

1. Calcolare il periodo di recupero. È una buona misura della redditività?
2. Calcolare il VAN. La proposta dovrebbe essere accettata? Motivare la risposta, positiva o negativa che sia.
3. Utilizzando il modello del tasso di rendimento contabile (*ARR, Accounting Rate of Return*), calcolare il tasso di rendimento dell'investimento iniziale.

ESERCIZIO 11.5 **Valutazione di un investimento in attrezzature**

University of Liberal Art and Science sta considerando la sostituzione di alcune fotocopiatrici Sharp con degli apparecchi più veloci acquistati da Brother. L'amministrazione è molto preoccupata per l'aumento dei costi delle fotocopie nell'arco dell'ultimo decennio.

Per la conversione a Brother, sarebbe necessario addestrare nuovamente due operatori, sostenendo costi di formazione e addestramento pari a €4.000.

Le tre macchine Sharp dell'università sono state acquistate per €10.000 ciascuna cinque anni fa e la loro durata prevista è di dieci anni. Il loro valore di cessione attuale è di €1.000 ciascuna e sarà zero tra altri cinque anni. Il costo totale delle nuove attrezzature Brother sarà di €54.000 e il loro valore di cessione sarà zero tra cinque anni.

I tre operatori Sharp vengono pagati €8 all'ora ciascuno e in genere lavorano 40 ore alla settimana. Ogni macchina subisce un guasto al mese, e questo comporta un costo di riparazione mensile di €50 e quattro ore di straordinario, pagate una volta e mezza il costo orario per macchina al mese, per completare il normale carico di lavoro mensile. Toner, forniture e così via costano €100 al mese per ciascuna fotocopiatrice Sharp.

Il sistema Brother richiederà il lavoro di due soli operatori, con una settimana lavorativa di 40 ore ciascuno, per svolgere lo stesso lavoro. Le tariffe sono di €10 all'ora e non si prevede la necessità di ricorrere agli straordinari. Toner, forniture e così via avranno un costo totale annuale di €3.300. Manutenzione e riparazioni sono tutte di totale responsabilità di Brother a fronte di un pagamento di €1.050 all'anno (si suppongano 52 settimane all'anno).

1. Con l'ausilio delle metodologie DCF (approccio del progetto totale e approccio differenziale), calcolare il valore attuale di tutti i flussi di cassa rilevanti, considerando entrambe le alternative, per il periodo di cinque anni con un tasso di sconto del 12%. In qualità di università no profit, University of Liberal Art and Science non paga imposte sul reddito.

2. Basando la decisione unicamente sui dati forniti, qual è la scelta migliore per l'università, tenere le fotocopiatrici Sharp o sostituirle?

ESERCIZIO 11.6 **Sostituzione o mantenimento di un macchinario**

Si supponga che Peterson Railway Company stia considerando la sostituzione di un macchinario, utilizzato per la manutenzione dei binari, con un nuovo sistema di sollevamento automatico che può essere collegato a una normale macchina costipatrice.

L'attuale macchinario era costato €24.000 cinque anni fa e aveva una vita utile stimata di 12 anni. Tra un anno la macchina avrà bisogno di un'importante revisione, dal costo stimato di €6.000. Essa potrebbe essere ceduta ora vendendola in blocco per €5.000. Tra altri sette anni non vi sarà più alcun valore residuo.

L'accessorio per il sollevamento automatico ha un prezzo di vendita di €72.000 consegna compresa e una vita utile stimata di 12 anni. In previsione di quelli che saranno gli sviluppi futuri delle macchine di manutenzione combinate, il management di Peterson è convinto che opterà per cedere la macchina alla fine del settimo anno per sfruttare i vantaggi offerti dalle macchine più recenti. Il valore di cessione stimato alla fine dei sette anni è €5.000.

I test hanno mostrato che la macchina per il sollevamento automatico produrrà una superficie più uniforme sui binari rispetto al macchinario attualmente in uso. Il nuovo macchinario consentirà di fare a meno di un operaio, che verrà impiegato in un'altra area dell'azienda. Pertanto l'azienda potrà evitare di assumere un'altra persona, risparmiando così €15.000 annui.

Il lavoro di manutenzione dei binari è stagionale e il macchinario normalmente è in funzione dal 1° maggio al 31 ottobre di ogni anno. Gli operatori della macchina e gli operai vengono trasferiti a un altro incarico dopo il 31 ottobre, ma mantengono la loro paga oraria.

Il venditore sostiene che la manutenzione ordinaria annuale della nuova macchina avrà un costo approssimativo di €1.000 all'anno. Dato che la macchina per il sollevamento automatico è più complicata rispetto alla macchina ad azionamento manuale, probabilmente richiederà una manutenzione completa alla fine del quarto anno, per un costo stimato di €7.000.

Le registrazioni contabili mostrano che la manutenzione ordinaria annuale del macchinario attuale costa €1.200. Il consumo di carburante delle due macchine è uguale. Qual è la scelta migliore per Peterson, tenere o sostituire il macchinario? L'azienda richiede un tasso di rendimento del 10%. Calcolare i valori attuali, ignorando le imposte sul reddito.

ESERCIZIO 11.7 **Analisi di convenienza sui costi di trasporto**

White Company produce attrezzature per l'illuminazione industriale e residenziale e il suo stabilimento di produzione si trova a Phoenix. L'azienda attualmente spedisce i prodotti a un magazzino nell'Ohio tramite normali corrieri a una tariffa di €0,26 al chilogrammo. Il magazzino si trova a Cleveland, a 2.500 miglia da Phoenix.

Alexandra Fox, responsabile finanziario di White, sta considerando l'ipotesi di acquistare un camion per il trasporto dei prodotti al magazzino dell'Ohio. Quelli che seguono sono i dati disponibili relativi al camion:

Prezzo di acquisto	€40.000
Vita utile	5 anni
Valore di realizzo dopo 5 anni	0
Capacità del camion	10.000 Kg
Costi monetari di utilizzo del camion	€0,90 per miglio

Fox è convinta che l'investimento in questo camion sia particolarmente interessante grazie alla riuscita della negoziazione con Fast, Inc. per il trasporto dei prodotti di quest'ultima da Cleveland a Phoenix a ogni viaggio di ritorno dal magazzino. Fast ha accettato di pagare a White €2.400 per carico di prodotti di Fast da Cleveland a Phoenix fino a un massimo di 100 carichi all'anno.

Il direttore marketing di White ha stimato che l'azienda spedirà 500.000 chilogrammi di attrezzature al magazzino ogni anno per i prossimi cinque anni. Il camion sarà a pieno carico per ogni viaggio di andata e ritorno.

Vengono ignorate le imposte sul reddito.

1. Si supponga che White richieda un tasso di rendimento minimo del 20%. Dovrebbe acquistare il camion? Illustrare i calcoli a sostegno della risposta.
2. Qual è il numero minimo di viaggi che Fast deve garantire a White affinché l'alternativa più conveniente resti tale, a parità di altre condizioni?

ESERCIZIO 11.8 **Valutazione di un investimento in qualità**

Lopez Engineering Company produce un singolo modello di lettore DVD di alta qualità che viene venduto ai produttori australiani di sistemi audio. L'azienda vende ciascun lettore DVD a €210, ottenendo un margine di contribuzione di €70 al lordo di qualunque costo di ispezione e correzione dei difetti di prodotto o rimborso ai clienti.

L'alta direzione di Lopez sta riflettendo sull'ipotesi di un cambiamento nel proprio sistema di controllo della qualità. Al momento l'azienda spende €40.000 all'anno in controlli della qualità per i 50.000 lettori DVD prodotti e spediti ogni anno. Nella produzione di questi lettori DVD, l'azienda produce una media di 2.000 unità difettose; 1.500 di queste vengono identificate dal processo di ispezione e l'azienda spende una media di €85 per ciascuna per la correzione dei difetti. L'azienda invia gli altri 500 lettori difettosi ai clienti, che nel momento in cui scoprono un apparecchio difettoso ricevono il rimborso del prezzo di acquisto di €210 da parte di Lopez Engineering.

Molti dei clienti di Lopez incorporano i lettori DVD in sistemi di home entertainment. Dato che un numero sempre maggiore di questi clienti sta passando a sistemi di gestione del magazzino JIT e a processi di produzione automatizzati, il ricevimento di merci difettose pone loro dei problemi sempre più gravi. A volte, infatti, un lettore DVD difettoso causa un ritardo nell'intera linea di produzione dovuto all'attesa della sostituzione del lettore. Le aziende concorrenti di Lopez di fronte a questa situazione in gran parte hanno già dato il via a programmi molto vasti di controllo qualità. Se Lopez non migliora la qualità, si prevede che il volume di vendita annuale scenderà di 5.000 lettori a partire dal prossimo anno:

	Volume di vendita previsto in unità senza programma di controllo qualità	**Volume di vendita previsto in unità con programma di controllo qualità**
20X1	50.000	50.000
20X2	45.000	50.000
20X3	40.000	50.000
20X4	35.000	50.000

Il programma di controllo qualità proposto si basa su due elementi. Innanzitutto, Lopez spenderebbe immediatamente €800.000 per addestrare i lavoratori a riconoscere e correggere i difetti nel momento in cui si verificano. Questo si prevede che contribuirà a ridurre il numero di lettori DVD difettosi da 2.000 a 500 senza dover sostenere i costi di produzione aggiuntivi. In secondo luogo, l'attuale ispezione verrebbe sostituita da un punto di controllo attuato in un momento precedente all'interno del processo di produzione. Questo richiederebbe l'acquisto di un apparecchio a raggi X del costo di €250.000 più i costi operativi annuali, che ammontano a €50.000 in più rispetto ai costi di ispezione attuali. Il rilevamento dei difetti in una fase precedente ridurrebbe l'importo medio speso per correggere i difetti da €85 a €50, e solo 50 lettori DVD difettosi finirebbero con l'essere spediti comunque ai clienti. Per essere competitiva, Lopez rimborserebbe una volta e mezzo il prezzo di acquisto (€315) per i lettori DVD difettosi consegnati ai clienti.

L'alta direzione di Lopez ha deciso che un periodo di pianificazione di quattro anni è sufficiente per analizzare questa decisione. Il tasso di rendimento minimo richiesto è del 20%. Per semplicità, si supponga che con il sistema di controllo qualità attuale, nel caso in cui il volume di produzione si riduca, il numero di lettori DVD prodotti rimanga 2.000. Si assuma inoltre che tutti i flussi di cassa annuali si verifichino alla fine dell'anno relativo. L'adozione del nuovo programma di controllo qualità è una buona scelta per Lopez Engineering Company? Motivare la risposta con l'ausilio del modello VAN e ignorando le imposte sul reddito.

ESERCIZIO 11.9 **Capital budgeting: esercizio di riepilogo**

Dover, un'azienda chimica inglese, sta pianificando l'acquisto di una nuova attrezzatura per ampliare la propria produzione di un solvente molto diffuso. I dati stimati sono i seguenti (gli importi monetari sono in migliaia di euro):

Costo in contanti dell'attrezzatura nuova	€380.000
Vita utile stimata in anni	10
Valore di realizzo terminale	€60.000
Ricavi incrementali per anno	€320.000
Costi incrementali per anno diversi dall'ammortamento	€165.000

Si supponga un'aliquota fissa del 60% per le imposte sul reddito. L'azienda riscuote tutti i ricavi e paga tutti i costi diversi dall'ammortamento in contanti. Si utilizzi un tasso di attualizzazione del 14%. Si supponga che l'azienda utilizzi il normale ammortamento a quote costanti basato su un periodo di recupero di dieci anni ai fini fiscali. Si supponga inoltre che l'azienda ammortizzi il costo originario meno il valore di realizzo terminale.

Calcolare:

1. costo di ammortamento per anno;
2. risultato economico previsto per anno;
3. flusso di cassa netto annuale;
4. periodo di recupero;
5. tasso di rendimento contabile sull'investimento iniziale;
6. valore attuale netto.

Glossario: terminologia, abbreviazioni adottate e definizioni

Di seguito sono riportati i termini utilizzati nell'ambito del capitolo. Tra parentesi viene indicata l'eventuale abbreviazione adottata, e a seguire viene fornita la definizione.

Capital budgeting: programmazione a lungo termine per realizzare e finanziare investimenti che influiranno sui risultati economico-finanziari dell'impresa per gli anni a venire.

Flussi di cassa scontati (DCF, Discounted Cash Flow): modello di capital budgeting che si concentra sulle entrate e le uscite monetarie di un progetto tenendo in considerazione il valore del tempo delle risorse finanziarie.

Fattore di sconto: valore attuale di €1 scontato al tasso di rendimento richiesto. (In caso di flussi di cassa identici a intervalli uguali: valore attuale di una rendita ordinaria di 1€ scontato al tasso di rendimento richiesto.)

Metodo del Valore attuale Netto (VAN): approccio DCF che calcola il valore attuale di tutti i flussi di cassa futuri previsti utilizzando un tasso minimo di rendimento desiderato.

Tasso di rendimento richiesto (o tasso minimo o tasso di attualizzazione): tasso minimo di rendimento desiderato, basato sul costo del capitale dell'azienda.

Tasso interno di rendimento (TIR/IRR, Internal Rate of Return): modello di capital budgeting che determina il tasso di interesse in corrispondenza del quale il VAN è uguale a zero.

Modello delle opzioni reali: modello di capital budgeting che riconosce il valore degli investimenti contingenti, ossia degli investimenti che un'impresa può adeguare di pari passo con l'ottenimento di maggiori informazioni sul proprio potenziale successo.

Analisi di sensitività: analisi che mostra le conseguenze finanziarie che si verificherebbero se le entrate e le uscite monetarie effettive fossero diverse da quelle previste.

Flusso di pareggio: flusso di cassa in corrispondenza del quale il VAN è pari a zero.

Confronto dei VAN di due progetti – Approccio del progetto totale: metodo di confronto delle alternative che calcola l'impatto di ciascuna alternativa sui flussi di cassa totali.

Confronto dei VAN di due progetti – Approccio differenziale: metodo per il confronto delle alternative che calcola le differenze nei flussi di cassa tra le alternative e quindi converte tali differenze nei loro valori attuali.

Aliquota d'imposta marginale sul reddito: aliquota pagata sugli importi incrementali del reddito lordo.

Ammortamento accelerato: modello di ammortamento che considera una porzione maggiore del costo di un'attività nei primi anni e una minore in quelli successivi.

Vita utile (periodo di recupero): numero di anni in cui un'azienda può ammortizzare un'attività ai fini fiscali.

Tempo di recupero o periodo di recupero (payback): tempo che occorre per recuperare la somma investita in un progetto sotto forma di entrate monetarie derivanti dalle attività connesse al progetto.

Modello del tasso di rendimento contabile (ARR, Accounting Rate of Return): modello non DCF di capital budgeting che esprime il rendimento di un progetto come rapporto tra l'aumento nel reddito operativo medio annuale previsto e l'investimento iniziale richiesto. Ignora il valore del tempo delle risorse finanziarie, quindi gli importi monetari futuri sono considerati uguali a quelli attuali.

Algoritmi utili

Valore attuale flusso di cassa:
VA flusso di cassa = Fattore VA × Flusso di cassa

Valore attuale netto (VAN):
VAN = Σ(Valore attuale flusso di cassa) – Esborso iniziale investimento
= Σ(Flusso di cassa × Fattore VA) – Esborso iniziale investimento

Fattore VA = Valore attuale di €1 scontato al tasso di rendimento richiesto*

VAN = Σ(Flusso di cassa × Valore attuale 1€ scontato) – Esborso iniziale investimento

* Il Fattore VA (Fattore di sconto) è reperibile nelle tabelle dei valori attuali (vedi la Tabella 1 nell'Appendice A).

VAN in caso di flussi di cassa identici a intervalli di tempo uguali:
Fattore VA = Valore attuale di una rendita ordinaria di 1€ scontato al tasso di rendimento richiesto*

VAN = (Flusso di cassa × Valore attuale di una rendita ordinaria di 1€ scontato) – Esborso iniziale investimento

* In caso di flussi di cassa identici a intervalli di tempo uguali è possibile semplificare i calcoli ed eseguire un solo calcolo del valore attuale, considerando come fattore di sconto il valore attuale di una rendita ordinaria di €1 scontato al tasso di rendimento richiesto (anziché moltiplicare ciascun flusso di cassa per il valore attuale di €1 scontato al tasso richiesto). Il valore attuale di una rendita ordinaria di €1 è reperibile nella Tabella 2 dell'Appendice A.

VAN e valutazione di un investimento:

- Se VAN > 0 => Investimento accettabile (rendimento > tasso di rendimento richiesto)
- Se VAN = 0 => Investimento accettabile/indifferente (rendimento = tasso di rendimento richiesto)
- Se VAN < 0 => Investimento non accettabile (rendimento < tasso di rendimento richiesto)

VAN e confronto tra due investimenti:
Posto:
VAN Investimento 1 = VAN 1
VAN Investimento 2 = VAN 2

- Se VAN 1 > VAN 2 => scegliere Investimento 1
- Se VAN 1 < VAN 2 => scegliere Investimento 2

Tasso di rendimento interno (TIR o IRR) e valutazione di un investimento:

- Se TIR > tasso di rendimento richiesto => VAN > 0 e Investimento accettabile
- Se TIR < tasso di rendimento richiesto => VAN < 0 e Investimento non accettabile

Flusso di pareggio:
VAN = 0
Flusso di cassa × Valore attuale €1 – Esborso iniziale = 0
Flusso di cassa di pareggio = Esborso iniziale/Valore attuale €1

Periodo di recupero (payback):

$$\text{Tempo di recupero} = \frac{\text{Importo incrementale investimento iniziale}}{\text{Entrata monetaria incrementale annuale costante derivante dalle operazioni}}$$

Tasso di rendimento contabile (ARR, Accounting Rate of Return):

$$\text{ARR} = \frac{\text{Entrata monetaria incrementale annuale} - \text{Ammortamento incrementale medio annuale}}{\text{Investimento iniziale}}$$

$$\text{ARR} = \frac{\text{Utile operativo annuale netto incrementale}}{\text{Investimento iniziale}}$$

Tasso di rendimento contabile (ARR, Accounting Rate of Return) considerando l'investimento medio:

$$\text{ARR} = \frac{\text{Entrata monetaria incrementale annuale} - \text{ammortamento incrementale medio annuale}}{\text{Investimento medio}}$$

$$\text{ARR} = \frac{\text{Utile operativo annuale netto incrementale}}{(\text{Saldo iniziale investimento} - \text{Saldo finale investimento}) \div 2\ *}$$

* Il valore dell'investimento medio diminuisce ogni anno di una quota pari all'ammortamento, passando, in presenza di un valore residuo (valore di realizzo) pari a zero, dal valore del saldo

iniziale a zero. Pertanto l'investimento medio è dato da: (saldo iniziale + saldo finale) ÷ 2 = (saldo iniziale + 0) ÷ 2 = saldo iniziale investimento.
In presenza di un valore di realizzo > 0 l'investimento medio al denominatore diventa: (saldo iniziale + saldo finale) ÷ 2 = (Saldo iniziale investimento + valore di realizzo) ÷ 2.

Soluzioni agli esercizi

Esercizio 11.1

Dati

Valore investimento (esborso iniziale) = €25.000
Entrata di cassa annua = €5.000
Vita utile nuovo software = 12 anni
Tasso di rendimento minimo desiderabile = 10%

Domande

1. Periodo recupero?
2. VAN?
3. Posto:
   a. vita utile = 5 anni, VAN?
   b. vita utile = 20 anni, VAN?
4. Posto:
   vita utile = 12 anni,
   entrata annua = €3.500
   VAN?
5. Posto:
   vita utile = 8 anni,
   entrata annua = €4.000
   VAN?

Soluzioni

Questo problema riguarda sostanzialmente l'analisi di sensitività, che chiede in che modo i risultati di base previsti saranno influenzati dai cambiamenti nei fattori critici (vita utile, flussi di cassa) che influiscono sul tasso di rendimento.

1.

Periodo recupero (*payback period*) = Importo incrementale investimento iniziale/Entrata incrementale annua costante
Periodo recupero = €25.000/€5.000 = 5 anni

2.
VAN = (Flusso di cassa annuo × Valore attuale di una rendita ordinaria di €1) – Esborso iniziale
VAN = (€5.000 × 6,8137) – €25.000 = €9.069*
Dove: 6,8137 = Valore attuale di una rendita ordinaria di €1 al tasso del 10% il 12° anno (vita utile = 12 anni). Trattandosi di flussi di cassa identici a intervalli uguali, il valore è stato attinto dalla Tabella 2 dell'Appendice A.

* Valore arrotondato.

3.
a.
VAN = (Flusso di cassa annuo × Valore attuale di una rendita ordinaria di €1) – Esborso iniziale
VAN = (€5.000 × 3,7908) – €25.000 = (€6.046)
Dove: 3,7908 = Valore attuale di una rendita ordinaria di €1 al tasso del 10% il 5° anno (vita utile = 5 anni). Trattandosi di flussi di cassa identici a intervalli uguali, il valore è stato attinto dalla Tabella 2 dell'Appendice A.

b.
VAN = (Flusso di cassa annuo × Valore attuale di una rendita ordinaria di €1) – Esborso iniziale
VAN = (€5.000 × 8,5136) – €25.000 = €17.568
Dove: 8,5136 = Valore attuale di una rendita ordinaria di €1 al tasso del 10% il 20° anno (vita utile = 20 anni). Trattandosi di flussi di cassa identici a intervalli uguali, il valore è stato attinto dalla Tabella 2 dell'Appendice A.

4.
VAN = (Flusso di cassa annuo × Valore attuale di una rendita ordinaria di €1) – Esborso iniziale
VAN = (€3.500 × 6,8137) – €25.000 = (€1.152)*
Dove: 6,8137 = Valore attuale di una rendita ordinaria di €1 al tasso del 10% il 12° anno (vita utile = 12 anni). Trattandosi di flussi di cassa identici a intervalli uguali, il valore è stato attinto dalla Tabella 2 dell'Appendice A.

* Valore arrotondato.

5.
VAN = (Flusso di cassa annuo × Valore attuale di una rendita ordinaria di €1) – Esborso iniziale
VAN = (€4.000 × 5,3349) – €25.000 = (€3.660)*

Dove: 5,3349 = Valore attuale di una rendita ordinaria di €1 al tasso del 10% l'8° anno (vita utile = 8 anni). Trattandosi di flussi di cassa identici a intervalli uguali, il valore è stato attinto dalla Tabella 2 dell'Appendice A.

* Valore arrotondato.

Esercizio 11.2

Dati

Valore investimento (esborso iniziale) = €52.000
Entrata cassa annua = €15.000
Vita utile = 5 anni
Tasso di rendimento minimo desiderato = 10%

Domande

1. VAN?
2. Posto:
   a. vita utile = 4 anni, VAN?
   b. vita utile = 7 anni, VAN?
3. Posto:
   a. entrata cassa annua = €12.000, VAN?
   b. entrata cassa annua = €18.000, VAN?
4. a. Stima ottimistica VAN?
   b. Stima pessimistica VAN?
5. Posto: vita utile = 5 anni, Flusso di pareggio?

Soluzioni

1.

VAN = (Flusso di cassa annuo × Valore attuale di una rendita ordinaria di €1) – Esborso iniziale

VAN = (€15.000 × 3,7908) – €52.000 = €56.862 – €52.000 = €4.862

Dove: 3,7908 = Valore attuale di una rendita ordinaria di €1 al tasso del 10% il 5° anno (vita utile = 5 anni). Trattandosi di flussi di cassa identici a intervalli uguali, il valore è stato attinto dalla Tabella 2 dell'Appendice A.

2.

a.

VAN = (Flusso di cassa annuo × Valore attuale di una rendita ordinaria di €1) – Esborso iniziale

VAN = (€15.000 × 3,1699) – €52.000 = €47.549 – €52.000 = (€4.452)*

Dove: 3,1699 = Valore attuale di una rendita ordinaria di €1 al tasso del 10% il 4° anno (vita utile = 4 anni). Trattandosi di flussi di cassa identici a intervalli uguali, il valore è stato attinto dalla Tabella 2 dell'Appendice A.

* Valore arrotondato.

b.
VAN = (Flusso di cassa annuo × Valore attuale di una rendita ordinaria di €1) – Esborso iniziale
VAN = (€15.000 × 4,8684) – €52.000 = €73.026 – €52.000 = €21.026
Dove: 4,8684 = Valore attuale di una rendita ordinaria di €1 al tasso del 10% il 7° anno (vita utile = 7 anni). Trattandosi di flussi di cassa identici a intervalli uguali, il valore è stato attinto dalla Tabella 2 dell'Appendice A.

3.
a.
VAN = (Flusso di cassa annuo × Valore attuale di una rendita ordinaria di €1) – Esborso iniziale
VAN = (€12.000 × 3,7908) – €52.000 = €45.490 – €52.000 = (€6.510)*
Dove: 3,7908 = Valore attuale di una rendita ordinaria di €1 al tasso del 10% il 5° anno (vita utile = 5 anni). Trattandosi di flussi di cassa identici a intervalli uguali, il valore è stato attinto dalla Tabella 2 dell'Appendice A.

* Valore arrotondato.

b.
VAN = (Flusso di cassa annuo × Valore attuale di una rendita ordinaria di €1) – Esborso iniziale
VAN = (€18.000 × 3,7908) – €52.000 = €68.234 – €52.000 = €16.234*
Dove: 3,7908 = Valore attuale di una rendita ordinaria di €1 al tasso del 10% il 5° anno (vita utile = 5 anni). Trattandosi di flussi di cassa identici a intervalli uguali, il valore è stato attinto dalla Tabella 2 dell'Appendice A.

* Valore arrotondato.

4.
a.
VAN = (Flusso di cassa annuo × Valore attuale di una rendita ordinaria di €1) – Esborso iniziale
Entrata di cassa migliore (la più alta delle condizioni precedenti) = €18.000
Vita utile migliore (la più alta delle condizioni precedenti) = 7 anni

Tasso di rendimento interno desiderato = 10%
Esborso iniziale = €52.000
VAN = (€18.000 × 4,8684) – €52.000 = €87.631 – €52.000 = €35.631*
Dove: 4,8684 = Valore attuale di una rendita ordinaria di €1 al tasso del 10% il 7° anno (vita utile = 7 anni). Trattandosi di flussi di cassa identici a intervalli uguali, il valore è stato attinto dalla Tabella 2 dell'Appendice A.

* Valore arrotondato.

b.
VAN = (Flusso di cassa annuo × Valore attuale di una rendita ordinaria di €1) – Esborso iniziale
Entrata di cassa peggiore (la più bassa delle condizioni precedenti) = €12.000
Vita utile peggiore (la più bassa delle condizioni precedenti) = 4 anni
Tasso di rendimento interno desiderato = 10%
Esborso iniziale = €52.000
VAN = (€12.000 × 3,1699) – €52.000 = €38.039 – €52.000 = (€13.961)*
Dove: 3,1699 = Valore attuale di una rendita ordinaria di €1 al tasso del 10% il 4° anno (vita utile = 4 anni). Trattandosi di flussi di cassa identici a intervalli uguali, il valore è stato attinto dalla Tabella 2 dell'Appendice A.

* Valore arrotondato.

5.

Il flusso di cassa minimo annuo che rende accettabile l'investimento è quello in corrispondenza del quale il VAN = 0.

Flusso di cassa di pareggio = Entrata di cassa (risparmio) in corrispondenza della quale VAN = 0:
Entrata di cassa × Valore attuale rendita ordinaria di €1 – Esborso iniziale = 0
(Entrata di cassa × 3,7908) – €52.000 = 0
Entrata di cassa = €52.000/3,7908 = €13.717*
Dove 3,7908 = valore attuale di una rendita ordinaria di €1 al tasso del 10% il 5° anno (vita utile = 5 anni). Trattandosi di flussi di cassa identici a intervalli uguali, il valore è stato attinto dalla Tabella 2 dell'Appendice A.

* Valore arrotondato.

Esercizio 11.3

Dati

Investimento iniziale = €2.000.000 + €1.300.000 = €3.300.000
Entrate monetarie = 300 sciatori × 40 gg × 60 €/g-sciatore

Uscite monetarie = 500 €/g × 200 gg + 10 €/g-sciatore × 300 sciatori × 40 gg
Vita economica impianto = 20 anni
Tasso di rendimento al lordo delle imposte = 14%

Domande
VAN al lordo imposte?

Soluzioni
VAN = Σ (Flussi di cassa × Fattore VA) – Esborso iniziale investimento

Investimento = €2.000.000 + €1.300.000 = €3.300.000

Entrate monetarie annuali = 300 sciatori × 40 giorni × €60/g-sciatore = €720.000
Uscite monetarie annuali = (200 gg × 500 €/g) + (€10/g-sciatore × 300 sciatori × 40 gg) = €220.000

VA dei flussi di cassa al 14% = 6,6231 × (€720.000 – €220.000) = €3.311.550
Dove Fattore VA = 6,6231 = Valore attuale di una rendita ordinaria di €1 per 20 anni al tasso di attualizzazione del 14%

VAN = €3.311.550 – €3.300.000 = €11.550

Il nuovo impianto di risalita genererà un VAN pari a €11.550, pertanto è un investimento profittevole.

Esercizio 11.4

Dati
Valore investimento (esborso iniziale) = €30.000
Incremento ricavi annuo = €25,000
Indice MdC = MdC/Ricavi = 0,40
Vita utile = 6 anni
Tasso di rendimento minimo desiderato = 12%

Domande

1. Periodo di recupero? Buona misura redditività?
2. VAN? Accettare la proposta?
3. Tasso di rendimento contabile (Modello ARR)?

Soluzioni

1.
Incremento annuale di risultato economico = Indice MdC × Incremento ricavi = 40% × €25.000 = €10.000.

Periodo di recupero = Investimento iniziale incrementale/Entrata incrementale annuale costante = €30.000/€10.000 = 3 anni.

Non è una buona misura della redditività perché ignora i rendimenti oltre il periodo di recupero e non tiene conto del valore del tempo delle risorse finanziarie.

2.

VAN = (Flusso di cassa annuo × Valore attuale di una rendita ordinaria di €1) – Esborso iniziale

VAN = (€10.000 × 4,1114) – €30.000 = €41.114 – €30.000 = €11.114

Dove: 4,1114 = Valore attuale di una rendita ordinaria di €1 al tasso del 12% il 6° anno (vita utile = 6 anni). Trattandosi di flussi di cassa identici a intervalli uguali, il valore è stato attinto dalla Tabella 2 dell'Appendice A.

Accettare la proposta perché il VAN è positivo.

3.

Ammortamento = €30.000/6 = €5.000

$$\text{ARR} = \frac{\text{Entrata monetaria incrementale annuale} - \text{Ammortamento incrementale medio annuale}}{\text{Investimento iniziale}}$$

$$= \frac{(€10.000 - €5.000)}{€30.000} = 16{,}7\%$$

Esercizio 11.5

Dati

	Sharp	Brother
Vita utile	10 anni	5 anni
Vita residua	5 anni	–
Costo acquisto	€10.000 × 3 macchine = €30.000	€54.000
Valore cessione	€1.000 × 3 macchine = €3.000 (zero tra 5 anni)	(zero tra 5 anni)
Costo formazione	–	€4.000
Operatori	3	2
Tariffa oraria	8 €/h	10 €/h
H MOD	40 h/sett	40 h/sett

	Sharp	Brother
Straordinari	4 h/mese	–
Tariffa straordinaria	8 €/h × 1,5 = 12 €/h	–
Costo riparazioni	€50 mese × 12 mesi × 3 macchine = €1.800	€1.050 anno
Toner, forniture	€100 mese × 12 mesi × 3 macchine = €3.600	€3.300

1 anno = 52 settimane
Tasso sconto = 12%

Domande

1. a. Posto: Periodo = 5 anni, tasso = 12%, VA con approccio del progetto totale?
   b. Posto: Periodo = 5 anni, tasso = 12%, VA con approccio differenziale?
2. Scelta migliore?

Soluzioni

1.

Flussi di cassa operativi annuali

	Sharp	Brother	Differenza
Stipendi*	€49.920	€41.600	€8.320
Straordinari**	€1.728	€0	€1.728
Riparazioni e manutenzione***	€1.800	€1.050	€750
Toner, forniture ecc. ****	€3.600	€3.300	€300
Totale uscite monetarie annuali	**57.048**	**45.950**	**11.098**

*Sharp: 8 €/h × 40 h/sett × 52 settimane × 3 dipendenti = €320 × 52 × 3 = €49.920;
Brother: 10 €/h × 40 h/sett × 52 settimane × 2 dipendenti = €400 × 52 × 2 = €41.600.
** Sharp: 8 €/h × 1,5 × 4 h × 12 mesi × 3 macchine = € 48 × 12 × 3 = €1.728.
*** Sharp: €50 × 12 × 3 = 1.800; Brother: €1.050.
**** Sharp: €100 × 12 × 3 = €3.600; Brother: €3.300.

Flussi di cassa iniziali (esborso iniziale):

	Sharp	Brother	Differenza
Acquisto delle macchine Brother	–	€54.000	€54.000
Cessione delle macchine Sharp	–	(€3.000)*	(€3.000)
Formazione e rimodellazione	–	€4.000	€4.000
Totale	–	**€55.000**	**€55.000**

* Valore di cessione macchina × 3 macchine = €1.000 × 3 = €3.000.

a.

	VA di €1,00 scontato al 12%	Valore attuale dei flussi di cassa	Flussi di cassa annuali				
		0	1	2	3	4	5
APPROCCIO DEL PROGETTO TOTALE							
Brother:							
Uscita monetaria iniziale	1,0000	(€55.000)					
Flussi di cassa operativi	3,6048	(€165.641)**	(€45.950)*	(€45.950)	(€45.950)	(€45.950)	(€45.950)
Totale		(€220.641)					
Sharp:							
Flussi di cassa operativi	3,6048	(€205.647)***	(€57.048)****	(€57.048)	(€57.048)	(€57.048)	(€57.048)
Differenza a favore del mantenere le macchine Sharp		(€14.994)					

* (€45.950) = Totale uscite monetarie annuali Brother, determinate nella prima tabella.
** (€45.950) × 3,6048 = (€165.641) (arrotondato), dove Fattore VA = 3,6048 = Valore attuale di una rendita ordinaria di €1 per 5 anni scontata al 12%. Vedi Tabella 2 nell'Appendice A.
*** (€57.048) = Totale uscite monetarie Sharp, determinate nella prima tabella.
**** (€57.048) × 3,6048 = (€205.647) (arrotondato).

b.

	VA di €1,00 scontato al 12%	Valore attuale dei flussi di cassa	Flussi di cassa annuali				
		0	1	2	3	4	5
APPROCCIO DIFFERENZIALE							
Investimento iniziale	1,0000	(€55.000)					
Risparmio operativo annuale	3,6048	€40.006**	€11.098*	€11.098	€11.098	€11.098	€11.098
Valore attuale netto dell'acquisto		**(€14.994)**					

* Risparmio operativo annuale = Flussi di cassa operativi Sharp – Flussi di cassa operativi Brother = €11.098 = €57.048 – €45.950.
** €11.098 × 3,6048 = €40.006 (arrotondato), dove Fattore VA = Valore attuale di una rendita ordinaria di €1 per 5 anni scontato al 12%. Vedi la Tabella 2 nell'Appendice A.

2.
La scelta migliore è non sostituire le macchine Sharp con le fotocopiatrici Brother. Risparmio netto = Valore attuale delle uscite per passare alle macchine Brother – Valore attuale delle uscite per tenere le macchine Sharp = (€220.641) – (€205.647) = (€14.994).
VA uscite Sharp < VA uscite Brother

Esercizio 11.6

Dati

	Vecchio macchinario	Nuovo macchinario
Costo acquisto	€24.000	€72.000
Vita utile	12 anni	12 anni
Vita residua	7 anni	–
Investimento iniziale		€72.000
Valore cessione	€5.000 (anno 0)	€5.000 (anno 7)
Costo revisione	€6.000 (anno 1)	–
Costo operaio	€15.000 anno	–
Manutenzione ordinaria	€1.200 anno	€1.000 anno
Manutenzione completa		€7.000 (anno 4)
Tasso rendimento	10%	

Domande
Tenere o sostituire?

Soluzioni
La domanda viene di seguito risolta adottando due metodi alternativi: l'approccio del progetto totale e l'approccio differenziale.

	Al 10% per 7 anni		**Grafico dei flussi di cassa**							
Approccio del progetto totale	**Fattore VA**	**Valore attuale**	**0**	**1**	**2**	**3**	**4**	**5**	**6**	**7**
APPROCCIO DEL PROGETTO TOTALE Sostituire (A)										
Valore di cessione del vecchio macchinario*	1,0000	€5.000	€5.000							
Investimento iniziale**	1,0000	(€72.000)	(€72.000)							
Valore di cessione del nuovo macchinario***	0,5132	€2.566								€5.000
Risparmio monetario sui costi operativi ricorrenti vecchio macchinario****	4,8684	€73.026		€15.000	€15.000	€15.000	€15.000	€15.000	€15.000	€15.000
Costo monetario di manutenzione ricorrente nuovo macchinario*****	4,8684	(€4.868)		(€1.000)	(€1.000)	(€1.000)	(€1.000)	(€1.000)	(€1.000)	(€1.000)
Revisione, fine del quarto anno nuovo macchinario******	0,6830	(€4.781)					(€7.000)			
Valore attuale delle uscite monetarie nette******		**(€1.057)**								

* Valore attuale di cessione vecchio macchinario = Entrata di cassa × Fattore VA = €5.000 × 1 = €5.000.

** Valore attuale investimento iniziale nuovo macchinario = Uscita di cassa × Fattore VA = (€72.000) × 1 = (€72.000).

*** Valore attuale di cessione del nuovo macchinario = Entrata di cassa × Fattore VA = €5.000 × 0,5132 = €2.566 (dove Fattore VA = Valore attuale di €1 per 7 anni scontato al 10%; vedi la Tabella 1 dell'Appendice A). In questo caso si fa riferimento alla Tabella 1 dell'Appendice A (e non alla Tabella 2) in quanto si tratta di una singola entrata e non di una serie di entrate di cassa identiche a intervalli uguali.

**** Alcuni studenti contesteranno questa voce sostenendo che non si tratta di un risparmio "reale", in quanto l'operaio verrà semplicemente trasferito a un altro incarico. Questa soluzione presuppone tuttavia che il lavoratore verrà impiegato in qualche lavoro produttivo in qualche altra parte dell'azienda; pertanto l'azienda potrà evitare di assumere un'altra persona per questo lavoro produttivo e risparmierà €15.000 annui. Da cui: Valore attuale risparmio monetario = Risparmio annuo × Fattore VA = €15.000 × 4,8684 = €73.026 (dove Fattore VA = Valore attuale di una rendita ordinaria di €1 per 7 anni scontato al 10%; vedi la Tabella 2 dell'Appendice A). In questo caso si fa riferimento alla Tabella 2 dell'Appendice A in quanto si fa riferimento a una serie di entrate di cassa identiche a intervalli uguali.

***** Valore attuale costo monetario di manutenzione nuovo macchinario = Uscita di cassa × Fattore VA = (€1.000) × 4,8684 = €4.868 (dove Fattore VA = Valore attuale di una rendita ordinaria di €1 per 7 anni scontato al 10%; vedi la Tabella 2 dell'Appendice A). In questo caso si fa riferimento alla Tabella 2 dell'Appendice A in quanto si fa riferimento a una serie di entrate di cassa identiche a intervalli uguali.
****** Valore attuale revisione fine quarto anno nuovo macchinario = Uscita di cassa × Fattore VA = (€7.000) × 0,6830 = (€4.781) (dove Fattore VA = Valore attuale di €1 per 4 anni scontato al 10%; vedi la Tabella 1 dell'Appendice A). In questo caso si fa riferimento alla Tabella 1 dell'Appendice A (e non alla Tabella 2) in quanto si tratta di una singola entrata e non di una serie di entrate di cassa identiche a intervalli uguali.
******* Valore attuale delle uscite monetarie nette = €5.000 + (€72.000) + €2.566 + €73.026 + (€4.868) + (€4.781) = (€1.057).

	Al 10% per 7 anni		**Grafico dei flussi di cassa**							
Approccio del progetto totale	**Fattore VA**	**Valore attuale**	**0**	**1**	**2**	**3**	**4**	**5**	**6**	**7**
APPROCCIO DEL PROGETTO TOTALE Tenere vecchio macchinario (B)										
Costo monetario di manutenzione ricorrente vecchio macchinario*	4,8684	(€5.842)		(€1.200)	(€1.200)	(€1.200)	(€1.200)	(€1.200)	(€1.200)	(€1.200)
Revisione alla fine del sesto anno vecchio macchinario (Macchina di 5 anni)**	0,9091	(€5.455)		(€6.000)						
Valore attuale delle uscite monetarie nette* **		**(€11.297)**								
Differenza a favore della scelta di sostituire** **		**€10.240**								

* Costo monetario di manutenzione ricorrente vecchio macchinario = Uscita di cassa × Fattore VA = (€1.200) × 4,8684 = €5.842, arrotondato (dove Fattore VA = Valore attuale di una rendita ordinaria di €1 per 7 anni scontato al 10%; vedi la Tabella 2 dell'Appendice A). In questo caso si fa riferimento alla Tabella 2 dell'Appendice A in quanto si fa riferimento a una serie di entrate di cassa identiche a intervalli uguali.
** Revisione alla fine del sesto anno vecchio macchinario = Uscita di cassa × Fattore VA = (€6.000) × Fattore VA = (€6.000) × 0,9091 = (€5.455), arrotondato (dove Fattore VA = Valore attuale di €1 per 1 anno scontato al 10% – Vedi tabella 1 Appendice A). In questo caso si fa riferimento alla Tabella 1 dell'Appendice A (e non alla Tabella 2) in quanto si tratta di una singola entrata e non di una serie di entrate di cassa identiche a intervalli uguali.
*** Valore attuale uscite monetarie nette = (€5.842) + (€5.455) = (€11.297).
**** Differenza a favore della sostituzione (B) = Valore attuale delle uscite monetarie nette (A) – Valore attuale delle uscite monetarie nette (B) = (€1.057) – (€11.297) = €10.240. Cioè: Uscite monetarie nette (A) < Uscite monetarie nette (B).

	Al 10% per 7 anni		**Gestione dei flussi di cassa**							
Approccio differenziale	**Fattore VA**	**Valore attuale**	**0**	**1**	**2**	**3**	**4**	**5**	**6**	**7**
APPROCCIO DIFFERENZIALE										
Valore di cessione del vecchio macchinario	1,0000	€5.000	€5.000							
Investimento iniziale	1,0000	(€72.000)	(€72.000)							
Valore di cessione del nuovo macchinario	0,5132	€2.566								€5.000
Risparmio monetario sui costi operativi ricorrenti	4,8684	€73.026		€15.000	€15.000	€15.000	€15.000	€15.000	€15.000	€15.000
Risparmio monetario sulla manutenzione ricorrente*	4,8684	€974		€200	€200	€200	€200	€200	€200	€200
Revisione, fine del quarto anno	0,6830	(€4.781)					(€7.000)			
Revisione evitata alla fine del sesto anno	0,9091	€5.455		€6.000						
Valore attuale netto della sostituzione**		**€10.240**								

* Flusso di cassa differenziale per manutenzione ricorrente = €1.200 (B) – €1.000 (A) = €200. Valore attuale risparmio monetario sulla manutenzione = Entrata di cassa × Fattore VA = €200 × 4,8684 = €974, arrotondato (dove Fattore VA = Valore attuale di una rendita ordinaria di €1 per 7 anni scontato al 10%, vedi la Tabella 2 dell'Appendice A). In questo caso si fa riferimento alla Tabella 2 dell'Appendice A in quanto si fa riferimento a una serie di entrate di cassa identiche a intervalli uguali.

** Valore attuale netto della sostituzione = €5.000 + (€72.000) + €2.566 + €73.026 + €974 + (€4.781) + €5.455 = €10.240.

Da entrambi gli approcci emerge che la scelta migliore è sostituire il vecchio macchinario.

Risparmio netto = Valore attuale delle uscite (A) – Valore attuale delle uscite (B)
= (€1.057) – (€11.297) = €10.240.

Esercizio 11.7

Dati

Alternativa (A): continuare con i corrieri	
Tariffa corrieri	0,26 €/Kg
Kg annui trasportati per White	500.000 Kg

Alternativa (B): acquistare il camion	
Prezzo di acquisto	€40.000
Vita utile	5 anni
Valore di realizzo dopo 5 anni	0
Capacità del camion	10.000 Kg
Costi monetari di utilizzo del camion	0,90 €/miglio
Prezzo trasporto per White	2.400 €/viaggio
Kg annui trasportati per White	500.000 Kg
Miglia viaggio (2.500 × 2)	5.000 miglia

Tasso di rendimento minimo desiderabile = 20%.

Domande

1. Alternativa conveniente?
2. Numero minimo viaggi per White per mantenere l'alternativa conveniente?

Soluzioni

1.

Per l'esercizio in questione si è deciso di applicare l'approccio del progetto totale:

			Grafico dei flussi di cassa (in migliaia)					
Approccio del progetto totale	**VA di €1,00 scontato al 20%**	**Valore attuale dei flussi di cassa**	**0**	**1**	**2**	**3**	**4**	**5**
Continuare con i normali corrieri (A)								
Costo corrieri 500.000 Kg a €0,26*	2,9906	(€388.778)		(€130.000)	(€130.000)	(€130.000)	(€130.000)	(€130.000)
Acquistare il camion (B)								
Costo del camion	1,0000	(€40.000)	(€40.000)					
Costi operativi**	2,9906	(€672.885)		(€225.000)	(€225.000)	(€225.000)	(€225.000)	(€225.000)

			Grafico dei flussi di cassa (in migliaia)					
Approccio del progetto totale	**VA di €1,00 scontato al 20%**	**Valore attuale dei flussi di cassa**	**0**	**1**	**2**	**3**	**4**	**5**
Ricavi dal trasporto di ritorno, 50 viaggi a €2.400***	2,9906	€358.872		€120.000	€120.000	€120.000	€120.000	€120.000
Valore attuale dei flussi di cassa netti		(€354.013)						
Differenza a favore dell'acquisto del camion****		**€34.765**						

* Uscita di cassa annua per costo corrieri = 500.000 Kg × 0,26 €/Kg = €130.000. Valore attuale di cassa per costo corrieri = Uscita di cassa × Fattore VA = €130.000 × 2,9906 = (€388.778); dove Fattore VA = Valore attuale di rendita ordinaria di €1 per 5 anni scontato al 20% (Tabella 2 dell'Appendice A).

** Numero viaggi = 500.000 Kg/10.000 Kg a camion = 50 viaggi; Totale miglia viaggio andata e ritorno = 2.500 miglia × 2 = 5.000 miglia. Da cui: Uscita di cassa per costi operativi = 50 viaggi × 5.000 miglia × (0,90 €/miglio) = (€225.000).

Valore attuale dei flussi di cassa per costi operativi = Uscita di cassa × Fattore VA = (€225.000) × 2,9906 = (€672.885); dove Fattore VA = Valore attuale di rendita ordinaria di €1 per 5 anni scontato al 20% (Tabella 2 dell'Appendice A).

*** Entrata di cassa per ricavi da trasporto di ritorno = 50 viaggi × 2.400 €/viaggio = €120.000. Valore attuale dei flussi di cassa per ricavi da trasporto di ritorno = Entrata di cassa × Fattore VA = €120.000 × 2,9906 = €358.872; dove Fattore VA = Valore attuale di rendita ordinaria di €1 per 5 anni scontato al 20% (Tabella 2 dell'Appendice A).

**** Differenza a favore dell'acquisto del camion = (€388.778) – (€354.013) = €34.765.

2.

Il VA dei ricavi dai trasporti di ritorno deve scendere di €34.765 prima che la differenza tra le due alternative sia pari a zero. Pertanto il valore attuale totale dei ricavi derivanti dal trasporto di ritorno sarebbe €358.872 meno €34.765, ossia €324.107.

Se X = numero di viaggi

2,9906 × €2.400 × X = €324.107

€7.177 X = €324.107

X = 45,2 viaggi

Ne consegue che 45 viaggi sarebbero leggermente insufficienti; sarebbe necessario garantire 46 viaggi.

Esercizio 11.8

Dati

Investimento iniziale	
Addestramento dei lavoratori	€800.000
Macchina a raggi X	€250.000

Costi di controllo qualità annuali attuali	
Costo di ispezione	€40.000
Pezzi difettosi	2.000
Pezzi corretti	1.500
Costo correzione difetti al pezzo	€85
Pezzi rimborsati ai clienti (2.000 – 1.500)	500
Costo rimborso al pezzo	€210
Costi di controllo qualità annuali con il nuovo processo	
Costo di ispezione (€40.000 + €50.000)	€90.000
Pezzi difettosi	500
Pezzi corretti (500 – 50*)	450
Costo correzione difetti al pezzo	€50
Pezzi rimborsati ai clienti	50
Costo rimborso al pezzo	€315

* Pezzi rimborsati ai clienti = 50. Da cui: Pezzi corretti = Pezzi difettosi – Pezzi rimborsati = 500 – 50 = 450.

P vendita DVD = €210
MdC u = €70
Periodo = 4 anni
Tasso di rendimento = 20%"

	Volume di vendita senza programma di controllo qualità	Volume di vendita con programma di controllo qualità
20X1	50.000	50.000
20X2	45.000	50.000
20X3	40.000	50.000
20X4	35.000	50.000

Domande

VAN? Investimento profittevole?

Soluzioni

Per l'esercizio in questione si è deciso di applicare l'approccio differenziale:

Investimento iniziale		
Addestramento dei lavoratori	€800.000	
Macchina a raggi X	€250.000	
Totale investimento		**€1.050.000**

Costi di controllo qualità annuali attuali		
Costo di ispezione	€40.000	
Correzione dei difetti (1.500 × €85)	€127.500	
Rimborsi ai clienti (500 × €210)	€105.000	
Totale costi di controllo qualità attuali		**€272.500**
Costi di controllo qualità annuali con il nuovo processo		
Costo di ispezione (€40.000 + €50.000)	€90.000	
Correzione dei difetti (450 × €50)	€22.500	
Rimborsi ai clienti (50 × €315)	€15.750	
Totale nuovi costi di controllo qualità		**€128.250**
Risparmi nei costi di controllo qualità (€272.500 – €128.250)		**€144.250**

Differenza nel margine di contribuzione se la qualità non viene migliorata:

	Volume di vendita con programma di controllo qualità	**Volume di vendita senza programma di controllo qualità**	**Differenza volumi**	**Differenza MdC (MdC u = 70 €/u)**
20X1	50.000	50.000	–	–
20X2	50.000	45.000	5.000	5.000 × 70 = €350.000
20X3	50.000	40.000	10.000	10.000 × 70 = €700.000
20X4	50.000	35.000	15.000	15.000 × 70 = €1.050.000

Pertanto, il totale dei flussi di cassa derivante dal cambiamento del processo di controllo qualità è il seguente:

	Risparmi nei costi di controllo qualità	**Differenza del margine di contribuzione totale**	**Flusso di cassa netto dalle operazioni**
20X1	€144.250	–	€144.250
20X2	€144.250	€350.000	€494.250
20X3	€144.250	€700.000	€844.250
20X4	€144.250	€1.050.000	€1.194.250

Il valore attuale netto dell'investimento nel nuovo processo di controllo qualità è:

	VA di €1 scontato al 20%*		Gestione dei flussi di cassa				
Approccio differenziale	**Fattore VA**	**Valore attuale****	**0**	**1**	**2**	**3**	**4**
Investimento iniz.	1,0000	(€1.050.000)	(€1.050.000)				
Flusso netto 20X1	0,8333	€120.204		€144.250			
Flusso netto 20X2	0,6944	€343.207			€494.250		
Flusso netto 20X3	0,5787	€488.567				€844.250	
Flusso netto 20X4	0,4823	€575.987					€1.194.250
Valore attuale netto investimento		**€477.965**					

* Fattore VA = Valore attuale di €1 scontato al 20%(Vedi la Tabella 1 dell'Appendice A). In questo caso attingiamo il fattore di sconto della Tabella 1 in quanto si tratta di flussi diversi per ogni anno.
** Valori arrotondati.

Il valore attuale netto dell'investimento nel nuovo processo di controllo qualità è positivo, pertanto è conveniente investire.

Esercizio 11.9

Dati

Costo in contanti dell'attrezzatura nuova	€380.000
Vita utile stimata in anni	10
Valore di realizzo terminale	€60.000
Ricavi incrementali per anno riscossi in contanti	€320.000
Costi incrementali per anno diversi dall'ammortamento	€165.000
Aliquota imposte sul reddito	60%
Tasso attualizzazione	14%

Ammortamento = (Costo originario – Valore realizzo)/Vita utile

Domande

1. Costo ammortamento annuo?
2. Risultato economico annuo?
3. Flusso di cassa attuale netto annuo?
4. Periodo recupero?

5. ARR?

6. VAN?

Soluzioni

Gli importi sono in migliaia di euro.

1.

Costo di ammortamento annuo = (Costo attrezzatura – Valore realizzo)/Vita utile = (€380.000 – €60.000)/10 = €32.000

2.

Risultato economico annuo:

Ricavi di vendita incrementali		€320.000
Costi incrementali:		
Ammortamento	(€32.000)	
Altri costi incrementali	(€165.000)	
Totale costi incrementali		(€197.000)
Reddito operativo		**€123.000**
Imposte sul reddito (60%)		(€73.800)
Risultato economico		**€49.200**

3.

Flusso di cassa attuale netto annuo = RE + Costi senza esborso = €49.200 + €32.000 = €81.200

Oppure:

Flusso di cassa = Ricavi monetari – Costi monetari =
= Ricavi pagati in contanti – Costi incrementali pagati in contanti – Imposte
= €320.000 – €165.000 – €73.800 = €81.200

4.

$$\text{Periodo recupero} = \frac{\text{Importo incrementale investimento iniziale}}{\text{Entrata monetaria incrementale annua costante}}$$

$$= \frac{€380.000}{€81.200} = 4{,}7 \text{ anni}$$

5.

$$ARR = \frac{\text{Entrata monetaria incrementale annuale – Ammortamento incrementale medio annuale}}{\text{Investimento iniziale}}$$

$$ARR = \frac{\text{Utile operativo annuale netto incrementale}}{\text{Investimento iniziale}}$$

$$= \frac{€49.200^*}{€380.000} = 12{,}9\%$$

* €49.200 è già al netto dell'ammortamento.

Oppure, se si considera l'investimento medio (metodo alternativo):

$$ARR = \frac{\text{Entrata monetaria incrementale annuale – Ammortamento incrementale medio annuale}}{\text{Investimento medio}}$$

$$ARR = \frac{\text{Utile operativo annuale netto incrementale}}{\text{(Investimento iniziale + Valore realizzo)} \div 2}$$

$$= \frac{€49.200}{(€380.000 + €60.000) \div 2^*} = 22{,}4\%$$

* L'investimento medio al denominatore è dato da: (saldo inziale + saldo finale) ÷ 2 = (€380.000 + €60.000) ÷ 2 = €440.000 ÷ 2 = €220.000.

6.

VAN = Σ (Flussi di cassa × Fattore VA) – Esborso iniziale investimento:

VAN:	Flussi di cassa annuali (€81.200 × 5,2161)*	€423.547**
	Valore di realizzo (€60.000 × 0,2697)***	€16.182
	Valore attuale lordo	**€439.729**
	Investimento (esborso iniziale)	(€380.000)
	Valore attuale netto	**€59.729**

* Fattore VA = 5,2161 = Valore attuale di una rendita ordinaria di €1 per 10 anni a un tasso di attualizzazione del 14% (vedi la Tabella 2 dell'Appendice A). In questo caso si fa riferimento alla Tabella 2 dell'Appendice A in quanto si fa riferimento a una serie di entrate di cassa identiche a intervalli uguali.
** Valore arrotondato.
*** Fattore VA = 0,2697 = Valore attuale di €1 per 10 anni a un tasso di attualizzazione del 14% (vedi la Tabella 1 dell'Appendice A). In questo caso si fa riferimento alla Tabella 1 nell'Appendice A (e non alla Tabella 2) in quanto si tratta di una singola entrata e non di una serie di entrate di cassa identiche a intervalli uguali.

CAPITOLO 12

Processo di allocazione dei costi: costi di servizio e costi congiunti

Esercizi e problemi

ESERCIZIO 12.1 **Aggregati di costi fissi e variabili**

Il comune di Avignone ha firmato un contratto di leasing per una fotocopiatrice del costo di €2.500 al mese e €0,02 a copia. I costi operativi per toner, carta, stipendio dell'operatore e così via sono tutti variabili e ammontano a €0,03 per copia. I vari uffici avevano previsto un fabbisogno di 100.000 copie al mese. L'ufficio di urbanistica aveva previsto un utilizzo di 36.000 copie al mese, ma in agosto ne ha effettuate 42.000. I costi indiretti vengono allocati in base ai volumi di copie previsti.

1. Si supponga che sia stato utilizzato un coefficiente preventivo per copia per allocare i costi delle fotocopie. Quale coefficiente verrebbe utilizzato e quanto costo verrebbe allocato all'ufficio di urbanistica in agosto?
2. Supponendo che gli aggregati dei costi fissi e dei costi variabili vengano allocati separatamente, si specifichi come dovrebbe essere allocato ciascuno di essi. Calcolare il costo allocato all'ufficio di urbanistica nel mese di agosto.
3. Quale metodo è preferibile, quello della Domanda 1 o quello della Domanda 2? Motivare la risposta.

ESERCIZIO 12.2 **Vendite programmate e vendite effettive come base di ripartizione**

La catena Miranda's Grocery ha tre negozi di drogheria nell'area metropolitana di San Francisco. I costi dei servizi generali centrali vengono allocati utilizzando le vendite come determinante di costo. I dati seguenti riguardano le vendite programmate ed effettive di novembre dei tre negozi:

	North	South	West
Vendite programmate	€600.000	€1.000.000	€400.000
Vendite effettive	€600.000	€700.000	€500.000

I costi dei servizi generali centrali da allocare in novembre ammontano a €200.000.

1. Calcolare i costi dei servizi generali centrali allocati a ciascun negozio con le vendite programmate come determinante di costo.
2. Calcolare i costi dei servizi generali centrali allocati a ciascun negozio con le vendite effettive come determinante di costo.
3. Quali vantaggi presenta l'uso delle vendite programmate o di quelle effettive per l'allocazione dei costi dei servizi generali centrali?

ESERCIZIO 12.3 Allocazione dei costi di unità di servizi: metodo diretto e sequenziale

Stewart Brothers ha due reparti produttivi, Lavorazione e Assemblaggio, e due unità di servizi, Personale e Vigilanza. Il budget dell'azienda per l'aprile 20X5 è il seguente:

	Unità di servizi		**Reparti produttivi**	
	Personale	**Vigilanza**	**Lavorazione**	**Assemblaggio**
Costi diretti di unità	€70.000	€32.000	€600.000	€800.000
Metri quadrati	2.000	1.000	10.000	22.000
Numero di dipendenti	30	15	100	250

Stewart alloca i costi del personale sulla base del numero di dipendenti e alloca i costi di vigilanza sulla base dei metri quadrati di superficie.

1. Allocare i costi del personale e di vigilanza ai reparti di produzione utilizzando il metodo diretto.
2. Allocare i costi del personale e di vigilanza ai reparti di produzione utilizzando il metodo sequenziale.

ESERCIZIO 12.4 Metodo diretto per l'allocazione dei costi delle unità di servizi

Parker Global Company ha due reparti di produzione, Strumenti meccanici e Strumenti elettronici. Ci sono inoltre due unità di servizi, Servizi di gestione edifici e Ricevimento e movimentazione materiali. L'azienda acquista una grande varietà di componenti da cui i reparti assemblano strumenti destinati alla vendita sul mercato interno e su quelli internazionali.

La divisione Strumenti elettronici ha un processo di produzione altamente automatizzato e i costi di produzione dipendono principalmente dal numero di sottocomponenti di ciascuno strumento. La divisione Strumenti meccanici, invece, si affida principalmente a una forza lavoro molto numerosa per l'assemblaggio manuale degli strumenti e i suoi costi dipendono dalle ore di manodopera diretta.

I costi dell'unità Servizi di gestione edifici dipendono principalmente dai metri quadri di superficie occupati. I costi dell'unità Ricevimento e movimentazione materiali dipendono principalmente dal numero totale dei componenti movimentati.

Gli strumenti X1 e X2 vengono prodotti nel reparto Strumenti meccanici, mentre Y1 e Y2 vengono prodotti nel reparto Strumenti elettronici. Quelli che seguono sono i dati relativi a questi prodotti:

Prodotti	Costo dei materiali diretti	Numero di componenti	Ore di manodopera diretta
X1	€74	25	4,0
X2	€86	21	8,0
Y1	€63	10	1,5
Y2	€91	15	1,0

I dati di budget per il 20X5 includono:

	Servizi di gestione edifici	Ricevimento e movimentazione materiali	Strumenti meccanici	Strumenti elettronici
Costi diretti di reparto (esclusi i costi dei materiali diretti)	€150.000	€120.000	€680.000	€548.000
Superficie occupata (in metri quadri)		5.000	50.000	25.000
Numero di strumenti finali prodotti			8.000	10.000
Numero medio di componenti per strumento			10	16
Ore di manodopera diretta			30.000	8.000

1. Allocare i costi delle unità di servizi utilizzando il metodo diretto.
2. Utilizzando i risultati della Domanda 1, calcolare il costo per ora di manodopera diretta nel reparto Strumenti meccanici e il costo per componente nel reparto Strumenti elettronici.
3. Utilizzando i risultati della Domanda 2, calcolare il costo per unità di prodotto per gli strumenti X1, X2, Y1 e Y2.

ESERCIZIO 12.5 Metodo sequenziale per l'allocazione dei costi delle unità di servizi

Si faccia riferimento ai dati dell'Esercizio 12.4.

1. Allocare i costi delle unità di servizi utilizzando il metodo sequenziale.

2. Utilizzando i risultati della Domanda 1, calcolare il costo per ora di manodopera diretta nel reparto Strumenti meccanici e il costo per componente nel reparto Strumenti elettronici.
3. Utilizzando i risultati della Domanda 2, calcolare il costo per unità di prodotto per gli strumenti X1, X2, Y1 e Y2.

ESERCIZIO 12.6 Coefficiente di allocazione unico e coefficienti di reparto

L'azienda New Edwards Company ha due reparti di produzione, Lavorazione e Assemblaggio. Il signor Edwards di recente ha automatizzato il reparto Lavorazione. L'installazione di un sistema CAM, insieme a delle stazioni di lavoro robotizzate, ha ridotto drasticamente la quantità di manodopera diretta necessaria. Nel contempo il reparto Assemblaggio continua invece a fare uso intensivo di manodopera.

L'azienda aveva sempre utilizzato un coefficiente di allocazione dei costi valido per l'intera azienda e basato sulle ore di manodopera diretta per l'imputazione di tutti i costi (tranne quelli dei materiali diretti) ai prodotti finali. Edwards stava considerando due alternative: (1) continuare a utilizzare le ore di manodopera diretta come unico determinante di costo, ma utilizzare coefficienti di allocazione dei costi diversi per i reparti Lavorazione e Assemblaggio e (2) utilizzare le ore-macchina come determinante di costo per il reparto Lavorazione, mantenendo però le ore di manodopera diretta per il reparto Assemblaggio.

Il budget per il 20X5 è il seguente:

	Lavorazione	Assemblaggio	Totale
Costo totale (tranne materiali diretti) dopo l'allocazione dei costi delle unità di servizi	€630.000	€450.000	€1.080.000
Ore-macchina	105.000	–	105.000
Ore di manodopera diretta	15.000	30.000	45.000

1. Si supponga che Edwards abbia continuato a utilizzare un unico coefficiente di allocazione dei costi per tutta l'azienda basato sulle ore di manodopera diretta per imputare tutti i costi di produzione (tranne i materiali diretti) ai prodotti finali. Calcolare il coefficiente di imputazione dei costi che verrebbe utilizzato.
2. Si supponga che Edwards abbia continuato a utilizzare le ore di manodopera diretta come unico determinante di costo e utilizzi diversi coefficienti di allocazione dei costi per i reparti Lavorazione e Assemblaggio.
   a. Calcolare il coefficiente di imputazione dei costi per il reparto Lavorazione.
   b. Calcolare il coefficiente di imputazione dei costi per il reparto Assemblaggio.
3. Si supponga che Edwards abbia cambiato il sistema di misurazione dei costi per utilizzare le ore-macchina come determinante di costo nella Lavorazione e le ore di manodopera diretta nell'Assemblaggio.

a. Calcolare il coefficiente di imputazione dei costi per il reparto Lavorazione.
b. Calcolare il coefficiente di imputazione dei costi per il reparto Assemblaggio.

4. Tre prodotti usano le ore-macchina e le ore di manodopera diretta seguenti.

	Ore-macchina in Lavorazione	Ore di manodopera diretta in Lavorazione	Ore di manodopera diretta in Assemblaggio
Prodotto A	10,0	1,0	14,0
Prodotto B	17,0	1,5	3,0
Prodotto C	14,0	1,3	8,0

a. Calcolare il costo di produzione di ciascun prodotto (esclusi i materiali diretti) utilizzando un coefficiente generale aziendale basato sulle ore di manodopera diretta.
b. Calcolare il costo di produzione di ciascun prodotto (esclusi i materiali diretti) utilizzando le ore di manodopera diretta come determinante di costo, ma con diversi coefficienti di imputazione dei costi nei reparti Lavorazione e Assemblaggio.
c. Calcolare il costo di produzione di ciascun prodotto (esclusi i materiali diretti) utilizzando un coefficiente di imputazione dei costi basato sulle ore di manodopera diretta per il reparto Assemblaggio e uno basato sulle ore-macchina per il reparto Lavorazione.
d. Confrontare e spiegare i risultati ottenuti nelle Domande 4a, 4b e 4c.

ESERCIZIO 12.7 — Allocazioni con il metodo diretto e sequenziale e sistema ABC

Maryland Cleaning Company fornisce servizi di pulizia per diversi clienti. L'azienda ha due divisioni di erogazione dei servizi finali, Residenziale e Commerciale, e due unità di supporto, Personale e Amministrazione. L'azienda utilizza un sistema di allocazione dei costi basato sulle attività in ciascuna delle divisioni di produzione. In precedenza i costi delle unità di supporto rimanevano non allocati. Tuttavia l'azienda ha deciso di allocare tutti i costi delle unità di supporto alle unità di erogazione dei servizi finali: quelli dell'unità Personale sulla base del numero di dipendenti e quelli dell'unità Amministrazione sulla base dei costi diretti delle attività di ciascuna divisione. Maryland utilizza una mappa dei processi come parte del proprio sistema di allocazione basato sulle attività. La mappa basata sul budget per il 2005 è illustrata nella Figura 12.1.

1. Determinare i costi allocati alle divisioni Residenziale e Commerciale utilizzando il metodo diretto.

2. Determinare i costi allocati alle divisioni Residenziale e Commerciale utilizzando il metodo sequenziale. I costi dell'unità Personale devono essere allocati per primi.

FIGURA 12.1

Il sistema di allocazione di Maryland Cleaning Company

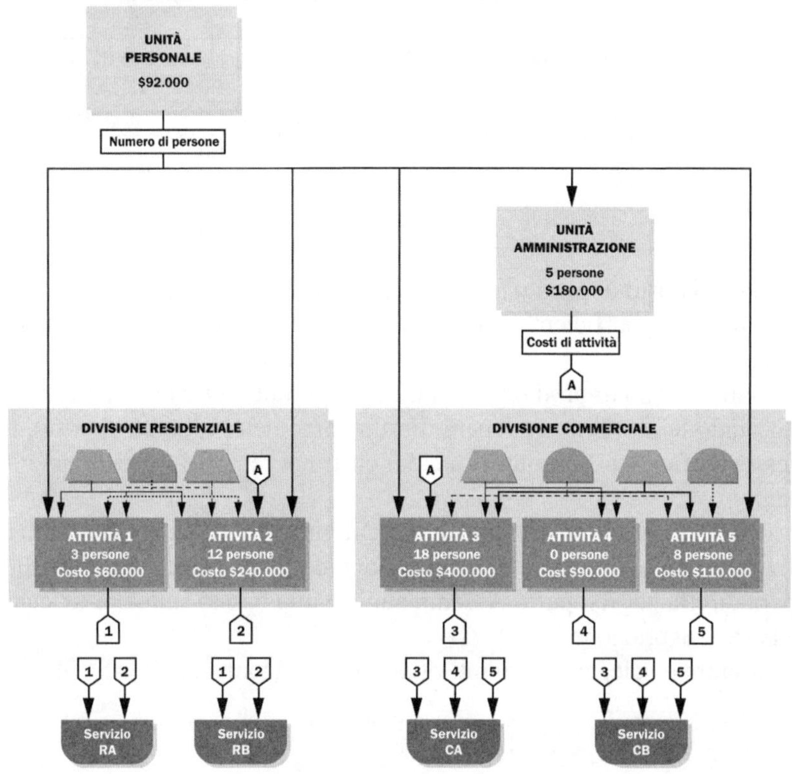

ESERCIZIO 12.8 Allocazione dei costi delle unità di servizi e sistema ABC per la determinazione dei costi di prodotto

Display & More realizza espositori per negozi. L'azienda ha tre linee di prodotti: Economic, Luxury e su Commessa. Display & More integra il proprio sistema di allocazione dei costi delle unità di servizi con il proprio sistema ABC. Ci sono due unità di servizi: Energia e Affari generali. L'azienda alloca i costi delle sue due unità di servizi ai reparti produttivi utilizzando il metodo diretto in base ai megawatt/ora e alle ore-macchina impiegate. Ci sono due centri di attività nel reparto Lavorazione: Attrezzaggio/Manutenzione e Assemblaggio. I costi dei componenti e della manodopera di assemblaggio vengono assegnati direttamente a ciascun prodotto. I costi di attrezzaggio/manutenzione vengono allocati in base al numero di attrezzaggi e i costi di assemblaggio vengono allocati in base alle ore-macchina.

Quelli che seguono sono i dati relativi a un periodo di reporting recente:

	Linea di prodotto		
	Economic	Luxury	Su commessa
Unità prodotte e vendute	100.000	10.000	1.000
Prezzo di vendita unitario	€20	€50	€250
Totale costi dei componenti	€1.003.800	€115.080	€15.980
Totale costi di manodopera diretta	€298.000	€72.000	€68.000
Attrezzaggi	20	12	8
Ore-macchina	1.000	400	100

			Uso dell'unità di determinante di costo da parte dei centri di attività	
Risorsa/Unità	**Costo totale**	**Determinante di costo**	**Attrezzaggio/ Manutenzione**	**Assemblaggio**
Supervisori di assemblaggio	€92.400	%	2,6%	97,4%
Macchinari per assemblaggio	€247.000	Ore-macchina	400	1.500
Unità affari generali	€95.000	Ore-macchina	400	1.500
Reparto energia	€54.000	Megawatt/ora	10	80

Determinare il costo unitario di ciascun prodotto.

ESERCIZIO 12.9 Metodo sequenziale e allocazione dei costi variabili e fissi

Asko Products ha due unità di supporto (Servizi Medici e Manutenzione) e due reparti produttivi (Metalli e Plastica). Si riportano di seguito il costo mensile stimato e i dati operativi per il prossimo esercizio.

	Servizi medici	Manutenzione	Metalli	Plastica
Costo manodopera diretta	–	–	€30.000	€40.000
Costo manodopera manutenzione	–	€5.000	–	–
Materiali diretti	–	–	€50.000	€80.000
Materiali per manutenzione	–	€7.536	–	–
Forniture mediche	€3.630	–	–	–
Costi generali vari	€7.500	€6.000	€104.000	€155.000
Costi totali	€11.130	€18.536	€184.000	€275.000
h MOD	–	–	6.000	10.000
Numero dipendenti:				
Assunti attualmente	3	8	38	64
Fabbisogno a lungo termine di dipendenti	3	10	60	80
Area occupata – metri quadri	800	1.500	8.000	12.000

Asko Products alloca i costi delle unità di supporto ai reparti produttivi ai fini della determinazione dei costi di reparto. Viene utilizzato il metodo sequenziale, iniziando dai Servizi medici (unità di servizi che offre il servizio al maggior numero di unità e reparti e che quindi si ritiene offra il servizio maggiore). Le basi di ripartizione per le unità di servizi sono le seguenti:

Reparto	Costi sostenuti	Base di ripartizione
Servizi medici	Variabili	Dipendenti assunti attualmente
	Fissi	Fabbisogno a lungo termine di dipendenti
Manutenzione	Variabili	Ore di manodopera diretta
	Fissi	Area occupata in metri quadri

	Servizi medici	Manutenzione
Costo manodopera manutenzione	–	Variabile
Materiali manutenzione	–	Variabile
Forniture mediche	Variabile	–
Costi generali vari	Fisso	Fisso

1. Allocare i costi delle unità di supporto ai reparti attraverso il metodo sequenziale, considerando coefficienti di allocazione preventivi.
2. Supponendo che i costi di reparto vengano imputati ai prodotti attraverso dei coefficienti specifici di reparto, e che la base di ripartizione per il reparto Plastica sia rappresentata dalle ore di manodopera diretta, determinare il costo unitario di un prodotto realizzato nel reparto Plastica, considerando che in questo è prevista la produzione di 20.000 unità.

ESERCIZIO 12.10 Allocazione dei costi congiunti

Il processo di produzione di Chemical Products, Inc. per due dei propri solventi può essere rappresentato con il diagramma seguente:

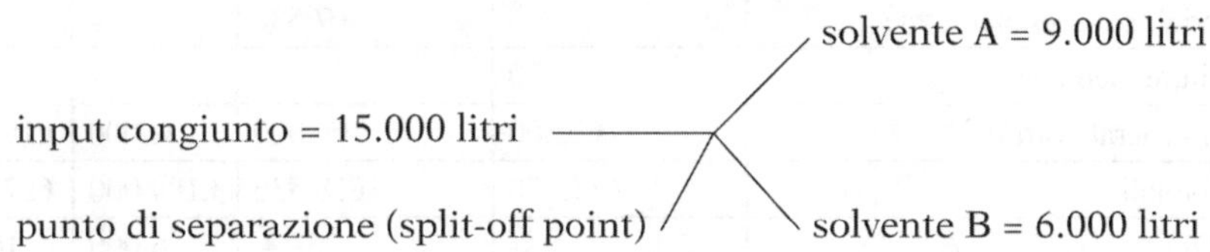

Il costo dell'input congiunto, compresi i costi di lavorazione prima del punto di separazione (*split-off point*), è di €300.000. Il solvente A può essere venduto al punto di separazione per €30 al litro e il solvente B per €45 al litro.

1. Allocare i €300.000 di costi congiunti ai solventi A e B utilizzando il metodo delle quantità fisiche.
2. Allocare i €300.000 di costi congiunti ai solventi A e B utilizzando il metodo del valore relativo delle vendite.

ESERCIZIO 12.11 — Allocazione dei costi congiunti: metodo delle quantità fisiche e metodo del valore relativo di vendita

Il processo di produzione di Bailey Chemical Company per due dei propri solventi può essere rappresentato con una mappa dei processi come quella illustrata nella Figura 12.2.

Il costo dell'input congiunto, compresi i costi di lavorazione prima del punto di separazione (*split-off point*), è di €400.000. I solventi possono essere venduti al punto di separazione al prezzo rispettivamente di €20 al litro per il solvente A e €60 al litro per il solvente B.

1. Allocare i €400.000 di costi congiunti ai solventi A e B utilizzando il metodo delle unità fisiche.
2. Allocare i €400.000 di costi congiunti ai solventi A e B utilizzando il metodo del valore relativo di vendita.

FIGURA 12.2

Il processo congiunto di Bailey Chemical Company.

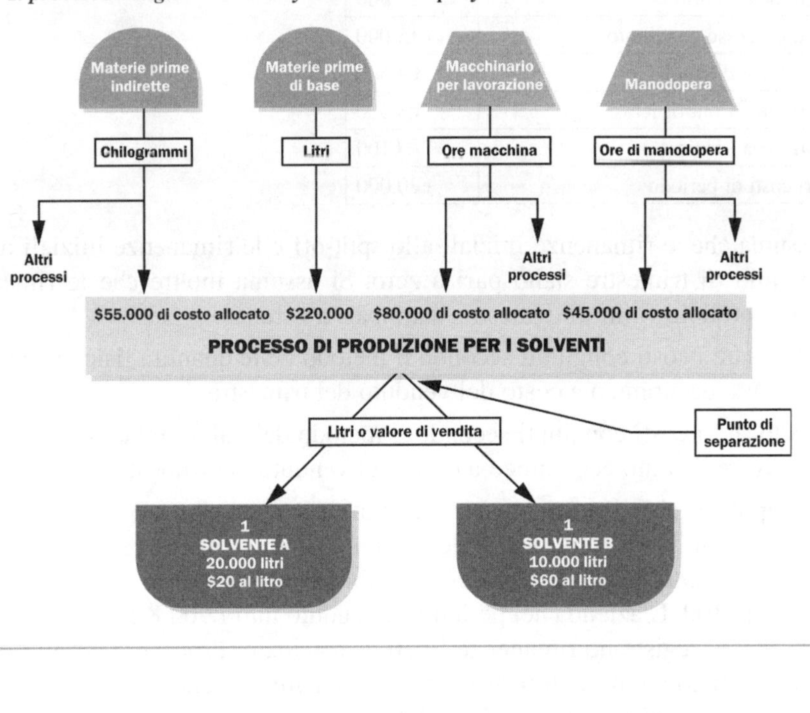

ESERCIZIO 12.12 — Metodi di allocazione dei costi congiunti e conto economico a costo del venduto

Meat Processing Corporation è un'importante società di trasformazione del manzo. Dalla fase congiunta di trasformazione del manzo si ottengono tre prodotti:

- filetti, completati in una specifica linea di taglio;
- controfiletti, completati in una specifica linea di taglio;
- macinato, scarti di manzo degli altri processi trasformati in macinato in una specifica linea di lavorazione.

Nessuno dei tre prodotti può essere venduto al punto di split-off, e pertanto non esiste un prezzo di mercato a tale stadio.
Alla fine del primo trimestre viene redatto il bilancio del periodo; di seguito vengono riportati i dati raccolti per la determinazione del risultato di periodo:

	Kg prodotti allo split-off	RF Kg allo split-off	Prezzo finale €/Kg
Filetto	5.000	500	10 €/Kg
Controfiletto	4.100	200	8 €/Kg
Macinato	900	100	5 €/Kg

Ricavi	€80.200
Costi materia prima	€25.500
Costi processo congiunto	€15.000
Costi linea Filetto	€4.500
Costi linea Controfiletto	€3.500
Costi linea Macinato	€100
Altri costi di periodo	€20.000

Si assuma che le rimanenze iniziali allo split-off e le rimanenze iniziali di prodotti finiti di trimestre siano pari a zero. Si assuma inoltre che le rimanenze finali di prodotti finiti di trimestre siano pari a zero.

1. Allocare i costi congiunti secondo il metodo delle quantità fisiche e redigere il conto economico a costo del venduto del trimestre.
2. Allocare i costi congiunti secondo il metodo del valore relativo di vendita e redigere il conto economico a costo del venduto del trimestre.
3. Si ipotizzi che il macinato rappresenti un sottoprodotto e che il prezzo di vendita di 5 €/Kg sia ottenibile al punto di split-off. I costi separabili del sottoprodotto macinato sono riconducibili a costi variabili di vendita e sono pari a €100. L'azienda nel periodo ha venduto tutti i 900 Kg prodotti, pertanto non si registrano rimanenze finali di macinato. Procedere all'allocazione dei costi congiunti con il metodo delle quantità fisiche e alla redazione del conto economico a costo del venduto.

Glossario: terminologia, abbreviazioni adottate e definizioni

Di seguito sono riportati i termini utilizzati nell'ambito del capitolo. Tra parentesi viene indicata l'eventuale abbreviazione adottata, e a seguire viene fornita la definizione.

Sistemi di misurazione dei costi: metodologie utilizzate per determinare il costo di un prodotto, servizio, cliente o altro oggetto di costo.

Unità di servizi (o di supporto): unità aziendali che esistono solo come supporto per altre unità e/o reparti ai quali erogano un servizio.

Base di allocazione (o base di ripartizione) dei costi: determinante di costo, al denominatore del coefficiente di allocazione.

Servizi reciproci o interfunzionali: servizi che alcune unità offrono a supporto di altre unità di servizi oltre che ai reparti produttivi.

Metodo diretto: metodo di allocazione dei costi delle unità di servizi che ignora le interazioni/interscambi tra unità di servizi e alloca i cosi del servizio direttamente ai reparti produttivi.

Metodo sequenziale: metodo di allocazione dei costi delle unità di servizi che valorizza gli interscambi tra unità di servizi in modo unidirezionale (valorizza lo scambio più rilevante, ossia quello dell'unità di servizi che offre il servizio maggiore al numero maggiore di unità).

Imputazione: allocazione dei costi totali dei reparti produttivi ai prodotti che generano un risultato economico.

Prodotti congiunti: due o più prodotti realizzati con un input comune, in termini di materie prime e/o processo produttivo.

Processo congiunto: processo produttivo dal quale scaturiscono in modo solo parzialmente modificabile (ma non ancora modificato) due o più prodotti (prodotti congiunti). Tale processo genera costi congiunti.

Punto di separazione (split-off point): punto a partire dal quale i prodotti congiunti possono essere identificati separatamente.

Costi separabili: costi che si generano dopo il punto di separazione, relativi a lavorazioni di una specifica linea di prodotto.

Metodo delle unità/quantità fisiche: metodo di imputazione dei costi congiunti in cui i costi congiunti vengono imputati ai prodotti congiunti in proporzione alle unità/quantità complessivamente prodotte nel periodo.

Valore relativo di vendita (VRV): prodotto tra prezzo e unità/quantità vendute.

Valore relativo di vendita al punto di split-off (VRV allo split-off): prezzo di vendita moltiplicato per le quantità prodotte al punto di split-off, al netto di rimanenze finali al punto di split-off ed eventuali costi separabili. Detto anche valore netto di realizzo (VNR).

Metodo del valore relativo di vendita: metodo di imputazione dei costi congiunti in cui i costi congiunti vengono imputati ai prodotti congiunti in proporzione al valore relativo di vendita dei singoli prodotti rispetto al valore totale.

Sottoprodotto: prodotto che, come gli altri prodotti congiunti, non è singolarmente identificabile finché il processo produttivo non ha raggiunto il punto di separazione, ma che ha un valore di vendita totale relativamente insignificante rispetto agli altri.

Metodo del sottoprodotto: metodo di imputazione che provvede a imputare ai prodotti congiunti i costi congiunti al netto del valore relativo di vendita allo split-off del sottoprodotto o tramite il metodo delle unità/quantità fisiche o tramite il metodo del valore relativo di vendita/ricavi di vendita.

Algoritmi utili

Allocazione dei costi variabili delle unità di servizi ai reparti produttivi:
CdA preventivo × Consumo driver effettivo

Allocazione dei costi fissi delle unità di servizio ai reparti produttivi:
% programmata di capacità disponibile per l'uso × Totale costi fissi programmati

Valore relativo di vendita (VRV) = Prezzo × Quantità prodotte

Valore relativo di vendita allo split-off (VRV split-off) = Prezzo × (Quantità prodotte allo split-off – RF allo split-off) – Costi separabili.

Costo congiunto imputato con il metodo delle unità/quantità fisiche:
Costo imputato = (Unità o quantità di prodotto/Unità o quantità totali) × Costi congiunti

Oppure:

Costo congiunto imputato = (Costi congiunti totali/Unità o quantità totali) × unità o q.tà di prodotto
= Costo u × unità o q.tà di prodotto

Costo congiunto imputato con il metodo del valore relativo di vendita o ricavi:
Costo congiunto imputato = (Costi congiunti/VRV o Ricavi totali) × VRV o Ricavi prodotto

Oppure:

Costo congiunto imputato = VRV % o Ricavi % prodotto × Costi congiunti
Costi congiunti netti = Costi congiunti – VRV sottoprodotto allo split-off

Soluzioni agli esercizi

Esercizio 12.1

Dati

CF = €2.500
CV u leasing = 0,02 €/u
CV u operativo = 0,03 €/u
Volumi preventivi tot = 100.000 copie
Volumi preventivi ufficio urbanistica = 36.000 copie
Volumi effettivi ufficio urbanistica = 42.000 copie

Domande

1. Posto:
   unico CdA
   CdA? Costo allocato?
2. Posto:
   CdA per CF e CdA per CV
   Costo allocato?
3. Metodo preferibile?

Soluzioni

1.
CF preventivi = €2.500
CV u preventivo = CdA CV preventivo = 0,02 €/u + 0,03 €/u = 0,05 €/u
CV tot preventivi = 0,05 €/u × 100.000 u = €5.000
Costo totale preventivo = CF + CV tot = €2.500 + €5.000 = €7.500
Driver tot = 100.000 u
CdA preventivo = €7.500/100.000 u = 0,075 €/u
Costo allocato a ufficio urbanistica = CdA preventivo × Consumo driver effettivo
= 0,075 €/u × 42.000 u = €3.150

2.
Aggregato di costi fissi allocato come somma forfetaria in relazione all'utilizzo previsto:

% programmata = 36.000/100.000 = 0,36 = 36%
CF preventivi = €2.500
CF allocati = 36% × €2.500 = €900

Oppure:

CF allocati = (CF tot preventivi/Driver tot preventivo) × Consumo driver preventivo
= (€2.500/100.000 u) × 36.000 u = €900

Aggregato di costi variabili allocato sulla base dell'utilizzo effettivo:

CV tot allocati = CdA CV preventivo × Consumo driver effettivo =
= 0,05 €/u × 42.000 = €2.100

Costo tot allocato ufficio urbanistica = CF allocati + CV tot allocati
= €900 + €2.100 = €3.000

3.
È preferibile il secondo metodo, quello degli aggregati di costi fissi e variabili allocati separatamente, in quanto riconosce meglio le cause dei costi. I costi fissi dipendono dalla dimensione della fotocopiatrice, che si basa sull'utilizzo previsto ed è indipendente da quello effettivo. I costi variabili sono invece generati dall'uso effettivo.

Esercizio 12.2

Dati

	North	South	West
Vendite programmate	€600.000	€1.000.000	€400.000
Vendite effettive	€600.000	€700.000	€500.000

Costi servizi generali da allocare = €200.000

Domande

1. Posto: driver = vendite programmate, Costo allocato?
2. Posto: driver = vendite effettive, Costo allocato?
3. Vantaggi/svantaggi dei due metodi?

Soluzioni

1. e **2.**
Vendite programmate totali = €600.000 + €1.000.000 + €400.000 = €2.000.000
Vendite effettive totali = €600.000 + €700.000 + €500.000 = €1.800.000

	North	South	West
1. Allocazione basata sulle vendite programmate*	€60.000	€100.000	€40.000
2. Allocazione basata sulle vendite effettive**	€66.667	€ 77.778	€55.555

* Costi allocati = Costi servizi/Vendite programmate tot = Costi allocati North = (€200.000/€2.000.000) × €600.000 = €60.000;
Costi allocati South = (€200.000/€2.000.000) × €1.000.000 = €100.000;
Costi allocati West = (€200.000/€2.000.000) × €400.000 = €40.000.
** Costi allocati = Costi servizi/Vendite effettive tot.
Costi allocati North = (€200.000/€1.800.000) × €600.000 = €66.667.
Costi allocati South = (€200.000/€1.800.000) × €700.000 = €77.778;
Costi allocati West = (€200.000/€1.800.000) × €500.000 = €55.555.

3.
L'obiezione principale contro l'utilizzo delle vendite effettive come determinante per l'allocazione dei costi è che l'allocazione di un negozio dipende dal successo degli altri negozi. In questo caso a North, le cui vendite hanno rispettato le previsioni di budget, vengono allocati €6.667 in più perché le vendite del negozio di South sono inferiori al livello programmato. Inoltre, i negozi con risultati di vendita insoddisfacenti probabilmente non hanno causato una riduzione dei costi dei servizi centrali. Anzi, un negozio con scarsi risultati probabilmente richiede una maggiore attenzione a livello centrale. Ancora, l'uso delle vendite programmate riduce le sorprese, perché i manager sanno quale importo di costi allocati attendersi. Spesso i manager sono più turbati dalle variazioni inattese degli importi allocati che non dalla dimensione dell'allocazione in sé.

Esercizio 12.3

Dati

	Unità di servizi		Reparti produttivi	
	Personale	Vigilanza	Lavorazione	Assemblaggio
Costi diretti di unità	€70.000	€32.000	€600.000	€800.000
Metri quadrati	2.000	1.000	10.000	22.000
Numero di dipendenti	30	15	100	250

Domande

1. Allocazione con metodo diretto?
2. Allocazione con metodo sequenziale?

Soluzioni

1.
Metodo diretto:

Il metodo diretto non valorizza gli interscambi tra le unità di servizi: i costi delle unità di servizi sono allocati direttamente ai reparti produttivi.

Driver allocazione costo del personale = Numero dipendenti
Driver tot reparti oggetto di allocazione = 100 + 250 = 350
Driver di allocazione del costo di vigilanza = Metri quadri
Driver tot reparti oggetto di allocazione = 10.000 + 22.000 = 32.000

	Personale	**Vigilanza**	**Lavorazione**	**Assemblaggio**
Costi diretti dell'unità prima dell'allocazione	€70.000	€32.000	€600.000	€800.000
Personale*	(€70.000)		€20.000	€50.000
Vigilanza**		(€32.000)	€10.000	€22.000
Totale costi dopo l'allocazione			**€630.000**	**€872.000**

* Costo personale allocato al reparto Lavorazione = (€70.000/350) × 100 = €20.000; Costo personale allocato al reparto Assemblaggio = (€70.000/350) × 250 = €50.000.
** Costo vigilanza allocato reparto Lavorazione = (€32.000/32.000) × 10.000 = €10.000; Costo vigilanza allocato al reparto Assemblaggio = (€32.000/32.000) × 22.000 = €22.000.

2.
Metodo sequenziale:

Il metodo sequenziale valorizza gli interscambi tra unità di servizi in modo unidirezionale: valorizza lo scambio più rilevante, ossia quello dell'unità di servizi che offre il servizio maggiore al maggior numero di unità di servizi.

Unità che offre il servizio maggiore: Personale (posto che entrambe le unità offrono un servizio a tutti e due i reparti, consideriamo il loro costo: il costo dell'unità Personale è maggiore di quello dell'unità Vigilanza: €70.000, contro i €32.000 dell'unità Vigilanza).

Driver allocazione costo del personale = Numero dipendenti
Driver tot reparti oggetto di allocazione = 15 + 100 + 250 = 365
Driver di allocazione del costo di vigilanza = Metri quadri
Driver tot reparti oggetto di allocazione = 10.000 + 22.000 = 32.000

	Personale	Vigilanza	Lavorazione	Assemblaggio
Costi diretti dell'unità prima dell'allocazione	€70.000	€32.000	€600.000	€800.000
Personale*	(€70.000)	€2.877	€19.178	€47.945
Vigilanza**		(34.877)	€10.899	€23.978
Totale costi dopo l'allocazione			**€630.077**	**€871.923**

* Costo personale allocato all'unità di servizi Vigilanza: €70.000/365 × 15 = €2.877; Costo personale allocato al reparto Lavorazione = €70.000/365 × 100 = €19.178; Costo personale allocato al reparto Assemblaggio = €70.000/365 × 250 = €47.945.
** Costo vigilanza allocato al reparto Lavorazione = (€34.877/32.000) × 10.000 = €10.899; Costo di vigilanza allocato al reparto Assemblaggio = (€34.877/32.000) × 22.000 = €23.978.

Esercizio 12.4

Dati

	Costo dei materiali diretti	Numero di componenti	Ore di manodopera diretta
X1	€74	25	4,0
X2	€86	21	8,0
Y1	€63	10	1,5
Y2	€91	15	1,0

Budget 20X5	Servizi di gestione edifici	Ricevimento e movimentazione materiali	Strumenti meccanici	Strumenti elettronici
Costi diretti di reparto (esclusi i costi dei materiali diretti)	€150.000	€120.000	€680.000	€548.000
Superficie occupata (in metri quadri)		5.000	50.000	25.000
Numero di strumenti finali prodotti			8.000	10.000
Numero medio di componenti per strumento			10	16
Ore di manodopera diretta			30.000	8.000

Driver unità di servizi Gestione servizi edifici = Metri quadri
Driver unità di servizi Ricevimento e movimentazione materiali = N° componenti
Driver reparto Strumenti meccanici = h MOD
Driver reparto Strumenti elettronici = N° componenti

Domande

1. Allocazione con metodo diretto?
2. €/h MOD reparto strumenti meccanici? €/u componente reparto Strumenti elettronici?
3. Costo u X1, X2, Y1, Y2?

Soluzioni

1.
Metodo diretto:

	Servizi di gestione edifici	**Ricevimento e movimentazione materiali**	**Strumenti meccanici**	**Strumenti elettronici**
Costi diretti dell'unità prima dell'allocazione	€150.000	€120.000	€680.000	€548.000
Servizi di gestione edifici*	(€150.000)		€100.000	€50.000
Ricevimento e movimentazione materiali**		(€120.000)	€40.000	€80.000
Totale costi dopo l'allocazione			**€820.000**	**€678.000**

* **Allocazione unità di servizi Servizi di gestione edifici:**

Driver tot = metri quadri tot = 50.000 + 25.000 = 75.000§
§ Si considerano i metri quadri dei reparti oggetto di allocazione.

Costo allocato al reparto Strumenti meccanici = (€150.000 /75.000) × 50.000 = €100.000
Costo allocato al reparto strumenti elettronici = (€150.000 /75.000) × 25.000 = €50.000

** **Allocazione unità di servizi Ricevimento e movimentazione materiali:**

Driver tot = N° componenti tot = N° medio componenti per strumento × Numero strumenti finali
Numero componenti tot reparto Strumenti meccanici = 10 × 8.000 = 80.000
Numero componenti tot reparto Strumenti elettronici = 16 × 10.000 = 160.000
Driver tot = Numero componenti tot = 80.000 + 160.000 = 240.000
Costo allocato al reparto Strumenti meccanici = (€120.000/240.000) × 80.000 = €40.000
Costo allocato al reparto Strumenti elettronici = (€120.000/240.000) × 160.000 = €80.000

2.
€/h MOD Strumenti meccanici = Costo tot reparto/h MOD tot =
= €820.000/30.000 h = 27,33 €/h
€/u componente Strumenti elettronici = Costo tot reparto/N° componenti tot
= €678.000/160.000 componenti =
= €4,24 €/componente

I due valori calcolati non sono altro che i coefficienti di allocazione rispettivamente del reparto Strumenti meccanici e del reparto Strumenti elettronici ai fini dell'imputazione dei costi di reparto ai prodotti. Infatti, il reparto Strumenti meccanici si basa su un lavoro manuale (Driver = h MOD); il reparto Strumenti elettronici su basa su un lavoro altamente automatizzato e il suo costo dipende dal numero di componenti (Driver = n° componenti).

CdA = Costo reparto tot/Driver tot

3.
Utilizzando i CdA trovati al punto precedente, si procede all'imputazione dei costi di reparto ai prodotti:

Prodotto	CdA (a)	Consumo driver (b)	Costo allocato (c) = (a) × (b)
X1	27,33 €/h	4 h	€109,32
X2	27,33 €/h	8 h	€218,64
Y1	4,24 €/u	10 componenti	€42,40
Y2	4,24 €/u	15 componenti	€63,60

Allocati i costi di reparto (costi di produzione), ai fini della determinazione dei costi di prodotto, si sommano i costi diretti di prodotto:

Prodotto	Costi diretti	Costi indiretti allocati	Costo tot
X1	€74	€109,32	€183,32
X2	€86	€218,64	€304,64
Y1	€63	€42,40	€105,40
Y2	€91	€63,60	€154,60

Esercizio 12.5

Dati

Prodotti	Costo dei materiali diretti	Numero di componenti	Ore di manodopera diretta
X1	€74	25	4,0
X2	€86	21	8,0
Y1	€63	10	1,5
Y2	€91	15	1,0

Budget 20X5	Servizi di gestione edifici	Ricevimento e movimentazione materiali	Strumenti meccanici	Strumenti elettronici
Costi diretti di reparto (esclusi i costi dei materiali diretti)	€150.000	€120.000	€680.000	€548.000
Superficie occupata (in metri quadri)		5.000	50.000	25.000
Numero di strumenti finali prodotti			8.000	10.000
Numero medio di componenti per strumento			10	16
Ore di manodopera diretta			30.000	8.000

Driver unità di servizi Gestione servizi edifici = Metri quadri
Driver unità di servizi Ricevimento e movimentazione materiali = N° componenti
Driver reparto Strumenti meccanici = h MOD
Driver reparto Strumenti elettronici = N° componenti

Domande

1. Allocazione con metodo sequenziale?
2. €/h MOD reparto Strumenti meccanici? €/u componente reparto Strumenti elettronici?
3. Costo u X1, X2, Y1, Y2?

Soluzioni

1.

Metodo sequenziale:

Il metodo sequenziale valorizza lo scambio più rilevante tra le unità di servizi.

Unità che offre il servizio maggiore: Servizio di gestione uffici (costo maggiore).

	Servizi di gestione edifici	Ricevimento e movimentazione materiali	Strumenti meccanici	Strumenti elettronici
Costi diretti dell'unità prima dell'allocazione	€150.000	€120.000	€680.000	€548.000
Servizi di gestione edifici*	(€150.000)	€9.375	€93.750	€46.875
Ricevimento e movimentazione materiali**		(€129.375)	€43.125	€86.250
Totale costi dopo l'allocazione			**€816.875**	**€681.125**

*** Allocazione unità di servizi Servizi di gestione edifici:**

Driver tot = Metri quadri tot = 5.000 + 50.000 + 25.000 = 80.000§

§ Si considerano i metri quadri dell'unità di servizi e dei reparti oggetto di allocazione.

Costo allocato all'unità di servizi Ricevimento e movim. materiali = (€150.000/80.000) × 5.000 = €9.375
Costo allocato al reparto Strumenti meccanici = (€150.000/80.000) × 50.000 = €93.750
Costo allocato al reparto strumenti elettronici = (€150.000/80.000) × 25.000 = €46.875

** **Allocazione unità di servizi Ricevimento e movimentazione materiali:**

Driver tot = N° componenti tot = N° medio componenti per strumento × Numero strumenti finali
Numero componenti tot reparto Strumenti meccanici = 10 × 8.000 = 80.000
Numero componenti tot reparto Strumenti elettronici = 16 × 10.000 = 160.000
Driver tot = Numero componenti tot = 80.000 + 160.000 = 240.000§
§ Si considerano i componenti dell'unità di servizi e dei reparti oggetto di allocazione.

Costo allocato al reparto Strumenti meccanici = (€129.375/240.000) × 80.000 = €43.125
Costo allocato al reparto Strumenti elettronici = (€129.375/240.000) × 160.000 = €86.250

2.
€/h MOD Strumenti meccanici = Costo tot reparto/h MOD tot
= €816.875/30.000 h = 27,23 €/h
€/u componente Strumenti elettronici = Costo tot reparto/N° componenti tot
= €681.125/160.000 componenti = €4,26 €/componente

I due valori calcolati non sono altro che i coefficienti di allocazione rispettivamente del reparto Strumenti meccanici e del reparto Strumenti elettronici ai fini dell'imputazione dei costi di reparto ai prodotti. Infatti, il reparto Strumenti meccanici si basa su un lavoro manuale (Driver = h MOD); il reparto Strumenti elettronici si basa su un lavoro altamente automatizzato e il suo costo dipende dal numero di componenti (Driver = N° componenti).

CdA = Costo reparto tot/Driver tot

3.
Utilizzando i CdA trovati al punto precedente, si procede all'imputazione dei costi di reparto ai prodotti:

Prodotto	CdA (a)	Consumo driver (b)	Costo allocato (c) = (a) × (b)
X1	27,23 €/h	4 h	€108,92
X2	27,23 €/h	8 h	€217,84
Y1	4,26 €/u	10 componenti	€42,60
Y2	4,26 €/u	15 componenti	€63,90

Allocati i costi di reparto (costi di produzione), ai fini della determinazione dei costi di prodotto, si sommano i costi diretti di prodotto:

Prodotto	Costi diretti	Costi indiretti allocati	Costo tot
X1	€74	€108,92	€182,92
X2	€86	€217,84	€303.84
Y1	€63	€42,60	€105,60
Y2	€91	€63,90	€154,90

Esercizio 12.6

Dati

	Lavorazione	Assemblaggio	Totale
Costo totale (tranne materiali diretti), dopo l'allocazione dei costi delle unità di servizi	€630.000	€450.000	€1.080.000
h macchina	105.000	–	105.000
h MOD	15.000	30.000	45.000

	h macchina Lavorazione	h MOD Lavorazione	h MOD Assemblaggio
A	10,0	1,0	14,0
B	17,0	1,5	3,0
C	14,0	1,3	8,0

Domande

1. Posto:
   Driver = h MOD
   CdA unico?
2. Posto:
   Driver = h MOD,
   CdA per reparto,
   a. CdA Lavorazione?
   b. CdA Assemblaggio?
3. Posto:
   Driver Lavorazione = h macchina,
   Driver Assemblaggio = h MOD,
   a. CdA Lavorazione?
   b. CdA Assemblaggio?

4. a. Posto:
Driver = h MOD,
CdA unico,
Costo A, B, C?
b. Posto:
Driver = h MOD,
CdA per reparto,
Costo A, B, C?
c. Posto:
Driver Lavorazione = h macchina,
Driver Assemblaggio = h MOD,
CdA per reparto,
Costo A, B, C?
d. Confronto risultati punto 4.

Soluzioni

1.
CdA = Costi produzione tot/h MOD tot = €1.080.000/45.000 h = 24 €/h

2.
a.
CdA Lavorazione = Costi Lavorazione/h MOD Lavorazione =
= €630.000/15.000 h = 42 €/h

b.
CdA Assemblaggio = Costi Assemblaggio/h MOD Assemblaggio =
= €450.000/30.000 h = 15 €/h

3.
a.
CdA Lavorazione = Costi Lavorazione/h macchina Lavorazione =
= €630.000/105.000 h = 6 €/h

b.
CdA Assemblaggio = Costi Assemblaggio/h MOD Assemblaggio =
= €450.000/30.000 = 15 €/h

4.
a.
Allocazione dei costi di reparto ai prodotti:
Driver: h MOD
CdA: unico (determinato al punto 1)

CdA	Consumo Driver A	Consumo Driver B	Consumo Driver C	Costo allocato A	Costo allocato B	Costo allocato C
24 €/h*	15 h**	4,5 h**	9,3 h**	€360,00***	€108,00***	€223,20***

* Base di ripartizione unica = h MOD. CdA unico determinato al punto 1.
** Consumo Driver A = 1,0 + 14,0 = 15,0; Consumo Driver B = 1,5 + 3,0 = 4,5; Consumo Driver C = 1,3 + 8,0 = 9,3.
*** Costo allocato = CdA × Consumo Driver.

b.
Allocazione dei costi di reparto ai prodotti:
Driver: h MOD
CdA: per reparto (determinati ai punti 2.a. e 2.b)

Reparto	CdA	Consumo Driver A	Consumo Driver B	Consumo Driver C	Costo allocato A	Costo allocato B	Costo allocato C
Lavorazione	42 €/h*	1,0 h	1,5 h	1,3 h	€42,00**	€63,00**	€54,60**
Assemblaggio	15 €/h*	14,0 h	3,0 h	8,0 h	€210,00**	€45,00**	€120,00**
Tot costo allocato					€252,00	€108,00	€174,60

* Base di ripartizione unica = h MOD. CdA per reparto determinati ai punti 2.a. e 2.b.
** Costo allocato = CdA × Consumo Driver.

c.
Allocazione dei costi di reparto ai prodotti:
Driver Lavorazione: h macchina
Driver Assemblaggio: h MOD
CdA: per reparto (determinati ai punti 3.a. e 3.b)

Reparto	CdA	Consumo Driver A	Consumo Driver B	Consumo Driver C	Costo allocato A	Costo allocato B	Costo allocato C
Lavorazione	6 €/h*	10,0 h	17,0 h	14,0 h	€60,00**	€102,00**	€84,00**
Assemblaggio	15 €/h*	14,0 h	3,0 h	8,0 h	€210,00**	€45,00**	€120,00**
Tot costo allocato					€270,00	€147,00	€204,00

* Base di ripartizione Lavorazione = h macchina; base di ripartizione Assemblaggio = h MOD. CdA per reparto determinati ai punti 3.a. e 3.b.
** Costo allocato = CdA × Consumo Driver.

d.

	Costo allocato A	Costo allocato B	Costo allocato C
a.	€360,00	€108,00	€223,20
b.	€252,00	€108,00	€174,60
c.	€270,00	€147,00	€204,00

Un'importante variazione nei costi deriva dall'uso di coefficienti di allocazione dei costi a livello di reparto invece di un coefficiente unico valido per tutta l'azienda. I coefficienti di reparto che usano le ore di manodopera diretta come base riducono il costo imputato alle unità di A e C, che usano un tempo di assemblaggio relativamente maggiore, e non influiscono sul costo di B.

Il passaggio alle ore-macchina come base di allocazione nel reparto Lavorazione provoca un incremento dei costi allocati a B, che è il prodotto che consuma più ore-macchina e che quindi deve ricevere una maggiore quota dei costi di lavorazione.

L'imputazione dei costi su base multipla, con basi di ripartizione e coefficienti differenziati, permette di rispecchiare meglio il consumo di risorse da parte dei prodotti.

Esercizio 12.7

Dati

	Unità servizio		Divisione Residenziale		Divisione Commerciale		
	Unità Personale	Unità Amministr.	Attività 1	Attività 2	Attività 3	Attività 4	Attività 5
Costo diretto	€92.000	€180.000	€60.000	€240.000	€400.000	€90.000	€110.000
Persone		5	3	12	18	0	8

Driver unità Personale = N° dipendenti
Driver unità Amministrazione = Costi diretti attività
Unità di servizi Personale: allocata a tutte le attività
Unità di servizi Amministrazione: allocata ad Attività 2 e 3

Servizio maggiore: unità Personale (dalla figura si evince che, per quanto concerne le unità di servizi, viene valorizzato solo l'interscambio da unità Personale a unità Amministrazione, pertanto nel metodo sequenziale i costi dell'unità Personale verranno allocati all'unità Amministrazione).

Domande

1. Allocazione con metodo diretto?
2. Allocazione con metodo sequenziale (prima allocare i costi del personale)?

Soluzioni

1.

Metodo diretto:

			Divisione Residenziale			Divisione Commerciale			
	Personale	**Ammin.**	**Attività 1**	**Attività 2**	**Totale**	**Attività 3**	**Attività 4**	**Attività 5**	**Totale**
Costi diretti	€92.000	€180.000	€60.000	€240.000	€300.000	€400.000	€90.000	€110.000	€600.000
Personale*	(€92.000)	–	€6.732	€26.927	€33.659	€40.390	–	€17.951	€58.341
Amministrazione**		(€180.000)	–	€67.500	€67.500	€112.500	–	–	€112.500
Tot costi post-allocazione			€66.732	€334.427	€401.159	€552.890	€90.000	€127.951	€770.841

*** Allocazione unità di servizi (supporto) Personale**

Driver totale = N° dipendenti tot
Driver tot = 3 + 12 + 18 + 8 = 41§
§ Si considerano i metri quadri e dei reparti oggetto di allocazione.

Costo unità Personale allocato ad Attività 1 = (€92.000/41) × 3 = €6.732
Costo unità Personale allocato ad Attività 2 = (€92.000/41) × 12 = €26.927
Costo unità Personale allocato ad Attività 3 = (€92.000/41) × 18 = €40.390
Costo unità Personale allocato ad Attività 5 = (€92.000/41) × 8 = €17.951

**** Allocazione unità di servizi (supporto) Amministrazione**

Driver tot = Costi diretti attività
Driver tot = €240.000 + 400.000 = €640.000§
§ Si considerano i metri quadri dell'unità di servizi e dei reparti oggetto di allocazione. Dalla mappa dei processi si evince che i costi dell'unità di supporto Amministrazione (A) vengono allocate esclusivamente alle Attività 2 e 3.

Costo unità Amministrazione allocato ad Attività 2 = (€180.000/€640.000) × €240.000 = €67.500
Costo unità Amministrazione allocato ad Attività 3 = (€180.000/€640.000) × €400.000 =
= €112.500

2.

Metodo sequenziale:

			Divisione Residenziale			Divisione Commerciale			
	Personale*	**Ammin.****	**Attività 1**	**Attività 2**	**Totale**	**Attività 3**	**Attività 4**	**Attività 5**	**Totale**
Costi diretti	€92.000	€180.000	€60.000	€240.000	€300.000	€400.000	€90.000	€110.000	€600.000
Personale	(€92.000)	€10.000	€6.000	€24.000	€30.000	€36.000	–	€16.000	€52.000

	Personale*	Ammin.**	Divisione Residenziale			Divisione Commerciale			
			Attività 1	Attività 2	Totale	Attività 3	Attività 4	Attività 5	Totale
Amministrazione		(€190.000)	–	€71.250	€71.250	€118.750	–	–	€118.750
Tot costi post-allocazione			€66.000	€335.250	€401.250	€554.750	€90.000	€126.000	€770.750

* Si osservi sulla mappa dei processi che l'unità di servizi che eroga servizi al maggior numero di unità e reparti è l'unità Personale. Pertanto i costi dell'unità Personale verranno allocati all'unità Amministrazione e non viceversa, sebbene l'unità Amministrazione presenti il costo più elevato.

* **Allocazione unità di servizi Personale**
Driver totale = N° dipendenti tot
Driver tot = 5 + 3 + 12 + 18 + 8 = 46§
§ Si considerano i metri quadri dell'unità di servizi e dei reparti oggetto di allocazione.

Costo unità Personale allocato a unità di servizi Amministrazione = (€92.000/46) × 5 = €10.000
Costo unità Personale allocato ad Attività 1 = (€92.000/46) × 3 = €6.000
Costo unità Personale allocato ad Attività 2 = (€92.000/46) × 12 = €24.000
Costo unità Personale allocato ad Attività 3 = (€92.000/46) × 18 = €36.000
Costo unità Personale allocato ad Attività 5 = (€92.000/46) × 8 = €16.000

** **Allocazione unità di servizi Amministrazione**

Driver tot = Costi diretti attività
Driver tot = €240.000 + 400.000 = €640.000§
§ Si considerano i metri quadri dell'unità di servizi e dei reparti oggetto di allocazione.

Costo unità Amministrazione allocato ad Attività 2 = (€190.000/€640.000) × €240.000 = €71.250
Costo unità Amministrazione allocato ad Attività 3 = (€190.000/€640.000) × €400.000 =
= €118,750

Esercizio 12.8

Dati

	Linea di prodotto		
	Economic	Luxury	Commessa 2
Unità prodotte e vendute	100.000	10.000	1.000
Prezzo	€20	€50	€250
Costi diretti:			
Totale costi dei componenti	€1.003.800	€115.080	€15.980
Totale costi di MOD	€298.000	€72.000	€68.000
Driver:			
Attrezzaggi	20	12	8
h macchina	1.000	400	100

			Consumo driver da parte dei centri di attività	
Risorsa/Unità	**Costo totale**	**Driver**	**Attrezzaggio/ Manutenzione**	**Assemblaggio**
Supervisori di assemblaggio	€92.400	%	2,6%	97,4%
Macchinari per assemblaggio	€247.000	Ore-macchina	400	1.500
Unità affari generali	€95.000	Ore-macchina	400	1.500
Reparto energia	€54.000	Megawatt/ora	10	80

Metodo allocazione costi unità di servizi = metodo diretto.

Domande

Costo u, Economic, Luxury e Commessa?

Soluzioni

Allocazione costi di produzione alle attività:

Costi di produzione attività Attrezzaggio/Manutenzione	Costi produzione	CdA	Calcolo dell'allocazione	Costo allocato
Supervisori di assemblaggio	€92.400	2,6%	2,6% × €92.400 =	€2.402
Macchinari per assemblaggio	€247.000	€247.000/1.900 h = 130 €/h*	130 €/h × 400 =	€52.000
Totale				**€54.402**

* Driver tot = h macchina tot. Assemblaggio = 400 h + 1.500 h = 1.900 h.

Costi di produzione attività Assemblaggio	Costi produzione	CdA	Calcolo dell'allocazione	Costo allocato
Supervisori di assemblaggio	€92.400	97,4%	97,4% × €92.400 =	€89.998
Macchinari per assemblaggio	€247.000	€247.000/1.900 h = 130 €/h*	130 €/h × 1.500 =	€195.000
Totale				**€284.998**

* Driver tot = h macchina tot. Assemblaggio = 400 h + 1.500 h = 1.900 h.

Allocazione costi delle unità di servizi alle attività – Metodo diretto:

	Unità di servizi		Attività	
	Affari generali	**Energia**	**Attrezzaggio/ Manutenzione**	**Assemblaggio**
Totale costi diretti di unità/reparto	€95.000	€54.000	€54.402	€284.998
Allocazione Affari generali*	(€95.000)		€20.000	€75.000
Allocazione Energia**		(€54.000)	€6.000	€48.000
Totale costi attività post-allocazione			**€80.402**	**€407.998**

*** Allocazione unità di servizi Affari generali:**

Driver tot = h macchina tot attività
Driver tot = 400 + 1.500 = 1.900

Costo unità Affari generali allocato all'attività Attrezzaggio/Man. = (€95.000/1.900) × 400 = €20.000
Costo unità Affari generali allocato all'attività Assemblaggio = (€95.000/1.900) × 1.500 = €75.000

**** Allocazione unità di servizi Energia:**

Driver tot = Megawatt/h tot attività
Driver tot = 10 + 80 = 90

Costo unità Energia allocato all'attività Attrezzaggio/Man. = (€54.000/90) × 10 = €6.000
Costo unità Energia allocato all'attività Assemblaggio = (€54.000/90) × 80 = €48.000

Imputazione costo attività ai prodotti:

Attività	Costo attività	Activity Driver	Driver tot	CdA
Attrezzaggio/ Manutenzione	€80.402	N° attrezzaggi	40	€80.402/40 = 2.010 €/attr.*
Assemblaggio	€407.998	h macchina	1.500	€407.998/1.500 = 272 €/h*

* Valori arrotondati.

CdA	Consumo Driver E	Consumo Driver L	Consumo Driver C	Costi indiretti E	Costi indiretti L	Costi indiretti C
2.010 €/attr.	20	12	8	€40.200	€24.120	€16.080
272 €/h	1.000	400	100	€272.000	€108.800	€27.200

	E	L	C
Costi componenti	€1.003.800	€115.080	€15.980
MOD	€298.000	€72.000	€68.000
CI Attrezzaggio/Man.	€40.200	€24.120	€16.080
CI Assemblaggio	€272.000	€108.800	€27.200
Costo totale	**€1.614.000**	**€320.000**	**€127.260**
Unità	100.000	10.000	1.000
Costo u	**€16,14**	**€32,00**	**€127,26**

Esercizio 12.9

Dati

	Servizi medici	Manutenzione	Metalli	Plastica
CV:				
Costo manodopera diretta	–	–	€30.000	€40.000
Costo manodopera manutenzione	–	€5.000	–	–
Materiali diretti	–	–	€50.000	€80.000
Materiali per manutenzione	–	€7.536	–	–
Forniture mediche	€3.630	–	–	–
CF:				
Costi generali vari	€7.500	€6.000	€104.000	€155.000
Costi totali	**€11.130**	**€18.536**	**€184.000**	**€275.000**
Driver:				
h MOD	–	–	6.000	10.000
Numero dipendenti:				
Assunti attualmente	3	8	38	64
Fabbisogno a lungo termine di dipendenti	3	10	60	80
Area occupata – Metri quadri	800	1.500	8.000	12.000

Reparto	Costi sostenuti	Base di allocazione
Servizi medici	Variabili	Dipendenti assunti attualmente
	Fissi	Fabbisogno a lungo termine di dipendenti
Manutenzione	Variabili	Ore di manodopera diretta
	Fissi	Area occupata in metri quadri

Domande

1. Posto:
   Metodo sequenziale,
   CdA preventivi,
   Allocazione costi di servizio ai reparti?
2. Posto:
   CdA per reparto,
   Driver reparto Plastica = h MOD,
   u = 20.000,
   Costo u prodotto reparto Plastica?

Soluzioni

1.

Poiché siamo in sede di budget, la determinazione dei coefficienti di allocazione dei CV e dei CF considera esclusivamente valori preventivi.

Metodo sequenziale:

	Servizi medici	Manutenzione	Metalli	Plastica
Costi diretti prima dell'allocazione			€184.000	€275.000
CV da allocare	€3.630	€12.536		
Allocazione CV Servizi medici:*				
(33 €/dipendente × 8 dipendenti)	(€264)	€264		
(33 €/dipendente × 38 dipendenti)	(€1.254)		€1.254	
(33 €/dipendente × 64 dipendenti)	(€2.112)			€2.112
Allocazione CV Manutenzione:**				
(0,80 €/h × 6.000 h MOD)		(€4.800)	€4.800	
(0,80 €/h × 10.000 h MOD)		(€8.000)		€8.000
CV totali allocati	**€ –**	**€ –**	**€6.054**	**€10.112**
CF da allocare	€7.500	€6.000		
Allocazione CF Servizi medici:***				
(6,67% × €7.500)	(€500)	€500		
(40,00% × €7.500)	(€3.000)		€3.000	
(53,33% × €7.500)	(€4.000)			€4.000
Allocazione CF Manutenzione:****				
(40,00% × €6.500)		(€2.600)	€2.600	
(60,00% × €6.500)		(€3.900)		€3.900
CF tot allocati	**€ –**	**€ –**	**€5.600**	**€7.900**
Costi allocati totali (CV + CF)			**€11.654**	**€18.012**
Costi totali			**€195.564**	**€293.012**

*** Allocazione CV Servizi medici**

CV tot = €3.630
Driver = N° dipendenti assunti
Driver tot = 8 + 38 + 64 = 110§
§ Si considerano il numero di dipendenti di tutte le unità e i reparti oggetto di allocazione.

CdA CV Servizi medici = CV tot Servizi medici/N° dip. tot = €3.630/110 = 33 €/dipendente
CV Servizi medici allocati a unità Manutenzione = CdA × N° dipendenti unità Manutenzione =
= 33 €/dip. × 8 = €264

CV Servizi medici allocati al rep. Metalli = CdA × N° dipendenti rep. Metalli =
= 33 €/dip. × 38 = €1.254
CV Servizi medici allocati al rep. Plastica = CdA × N° dipendenti rep. Plastica
= 33 €/dip. × 64 = €2.112

** **Allocazione CV Manutenzione**

CV tot = €5.000 + €7.536 + €264§ = €12.800
§ Quota dell'unità Servizi medici allocata.

Driver = h MOD
Driver tot = 6.000 + 10.000 = 16.000§
§ Si considerano le h MOD di tutti i reparti oggetto di allocazione.

CdA CV Manutenzione = CV tot Manutenzione/h MOD tot =
= €12.800/16.000 h = 0,80 €/h

CV Manutenzione allocati a rep. Metalli = CdA × h MOD rep. Metalli = 0,80 €/h × 6.000 = €4.800
CV Manutenzione allocati a rep. Plastica = CdA × h MOD rep. Plastica = 0,80 €/h × 10.000 = €8.000

*** **Allocazione CF Servizi medici**

CF tot = €7.500
Driver = Fabbisogno a lungo termine di dipendenti
Driver tot = 10 + 60 + 80 = 150§
§ Si considerano il fabbisogno di dipendenti di tutte le unità e i reparti oggetto di allocazione.

Posto: 150 = 100%
% CF unità Manutenzione = 10/150 = 6,6666%
% CF reparto Metalli = 60/150 = 40,00%
% CF reparto Plastica = 80/150 = 53,33%

CF Servizi medici allocati a unità Manutenzione = % CF × CF Servizi medici =
= 6,67% × €7.500 = €500
CF Servizi medici allocati a rep. Metalli = % CF × CF Servizi medici = 40,00% × €7.500 =
= €3.000
CF Servizi medici allocati a rep. Plastica = % CF × CF Servizi medici = 60,00% × €7.500 =
= €4.500

**** **Allocazione CF Manutenzione**

CF tot = €6.000 + €500§ = €6.500
§ Quota allocata dall'unità Servizi medici.

Driver tot = Area occupata in metri quadri
Driver tot = 8.000 + 12.000 = 20.000§

§ Si considera l'area in metri quadri occupata dai reparti oggetto di allocazione.

Posto: 20.000 = 100%
% CF reparto Metalli = 8.000/20.000 = 40,00%
% CF reparto Plastica = 12.000/20.000 = 60,00%

CF Manutenzione allocati a rep. Metalli = % CF × CF Manutenzione = 40,00% × €6.500 =
= €2.600
CF Manutenzione allocati a rep. Plastica = % CF × CF Manutenzione = 60,00% × €6.500 = €
= 3.900

2.

CI totali Plastica = CI allocati + Costi generali Plastica = €18.012 + 155.000 = €173.012

	Calcoli	Costo u
MP	€80.000/20.000 u	4,0 €/u
MOD	€40.000/20.000 u	2,0 €/u
CI*	17,3012 €/h × 0,5 h/u	8,65 €/u
Costo u tot		**14,65 €/u**

* CdA CI reparto Plastica = CI reparto Plastica/h MOD reparto Plastica = €173.012/10.000 h = 17,3012 €/h.
MOD h/u = 10.000 h/20.000 u = 0,5 h/u.

Esercizio 12.10

Dati

Costi congiunti = €300.000
Litri prodotti A = 9.000
Litri prodotti B = 6.000
P A = 30 €/l
P B = 45 €/l

Domande

1. Posto: metodo delle quantità fisiche, costo A e B?
2. Posto: metodo del valore relativo di vendita, costi A e B?

Soluzioni

1.
Metodo delle quantità fisiche – Rappresentazione possibile:

	Litri	Ponderazione	Allocazione dei costi congiunti
Solvente A	9.000	9.000/15.000 × €300.000*	€180.000
Solvente B	6.000	6.000/15.000 × €300.000*	€120.000
	15.000		**€300.000**

* Costi congiunti = €300.000.

Metodo delle quantità fisiche – Rappresentazione alternativa:

	Litri	Costi congiunti	Costo u per litro*	Imputazione costi congiunti**
Solvente A	9.000			€180.000
Solvente B	6.000			€120.000
	15.000	**€300.000**	20 €/l	**€300.000**

* Costo u = Costi Congiunti/Quantità tot = €300.000/15.000 l = 20 €/l.
** Costi imputati = Costo u × Quantità prodotto. Da cui: Costi imputati A = Costo u × litri A = 20 €/l × 9.000 = €180.000; Costi imputati B = Costo u × litri B = 20 €/l × 6.000 = €120.000.

2.
Metodo del valore relativo di vendita – Rappresentazione possibile:

	VRV al punto di separazione*	Ponderazione	Allocazione dei costi congiunti
Solvente A	€270.000	270.000/540.000 × €300.000	€150.000
Solvente B	€270.000	270.000/540.000 × €300.000	€150.000
	€540.000		**€300.000**

*VRV = Prezzo × litri prodotti. Da cui: VRV A = 30 €/l × 9.000 l = €270.000; VRV B = 45 €/l × 6.000 l = €270.000.

Metodo del valore relativo di vendita – Rappresentazione alternativa:

	VRV*	% VRV**	Costi congiunti	Imputazione***
Solvente A	€270.000	50%		€150.000
Solvente B	€270.000	50%		€150.000
	€540.000	**100%**	**€300.000**	**€300.000**

* VRV = Prezzo × Unità prodotte. Da cui: VRV A = 30 €/u × 9.000 u = €270.000; VRV B = 45 €/u × 6.000 u = €270.000.
** VRV % = VRV prodotto/VRV tot. Da cui: VRV % A = VRV A/VRV tot = €270.000/€540.000 = 50%; VRV % B = VRV B/VRV tot = €270.000/€540.000 = 50%.
*** Costi imputati = Costi congiunti × VRV %. Da cui: Costi imputati A = €300.000 × 50% = €150.000; Costi imputati B = €300.000 × 50% = €150.000.

Esercizio 12.11

Dati

Costi congiunti = €400.000
Litri prodotti A = 20.000 l
Litri prodotti B = 10.000 l
P A = 20 €/l
P B = 60 €/l

Domande

1. Posto: metodo delle unità fisiche, costi A e B?
2. Posto: metodo del valore relativo di vendita, costi A e B?

Soluzioni

1.
Metodo delle quantità fisiche – Rappresentazione proposta dal libro:

	Unità	Ponderazione	Allocazione dei costi congiunti
Solvente A	20.000	20.000/30.000 × €400.000*	€266.667
Solvente B	10.000	10.000/30.000 × €400.000*	€133.333
	30.000		**€400.000**

* Costi congiunti = €400.000.

Metodo delle quantità fisiche – Rappresentazione alternativa:

	Unità	Costi congiunti	Costo u per litro*	Imputazione costi congiunti**
Solvente A	20.000			€266.667
Solvente B	10.000			€133.333
	30.000	**€400.000**	**13,33333 €/l**	**€400.000**

* Costo u = Costi congiunti/litri = €400.000/30.000 u = 013,333333 €/l.
** Costi imputati = Costo u × litri prodotti. Da cui: Costi imputati A = Costo l A × litri A = 013,333333 €/l × 20.000 = €266.667; Costi imputati = Costo litri B × l B = 013,333333 €/l × 10.000 = €133.334.

2.
Metodo del valore relativo di vendita – Rappresentazione possibile:

	Valore relativo delle vendite al punto di separazione*	Ponderazione	Allocazione dei costi congiunti
Solvente A	€400.000	(400.000/1.000.000) × €400.000	€160.000
Solvente B	€600.000	(600.000/1.000.000) × €400.000	€240.000
	€1.000.000		**€400.000**

* VRV = Prezzo × litri prodotti. Da cui: VRV A = 20 €/l × 20.000 l = €400.000; VRV B = 60 €/l × 10.000 l = €600.000.

Metodo del valore relativo di vendita – Rappresentazione alternativa:

	VRV*	% VRV**	Costi congiunti	Imputazione***
Solvente A	€ 400.000	40%		€160.000
Solvente B	€ 600.000	60%		€240.000
	€1.000.000	**100%**	**€400.000**	**€400.000**

* VRV = Prezzo × litri prodotti. Da cui: VRV A = 20 €/l × 20.000 l = €400.000; VRV B = 60 €/l × 10.000 l = €600.000.
** VRV % = VRV prodotto/VRV tot. Da cui: VRV % A = VRV A/VRV tot = €400.000/€1.000.000 = 40%; VRV % B = VRV B/VRV tot = €600.000/€1.000.000 = 60%.
*** Costi imputati = Costi congiunti × VRV %. Da cui: Costi imputati A = €400.000 × 40% = €160.000; Costi imputati B = €400.000 × 60% = €240.000.

Esercizio 12.12

Dati

	Kg prodotti allo split-off	RF Kg allo split-off	Prezzo finale €/Kg
Filetto	5.000	500	10 €/Kg
Controfiletto	4.100	200	8 €/Kg
Macinato	900	100	5 €/Kg

Ricavi	€80.200
Costi materia prima	€25.500
Costi processo congiunto	€15.000
Costi linea Filetto	€4.500
Costi linea Controfiletto	€3.500
Costi linea Macinato	€100
Altri costi di periodo	€20.000

Domande

1. Posto: metodo delle quantità fisiche, allocazione costi congiunti? CE a CDV?
2. Posto: metodo del valore relativo di vendita, allocazione costi congiunti? CE a CDV?
3. Posto: metodo del sottoprodotto, RF = 0, Costi vendita = €100, allocazione costi congiunti con il metodo delle quantità fisiche? CE a CDV?

Soluzioni

1.

Metodo delle quantità fisiche – Rappresentazione possibile:

	Kg prodotti allo split-off	Ponderazione	Allocazione dei costi congiunti	RF Kg allo split-off	RF €**
Filetto	5.000	5.000/10.000 × €40.500*	€20.250	500	€2.025
Controfiletto	4.100	4.100/10.000 × €40.500*	€16.605	200	€810
Macinato	900	900/10.000 × €40.500*	€3.645	100	€405
	10.000		**€40.500**	**800**	**€3.240**

* Costi congiunti = €25.500 + €15.000 = €40.500.
** RF € = €/Kg × Kg RF; dove €/Kg = €40.500/10.000 Kg = 4,05 €/Kg. Da cui: RF € Filetto = €/Kg × Kg Filetto = 4,05 €/Kg × 500 = €2.025; RF € Controfiletto = €/Kg × Kg Controfiletto = 4,05 €/Kg × 200 = €810; RF € Macinato = €/Kg × Kg Macinato = 4,05 €/Kg × 100 = €405.

Metodo delle quantità fisiche – Rappresentazione alternativa:

	Kg prodotti allo split-off	Costi congiunti	Costo u per Kg*	Imputazione costi congiunti**	RF Kg allo split-off	RF €**
Filetto	5.000			€20.250	500	€2.025
Controfiletto	4.100			€16.605	200	€810
Macinato	900			€3.645	100	€405
	10.000	**€40.500**	**4,05 €/Kg**	**€40.500**	**800**	**€3.240**

* Costo u = Costi congiunti/Quantità tot allo split-off = €40.500/10.000 Kg = 4,05 €/Kg.
** Costi imputati = €/Kg × Kg. Da cui: Costi imputati Filetto = €/Kg × Kg Filetto = 4,05 €/Kg × 5.000 Kg = €20.250; Costi imputati Controfiletto = €/Kg × Kg Controfiletto = 4,05 €/Kg × 4.100 Kg = €16.605; Costi imputati Macinato = €/Kg × Kg Macinato = 4,05 €/Kg × 900 Kg = €3.645.
*** RF € = €/Kg × Kg RF; dove €/Kg = €40.500/10.000 Kg = 4,05 €/Kg. Da cui: RF € Filetto = €/Kg × Kg Filetto = 4,05 €/Kg × 500 = €2.025; RF € Controfiletto = €/Kg × Kg Controfiletto = 4,05 €/Kg × 200 = €810; RF € Macinato = €/Kg × Kg Macinato = 4,05 €/Kg × 100 = €405.

CDV	
Costi materia prima	€25.500,00
Costi processo congiunto	€15.000,00
Costi linea Filetto	€4.500,00
Costi linea Controfiletto	€3.500,00
Costi linea Macinato	€100,00
Costo prodotto ottenuto	**€48.600,00**
RI PF	–
RF PF	(€3.240,00)
CDV	**€45.360,00**

CE a CDV	
Ricavi	€80.200,00
CDV	(€45.360,00)
MOL	**€34.840,00**
Altri costi di periodo	(€20.000,00)
RO	**€14.840,00**

2.
Metodo del valore relativo di vendita – Rappresentazione possibile:

	VRV allo split-off*	Ponderazione	Allocazione dei costi congiunti (a)	Kg allo split-off (b)	Costo €/Kg (c) = (a)/(b)	RF Kg allo split-off	RF €**
Filetto	€40.500	€40.500/€72.100 × €40.500	€22.749,65	5.000	€4,5499	500	€2.274,97
Controfiletto	€27.700	€27.700/€72.100 × €40.500	€15.559,64	4.100	€3,7950	200	€759,01
Macinato	€3.900	€3.900/€72.100 × €40.500	€2.190,71	900	€2,4341	100	€243,41
	€72.100		**€40.500**			**800**	**€3.277,38**

* VRV allo split-off = Prezzo × (Kg prodotti allo split-off – RF allo split-off) – Costi separabili. Da cui: VRV split-off Filetto = 10 €/u × (5.000 Kg – 500 Kg) – €4.500 = €40.500; VRV split-off Controfiletto = 8 €/u × (4.100 Kg – 200 kg) – €3.500 = €27.700; VRV split-off Macinato = 5 €/u × (900 Kg – 100 Kg) – €100 = €3.900.
** RF € = €/Kg × RF Kg. Da cui: RF € Filetto = 4,5499 €/Kg × 500 Kg = €2.274,97; RF € Controfiletto = 3,7950 €/Kg × 200 Kg = €759,01; RF € Macinato = 2,4341 €/Kg × 100 = €243,41.

Metodo del valore relativo di vendita – Rappresentazione alternativa:

	VRV allo split-off	VRV % allo split-off*	Costi congiunti	Imputazione** (a)	Kg allo split-off (b)	Costo €/Kg*** (c) = (a)/(b)	RF Kg	RF €****
Filetto	€40.500	56,17198%		€22.749,65	5.000	4,5499	500	€2.274,97
Controfiletto	€27.700	38,41886%		€15.559,64	4.500	3,7950	200	€759,01
Macinato	€3.900	5,40916%		€2.190,71	900	2,4341	100	€243,41
	€72.100	**100%**	**€40.500**	**€40.500**			**800**	**€3.277,38**

* VRV split-off % = VRV split-off prodotto/VRV split-off tot. Da cui VRV split-off % Filetto = VRV split-off Filetto/VRV split-off tot = €40.500/€79.200 = 56,17198%; VRV split-off % Controfiletto = VRV split-off Controfiletto/VRV split-off tot = €27.700/€79.200 = 38,41886%; VRV split-off % Macinato = VRV split-off Macinato/VRV split-off tot = €3.900/€79.200 = 5,40916%.
** Costi imputati (valori arrotondati) = Costi congiunti × VRV %. Da cui: Costi imputati Filetto = €40.500 × 56,17198% = €22.749,65; Costi imputati Controfiletto = €40.500 × 38,41886%; = €15.559,64; Costi imputati Macinato = €40.500 × 5,40916%= €2.190,71.
*** Costo €/Kg = Costi imputati/Kg allo split-off. Da cui: Costo €/Kg Filetto = €22.749,65/5.000 = €4,5499; Costo €/Kg Controfiletto = €15.559,64/4.500 = €3,7950; Costo €/Kg Macinato = €3.900/900 = €2,4341.
**** RF € = €/Kg × RF Kg. Da cui: RF € Filetto = 4,5499 €/Kg × 500 Kg = €2.274,97; RF € Controfiletto = 3,7950 €/Kg × 200 Kg = €759,01; RF € Macinato = 2,4341 €/Kg × 100 = €243,41.

CDV	
Costi materia prima	€25.500,00
Costi processo congiunto	€15.000,00
Costi linea Filetto	€4.500,00
Costi linea Controfiletto	€3.500,00
Costi linea Macinato	€100,00
Costo prodotto ottenuto	**€48.600,00**
RI PF	–
RF PF	(€3.277,38)
CDV	**€45.322,62**

CE a CDV	
Ricavi	€80.200,00
CDV	(€45.322,62)
MOL	**€34.877,38**
Altri costi di periodo	(€20.000,00)
RO	**€14.877,38**

3.

Metodo del sottoprodotto

Sottoprodotto = Macinato

VRV split-off sottoprodotto = VRV sottoprodotto – Costi separabili = (5 €/Kg × 900 Kg) – €100 = €4.500 – €100 = €4.400.

Costi congiunti netti = Costi congiunti – VRV split-off sottoprodotto = €40.500 – €4.400 = €36.100

Una volta determinati i costi congiunti netti, questi possono essere imputati in base a uno dei metodi sopra esposti. In questo caso viene chiesto di applicare il metodo delle quantità fisiche.

Metodo del valore relativo di vendita

	Kg prodotti allo split-off	Ponderazione	Imputazione costi congiunti	RF Kg allo split-off	RF €**
Filetto	5.000	5.000/9.100 × €36.100*	€19.835,16	500	€1.983,52
Controfiletto	4.100	4.100/9.100 × €36.100*	€16.264,84	200	€793,41
Macinato	–		–		–
	9.100		**€36.100**		**€2.776,92**

* Costi congiunti = €36.100.

** RF € = €/Kg × Kg RF; dove €/Kg = €36.600/9.100 Kg = 3,967033 €/Kg. Da cui: RF € Filetto = €/Kg × Kg Filetto = 3,967033 €/Kg × 500 = €1.983,52; RF € Controfiletto = €/Kg × Kg Controfiletto = 3,967033 €/Kg × 200 = €793,41.

Metodo delle quantità fisiche

	Kg prodotti allo split-off	Costi congiunti	Costo u per Kg*	Imputazione costi congiunti**	RF Kg allo split-off	RF €***
Filetto	5.000			€19.835,16	500	€1.983,52
Controfiletto	4.100			€16.264,84	200	€793,41
Macinato	–			–		–
	9.100	**€36.100**	**€3,967033**	**€36.100**		**€2.776,92**

* Costo u = Costi congiunti/Quantità tot allo split-off = €36.100/9.100 Kg = 3,967033€/Kg.

** Costi imputati = Costo u × Kg allo split-off. Da cui: Costi imputati Filetto = €/Kg × Kg Filetto = 3,967033 €/Kg × 5.000 = €19.835,16; Costi imputati Controfiletto = €/Kg × Kg Controfiletto = 3,967033 €/Kg × 4.100 = €16.264,84.

*** RF € Filetto = €/Kg × Kg Filetto = 3,967033 €/Kg × 500 = €1.983,52; RF € Controfiletto = €/Kg × Kg Controfiletto = 3,967032 €/Kg × 200 = €793,41.

CDV	
Costi materia prima	€25.500,00
Costi processo congiunto	€15.000,00
Costi linea Filetto	€4.500,00
Costi linea Controfiletto	€3.500,00
Costo linea Macinato	€100,00
Costo prodotto ottenuto	**€48.600,00**
RI PF	–
RF PF	(€2.776,92)
CDV	**€45.823,08**

CE a CDV	
Ricavi	€80.200,00
CDV	(€45.823,08)
MOL	**€34.376,92**
Altri costi di periodo	(€20.000,00)
RO	**€14.376,92**

CAPITOLO 13 Logiche di imputazione dei costi indiretti: sistemi a confronto

Esercizi e problemi

ESERCIZIO 13.1 Imputazione dei costi indiretti di produzione

Considerando che l'azienda imputa i costi indiretti di produzione al prodotto utilizzando come driver il costo della manodopera diretta, inserire i valori mancanti:

	Caso 1	Caso 2
a. Costi indiretti di produzione programmati	€750.000	€420.000
b. Driver di costo, costo della manodopera diretta programmato	€500.000	?
c. Coefficiente di allocazione preventivo dei costi indiretti di produzione	?	120%
d. Costo di manodopera diretta effettivo	€570.000	?
e. Costi indiretti di produzione effettivi	€825.000	€415.000
f. Costi indiretti di produzione allocati	?	?
g. Sottoassorbimento (sovrassorbimento) dei costi indiretti di produzione	?	€25.000

ESERCIZIO 13.2 Delta assorbimento dei costi indiretti di produzione

Sanders Brothers Company utilizza un sistema di misurazione dei costi a valori normalizzati e imputa i costi indiretti di produzione in base a un coefficiente di allocazione preventivo di €9,00 per ora di manodopera diretta. Ecco una selezione dei dati relativi alle operazioni del 20X4 a consuntivo (in migliaia):

	Caso 1	Caso 2
Ore di manodopera diretta	30	36
Costo della manodopera diretta	€220	€245
Costo della manodopera indiretta	€32	€40
Provvigioni di vendita	€20	€15
Ammortamento di impianti e attrezzature di produzione	€22	€32
Costo dei materiali diretti	€230	€250
Costo del carburante utilizzato per la produzione	€35	€47
Costo del venduto	€420	€510
Altri costi di produzione	€138	€214

Calcolare gli elementi seguenti per entrambi i casi:

1. costi indiretti di produzione allocati;
2. totale costi indiretti di produzione sostenuti;
3. ammontare di sottoassorbimento o sovrassorbimento dei costi indiretti di produzione.

ESERCIZIO 13.3 Trattamento contabile del delta assorbimento: metodo dello storno diretto e della distribuzione proporzionale

Beauty & Business utilizza un sistema di misurazione dei costi a valori normalizzati e ha i saldi finali seguenti relativi alle operazioni del primo anno:

Magazzino semilavorati	€200.000
Magazzino prodotti finiti	€200.000
Costo del venduto	€400.000
Costi indiretti di produzione effettivi	€409.000
Costi indiretti di produzione allocati	€457.000

Determinare il valore del costo del venduto rettificato con il metodo dello storno diretto e della distribuzione proporzionale del delta assorbimento. Di quanto differisce il margine lordo misurato con i due metodi?

ESERCIZIO 13.4 Delta assorbimento dei costi indiretti di produzione: costi variabili e costi fissi

Il reparto biscotti di un importante produttore di alimenti ha un coefficiente di allocazione preventivo dei costi indiretti di produzione di €4,50 per ora di manodopera diretta.

Nello specifico i costi indiretti variabili di produzione programmati sono pari a €125.000 all'anno, i costi indiretti fissi di produzione programmati sono pari €325.000 all'anno e le ore di manodopera diretta programmate sono pari a

100.000 all'anno. Si prevede che i costi indiretti di produzione e il consumo di ore di manodopera nei due semestri dell'anno saranno uguali, pari al 50% dei costi e dei consumi annuali.

Quelli che seguono sono i dati a consuntivo delle operazioni registrate nell'anno:

	Ore di manodopera diretta utilizzate	Costi indiretti sostenuti*
Primi sei mesi	55.000	€236.500
Ultimi sei mesi	41.000	€206.500

* Costi indiretti sostenuti = CIV sostenuti + CIF sostenuti. I CIF sostenuti sono stati esattamente uguali agli importi programmati per i due semestri.

1. Calcolare separatamente per i due semestri il sotto o sovra-assorbimento dei costi indiretti di produzione.
2. Determinare il delta assorbimento separatamente per i costi indiretti variabili e fissi e verificare che i valori totali coincidano con quelli calcolati ai punto 1.

ESERCIZIO 13.5 Sistemi a costo pieno e a costo variabile: costo unitario e conto economico

Fratelli Vicentini produce e vende un unico prodotto. Nel primo anno di attività della società sono stati sostenuti i seguenti costi:

Costi variabili unitari	
Produzione:	
Materiali diretti	€18
Manodopera diretta	€7
Costi indiretti variabili di produzione	€2
Non di produzione:	
Costi di vendita e amministrativi variabili	€5
Costi fissi annui	
Costi fissi di produzione	€160.000
Costi di vendita e amministrativi fissi	€110.000

Nel corso dell'esercizio la società ha prodotto 20.000 unità e ne ha vendute 16.000. Il prezzo di vendita del prodotto è €50 l'unità. All'inizio del periodo l'azienda non aveva prodotti finiti in rimanenza.

1. Supporre che la società usi il metodo a costi variabili:
   a. calcolare il costo di prodotto unitario;
   b. preparare il conto economico per l'esercizio.

2. Supporre che la società usi il metodo a costo pieno:
   a. calcolare il costo di prodotto unitario (considerando come driver dei CIP fissi il volume di produzione);
   b. preparare il conto economico per l'esercizio.

ESERCIZIO 13.6 Differenza tra conto economico a costi variabili e conto economico a costi pieni

High Antennas produce e vende un unico tipo di antenna per televisori. La società ha appena aperto un nuovo stabilimento. Sono stati forniti i seguenti dati sui costi e ricavi del primo mese di attività dello stabilimento:

Magazzino inizio periodo	0
Unità prodotte	40.000
Unità vendute	35.000
Prezzo di vendita unitario	€60

Costi di produzione:	
Costo unitario materie prime	€15
Costo unitario manodopera diretta	€7
Costi generali di produzione variabili unitari	€2
Costi generali di produzione fissi	€640.000
Costi di vendita e amministrativi:	
Variabili unitari	€2
Fissi totali	€560.000

Il management è ansioso di sapere quanto sarà redditizia l'attività e ha chiesto che venga preparato un conto economico per il mese.

1. Supporre che la società usi il metodo a costi variabili:
   a. calcolare il costo di prodotto unitario;
   b. preparare il conto economico per il mese.
2. Supporre che la società usi il metodo a costo pieno:
   a. calcolare il costo di prodotto unitario (considerando come driver dei CIP fissi il volume di produzione);
   b. preparare il conto economico per il mese.
3. Spiegare la differenza del reddito operativo.

ESERCIZIO 13.7 Confronto tra reddito operativo di un sistema a costi variabili e reddito operativo di un sistema a costi pieni

Richardson Brothers ha avviato la propria attività il 1° gennaio 20X3 per la produzione e vendita di un singolo prodotto. I redditi operativi rilevati con il metodo di misurazione a costi pieni e costi variabili per i primi quattro anni di operazioni sono i seguenti:

Anno	RO Misurazione a costi pieni	RO Misurazione a costi variabili
20X3	€70.000	€50.000
20X4	€70.000	€60.000
20X5	€50.000	€50.000
20X6	€40.000	€70.000

I costi unitari di produzione standard, i prezzi di vendita, i coefficienti di allocazione e i livelli di volume previsti ogni anno sono gli stessi. Non ci sono stati scostamenti dal budget flessibile per nessun tipo di costo. Tutti i costi non di produzione erano fissi e non si sono verificati scostamenti nei costi non di produzione in nessuno degli anni.

1. In quali anni il valore del volume di produzione è uguale a quello del volume di vendita?
2. In quali anni il valore del volume di produzione è superiore a quello del volume di vendita?
3. Qual è la differenza tra volume di produzione e volume di vendita nel 20X6, sapendo che il coefficiente di allocazione dei costi indiretti fissi calcolato con il metodo di misurazione a costi pieni è di €3 per unità? (Fornire la risposta in unità.)

ESERCIZIO 13.8 Scostamento del volume di produzione

Nel proprio budget per il 20X4 Harris Engineering Company ha previsto costi indiretti variabili di produzione pari a €14.100.000 e costi indiretti fissi di produzione pari a €25.620.000. Il volume previsto per il 20X4 era di 6.100 unità. I costi effettivi per la produzione di 5.800 unità nel corso del 20X4 sono stati:

Costi indiretti variabili	€14.160.000
Costi indiretti fissi	€25.620.000
Totale costi indiretti	**€39.780.000**

Calcolare lo scostamento di volume di produzione, indicando se favorevole o sfavorevole.

ESERCIZIO 13.9 Sistemi di misurazione a costi variabili, a costi pieni e scostamento del volume di produzione

High Speed Tools, Inc. ha prodotto 12.000 trapani elettrici nel corso del 20X4 a fronte di un volume di produzione previsto di soli 10.500 unità. Il coefficiente di

allocazione preventivo (sistema a valori normalizzati) dei costi indiretti fissi annuali dell'azienda è di €7 per trapano, calcolato considerando come driver i volumi di produzione. A consuntivo il reddito operativo per l'anno misurato a costi pieni è di €18.000, basato su un volume di vendita di 11.000 trapani.
Si supponga che il valore delle rimanenze iniziali sia pari a zero.

1. Calcolare:
   a. costi indiretti fissi programmati;
   b. scostamento del volume di produzione;
   c. reddito operativo misurato con il metodo a costi variabili.

2. Spiegare la differenza tra il reddito operativo ottenuto con la misurazione a costi pieni e quello misurato a costi variabili, indicando l'ammontare della differenza.

ESERCIZIO 13.10 — Scostamenti dei costi indiretti fissi di produzione

Si considerino i dati seguenti relativi a Lartex Spa:

Costi indiretti fissi di produzione sostenuti	€14.200
Costi indiretti fissi di produzione programmati	€12.500
Costi indiretti fissi di produzione allocati	€11.600

In base alle informazioni fornite sopra, accertandosi di contrassegnare con F gli scostamenti favorevoli e con S quelli sfavorevoli, determinare:

1. scostamento di spesa dei costi indiretti fissi di produzione;

2. scostamento del volume di produzione dei costi indiretti fissi di produzione,

3. delta assorbimento dei costi indiretti fissi di produzione.

ESERCIZIO 13.11 — Scostamenti dei costi indiretti fissi di produzione

Si considerino i dati seguenti relativi ai costi indiretti fissi di produzione:

Costi indiretti fissi di produzione imputati	€64.800
Costi indiretti fissi di produzione programmati	€70.000
Costi indiretti fissi di produzione effettivi	€68.500

Utilizzando i dati della tabella precedente determinare:

1. scostamento di spesa dei costi indiretti fissi di produzione;

2. scostamento del volume di produzione dei costi indiretti fissi di produzione;

3. delta assorbimento dei costi indiretti fissi di produzione.

Indicare per ogni scostamento F se favorevole o S se sfavorevole.

ESERCIZIO 13.12 Riconciliazione del reddito operativo ottenuto con la misurazione a costi variabili e a costi pieni

Quelli che seguono sono i dati di Lee Industrial Company per il 20X4:

Ricavi di vendita 12.000 unità a €17 ciascuna	
Volume di produzione effettivo	15.000 u
Volume di produzione previsto	18.000 u
Costi di produzione effettivi:	
Variabili	€105.000
Fissi	€63.000
Costi non di produzione effettivi:	
Variabili	€24.000
Fissi	€18.000

I costi indiretti vengono imputati al prodotto in base ai volumi di produzione.

Alla luce dei valori consuntivi rilevati, il direttore generale chiede al controller di redigere il conto economico a valori effettivi per confrontarlo con quello a valori programmati precedentemente redatto.

1. Redigere il conto economico per il 20X4, supponendo che l'azienda utilizzi un sistema di misurazione a costi variabili per la misurazione dei costi di prodotto e che non vi siano rimanenze iniziali di magazzino.
2. Redigere il conto economico per il 20X4, supponendo che l'azienda utilizzi un sistema di misurazione a costi pieni per la misurazione dei costi di prodotto, che allochi i costi indiretti fissi in base a un coefficiente di allocazione preventivo (sistema a valori normalizzati) e che non vi siano rimanenze iniziali di magazzino.
3. Spiegare la differenza tra i redditi operativi determinati con i due metodi.

ESERCIZIO 13.13 Differenza tra sistemi di misurazione a costi pieni e a costi variabili

Reed & Bell, Inc. ha ottenuto i seguenti dati effettivi per il 20X4 e 20X5:

	20X4	20X5
Unità di prodotti finiti		
Rimanenze iniziali di magazzino	–	2.000
Produzione	15.000	13.000
Vendite	13.000	14.000
Rimanenze finali di magazzino	2.000	1.000

I costi unitari standard di produzione per i due anni sono:

Materiali diretti	€22
Manodopera diretta	€18
Costi indiretti variabili di produzione	€4
Costi variabili standard unitari	€44

I costi indiretti di produzione fissi erano programmati a €98.000 all'anno e vengono imputati al prodotto considerando come driver i volumi di produzione. Il volume di produzione previsto era di 14.000 unità, all'anno per entrambi gli anni, pertanto il coefficiente di allocazione dei costi indiretti fissi era €98.000 ÷ 14.000 = €7 per unità.

Il prezzo di vendita programmato era €75 per unità, mentre i costi generali di vendita e amministrativi programmati erano €9 per unità venduta i variabili e €80.000 all'anno i fissi.

Si supponga che non vi fossero scostamenti da nessun costo variabile standard o prezzo di vendita programmato o costo fisso programmato nel 20X4.

Non c'erano rimanenze di semilavorati iniziali o finali.

1. Per il 20X4, preparare dei conti economici basati sulla misurazione a costi variabili standard e sulla misurazione a costi pieni standard (il prossimo problema si occupa del 20X5).
2. Spiegare perché il reddito operativo è diverso con l'approccio a costi variabili e con quello a costi pieni.

ESERCIZIO 13.14 Approccio a costi pieni e a costi variabili: differenza tra redditi operativi

Si suppongano le stesse condizioni di partenza del problema precedente.

1. Per il 20X5, preparare dei conti economici basati sulla misurazione a costi variabili standard e sulla misurazione a costi pieni standard.
2. Spiegare perché il reddito operativo è diverso con l'approccio a costi variabili e con quello a costi pieni.

ESERCIZIO 13.15 Scostamenti dei costi diretti e indiretti di produzione in un sistema a costi standard

Alexis Manufacturing Company utilizza budget flessibili e un sistema di misurazione dei costi standard.

- Costi di manodopera diretta sostenuti per 12.000 ore, €150.000.
- Costi indiretti variabili sostenuti, €37.000.
- Scostamento di spesa dei costi indiretti fissi di produzione, €1.600 favorevole.
- Unità prodotte effettive, 1.800.

- Costi indiretti fissi sostenuti, €38.000.
- Costi indiretti variabili imputati a €3 all'ora.
- Costo della manodopera diretta standard, €13 all'ora.
- Base di ripartizione dei costi indiretti fissi di produzione, produzione mensile prevista, 2.000 unità.
- Ore di manodopera diretta standard per unità finita, 6.

Si determinino:

1. scostamenti della manodopera diretta da budget flessibile e costo della manodopera diretta imputato al prodotto;
2. scostamenti dei costi indiretti variabili da budget flessibile e costi indiretti variabili imputati al prodotto;
3. Δ assorbimento dei costi indiretti fissi di produzione.

ESERCIZIO 13.16 **Sistema di misurazione dei costi standard e analisi degli scostamenti**

München Company utilizza un sistema di misurazione dei costi standard. Quelli che seguono sono i dati mensili relativi al suo unico prodotto.

- Costi indiretti fissi sostenuti, €6.300.
- Costi indiretti variabili imputati a €11 all'ora.
- Costo della manodopera diretta standard, €44 all'ora.
- Base di ripartizione dei costi indiretti fissi di produzione, produzione mensile prevista, 220 unità.
- Ore di manodopera diretta standard per unità finita, 5.
- Costi di manodopera diretta sostenuti, 1.000 ore, €42.500.
- Costi indiretti variabili sostenuti, €10.400.
- Scostamento dal budget dei costi indiretti di produzione fissi, €300 favorevole.
- Unità finite prodotte, 180.

Si determinino:

1. scostamenti della manodopera diretta da budget flessibile e costo della manodopera diretta imputato al prodotto;
2. scostamenti dei costi indiretti variabili da budget flessibile e costi indiretti variabili imputati al prodotto;
3. scostamenti di spesa, volume di produzione e assorbimento dei costi indiretti fissi di produzione.

Glossario: terminologia, abbreviazioni adottate e definizioni

Costi indiretti variabili di produzione (CIV produzione o CIP variabili): costi relativi al processo di produzione che variano proporzionalmente ai volumi, indirettamente imputati a prodotto mediante un processo di allocazione.

Costi indiretti fissi di produzione (CIF produzione o CIP fissi): costi relativi al processo di produzione che restano costanti al variare dei volumi, indirettamente imputati a prodotto mediante un processo di allocazione.

Costi indiretti di produzione programmati (CIP bdg): costi indiretti di produzione previsti in sede di budget.

Livello di determinante di costo programmato (Driver bdg): livello di driver previsto in sede di budget.

Coefficiente preventivo dei costi indiretti di produzione (CAP o CdA prev): totale dei costi indiretti di produzione programmati (fissi e variabili) diviso per il livello di determinante di costo (driver) preventivo (programmato).

Coefficiente di allocazione preventivo dei costi indiretti di produzione variabili (CAP CIV o CdA CIV prev): totale dei costi indiretti variabili di produzione programmati diviso per il livello di determinante di costo (driver) preventivo (programmato).

Coefficiente di allocazione preventivo dei costi indiretti di produzione fissi (CAP CIF o CdA CIF prev): totale dei costi indiretti di produzione fissi programmati diviso per il livello di determinante di costo (driver) preventivo (programmato).

Costi indiretti di produzione normalizzati o costi indiretti di produzione allocati (CIP all): costi indiretti di produzione imputati al prodotto mediante il prodotto tra coefficiente di allocazione preventivo e il consumo di driver effettivo.

Sistema di misurazione dei costi a valori normalizzati: sistema di misurazione dei costi in cui i costi indiretti di produzione, fissi e variabili, vengono imputati ai prodotti moltiplicando il coefficiente di allocazione preventivo (o programmato) per il consumo di driver effettivo.

Delta Assorbimento dei costi indiretti di produzione (Δ Assorbimento): differenza tra costi indiretti di produzione allocati e costi indiretti di produzione effettivi, che si verifica nell'ambito di un sistema di misurazione dei costi a valori normalizzati, in cui i costi indiretti di produzione vengono allocati ai prodotti in base a un coefficiente di allocazione preventivo. Le aziende che nell'ambito della misurazione del costo di prodotto adottano un sistema a valori normalizzati, e dunque imputano i costi indiretti di produzione in base a un coefficiente di allocazione preventivo (composto da valori di budget), lo fanno per evitare che eventuali inefficienze di periodo si traducano in un aumento del costo di prodotto. Tuttavia ciò comporta una differenza di costo rispetto ai valori rilevati a consuntivo, messa in evidenza dal Delta Assorbimento. Il Delta Assorbimento consente dunque di riconciliare il conto economico determinato ai fini di stabilire il costo di prodotto con il conto economico a consuntivo (attraverso il metodo dello storno immediato o il metodo della distribuzione proporzionale).

Sottoassorbimento dei costi indiretti di produzione (Sottoassorbimento): delta assorbimento che si verifica quando i costi indiretti di produzione allocati sono inferiori ai costi indiretti di produzione effettivi (e pertanto quando sono stati allocati al prodotto meno costi indiretti di produzione rispetto a quanti effettivamente sostenuti).

Sovrassorbimento dei costi indiretti di produzione (Sovrassorbimento): delta assorbimento che si verifica quando i costi indiretti di produzione allocati sono superiori ai costi indiretti di produzione effettivi (e pertanto quando sono stati allocati al prodotto più costi indiretti di produzione rispetto a quanti effettivamente sostenuti).

Metodo dello storno immediato: trattamento contabile del delta assorbimento che imputa integralmente il delta al costo del venduto, e più precisamente porta il sottoassorbimento a incremento del costo del venduto e il sovrassorbimento a decremento dello stesso. Soluzione suggerita quanto l'importo del delta assorbimento è modesto.

Metodo della distribuzione proporzionale: trattamento contabile del delta assorbimento che ripartisce il delta in misura proporzionale a magazzino semilavorati, magazzino prodotti finiti e costo del venduto. Soluzione suggerita quanto l'importo del delta assorbimento è elevato.

Costo variabile unitario di prodotto: sommatoria dei costi variabili unitari di produzione.

Costo pieno unitario di prodotto: sommatoria dei costi variabili unitari di produzione e dei costi fissi (imputati) unitari di produzione.

Sistema a costo variabile (Sistema a CV): sistema di misurazione dei costi secondo il quale al prodotto vengono imputati solo i costi variabili di produzione (il costo del prodotto è costituito dalla sommatoria dei costi variabili di produzione).

Margine di contribuzione (MdC): differenza tra ricavi e costi variabili (di produzione e non di produzione).

Conto economico a costi variabili o a margine di contribuzione (CE a CV o CE a MdC): conto economico redatto nell'ambito di un sistema di misurazione dei costi a costi variabili, volto a separare i costi variabili dai costi fossi e a mettere in evidenza il margine di contribuzione.

Sistema a costi pieni (Sistema a CP): sistema di misurazione dei costi secondo il quale al prodotto vengono imputati sia i costi variabili sia i costi fissi di produzione (il costo del prodotto è costituito dalla sommatoria di costi variabili di produzione e costi indiretti fissi di produzione imputati).

Margine lordo (MOL): differenza tra ricavi e costi di produzione (fissi e variabili).

Conto economico a costi pieni o secondo l'approccio funzionale (CE a CP): conto economico redatto nell'ambito di un sistema a costi pieni, volto a separare costi di produzione da costi non di produzione e a mettere in evidenza il margine lordo.

Scostamento del volume di produzione (Δ Volume produzione): scostamento dei costi indiretti fissi di produzione determinato nell'ambito della misurazione dei costi di prodotto, dato dalla differenza tra costi indiretti fissi di produzione allocati e costi indiretti fissi di produzione programmati. È favorevole quando i costi indiretti fissi di produzione allocati sono superiori ai costi indiretti fissi di produzione effettivi (ossia quando i volumi effettivi sono superiori ai volumi previsti) e sfavorevole quando i costi indiretti fissi di produzione allocati sono inferiori ai costi indiretti fissi di produzione effettivi (ossia quando i volumi effettivi sono inferiori ai volumi previsti). Nell'ambito della misurazione del costo di prodotto, le aziende che adottano un sistema a costo pieno imputano una quota di costo fisso al prodotto, facendo così variare i costi fissi al variare dei volumi di produzione, quando in realtà questi per definizione restano complessivamente costanti al variare dei volumi. Per questo motivo è necessario determinare lo scostamento del volume di produzione da portare a rettifica del margine lordo di conto economico.

Scostamento di spesa dei costi indiretti fissi: scostamento dei costi indiretti fissi determinato con finalità di controllo, dato dalla differenza tra costi indiretti fissi di budget e costi indiretti fissi effettivi.

Algoritmi utili

Coefficiente preventivo dei costi indiretti di produzione (CAP o CdA prev):
CAP = CIP bdg tot/Driver tot bdg

Coefficiente preventivo dei costi indiretti di produzione variabile (CAP CIV o CdA CIV prev):
CAP CIV = CIV bdg tot/Driver bdg tot

Coefficiente preventivo dei costi indiretti di produzione fissi (CAP CIF o CdA CIF prev):
CAP CIF = CIF bdg tot/Driver bdg tot

Costi indiretti di produzione allocati (CIP all):
CIP all = CAP × Volume driver eff

Delta Assorbimento (Δ Assorbimento) = CIP all – CIP eff

- Se CIP all > CIP eff => Sovrassorbimento
- Se CIP all < CIP eff => Sottoassorbimento

Delta Assorbimento CIF (Δ Assorbimento CIF) = Δ Spesa CIF + Δ Volume produzione CIF

Metodo dello storno immediato:

Sovrassorbimento	Sottoassorbimento
CDV – Sovrassorbimento = CDV rettificato	CDV + Sottoassorbimento = CDV rettificato

Metodo della distribuzione proporzionale:

CDV	CDV/(CDV + RF SL + RF PF) × Sovrassorbimento (o Sottoassorbimento) =	Quota a rettifica CDV
RF SL	RF SL/(CDV + RF SL + RF PF) × Sovrassorbimento (o Sottoassorbimento) =	Quota a rettifica RF SL
RF PF	RF PF/(CDV + RF SL + RF PF) × Sovrassorbimento (o Sottoassorbimento) =	Quota a rettifica RF PF

Oppure:

CDV	Sovrassorbimento (o Sottoassorbimento)/(CDV + RF SL + RF PF) × CDV =	Quota a rettifica CDV
RF SL	Sovrassorbimento (o Sottoassorbimento)/(CDV + RF SL + RF PF) × RF SL =	Quota a rettifica RF SL
RF PF	Sovrassorbimento (o Sottoassorbimento)/(CDV + RF SL + RF PF) × RF PF =	Quota a rettifica RF PF

Metodo del MdC o CE a CV:

(1)	Ricavi
	RI PF (u RF PF × CV u)
	Costo variabile dei beni prodotti (Volume produzione × CV u)
	Costo variabile dei beni disponibili per la vendita (RI PF + CV beni prodotti)
	RF PF (u RF PF × CV u)
(2)	**Totale CV (Costo variabile beni disponibili per la vendita – RF PF)**
(3) = (1) – (2)	**MdC (Ricavi – Totale CV)**
	CIF produzione
	CIF V&A
(4)	**Totale CF (CIF produzione + CIF V&A)**
(5) = (3) – (4)	**RO**

Approccio funzionale o CE a CP:

(1)	Ricavi
	RI PF (u RF PF × CP u)
	Costo pieno dei beni prodotti (Volume produzione × CP u)
	Costo dei beni disponibili per la vendita (RI PF + CP beni prodotti)
	RF PF (u RF PF × CP u)
(2)	**CDV (Costo pieno beni disponibili per la vendita – RF PF)**
(3) = (1) – (2)	**MOL (Ricavi – CDV)**
(4)	Costi V&A
(5) = (3) – (4)	**RO**

Differenza RO Sistema a CV e Sistema a CP = (RI PF – RF PF) × CdA CIF

- Se Volume produzione > Volume vendita => Magazzino aumenta => RO CP > RO CV
- Se Volume produzione < Volume vendita => Magazzino diminuisce => RO CP < RO CV

Scostamento Volume produzione dei CIF (Δ Volume produzione) = (Vol eff – Vol prev) × CAP

- Se Vol eff > Vol prev => Favorevole
- Se Vol eff < Vol prev => Sfavorevole

Oppure:
Scostamento Volume produzione dei CIF (Δ Volume produzione) = CIP all – CIP bdg

- Se CIP all > CIP bdg => Favorevole
- Se CIP all < CIP bdg => Sfavorevole

Scostamento di spesa dei CIF (Δ Spesa) = CIF bdg – CIF eff

Soluzioni agli esercizi

Esercizio 13.1

Dati

	Caso 1	Caso 2
a. Costi indiretti di produzione programmati	€750.000	€420.000
b. Driver di costo, costo della manodopera diretta programmato	€500.000	?
c. Coefficiente di allocazione preventivo dei costi indiretti di produzione	?	120%

	Caso 1	Caso 2
d. Costo di manodopera diretta effettivo	€570.000	?
e. Costi indiretti di produzione effettivi	€825.000	€415.000
f. Costi indiretti di produzione allocati	?	?
g. Sottoassorbimento (sovrassorbimento) dei costi indiretti di produzione	?	€25.000

Domande

1. Valori mancanti Caso 1?

2. Valori mancanti Caso 2?

Soluzioni

Un'importante lezione di questo esercizio è la distinzione tra costi indiretti di produzione programmati, effettivi e imputati.

1.

c. CAP = CIP bdg/€ MOD bdg
   CAP = €750.000/€500.000 = **1,5**

f. CIP all = CAP × € MOD eff
   CIP all = 1,5 × €570.000 = **€855.000**

g. Δ Assorbimento = CIP all – CIP eff
   Δ Assorbimento = €855.000 – €825.000 = **€30.000** Sovrassorbimento

2.

b. CAP = CIP bdg/€ MOD bdg
   1,2 = €420.000/€ MOD bdg
   € MOD bdg = €420.000/1,2 = **€350.000**

f. CIP all = CIP eff + Δ Assorbimento = CIP eff + CIP all – CIP eff
   CIP all = €415.000 + (€25.000) = **€390.000**

d. CIP all = CAP × €MOD eff
   € MOD eff = CIP all /CAP
   € MOD eff = €390.000/1,2 = **€325.000**

	Caso 1	Caso 2
a. Costi indiretti di produzione programmati	€750.000	€420.000
b. Driver di costo, costo della manodopera diretta programmato	€500.000	**€350.000**
c. Coefficiente di allocazione preventivo dei costi indiretti di produzione	**1,5**	120%
d. Costo di manodopera diretta effettivo	€570.000	**€325.000**
e. Costi indiretti di produzione effettivi	€825.000	€415.000
f. Costi indiretti di produzione allocati	**€855.000**	**€390.000**
g. Sottoassorbimento (sovrassorbimento) dei costi indiretti di produzione	**€30.000**	€25.000

Esercizio 13.2

Dati

	Caso 1	Caso 2
Ore di manodopera diretta	30	36
Costo della manodopera diretta	€220	€245
Costo della manodopera indiretta	€32	€40
Provvigioni di vendita	€20	€15
Ammortamento di impianti e attrezzature di produzione	€22	€32
Costo dei materiali diretti	€230	€250
Costi del carburante utilizzato per la produzione	€35	€47
Ammortamento, uffici amministrativi	€5	€17
Costo del venduto	€420	€510
Altri costi di produzione	€138	€214

CAP = 9,00 €/h

Domande

1. CIP all Casi 1 e 2?
2. CIP eff Casi 1 e 2?
3. Δ Assorbimento?

Soluzioni

(in migliaia)

		Caso 1	Caso 2
1.	CIP allocati = CAP × h MOD eff		
	9,00 €/h × 30 h =	€270	
	9,00 €/h × 36 h =		€324
2.	CIP effettivi		
	€32 + €22 + €35 + €138 =	€227	
	€40 + €32 + €47 + €214 =		€333
3.	Δ Assorbimento = CIP all – CIP eff		
	Sovrassorbimento = €270 – €227 =	€43	
	Sottoassorbimento = €324 – €333 =		€9

Le provvigioni di vendita sono costi di vendita, per cui non vengono incluse nei costi indiretti di produzione.

Il costo del venduto è la sommatoria di tutti i costi diretti e indiretti di produzione, relativi per competenza ai prodotti che sono stati venduti nel periodo.

Anche il costo della manodopera diretta e quello dei materiali, essendo costi diretti, non vengono inclusi nei costi indiretti di produzione.

Esercizio 13.3

Dati

Magazzino semilavorati	€200.000
Rimanenze di prodotti finiti	€200.000
Costo del venduto	€400.000
Costi indiretti di produzione effettivi	€409.000
Costi indiretti di produzione allocati	€457.000

Domande

Utile con il metodo dello storno immediato? Utile con il metodo della distribuzione proporzionale?

Soluzioni

Δ Assorbimento = CIP all – CIP eff

Δ Assorbimento = €457.000 – €409.000 = €48.000

CIP all > CIP eff => Sovrassorbimento

a. Metodo dello storno diretto:

Costo del venduto non rettificato	€400.000
Sovrassorbimento dei costi indiretti	(€48.000)
Costo del venduto rettificato	**€352.000**

b. Metodo della distribuzione proporzionale:

	Non rettificato (a)	**Distribuzione proporzionale del sovrassorbimento dei costi indiretti* (b)**	**Rettificato (c) = (a) – (b)**
Costo del venduto	€400.000	400.000/(400.000 + 200.000 + 200.000) × €48.000 = €24.000	€376.000
Semilavorati	€200.000	200.000/(400.000 + 200.000 + 200.000) × 48.000 = €12.000	€188.000
Prodotti finiti	€200.000	200.000/(400.000 + 200.000 + 200.000) × 48.000 = €12.000	€188.000
Totali	**€800.000**	**€48.000**	**€752.000**

* CDV + RF SL + RF PF = €400.000 + €200.00 + €200.000 = €800.000.

Metodo di rappresentazione alternativo:

Trattandosi di un'allocazione del sovrassorbimento (dove la base di ripartizione è la sommatoria di CDV, RF SL e RF PF), il metodo della distribuzione proporzionale può essere rappresentato anche nel seguente modo:

	Non rettificato (a)	Distribuzione proporzionale del sovrassorbimento dei costi indiretti* (b)	Rettificato (c) = (a) – (b)
Costo del venduto	€400.000	48.000/(400.000 + 200.000 + 200.000) × €400.000 = €24.000	€376.000
Semilavorati	€200.000	48.000/(400.000 + 200.000 + 200.000) × €200.000 = €12.000	€188.000
Prodotti finiti	€200.000	48.000/(400.000 + 200.000 + 200.000) × €200.000 = €12.000	€188.000
Totali	**€800.000**	**€48.000**	**€752.000**

Con il metodo dello storno diretto, il costo del venduto riportato in conto economico è inferiore di €24.000 rispetto a quello risultante dal metodo di distribuzione proporzionale (€352.000 contro €376.000). Pertanto il margine lordo risulterà superiore con il metodo dello storno diretto per pari importo.

Esercizio 13.4

Dati

Valori preventivi:

	Ore di manodopera diretta programmate	CIP var preventivi	CIP fix preventivi
I semestre	50.000	€62.500	€162.500
II semestre	50.000	€62.500	€162.500
	100.000 h	**€125.000**	**€325.000**

CAP = 4,50 €/h

Valori consuntivi:

	Ore di manodopera diretta utilizzate	Costi indiretti sostenuti	CIP fix effettivi
I semestre	55.000	€236.500	€162.500
II semestre	41.000	€206.500	€162.500

Domande

1. Sovrassorbimento o sottoassorbimento semestre?
2. Cause sovrassorbimento o sottoassorbimento (suddividere CV e CF)?

Soluzioni

Questo problema è concepito per evidenziare la distinzione e la relazione tra la contabilizzazione dei costi per finalità di controllo e quella per la misurazione dei costi di prodotto.

1.

I semestre:

CIP all = CAP × h MOD eff
CIP all = 4,50 €/h × 55.000 h = €247.500
Δ Assorbimento = CIP all – CIP eff
Δ Assorbimento = €247.500 – €236.500 = €11.000 Sovrassorbimento*

* CIP all > CIP eff

Con il sistema a valori normalizzati sono stati allocati più costi rispetto a quanti effettivamente sostenuti.

II semestre:

CIP all = CAP × h MOD eff
CIP all = 4,50 €/h × 41.000 h = €184.500
Δ Assorbimento = CIP all – CIP eff
Δ Assorbimento = €184.500 – €206.500 = €22.000 Sottoassorbimento*

* CIP all < CIP eff

Con il sistema a valori normalizzati sono stati allocati meno costi rispetto a quanti effettivamente sostenuti.

2.

Coefficienti di allocazione dei costi indiretti di produzione suddivisi per aggregati di costi variabili e costi fissi:

CAP CIF = €325.000/100.000 h = 3,25 €/h
CAP CIV = €125.000/100.000 h = 1,25 €/h
CAP unico = 4,50 €/h

Δ CF – I semestre:

CIP fix all = €3,25 €/h × 55.000 h = €178.750
CIP fix eff = €162.500
Δ Assorbimento CIP fix = €178.750 – €162.500 = €16.250 Sovrassorbimento*

* CIP allocati > CIP fissi effettivi => Sovrassorbimento

Con il sistema a valori normalizzati sono stati allocati più costi rispetto a quanti effettivamente sostenuti.

Δ CV – I semestre:
CIP var all = 1,25 €/h × 55.000 h = €68.750
CIP fix eff = €162.500
CIP var eff = CIP tot eff – CIP fix eff = €236.500 – €162.500 = €74.000
Δ Assorbimento CIP var = €68.750 – €74.000 = (€5.250) Sottoassorbimento*

* CIP allocati < CIP fissi effettivi => Sottoassorbimento

Con il sistema a valori normalizzati sono stati allocati meno costi rispetto a quanti effettivamente sostenuti.

Δ Tot – I semestre:
Pertanto in totale si ha un sovrassorbimento di €16.250 + (€5.250) = €11.000.

Δ CF – II semestre:
CIP fix all = €3,25 €/h × 41.000 h = €133.250
CIP fix eff = €162.500
Δ Assorbimento CIP fix = €133.250 – €162.500 = €29.250 Sottoassorbimento*

* CIP allocati < CIP fissi effettivi => Sottoassorbimento

Con il sistema a valori normalizzati sono stati allocati meno costi rispetto a quanti effettivamente sostenuti.

Δ CV – II semestre:
CIP var allocati = 1,25 €/h × 41.000 h = €51.250
CIP fix eff = €162.500
CIP var eff = CIP tot eff – CIP fix eff = €206.500 – €162.500 = €44.000
Δ Assorbimento CIP var = €51.250 – €44.000 = €7.250 Sovrassorbimento*

* CIP allocati > CIP fissi effettivi => Sovrassorbimento

Con il sistema a valori normalizzati sono stati allocati più costi rispetto a quanti effettivamente sostenuti.

Δ Tot – I semestre:
Pertanto in totale si ha un sottoassorbimento di (€29.250) + €7.250 = (€22.000).

In sintesi, in un sistema a valori normalizzati i costi indiretti di produzione vengono allocati utilizzando un coefficiente di allocazione preventivo, moltiplicato per volumi di driver effettivi. Questo determina uno scostamento rispetto ai valori di consuntivo (valori effettivi) che prende il nome di Delta Assorbimento. Per cui se confrontiamo il costo di prodotto determinato in un sistema a valori normalizzati (utilizzato dal controller per la determinazione del costo del venduto) con il costo del venduto consuntivo rilevato a bilancio, si determina una differenza data dal sovrassorbimento o dal sottoassorbimento.

Esercizio 13.5

Dati

CV u	
Produzione:	
MP	€18
MOD	€7
CIV produzione	€2
Non di produzione:	
CV V&A	€5
CF tot	
CIF produzione	€160.000
CIF V&A	€110.000

Volumi produzione = 20.000 u
Volumi vendita = 16.000 u
Prezzo = 50 €/u

Domande

1. a. CV u?
b. CE a CV?

2. a. CP u?
b. CE a CP?

Soluzioni

1.

a.

CV u prodotto	
MP	€18
MOD	€7
CIV produzione	€2
CV u prodotto tot	**€27**

b.

CE a CV		
(1)	Ricavi*	€800.000
	CV:	
	RI PF**	€0

CE a CV		
	CV beni prodotti (o CV della produzione realizzata)***	(€540.000)
	CV beni disponibili per la vendita**	**(€540.000)**
	RF PF*****	€108.000
	CDV variabile****	**(€432.000)**
	CV V&A *******	(€80.000)
(2)	**CV tot********	**(€512.000)**
(3) = (1) – (2)	**MdC*********	**€288.000**
	CF:	
	CIF produzione	(€160.000)
	CIF V&A	(€110.000)
(4)	**CF tot**	**(€270.000)**
(5) = (3) – (4)	**RO**	**€18.000**

* Ricavi di vendita = Prezzo × Volumi vendita = 50 €/u × 16.000 u = €800.000.
** RI PF = CV u prodotto × RI u = 27 €/u × 0 = €0.
*** CV beni prodotti = CV u prodotto × Volume produzione = 27 €/u × 20.000 u = €540.000.
**** CV beni disponibili per la vendita = CV beni prodotti + RI PF = €540.000 + €0 = €540.000.
***** RF u = RI PF + Volume produzione – Volume vendita = 0 + 20.000 u – 16.000 u = 4.000 u. RF PF = CV u prodotto × RF u = 27 €/u × 4.000 u = €108.000.
****** CDV variabile = CV beni disponibili per la vendita – RF PF = €540.000 – 108.000 = €432.000.
******* CV V&A = CV V&A u × Volumi vendita = 5 €/u × 16.000 u = €80.000.
******** CV tot = CDV variabile + CV V&A = €432.000 + €80.000 = €512.000.
********* MDC = Ricavi – CV tot = €800.000 – €512.000 = €288.000.

2.

a.

CIP fix u = CdA CIP fix = CIP tot/Driver tot = €160.000/20.000 u = 8 €/u

CP u prodotto	
MP	€18
MOD	€7
CGP variabili	€2
CGP fissi	€8
CP u prodotto tot	**€35**

b.

CE a CP		
(1)	Ricavi*	€800.000
	RI PF**	€0
	CP beni prodotti (o CP della produzione realizzata)***	(€700.000)
	CP beni disponibili vendita******	**(€700.000)**
	RF PF*****	€140.000
(2)	**CDV**********	**(€560.000)**
(3) = (1) – (2)	**MOL***********	**€240.000**
(4)	Costi V&A*********	(€190.000)
(5) = (3) – (4)	**RO**	**€50.000**

* Ricavi di vendita = Prezzo × Volumi vendita = 50 €/u × 16.000 u = €800.000.
** RI PF = CP u prodotto × RI u = 35 €/u × 0 = €0.
*** CP beni prodotti = CP u prodotto × Volume produzione = 35 €/u × 20.000 u = €700.000.
**** CP beni disponibili per la vendita = CP beni prodotti + RI PF = €700.000 + €0 = €700.000.
***** RF u = RI PF + Volume produzione – Volume vendita = 0 + 20.000 u – 16.000 u = 4.000 u. RF PF = CP u prodotto × RF u = 35 €/u × 4.000 u = €140.000.
****** CDV = CP beni disponibili per la vendita – RF PF = €700.000 – €140.000 = €560.000.
******* MOL = Ricavi – CDV = €800.000 – €560.000 = €240.000.
******** Costi V&A = CV V&A + CF V&A = (5 €/u × 16.000 u) + €110.000 = €190.000.

Esercizio 13.6

Dati

Magazzino inizio periodo	0
Unità prodotte	40.000
Unità vendute	35.000
Prezzo di vendita unitario	€60

Costi di produzione:	
Costo unitario materie prime	€15
Costo unitario manodopera diretta	€7
Costi generali di produzione variabili unitari	€2
Costi generali di produzione fissi	€640.000
Costi di vendita e amministrativi:	
Variabili unitari	€2
Fissi totali	€560.000

Domande

1. a. CV u?
b. CE a CV?

2. a. CP u?
b. CE a CP?

3. Differenza CE a CV e CE a CP?

Soluzioni

1.

a.

CV u prodotto	
MP	€15
MOD	€7
CIV produzione	€2
CV u prodotto tot	**€24**

b.

CE a CV		
(1)	Ricavi*	€2.100.000
	CV:	
	RI PF**	€0
	CV beni prodotti (o CV della produzione realizzata)***	(€960.000)
	CV beni disponibili per la vendita**	**(€960.000)**
	RF PF*****	€120.000
	CDV variabile****	**(€840.000)**
	CV V&A *******	(€70.000)
(2)	**CV tot*********	**(€910.000)**
(3) = (1) – (2)	**MdC*********	**€1.190.000**
	CF:	
	CIF produzione	(€640.000)
	CIF V&A	(€560.000)
(4)	**CF tot**	**(€1.200.000)**
(5) = (3) – (4)	**RO**	**(€10.000)**

* Ricavi di vendita = Prezzo × Volumi vendita = 60 €/u × 35.000 u = €2.100.000.
** RI PF = CV u prodotto × RI u = 60€/u × 0 = €0.
*** CV beni prodotti = CV u prodotto × Volume produzione = 24 €/u × 40.000 u = €960.000.
**** CV beni disponibili per la vendita = CV beni prodotti + RI PF = €960.000 + €0 = €960.000.

***** RF u = RI PF + Volume produzione – Volume vendita = 0 + 40.000 u – 35.000 u = 5.000 u. RF PF = CV u prodotto × RF u = 24 €/u × 5.000 u = €120.000.
****** CDV variabile = €960.000 – €120.000 = €840.000.
******* CV V&A tot = CV V&A u × Volumi vendita = 2 €/u × 35.000 u = €70.000.
******** CV tot = CDV variabile + CV V&A = €840.000 + €70.000 = €910.000.
********* MdC = Ricavi – CV tot = €2.100.000 – €910.000 = €1.910.000

2.

a.

CIP fissi u = CdA CIP fix = CIP tot/Driver tot = €640.000/40.000 u = 16 €/u

CP u prodotto	
MP	€15
MOD	€7
CIV produzione	€2
CIF produzione	€16
CP u prodotto tot	**€40**

b.

	CE a CP	
(1)	Ricavi*	€2.100.000
	RI PF**	€0
	CP beni prodotti (o CP della produzione realizzata)***	(€1.600.000)
	CP beni disponibili vendita****	**(€1.600.000)**
	RF PF*****	€200.000
(2)	**CDV********	**(€1.400.000)**
(3) = (1) – (2)	**MOL***********	**€700.000**
(4)	Costi V&A********	(€630.000)
(5) = (3) – (4)	**RO**	**€70.000**

* Ricavi di vendita = Prezzo × Volumi vendita = 60 €/u × 35.000 u = €2.100.000.
** RI PF = CP u prodotto × RI u = 40 €/u × 0 = €0.
*** CP beni prodotti = CP u prodotto × Volume produzione = 40 €/u × 40.000 u = €1.600.000.
**** CP beni disponibili per la vendita = CP beni prodotti + RI PF = €1.600.000 + €0 = €1.600.000.
***** RF u = RI PF + Volume produzione – Volume vendita = 0 + 40.000 u – 35.000 u = 5.000 u. RF PF = CP u prodotto × RF u = 40 €/u × 5.000 u = €200.000.
****** CDV = CP beni disponibili per la vendita – RF PF = €1.600.000 – €200.000 = €1.400.000.
******* MOL = Ricavi – CDV = €2.100.000 – €1.400.000 = €700.000.
********Costi V&A = CV V&A + CF V&A = (2 €/u × 35.000 u) + €560.000 = €630.000.

3.
Δ RO = €70.000 – (€10.000) = €80.000

La differenza nel magazzino di fine periodo si riferisce a una differenza di trattamento dei costi fissi di produzione. In base al sistema a costi variabili, questi costi non vengono imputati al prodotto, bensì spesati interamente in conto economico come costi di periodo. In base al sistema a costi pieni, vengono considerati costi di prodotto e imputati allo stesso (€640.000/40.000 u = 16 €/u). Pertanto, in base al sistema a costi pieni, una parte dei €640.000 costi fissi di produzione è confluita nel valore di magazzino.

La differenza di RO dipende dal valore delle rimanenze:

Se: Volume produzione > Volume Vendite => Magazzino aumenta => RO CP > RO CV

Sistema a CV	
CIP fissi sostenuti	€640.000
CIP fissi inventariati in SP	€0
CIP fissi spesati in conto economico	**€640.000**

Sistema a CP	
CIP fissi sostenuti	€640.000
CIP fissi inventariati in SP (16 €/u × 5.000)	(€80.000)
CIP fissi spesati in conto economico	**€560.000**

Δ = €640.000 – €560.000 = €80.000

In altre parole:

Differenza di reddito operativo:
(RF PF – RI PF) × CdA CIF*
(5.000 – 0) × 16 €/u = €80.000

*CdA CIF = CF u

Esercizio 13.7

Dati

Anno	RO Misurazione a costi pieni	RO Misurazione a costi variabili
20X3	€70.000	€50.000
20X4	€70.000	€60.000
20X5	€50.000	€50.000
20X6	€40.000	€70.000

Costi u produzione, Prezzi, CdA, Volumi previsti uguali ogni anno.

Domande

1. Anni in cui: Volume produzione = Volume vendita?
2. Anni in cui: Volume produzione > Volume vendita?
3. Posto: CdA CIF = 3 €/u,
   Volume produzione – Volume vendita 20X6?

Soluzioni

1.

Se: Volume produzione = Volume vendita => Magazzino invariato (RF = RI) => RO CP = RO CV

I RO sono uguali nell'anno 20X5, per cui nel 20X5: Volume produzione = Volume vendita.

2.

Se: Volume produzione > Volume vendita => Magazzino aumenta (RF > RI) => RO CP > RO CV

Il RO a costi pieni è maggiore di quello della misurazione a costi variabili negli anni 20X3 e 20X4, pertanto nel 20X3 e nel 20X4: Volume produzione = Volume vendita.

3.

Se: Volume produzione < Volume vendita => Magazzino diminuisce (RF < RI) => RO CP < RO CV

Nel 20X6 RO CP < RO CV, per cui il volume di produzione è inferiore a quello di vendita e le RF sono inferiori alle RI. L'ammontare di tale differenza è dato dal valore dei CIF confluito nella valorizzazione di magazzino.

Δ RO = RO CP – RO CV
Δ RO = €40.000 – €70.000 = (€30.000)

Δ RO = (RF – RI) × CdA CIF*
– 30.000 = (RF – RI) × 3 €/u
(RF – RI) = – €30.000 ÷ 3 €/u = – 10.000

* CdA CIF = CF u.

Il volume di produzione è inferiore al volume di vendita (e quindi le RF sono inferiori alle RI) di un importo pari a €10.000.

Esercizio 13.8

Dati

CIV programmati	€14.160.000
CIF programmati	€25.620.000
CI programmati tot	**€39.780.000**

Volume previsto = 6.100 u

Domande

Δ Volume produzione? Favorevole o sfavorevole?

Soluzioni

CdA CIF prev = CIF programmati tot/Volume produzione previsto tot = €25.620.000/6.100 u = 4.200 €/u

I costi indiretti variabili rappresentano un'informazione irrilevante per lo svolgimento dell'esercizio.

Δ Volume di produzione = (volume effettivo – volume previsto) × CdA CIF
= (5.800 u – 6.100 u) × 4.200 €/u
= 300 u × 4.200 €/u
= €1.260.000 Sfavorevole

Nell'ambito della misurazione del costo di prodotto, le aziende che adottano un sistema a costo pieno imputano una quota di costo fisso al prodotto, facendo così variare i costi fissi al variare dei volumi di produzione, quando in realtà questi per definizione restano complessivamente costanti al variare dei volumi. Per questo motivo è necessario determinare lo scostamento del volume di produzione da portare a rettifica del margine lordo di conto economico.

Lo scostamento del volume di produzione appare ogni volta che il volume di produzione effettivo devia dal volume di produzione previsto (o programmato), utilizzato nel calcolo del coefficiente di allocazione dei CIF di produzione.

Nel caso specifico è sfavorevole perché i volumi effettivi sono inferiori a quelli previsti; vi è dunque un uso peggiore delle strutture rispetto a quanto previsto.

Metodo alternativo:

Scostamento del volume di produzione = CIF allocati – CIF programmati
CIF allocati = CdA CIF preventivo × Consumo driver effettivo =
= 4.200 €/u × 5.800 u = €24.360.000
CIF programmati = €25.620.000
Δ Volume produzione = €24.360.000 – €25.620.000 = €1.260.000 Sfavorevole*

* CIF all < CIF bdg => Volume produzione eff < Volume produzione previsto => Scostamento sfavorevole

Esercizio 13.9

Dati

Volume produzione effettivo = 12.000 u
Volume produzione previsto = 10.500 u
Volume di vendita effettivo = 11.000 u
RO a CP = €18.000
CdA CIF preventivo = 7 €/u

Domande

1. a. CIF programmati?
   b. Δ Volume produzione?
   c. RO a CV?
2. Differenza RO a CP e RO a CV?

Soluzioni

1.

a.
CIF programmati = CdA CIF prev × Volume produzione previsto
CIF programmati = 7 €/u × 10.500 u = €73.500

b.
Δ Volume produzione = (Vol eff – Vol prev) × CdA CIF prev
Δ Volume produzione = (12.000 – 10.500) × 7 €/u = 1.500 u × 7 €/u = €10.500 F

c.
RO a CV = RO a CP – (RF u × CdA CIF)
RF u = Volume produzione – Volume vendita = 12.000 u – 11.000 u = 1.000 u
RO a CV = €18.000 – (1.000 × 7 €/u) = €11.000

2.
La differenza di RO dipende dal valore delle rimanenze, in questo caso:

RO CP > RO CV => Volume produzione > Volume vendita => Magazzino aumenta
Δ RO = €18.000 – €11.000 = €7.000

Δ RO = (RF – RI) × CdA CIF
Δ RO = (1.000 – 0) × 7 €/u = €7.000

Esercizio 13.10

Dati

CIF produzione sostenuti	€14.200
CIF produzione budget	€12.500
CIF produzione allocati al prodotto	€11.600

Domande

1. Δ Spesa?
2. Δ Volume produzione?
3. Δ Assorbimento?

Soluzioni

1.
Δ Spesa = CIF bdg – CIF eff = €12.500 – €14.200 = (€1.700) S

Lo scostamento di spesa è sfavorevole perché sono stati sostenuti più costi indiretti fissi di quanto previsto.

2.
Δ Vol produzione = CIF all – CIF bdg = €11.600 – €12.500 = (€900) S

Lo scostamento del volume di produzione è sfavorevole perché i volumi di produzione effettivi sono stati inferiori a quelli previsti. Vi è dunque uno sfruttamento peggiore delle strutture rispetto a quanto previsto.

3.
Δ Assorbimento = CIF all – CIF eff = €11.600 – €14.200 = (€2.600) Sottoassorbimento

Oppure:

Δ Assorbimento = Δ Spesa + Δ Vol produzione = (€1.700) S + (€900) S = (€2.600) Sottoassorbimento

Si ha un sottoassorbimento in quanto sono stati allocati a prodotto meno costi di quanti effettivamente sostenuti.

Esercizio 13.11

Dati

Costi indiretti fissi di produzione imputati	€64.800
Costi indiretti fissi di produzione programmati	€70.000
Costi indiretti fissi di produzione effettivi	€68.500

Domande

1. Δ Spesa?
2. Δ Volume produzione?
3. Δ Assorbimento?

Soluzioni

1.
Δ Spesa = CIF bdg – CIF eff = €70.000 – €68.500 = €1.500 F

Lo scostamento di spesa è favorevole perché sono stati sostenuti meno costi indiretti fissi di quanto previsto.

2.
Δ Vol produzione = CIF all – CIF bdg = €64.800 – €70.000 = (€5.200) S

Lo scostamento del volume di produzione è sfavorevole perché i volumi di produzione effettivi sono stati inferiori a quelli previsti. Vi è dunque uno sfruttamento peggiore delle strutture rispetto a quanto previsto.

3.
Δ Assorbimento = CIF all – CIF eff = €64.800 – €68.500 = (€3.700) Sottoassorbimento

Oppure:

Δ Assorbimento = Δ Spesa + Δ Vol produzione = €1.500 F + (€5.200) S = (€3.700) Sottoassorbimento

Si ha un sottoassorbimento in quanto sono stati allocati al prodotto meno costi di quanto effettivamente sostenuti.

Esercizio 13.12

Dati

Prezzo	17 €/u
Volumi di vendita effettivi	12.000 u
Volume di produzione effettivo	15.000 u
Volume di produzione previsto	18.000 u
Costi di produzione effettivi:	
Variabili	€105.000
Fissi	€63.000
Costi generali amministrativi e di vendita effettivi:	
Variabili	€24.000
Fissi	€18.000

Domande

1. Posto:
   Sistema a CV,
   No RI PF,
   CE a CV?
2. Posto:
   No RI PF,
   Sistema a valori normalizzati,
   Approccio a CP,
   CE a CP?
3. Spiegare Δ RO.

Soluzioni

1.

CV u produzione = CV produzione tot/Volume effettivo totale = €105.000/15.000 u = 7 €/u

(1)	Ricavi di vendita*	€204.000
	CV:	
	RI PF (7 €/u)**	–
	CV dei beni prodotti (o CV della produzione realizzata)***	(€105.000)

	CV dei beni disponibili per la vendita****	**(€105.000)**
	RF PF (7 €/u)*****	€21.000
	CDV di produzione variabile*******	**(€84.000)**
	CV V&A	(€24.000)
(2)	**Totale CV*********	**(€108.000)**
(3) = (1) – (2)	**MdC**	**€96.000**
	CIF produzione	(€63.000)
	CV V&A	(€18.000)
(4)	**Totale CF**********	**(€81.000)**
(5) = (3) – (4)	**RO**	**€15.000**

* Ricavi = Prezzo × Volume vendita = 17 €/u × 12.000 u = €204.000.
** RI PF = RF PF u × CV u prodotto = 0 × 7 €/u = €0.
*** CV beni prodotti = Volume produzione × CV u prodotto = 15.000 u × 7 €/u = €105.000.
**** CV beni disponibili per la vendita = RI PF + CV beni prodotti = €0 + €105.000 = €105.000.
***** RF (u) = RI PF + Produzione – Vendite = 0 + 15.000 u – 12.000 u = 3.000 u. RF PF = RF u × Cv u prodotto = 3.000 u × 7 €/u = €21.000.
****** CDV di produzione variabile = CV beni disponibili per la vendita – RF PF = €105.000 – €21.000 = €84.000.
******* Totale CV = CDV di produzione variabile + CV V&A = €84.000 + €24.000 €108.000).
******** Totale CF = CIP fix + CIF V&A = €63.000 + €18.000 = €81.000.

2.

CIP fisso u = CIP fissi previsti tot/Volume produzione previsto = €63.000/18.000 u = 3,5 €/u

Costo Pieno u std di produzione = CV u + CF u = 7 €/u + 3,5 €/u = 10,5 €/u

(1)	Ricavi di vendita, a prezzi standard*	€204.000
	RI PF (10,5 €/u)**	–
	CP dei beni prodotti (o CP della produzione realizzata)***	(€157.500)
	CP dei beni disponibili per la vendita****	**(€157.500)**
	RF PF (10,5 €/u)*****	€31.500
(2)	**CDV********	**(€126.000)**
(3) = (1) – (2)	**MOL**	**€78.000**
	Costi di periodo:	
	CV V&A	(€24.000)
	CF V&A	(€18.000)
(4)	**Totale costi generali di vendita e amministrativi**	**(€42.000)**
(5) = (3) – (4)	**Reddito operativo prima degli scostamenti**	**€36.000**
(6)	Scostamento del volume di produzione*******	(€10.500)S
(7) = (5) – (6)	**Reddito operativo**	**€25.500**

* Ricavi = Prezzo × Volume vendita = 17 €/u × 12.000 u = €204.000.
** RI PF = RF PF u × CP u prodotto = 0 × 10,5 €/u = 0.
*** CP beni prodotti = u prodotte × CP u prodotto = 15.000 u × 10,5 €/u = €157.500.
**** CP beni disponibili per la vendita = RI PF + CP beni prodotti = €0 + €157.500 = €157.500.
***** RF PF = RF u × CP u prodotto = 3.000 u × 10,5 €/u = €31.500.
****** CDV = CP beni disponibili per la vendita – RF PF = €157.500 – €31.500 = €126.000.
******* Lo scostamento del volume di produzione si origina in quanto i CIP fissi vengono allocati ai prodotti in base ai volumi di driver (in questo caso le unità prodotte) previsti, che possono differire da quelli effettivi: (Vol eff – Vol bdg) × CdA prev = (15.000 – 18.000) × 3,5 €/u = (€10.500) S. In questo caso è sfavorevole perché i volumi prodotti sono inferiori a quelli previsti: avendo allocato in base ai volumi previsti ed essendo stati questi superiori a quelli effettivamente prodotti, si deve portare lo scostamento del volume di produzione a decremento del RO. Inoltre in un sistema a CP i CF, essendo imputati al prodotto, vengono fatti variare proporzionalmente ai volumi, quando per definizione rimangono costanti al variare dei volumi: lo scostamento del volume di produzione è volto a rettificare tale variazione.

3.

Δ RO = RO CP – RO CV = €25.500 – €15.000 = €10.500

Se Volume produzione > Volume vendita => RF PF aumentano => RO CP > RO CV

Sistema a CV	
CIP fissi sostenuti	€63.000
CIP fissi inventariati in SP	€0
CIP fissi spesati in conto economico	**€63.000**

Sistema a CP	
CIP fissi sostenuti	€63.000
CIP fissi inventariati in SP (3,5 €/u × 3.000)	(€10.500)
CIP fissi spesati in conto economico	**€52.500**

Δ = €63.000 – €52.500 = €10.500

La differenza di reddito operativo può essere spiegata anche nel modo seguente:

(RF PF – RI PF) × CdA CIF
(3.000 – 0) × 3,5 €/u = €10.500

Esercizio 13.13

Dati

Valori effettivi	20X4	20X5
RI PF	—	2.000 u
Volume produzione	15.000 u	13.000 u
Volume vendita	13.000 u	14.000 u
RF PF	2.000 u	1.000 u

Valori preventivi	U	Totali
Produzione		14.000 u
Prezzo	75 €/u	
Materiali diretti	22 €/u	
Manodopera diretta	18 €/u	
CIV produzione	4 €/u	
Totale costi di produzione variabili standard	**44 €/u**	
CIF produzione		€98.000
Totale CIP fissi		**€98.000**
CV V&A	9 €/u	
CF V&A		€80.000

CdA CIF = CF u = 7 €/u
No Δ CV, CF, Prezzo
No RI e RF SL

Domande

1. Posto: sistema a costi standard, CE a CV e CE a CP 20X4?
2. Spiegazione differenza RO?

Soluzioni

1.
CV u std produzione = 44 €/u

Misurazione a costi variabili standard:

REED & BELL, INC.
Conto economico per l'anno finanziario chiuso al 31 dicembre 20X4

(1)	Ricavi di vendita, a prezzi standard*	€975.000
	CV:	
	RI PF (44 €/u)**	–
	CV dei beni prodotti al livello standard (o CV della produzione realizzata a livello standard)***	(€660.000)
	CV dei beni disponibili per la vendita****	**(€660.000)**
	RF PF (44 €/u)*****	€88.000
	CDV di produzione variabile	**(€572.000)**
	CV V&A******	(€117.000)
(2)	**Totale CV*********	**(€689.000)**
(3) = (1) – (2)	**MdC al livello standard**	**€286.000**
	CF:	
	CIF produzione	(€98.000)
	CF V&A	(€80.000)
(4)	**Totale CF**	**(€178.000)**
(5) = (3) – (4)	**RO**	**€108.000**

* Ricavi = Prezzo × Volume vendita = 75 €/u × 13.000 u = €975.000.
** RI PF = RF PF u × CV u prodotto = 0 × 44 €/u = €0.
*** CV beni prodotti = Volume produzione × CV u prodotto = 15.000 u × 44 €/u = €660.000.
**** CV beni disponibili per la vendita = RI PF + CV beni prodotti = €0 + €660.000 = €660.000.
***** RF PF = RF PF u × CV u prodotto = 2.000 u × 44 €/u = €88.000.
****** CV V&A = Volumi vendita × CV u vendita = 13.000 u × 9 €/u = €117.000.
******* Totale CV = CDV variabile di produzione + CV V&A = €572.000 + €117.000 = 689.000.

Misurazione a costi pieni standard:

REED & BELL, INC.
Conto economico per l'anno finanziario chiuso al 31 dicembre 20X4

Costo Pieno u std di produzione = CV u + CF u = 44 €/u + 7 €/u = 51 €/u

(1)	Ricavi di vendita, a prezzi standard*	€975.000
	RI PF**	–
	CP dei beni prodotti al livello standard (o CP della produzione realizzata a livello standard)***	(€765.000)
	CP dei beni disponibili per la vendita****	**(€765.000)**
	RF PF (51 €/u) *****	€102.000
(2)	**CDV al livello standard********	**(€663.000)**
(3) = (1) – (2)	**MOL al livello standard**	**€312.000**
	Costi di periodo:	
	CV V&A a livello standard*******	(€117.000)
	CF V&A secondo budget	(€80.000)
(4)	**Totale costi generali di vendita e amministrativi**	**(€197.000)**
(5) = (3) – (4)	**Reddito operativo prima degli scostamenti**	**€115.000**
	Scostamento del volume di produzione********	€7.000 F
	Reddito operativo	**€122.000**

* Ricavi = Prezzo × Volume vendita = 75 €/u × 13.000 u = €975.000.
** RI PF = RF PF u × CP u prodotto = 0 × 51 €/u = 0.
*** CP beni prodotti = Volume produzione × CP u prodotto = 15.000 u × 51 €/u = €765.000.
**** CP prodotti disponibili per la vendita = RI PF + CP beni prodotti = €0 + €765.000 = €765.000.
***** RF PF = RF u × CP u prodotto = 2.000 u × 51 €/u = €102.000.
****** CDV = CP beni disponibili per la vendita – RF PF = €765.000 – €102.000 = €663.000.
******* CV V&A = Volume vendita × CV u V&A = 13.000 u × 9 €/u = €117.000.
******** Lo scostamento del volume di produzione si origina in quanto i CIP fissi vengono allocati ai prodotti in base ai volumi di driver (in questo caso le unità prodotte) previsti, che possono differire da quelli effettivi: (Vol eff – Vol bdg) × CdA prev = (15.000 – 14.000) × 7 €/u = 7.000 F. In questo caso è favorevole perché i volumi prodotti sono superiori a quelli previsti: avendo allocato in base ai volumi previsti ed essendo stati questi inferiori a quelli effettivamente prodotti, si deve incrementare il RO dello scostamento del volume di produzione.

2.

RO CP – RO CV = €122.000 – €108.000 = €14.000

Se Volume produzione > Volume vendita => RF PF aumentano => RO CP > RO CV

Sistema a CV	
CIP fissi sostenuti	€98.000
CIP fissi inventariati in SP	€0
CIP fissi spesati in conto economico	**€98.000**

Sistema a CP	
CIP fissi sostenuti	€98.000
CIP fissi inventariati in SP (7 €/u × 2.000)	(€14.000)
CIP fissi spesati in conto economico	**€84.000**

Δ = €98.000 – €84.000 = €14.000

La differenza di reddito operativo può essere spiegata anche nel seguente modo:

(RF PF – RI PF) × CdA CIF
(2.000 – 0) × 7 €/u = €14.000

Esercizio 13.14

Dati

Valori effettivi	20X5
RI PF	2.000 u
Volume produzione	13.000 u
Volume vendita	14.000 u
RF PF	1.000 u

Valori preventivi	U	Totali
Produzione		14.000 u
Prezzo	75 €/u	
Materiali diretti	22 €/u	
Manodopera diretta	18 €/u	
CIV produzione	4 €/u	
Totale costi di produzione variabili standard	**44 €/u**	
CIF produzione		€98.000
Totale CIP fissi		**€98.000**
CV V&A	9 €/u	
CF V&A		€80.000

CdA CIF = CF u = 7 €/u

Domande

1. CE CV e CE CP 20X5?
2. Differenza RO?

Soluzioni

1.

Misurazione a costi variabili standard:

REED & BELL, INC.
Conto economico per l'anno finanziario chiuso al 31 dicembre 20X5

(1)	Ricavi di vendita, a prezzi standard*	€1.050.000
	CV:	
	RI PF (44 €/u)**	(€88.000)
	CV dei beni prodotti al livello standard (o CV della produzione realizzata)***	(€572.000)
	CV dei beni disponibili per la vendita******	**(€660.000)**
	RF PF (44 €/u)*****	€44.000
	CDV di produzione variabile********	**(€616.000)**
	CV V&A*******	(€126.000)
(2)	**Totale CV************	**(€742.000)**
(3) = (1) – (2)	**MdC al livello standard**	**€308.000**
	CF:	
	CIF produzione secondo budget	(€98.000)
	CIF V&A	(€80.000)
(4)	**Totale CF**	**(€178.000)**
(5) = (3) – (4)	**RO**	**€130.000**

* Ricavi = Prezzo × Volume vendita = 75 €/u × 14.000 u = €1.050.000.
** RI PF = RF PF u × CV u prodotto = 2.000 u × 44 €/u = €88.000.
*** CV beni prodotti = Volume produzione × CV u prodotto = 13.000 u × 44 €/u = €572.000.
**** CV beni disponibili per la vendita = RI PF + CV beni prodotti = €88.000 + €572.000 = €660.000.
***** RF PF = RF u × CV u prodotto = 1.000 u × 44 €/u = €44.000.
****** CDV di produzione variabile = CV beni disponibili per la vendita – RF PF = €660.000 – €44.000 = €616.000.
******* CV V&A = Volumi di vendita × CV u V&A = 14.000 u × 9 €/u = €126.000.
******** Totale CV = CDV di produzione variabile + CV V&A = €616.000 + €126.000 = €742.000.

Misurazione a costi pieni standard:

Costo pieno u standard di produzione = CV u + CF u = 44 €/u + 7 €/u = 51 €/u

REED & BELL, INC.
Conto economico per l'anno finanziario chiuso al 31 dicembre 20X5

(1)	Ricavi di vendita, a prezzi standard*	€1.050.000
	RI PF (51€/u)**	(€102.000)
	CP dei beni prodotti al livello standard***	(€663.000)
	CP dei beni disponibili per la vendita******	**(€765.000)**
	RF PF (51€/u)*****	€51.000
(2)	**CDV al livello standard**`******`	**(€714.000)**
(3) = (1) – (2)	**MOL al livello standard**	**€336.000**
	Costi di periodo:	
	CV V&A a livello standard*******	(€126.000)
	CIF V&A secondo budget	(€80.000)
(4)	**Totale costi V&A**	**(€206.000)**
(5) = (3) – (4)	**Reddito operativo prima degli scostamenti**	**€130.000**
	Scostamento del volume di produzione********	(€7.000) S
	Reddito operativo dopo gli scostamenti	**€123.000**

* Ricavi = Prezzo × Volume vendita = 75 €/u × 14.000 u = €1.050.000.
** RI PF = RF PF u × CP u prodotto = 2.000 u × 51 €/u = €102.000.
*** CP beni prodotti = Volume produzione × CP u prodotto = 13.000 u × 51 €/u = €663.000.
**** CP prodotti disponibili per la vendita = RI PF + CP beni prodotti = €102.000 + €663.000 = €765.000.
***** RF PF = u RF × CP u prodotto = 1.000 u × 51 €/u = €51.000.
****** CDV = CP beni disponibili per la vendita – RF PF = €765.000 – €51.000 = €714.000.
******* CV V&A = Volume vendita × CV u V&A = 14.000 u × 9 €/u = €126.000.
******** Scostamento del volume di produzione = (13.000 – 14.000) × 7 = (7.000) S

2.
Δ RO = RO CP – RO CV = €123.000 – €130.000 = (€7.000)
Se Volume produzione < Volume vendita (13.000 < 14.000) => RF PF diminuiscono => RO CV > RO CP

Sistema a CV	
CIP fissi sostenuti	€98.000
CIP fissi inventariati in SP	€0
CIP fissi spesati in conto economico	**€98.000**

Sistema a CP	
CIP fissi sostenuti	€98.000
CIP fissi inventariati in SP (7 €/u × 1.000)	€7.000
CIP fissi spesati in conto economico	**€105.000**

Δ = €105.000 – €98.000 = €7.000

Il RO del CE a CV supera il RO del CE a CP di €7.000.

La differenza di reddito operativo può essere spiegata anche nel seguente modo:

(RF – RI) × CdA CIF
(1.000 – 2.000) × 7 €/u = (€7.000)

Esercizio 13.15

Dati

h MOD eff = 12.000 h
Costo MOD eff = €150.000
CIV eff = €37.000
CIF eff – CIF bdg = (€1.600) F
Volumi effettivi = 1.800 u
CIF eff = €38.000
CdA CIV = 3 €/h
Tariffa std MOD = 13 €/h
Volumi previsti = 2.000 u
Driver CIF = Volumi previsti
h/u std MOD = 6 h/u

Domande

1. Δ MOD: Δ Tariffa e Δ Impiego? Costo MOD imputato?
2. Δ CIV: Δ Spesa e Δ Efficienza? CIV imputati?
3. Δ Assorbimento?

Soluzioni

1.
Δ MOD da budget flessibile – Finalità di controllo dei costi:

Δ P = (P eff – P std) × Q eff
P eff = Costo MOD eff/h MOD eff = €150.000/12.000 h = 12,5 €/h
Δ P = (12,5 – 13) × 12.000 = (€6.000) F

Δ I = (Q eff – Q std × Vol eff) × P std
Δ I = (12.000 – 6 × 1.800) × 13 = (12.000 – 10.800) × 13 = €15.600 S

Δ MOD tot da budget flex = Δ P + Δ I = (6.000) F + 15.600 S = €9.600 S

Costo MOD imputato al prodotto – Finalità di misurazione del costo di prodotto:

Costo MOD imputato = Costo u std MOD × Vol eff
Costo u std MOD = 13 €/h × 6 h/u = 78 €/u
Costo MOD imputato = 78 €/u × 1.800 u = €140.400

	Costi sostenuti: input effettivi × prezzo effettivo	**Budget flessibile basato sugli input necessari per volume di produzione effettivo × prezzo standard**	**Budget flessibile basato sugli input standard necessari per volume di produzione effettivo × prezzo standard**	**Determinazione dei costi di prodotto imputati al prodotto**
Manodopera diretta	12.000 h × 12,50 €/h = €150.000	12.000 h × 13,00 €/h = €156.000	10.800 h × 13,00 €/h = €140.400	€140.400
	Scostamento di prezzo, 12.000 h × 0,50 €/h = (oppure €150.000 – €156.000) €6.000 F	Scostamento di efficienza, 1.200 ore × 13 €/h = (oppure €156.000 – €140.400) €15.600 S	Nessuno scostamento	
	Scostamento dal budget flessibile, €9.600 S			

2.
Δ CIV da budget flessibile – Finalità di controllo dei costi:

Δ S = CIV eff – (Q eff × P std)
Δ S = 37.000 – (12.000 × 3) = €1.000 S

Δ E = P std × (Q eff – Q std × Vol eff)
Δ E = 3 × (12.000 – 6 × 1.800) = €3.600 S

Δ CIV tot da budget flex = Δ S + Δ E = 1.000 S + 3.600 S = €4.600 S

CIV imputati al prodotto – Finalità di misurazione del costo di prodotto:

CIV u std = CdA CIV × Vol driver std = 3 €/h × 6 h/u = 18 €/u
CIV imputati al prodotto = CIV u std × Vol eff = 18 €/u × 1.800 u = €32.400

3.
Δ Assorbimento – Finalità di misurazione del costo di prodotto:

Δ Assorbimento = CIV all – CIV eff
Δ Assorbimento = €32.400 – €37.000 = (€4.600) Sottoassorbimento

	Costi sostenuti: input effettivi × prezzo effettivo	**Budget flessibile basato sugli input necessari per volume di produzione effettivo × prezzo standard**	**Budget flessibile basato sugli input standard necessari per volume di produzione effettivo × prezzo standard**	**Determinazione dei costi di prodotto imputati al prodotto**
Costi indiretti variabili	€37.000	12.000 h × 3,00 €/u = €36.000	10.800 h × 3,00 €/u = €32.400	€32.400

Scostamento di spesa, €37.000 – €36.000 = €1.000 S	Scostamento di efficienza, 1.200 h × 3,00 €/u = (oppure €36.000 – €32.400) €3.600 S	Nessuno scostamento
Scostamento dal budget flessibile, €4.600 S		
Sottoassorbimento dei costi indiretti di produzione, €4.600 S		

Δ Spesa o da budget flessibile CIF – Finalità di controllo dei costi:

Δ Spesa = Δ da budget flex = CIF eff – CIF bdg
Δ Spesa = Δ da budget flex = €1.600 F (Dati)

Δ Vol produzione CIF – Finalità di misurazione del costo di prodotto:

Δ Vol produzione = CIF all – CIF bdg
CIF bdg = Δ Spesa + CIF eff = €1.600 + €38.000 = €39.600
CIF all = CdA CIF prev × Vol driver eff
CdA CIF prev = €39.600/2.000 u = 19,8 €/u
CIF all = 19,8 €/h × 1.800 u = €35.640
Δ Vol produzione = €35.640 – €39.600 = (€3.960) S

Oppure:
Δ Vol produzione = (Vol eff – Vol bdg) × CdA CIF
Δ Vol produzione = (1.800 – 2.000) × 19,8 €/u = (€3.960) S

Δ Assorbimento CIF – Finalità di misurazione del costo di prodotto:

Δ Assorbimento = CIF all – CIF eff
Δ Assorbimento = €35.640 – €38.000 = (€2.360) S

Oppure:
Δ Assorbimento = Δ Spesa + Δ Vol produzione
Δ Assorbimento = €1.600 F + €3.960 S = €2.360 S

	Costi sostenuti: input effettivi × prezzo effettivo	Budget flessibile basato sugli input necessari per volume di produzione effettivo × prezzo standard	Budget flessibile basato sugli input standard necessari per volume di produzione effettivo × prezzo standard	Determinazione dei costi di prodotto imputati al prodotto
Costi indiretti fissi	€38.000	€39.600	€39.600	1.800 × 19,8 €/u = €35.640
	Scostamento di spesa, €38.000 – €39.600 = €1.600 F	Nessuno scostamento €39.600 – €39.600 = 0	Scostamento del vol. di produzione, €35.640 – €39.600 = €3.960 S	
	Scostamento dal budget flessibile, €1.600 F			
	Sottoassorbimento dei costi indiretti di produzione, €2.360 S			

Esercizio 13.16

Dati

CIF eff = €6.300
CdA CIV = 11 €/h
Tariffa std MOD = 44 €/h
Driver CIF = Volumi previsti = 220 u
h/u std MOD = 5 h/u
h MOD eff = 1.000 h
Costo MOD eff = €42.500
CIV eff = €10.400
Δ Spesa CIF = Δ da budget flex CIF = €300 F
Volumi eff = 180

Domande

1. Δ MOD: Δ Tariffa e Δ Impiego? Costo MOD imputato?
2. Δ CIV: Δ Spesa e Δ Efficienza? CIV imputati?
3. Δ CIF: Δ Spesa, Δ Vol produzione, Δ Assorbimento?

Soluzioni

1.
Δ MOD da budget flessibile – Finalità di controllo dei costi:

Δ P = (P eff – P std) × Q eff
P eff = Costo MOD eff/h MOD eff = €42.500/1.000 h = 42,5 €/h
Δ P = (42,5 – 44) × 1.000 = (€1.500) F

$\Delta\ I = (Q\ eff - Q\ std \times Vol\ eff) \times P\ std$
$\Delta\ \text{I} = (1.000 - 5 \times 180) \times 44 = (1.000 - 900) \times 44 = €4.400\ \text{S}$

$\Delta\ \text{MOD tot da budget flex} = \Delta\ \text{P} + \Delta\ \text{I} = (1.500)\ \text{F} + 4.400\ \text{S} = €2.900\ \text{S}$

Costo MOD imputato al prodotto – Finalità di misurazione del costo di prodotto:

Costo MOD imputato = Costo u std MOD × Vol eff
Costo u std MOD = 44 €/h × 5 h/u = 220 €/u
Costo MOD imputato = 220 €/u × 180 u = €39.600

	Costi sostenuti: input effettivi × prezzo effettivo	**Budget flessibile basato sugli input necessari per volume di produzione effettivo × prezzo standard**	**Budget flessibile basato sugli input standard necessari per volume di produzione effettivo × prezzo standard**	**Determinazione dei costi di prodotto imputati al prodotto**
Manodopera diretta	1.000 h × 42,5€/u = €42.500	1.000 h × 44 €/u = €44.000	900 h × 44 €/u = €39.600	€39.600

		Scostamento di prezzo, 1.000 h × 1,5 €/h = (oppure €42.500 – €44.000) €1.500 F	Scostamento di efficienza, 100 h × 44 €/h = (oppure €44.000 – €39.600) €4.400 S	Nessuno scostamento	
		Scostamento dal budget flessibile, €2.900 S			

2.
Δ CIV da budget flessibile – Finalità di controllo dei costi:

$\Delta\ S = CIV\ eff - (Q\ eff \times P\ std)$
$\Delta\ \text{S} = 10.400 - (1.000 \times 11) = (€600)\ \text{F}$

$\Delta\ E = P\ std \times (Q\ eff - Q\ std \times Vol\ eff)$
$\Delta\ \text{E} = 11 \times (1.000 - 5 \times 180) = €1.100\ \text{S}$

$\Delta\ \text{CIV tot o}\ \Delta\ \text{da budget flex} = \Delta\ \text{S} + \Delta\ \text{E} = (€600)\ \text{F} + €1.100\ \text{S} = €500\ \text{S}$

CIV imputati al prodotto – Finalità di misurazione del costo di prodotto:

CIV u std = CdA CIV × Vol driver u std = 11 €/h × 5 h/u = 55 €/u
CIV imputati al prodotto = CIV u std × Vol eff = 55 €/u × 180 u = €9.900

Δ Assorbimento – Finalità di misurazione del costo di prodotto:

Δ Assorbimento = CIV all – CIV eff

Δ Assorbimento = €9.900 – €10.400 = (€500) Sottoassorbimento

	Costi sostenuti: input effettivi × prezzo effettivo	**Budget flessibile basato sugli input necessari per volume di produzione effettivo × prezzo standard**	**Budget flessibile basato sugli input standard necessari per volume di produzione effettivo × prezzo standard**	**Determinazione dei costi di prodotto imputati al prodotto**
Costi indiretti variabili	€10.400	1.000 h × 11 €/u = €11.000	900 u × 11 €/u = €9.900	€ 9.900
	Scostamento di spesa, €10.400 – €11.000 = €600 F	Scostamento di efficienza, 100 h × 11 €/h = (oppure €10.400 – €11.000) €1.100 S	Nessuno scostamento	
	Scostamento dal budget flessibile, €500 S			
	Sottoassorbimento dei costi indiretti di produzione, €500 S			

3.

Δ Spesa o da budget flessibile CIF – Finalità di controllo dei costi:

Δ Spesa = Δ da budget flex = CIF eff – CIF bdg

Δ Spesa = Δ da budget flex = 300 F (Dati)

Δ Vol produzione CIF – Finalità di misurazione del costo di prodotto:

Δ Vol produzione = CIF all – CIF bdg

CIF bdg = Δ Spesa + CIF eff = €300 + €6.300 = €6.600

CIF all = CdA CIF prev × Vol driver eff

CdA CIF prev = €6.600/220 u = 30 €/u

CIF all = 30 €/u × 180 u = €5.400

Δ Vol produzione = €5.400 – €6.600 = (€1.200) S

Oppure:

Δ Vol produzione = (Vol eff – Vol bdg) × CdA CIF

Δ Vol produzione = (180 – 220) × 30 €/u = (€1.200) S

Δ Assorbimento CIF – Finalità di misurazione del costo di prodotto:

Δ Assorbimento = CIF all – CIF eff

Δ Assorbimento = €5.400 – €6.300 = (€900) S

Δ Assorbimento = Δ Spesa + Δ Vol produzione

Δ Assorbimento = €300 F + €1.200 S = €900 S

	Costi sostenuti: input effettivi × prezzo effettivo	**Budget flessibile basato sugli input necessari per volume di produzione effettivo × prezzo standard**	**Budget flessibile basato sugli input standard necessari per volume di produzione effettivo × prezzo standard**	**Determinazione dei costi di prodotto imputati al prodotto**
Costi indiretti fissi	€6.300	Somma forfetaria €6.600	Somma forfetaria €6.600	900 × € 6 = €5.400
	Scostamento di spesa, €6.300 – €6.600 = €300 F	Nessuno scostamento €6.600 – €6.600 = 0	Scostamento vol. di produzione, €5.400 – €6.600 = €1.200 S	
	Scostamento dal budget flessibile, €300 F			
	Sottoassorbimento dei costi indiretti di produzione, €900 S			

CAPITOLO 14

Sistemi di misurazione dei costi su commessa e per processo

Esercizi e problemi

ESERCIZIO 14.1 **Consuntivo di commessa o scheda di costo di commessa**

La University of Dundee, Scozia utilizza dei consuntivi di commessa per vari progetti di ricerca. Uno dei motivi principali di questa scelta è la necessità di giustificare le richieste di rimborso dei progetti sponsorizzati dal governo federale.

Si consideri il seguente riepilogo relativo a un progetto di ricerca sul cancro della facoltà di Medicina:

- 5 gennaio: materiali diretti, varie forniture mediche, €925.
- 7 gennaio: materiali diretti, vari prodotti chimici, €780.
- 5-12 gennaio: manodopera diretta, ricercatori associati, 120 ore.
- 7-12 gennaio: manodopera diretta, assistenti dei ricercatori, 180 ore.

I ricercatori associati ricevono €32 all'ora, gli assistenti €19. Il coefficiente di allocazione dei costi indiretti è il 70% del costo della manodopera diretta.

Predisporre un report di commessa e rilevare tutti i dati consuntivi di progetto. Calcolare il costo totale del progetto fino al 12 gennaio.

ESERCIZIO 14.2 **Sistema di misurazione dei costi per commessa: rimanenze e costo del venduto**

I consuntivi di commessa di Mayer Global, Inc. contengono i dati seguenti:

	Date			
N° commessa	**Di inizio**	**Di fine**	**Di vendita**	**Costo totale della commessa al 31 maggio**
1	19 aprile	14 maggio	15 maggio	€3.200
2	26 aprile	22 maggio	25 maggio	€8.800

	Date			
N° commessa	Di inizio	Di fine	Di vendita	Costo totale della commessa al 31 maggio
3	2 maggio	6 giugno	8 giugno	€6.500
4	9 maggio	29 maggio	5 giugno	€8.100
5	14 maggio	14 giugno	16 giugno	€3.900

Calcolare il valore (1) del magazzino semilavorati di Mayer Global al 31 maggio, (2) del magazzino prodotti finiti al 31 maggio e (3) del costo del venduto per il mese di maggio.

ESERCIZIO 14.3 Sistema di misurazione dei costi per commessa

Harper Company usa un sistema di determinazione dei costi per commessa. Nel corso del mese di ottobre, primo mese di esercizio della società:

- Materie prime acquistate a credito, €210.000.
- Materie prime consegnate alla produzione, €190.000.
- Costo sostenuto per la manodopera diretta, €49.000; costo sostenuto per la manodopera indiretta €21.000.
- Ammortamento sulle attrezzature dell'impianto, €105.000.
- Altri costi generali di produzione sostenuti in ottobre, €130.000 (da considerarsi Debiti).
- La società adotta un sistema a valori normalizzati e applica i costi generali di produzione sulla base di un coefficiente di allocazione preventivo pari a €3,5 per ora-macchina. A ottobre sono state registrate 75.000 ore-macchina effettive.
- In ottobre sono stati completati e trasferiti al magazzino dei prodotti finiti tutte le unità componenti la commessa.
- Durante il mese sono stati consegnati ai clienti ordini di produzione il cui completamento, in base alle relative schede di commessa, è costato €450.000. Tali beni sono stati venduti al 50% in più del costo. I beni sono stati venduti a credito.
- Rimanenze iniziali di semilavorati, €35.000.

1. Preparare le scritture a libro giornale e i mastri per registrare le precedenti transazioni.
2. Determinare i saldi finali di magazzino.
3. Determinare il Delta Assorbimento dei costi indiretti di produzione.

ESERCIZIO 14.4 Sistema di misurazione dei costi per commessa e allocazione dei costi indiretti di produzione

Metal Parts produce calchi e altre parti metalliche in base alle specifiche dei clienti. La società usa un sistema di costi per commessa e alloca i costi generali di produzione alle commesse attraverso un coefficiente di allocazione preventivo basato sulle ore-macchina.

All'inizio dell'esercizio, la società stimava che avrebbe lavorato 576.000 ore-macchina e avrebbe sostenuto €4.320.000 di costi generali di produzione.

All'inizio dell'esercizio, la società non aveva semilavorati. La società ha dedicato l'intero mese di gennaio a un unico grosso ordine (la commessa 382), un ordine di 10.000 parti lavorate a macchina. Si riportano di seguito i dati sui costi di gennaio:

- Materie prime acquistate a credito, €315.000.
- Materie prime richieste per la produzione, €270.000.
- Costo della manodopera sostenuto nella fabbrica, €190.000, di cui €80.000 per manodopera diretta e €110.000 per manodopera indiretta.
- Quota di ammortamento sulle attrezzature della fabbrica, €63.000.
- Altri costi generali di produzione sostenuti, €85.000 (da considerarsi Debiti diversi).
- Le ore-macchina effettive sono state pari a 40.000.
- La commessa, interamente completata, è stata trasferita nel magazzino dei prodotti il 20 gennaio.
- Il 21 gennaio sono state vendute al cliente 8.000 unità al prezzo di €80 a unità, le restanti unità sono rimaste a magazzino.

1. Preparare le scritture a libro giornale e i mastri ai fini della registrazione delle operazioni del periodo.
2. Calcolare il Delta Assorbimento dei costi indiretti di produzione.

ESERCIZIO 14.5 Sistema di misurazione dei costi per commessa: flusso contabile, delta assorbimento e conto economico di commessa

Scenic Design Company progetta e fabbrica materiale scenico per il cinema. Lo stato patrimoniale della società al 1° gennaio dell'esercizio in corso è riportato di seguito:

Attivo circolante	
Cassa e banche	€15.000
Crediti verso clienti	€40.000

Magazzino	
Materie prime	€25.000
Semilavorati	€30.000
Prodotti finiti	€45.000
Crediti assicurativi (anticipi)	€5.000
Totale attivo circolante	**€160.000**
Impianti e macchinari al netto del fondo ammortamento (€210.000)	€290.000
Totale attivo	**€450.000**
Passivo e PN	
Debiti verso fornitori	€75.000
Capitale sociale	€250.000
Utili non distribuiti	€125.000
Totale passivo e patrimonio netto	**€450.000**

Poiché ogni modello è unico e potrebbe richiedere da poche ore a un mese o più per essere completato, Scenic Design Company usa un sistema di determinazione dei costi per commessa. I costi generali del laboratorio di fabbricazione sono allocati ai modelli attraverso un coefficiente di allocazione preventivo basato sul costo della manodopera diretta. La società ha stimato che avrebbe sostenuto costi generali di produzione pari a €80.000 e costi di manodopera diretta pari a €100.000. Durante l'esercizio sono state registrate le seguenti operazioni:

a. Le materie prime, come legno, vernici e lamine di metallo, sono state acquistate a credito a €80.000.

b. Le materie prime sono state immesse nella produzione, per un totale di €90.000; €5.000 di questo importo riguardavano i materiali indiretti.

c. Costi per retribuzioni sostenuti e pagati: manodopera diretta, €120.000; manodopera indiretta, €30.000; personale di vendita e amministrativo, €75.000.

d. Costi per le utenze del laboratorio di fabbricazione sostenuti, €12.000.

e. Quota di ammortamento dell'esercizio, €30.000 (€5.000 sulle immobilizzazioni di vendita e amministrative; €25.000 sulle immobilizzazioni del laboratorio di fabbrica).

f. Premi assicurativi di competenza dell'esercizio (già pagati e rilevati nel conto Crediti assicurativi – anticipi), €4.800 (€4.000 relativi alle attività del laboratorio di fabbrica e €800 relativi alle attività di vendita e amministrative).

g. Spese di spedizione sostenute, €40.000.

h. Altri costi generali di produzione sostenuti, €17.000 (da considerarsi Debiti diversi).

i. I costi generali di produzione sono stati allocati alla commessa in base al costo della manodopera diretta.

j. Sono stati completati modelli per il cinema la cui produzione è costata €310.000, così come riportato nel consuntivo di commessa.

k. Il costo totale relativo ai modelli per il cinema che sono stati venduti nell'esercizio è stato di €300.000.

l. Le vendite per l'esercizio ammontavano, in totale, a €450.000 ed erano tutte a credito.

m. Pagamenti a fornitori a credito, €150.000.

1. Si componga il flusso contabile relativo al mese di gennaio, effettuando le registrazioni sui mastri. Si evidenzino i saldi finali dei magazzini.

2. Si determini il Delta Assorbimento dei costi indiretti di produzione e lo si tratti contabilmente come una quota da ripartire proporzionalmente.

3. Si rediga il conto economico del mese di gennaio.

ESERCIZIO 14.6 — Sistema di misurazione dei costi per commessa: registrazioni contabili e conto economico

Carven Company è una società manifatturiera che usa un sistema di costi per commessa. Il 1° gennaio, l'inizio dell'esercizio in corso, i saldi di magazzino della società erano i seguenti:

Materie prime	€16.000
Semilavorati	€10.000
Prodotti finiti	€30.000

La società alloca i costi indiretti di produzione alle commesse in base a un coefficiente preventivo, considerando come base di ripartizione le ore-macchina. Per l'esercizio in corso la società ha stimato che avrebbe lavorato 36.000 ore-macchina e che avrebbe sostenuto costi generali di produzione per €153.000.

Sono state registrate le seguenti transazioni per l'esercizio:

- Materie prime acquistate a credito, €200.000.
- Materie prime prelevate per la produzione, €190.000 (80% dirette, 20% indirette).

Sono stati sostenuti i seguenti costi per i servizi dei dipendenti:

Manodopera diretta	€160.000
Manodopera indiretta	€27.000
Commissioni sulle vendite	€36.000
Personale amministrativo	€80.000

- Costi per riscaldamento, elettricità e acqua sostenuti nella fabbrica, €42.000.
- Costi per premi assicurativi (a debito – debiti assicurativi), €10.000 (90% relativo alle operazioni della fabbrica e 10% relativo alle attività di vendita e amministrative).
- Costi pubblicitari sostenuti, €50.000.
- Quota di ammortamento dell'esercizio, €60.000 (85% relativo alle attività di fabbrica e 15% relativo alle attività di vendita e amministrative).
- I costi generali di produzione vengono allocati alla produzione attraverso un coefficiente di allocazione preventivo basato sulle ore-macchina. La società ha registrato 40.000 ore-macchina effettive per l'esercizio.
- La commessa, composta da 2.000 unità, è stata interamente completata nell'esercizio.
- Sono state vendute nell'esercizio 1.900 unità al prezzo di €350 l'una.

1. Preparare le scritture a libro giornale e i conti a T (mastri) per registrare le transazioni descritte.
2. Preparare il consuntivo di commessa.
3. Determinare il Delta Assorbimento dei costi indiretti di produzione, trattato contabilmente dall'azienda con il metodo dello storno immediato. Preparare una scrittura a libro giornale per chiudere l'eventuale saldo del conto Controllo CIP nel Costo del venduto.
4. Redigere il conto economico dell'esercizio.

ESERCIZIO 14.7 Calcolo delle unità equivalenti

Si considerino i dati seguenti per il 20X4:

	Unità fisiche
Iniziate nel 20X4	80.000
Completate nel 20X4	90.000
Rimanenze finali, semilavorati	10.000
Rimanenze iniziali, semilavorati	20.000

Le rimanenze iniziali erano complete all'80% per quanto concerne i materiali diretti e al 40% in termini di costi di trasformazione. Le rimanenze finali erano complete al 20% per quanto concerne i materiali diretti e al 30% in termini di costi di trasformazione.

Preparare uno schema delle unità equivalenti per il lavoro eseguito finora.

ESERCIZIO 14.8 — Sistema di misurazione dei costi per processo

Un reparto di Filmartex Spa produce tessuto in cotone. Tutti i materiali diretti vengono introdotti all'inizio del processo e i costi di trasformazione vengono sostenuti in modo uniforme per tutta la durata del processo; ad aprile non vi erano rimanenze iniziali di semilavorati.

Unità iniziate, completate e trasferite: 650.000. Semilavorati al 30 aprile: 220.000. Ogni unità di semilavorati finali è completa al 100% sotto il profilo dei materiali diretti ed è stata trasformata al 60%. Costi sostenuti in aprile: materiali diretti, €3.741.000; costi di trasformazione, €860.200.

1. Calcolare il lavoro totale svolto in unità equivalenti e il costo unitario per aprile.
2. Calcolare il totale dei costi contabilizzati. Calcolare inoltre il costo delle unità presenti nei semilavorati finali.

ESERCIZIO 14.9 — Calcolo delle unità fisiche

Inserire i valori mancanti:

	Caso	
Flusso di produzione	**A**	**B**
Semilavorati, rimanenze di magazzino iniziali	1.500	4.000
Unità iniziate	6.500	?
Unità completate e trasferite	?	8.000
Semilavorati, rimanenze finali	2.000	3.300

ESERCIZIO 14.10 — Sistema di misurazione dei costi per processo

Un istituto deve elaborare milioni di dichiarazioni dei redditi all'anno. Quando il contribuente invia una dichiarazione, i documenti quali le dichiarazioni delle ritenute e gli assegni vengono confrontati con i dati inviati. Poi vengono condotte diverse altre ispezioni sui dati. Ovviamente alcune dichiarazioni sono più complicate di altre, pertanto il tempo previsto consentito per elaborare una dichiarazione viene calcolato per una dichiarazione "media".

Alcuni esperti di misurazione del lavoro stanno monitorando l'elaborazione in un particolare ramo, alla ricerca di modi per migliorare la produttività.

Si supponga che il 15 aprile fossero state ricevute 3 milioni di dichiarazioni. Il 22 aprile, i team di misurazione del lavoro hanno scoperto che tutte le forniture (schede perforate, moduli di controllo per le ispezioni e così via) erano state applicate alle dichiarazioni, ma il 40% di queste doveva ancora essere sottoposto a un'ispezione finale. Le altre dichiarazioni erano state completate interamente.

1. Si supponga che l'ispezione finale rappresenti il 25% del tempo di elaborazione totale in questo processo. Calcolare il lavoro totale effettuato in termini di unità equivalenti.
2. I materiali e le forniture consumati erano €600.000. Per questi calcoli, materiali e forniture sono considerati proprio come materiali diretti. I costi di trasformazione erano €4.725.000. Calcolare i costi unitari di materiali e forniture e quelli di trasformazione.
3. Calcolare il costo delle dichiarazioni dei redditi non ancora elaborate.

ESERCIZIO 14.11 — Sistema di misurazione dei costi per processo in presenza di due materiali

I dati seguenti sono relativi al reparto Miscelazione di Pennsylvania Chemicals per il mese di aprile:

Unità:	
Semilavorati al 31 marzo	0
Unità iniziate	60.000
Completate e trasferite al reparto Finitura	40.000
Costi:	
Materiali	
Composto plastico	€300.000
Composto ammorbidente	€80.000
Costi di trasformazione	€240.000

Il composto plastico viene introdotto all'inizio del processo, mentre quello ammorbidente viene aggiunto quando il prodotto raggiunge uno stadio di completamento pari all'80% e i costi di trasformazione vengono sostenuti in modo uniforme per tutta la durata del processo.

I semilavorati finali sono completi al 40% in termini di costi di trasformazione. Nessuna delle unità in lavorazione ha raggiunto l'80% del completamento.

1. Calcolare le unità equivalenti e i costi unitari di aprile.
2. Calcolare il costo delle unità completate e trasferite ai prodotti finiti. Calcolare inoltre il costo dei semilavorati finali.

ESERCIZIO 14.12 **Problema completo sulla determinazione dei costi per processo**

Flower Company utilizza una delle sue strutture produttive per la realizzazione di un profumo. Il processo produttivo si realizza in due reparti produttivi: Miscelatura e Imbottigliamento.

Viene fornito il seguente conto Semilavorati incompleto per il mese di marzo per il reparto Miscelatura:

		Semilavorati – Miscelatura	
Saldo al 1° marzo (40.000 unità, materiali completi al 100%, manodopera e costi generali all'80%)	€32.800	Unità completate e trasferite a Imbottigliamento (760.000 unità)	?
Materie prime	€147.600		
Manodopera diretta	€73.200		
Costi generali allocati	€481.000		
Saldo al 31 marzo (30.000 unità, materiali completi al 60%, manodopera e costi generali al 40%)	?		

L'importo di €32.800 del reparto Miscelatura è costituito dai seguenti elementi di costo: materie prime €8.000; manodopera diretta, €4.000; costi generali allocati €20.800.

I costi sostenuti in marzo nel reparto Imbottigliamento erano: materiali usati, €45.000, manodopera diretta, €17.000; costi generali allocati, €108.000.

La società usa il metodo della media ponderata nella determinazione dei costi per processo.

1. Preparare le scritture a libro giornale per registrare i costi sostenuti nel reparto Miscelatura e nel reparto Imbottigliamento in marzo. Collegare le scritture alle seguenti voci:
   a. Sono state prelevate materie prime da usare in produzione.
   b. Sono stati sostenuti costi di manodopera diretta.
   c. Sono stati sostenuti costi generali di produzione per l'intero stabilimento, €596.000 (imputare ai debiti e usare un unico conto di controllo dei costi generali di produzione per l'intero impianto).
   d. I costi generali di produzione sono stati allocati alla produzione utilizzando un coefficiente predeterminato.
   e. Le unità complete in relazione al reparto Miscelatura sono state trasferite al reparto Imbottigliamento, €722.000.
   f. Le unità complete in relazione al reparto Imbottigliamento sono state trasferite al magazzino dei prodotti finiti, €920.000.
   g. Sono state vendute a credito unità completate per €1.400.000. Il costo del venduto era di €890.000.

2. Riportare le scritture a libro giornale precedentemente richieste nei conti di mastro. All'inizio di marzo esistevano i seguenti saldi di conto (il saldo di inizio periodo del conto Semilavorati – Miscelatura è riportato in precedenza).

Materie prime	€198.600
Semilavorati – Reparto Imbottigliamento	€49.000
Prodotti finiti	€20.000

Dopo aver riportato le scritture contabili nei conti a T, calcolare il saldo di chiusura dei conti e il Delta Assorbimento dei costi generali di produzione.

3. Preparare un report di produzione per il reparto Miscelatura per il mese di marzo.

Glossario: terminologia, abbreviazioni adottate e definizioni

Misurazione dei costi su commessa (Job Order Costing System): metodo di allocazione dei costi ai prodotti o servizi che possono essere immediatamente identificati da singole unità (pezzi unici) o piccole serie (lotti), realizzate sulla base di specifiche concordate con il cliente, attraverso processi di trasformazione a fasi, con sequenze che variano da prodotto a prodotto.

Consuntivo di commessa (o Rendiconto di commessa o Scheda di costo di commessa): documento che contiene tutti i costi di commessa riguardanti un particolare prodotto, servizio o gruppo di prodotti.

Misurazione dei costi per processo (Process Costing System): metodo di allocazione dei costi ai prodotti o servizi che non sono identificabili separatamente, realizzati in grandi quantità, attraverso processi di trasformazione a flusso continuo e a fasi sequenzialmente obbligate. Prevede l'assegnazione di uno stesso costo medio ai prodotti.

Report di produzione: documento fondamentale di un sistema di misurazione dei costi per processo che si compone di tre sezioni: il prospetto delle quantità, che mostra il flusso delle unità e il calcolo delle unità equivalenti; il calcolo del costo per unità equivalente e la riconciliazione dei flussi di costo per il periodo, che a sua volta include il costo totale per le unità completate e trasferite dal reparto e il costo totale per le unità parzialmente completate rimaste nel magazzino dei semilavorati.

Unità equivalenti di produzione (UEP): prodotti parzialmente completati, ossia quantità di prodotti completati che sarebbero potuti essere realizzati se nel corso del periodo si fossero prodotte solamente unità iniziate e completate nel corso del periodo stesso.

Costi indiretti di produzione allocati (CIP all): costi indiretti di produzione allocati a una commessa o a un reparto, dati dal prodotto tra un coefficiente di allocazione preventivo e il consumo di driver effettivo.

Coefficiente di allocazione preventivo (CAP): coefficiente utilizzato nell'ambito di sistemi di misurazione dei costi su commessa e per processo, dato dal rapporto tra costi indiretti di produzione programmati e volume programmato della determinante di costo (Driver bdg).

Algoritmi utili

CAP = CIP bdg/Driver bdg

CIP all = CAP × Livello effettivo driver

UEP = Unità fisica × % completamento

Costo UEP = Costi periodo/UEP periodo

Unità da contabilizzare = RI SL + Unità iniziate

Lavoro svolto finora = Produzione completata e trasferita + RF SL

Totale costi da contabilizzare = Costo RI SL + Costi aggiunti nel periodo

Costo unitario (media ponderata) = Totale costi da contabilizzare/UEP

Totale costi contabilizzati = Costi unità completate e trasferite + RF SL

Soluzioni agli esercizi

Esercizio 14.1

Dati

Costo MP forniture mediche 05/01 = €925
Costo MP prodotti chimici 07/01 = €780
h MOD ricercatori associati 05/01 – 12/01 = 120 h
h MOD assistenti ricercatori 07/01 – 12/01 = 180 h
€/h ricercatori associati = 32 €/h
€/h assistenti = 19 €/h
CdA CI = 0,7 × Costo MOD

Domande

Consuntivo di commessa al 12 gennaio?

Soluzioni

Facoltà di Medicina	Progetto di ricerca sul cancro				
Riferimento	**Data**	**Quantità**	**Costo unitario**	**Importo**	**Riepilogo**
Materiali diretti:					
Forniture mediche varie	5 gennaio			€925	
Prodotti chimici vari	7 gennaio			€780	
Totale MP					**€1.705**
Manodopera diretta:					
Ricercatori associati	5-12 gennaio	120 h	32 €/h	€3.840	
Assistenti ricercatori	7-12 gennaio	180 h	19 €/h	€3.420	
Totale MOD					**€7.260**
Costi indiretti di progetto imputati	12 gennaio			€5.082*	€5.082
Costi totali					**€14.047**

* CI = CdA × Costo MOD = 0,7 × €7.260 = €5.082.

Esercizio 14.2

Dati

	Date			
N. commessa	**Di inizio**	**Di fine**	**Di vendita**	**Costo totale della commessa al 31 maggio**
1	19 aprile	14 maggio	15 maggio	€3.200
2	26 aprile	22 maggio	25 maggio	€8.800
3	2 maggio	6 giugno	8 giugno	€6.500
4	9 maggio	29 maggio	5 giugno	€8.100
5	14 maggio	14 giugno	16 giugno	€3.900

Domande

1. RF SL 31 maggio?
2. RF PF 31 maggio?
3. CDV maggio?

Soluzioni

1.

RF SL 31 maggio = €6.500 + €3.900 = €10.400*

* Sommatoria delle commesse 3 e 5, iniziate e non ancora concluse al 31 maggio.

2.
RF PF = €8.100*

* Commessa 4 conclusa prima del 31 maggio e non ancora venduta al 31 maggio.

3.
CDV maggio = €3.200 + €8.800 = €12.000*

* Sommatoria delle commesse 1 e 2, concluse e vendute a maggio.

Esercizio 14.3

Dati
Acquisti MP = €210.000
MP utilizzate = €190.000
MOD = €49.000
MOI = €21.000
Ammortamenti industriali = €105.000
Altri CIP = €130.000 (Debiti diversi)
CAP = 3,5 €/h macch
h macch eff = 75.000 h
RF SL = 0
CDV = €450.000
Ricavi vendita = 1,5 × CDV
RI SL = €35.000

Domande
1. Mastri e scritture?
2. Saldi finali?
3. Δ Assorbimento?

Soluzioni
1. e **2.**

a.	Magazzino MP Debiti v/fornitore	€210.000	€210.000

b.	Magazzino SL Magazzino MP	€190.000	€190.000

c.	Magazzino SL Debiti v/dipendenti	€49.000	€49.000

d.	Controllo CIP	€256.000	
	Debiti v/dipendenti		€21.000
	F.do ammortamento		€105.000
	Debiti diversi		€130.000

CIP all = CAP × Driver eff = 3,5 €/h × 75.000 h = €262.500

e.	Magazzino SL	€262.500	
	Controllo CIP		€262.500

f.	Magazzino PF	€536.500	
	Magazzino SL		€536.500

g.	CDV	€450.000	
	Magazzino PF		€450.000

h.	Crediti v/clienti	€675.000	
	Ricavi vendita		€675.000

Magazzino MP

	Dare	Avere	
a.	€ 210.000	€ 190.000	b.
		€ 20.000	**RF**

Magazzino SL

	Dare	Avere	
RI	€ 35.000	€ 536.500	f.
b.	€ 190.000		
c.	€ 49.000		
e.	€ 262.500		
		€ –	**RF**

Debiti v/fornitori

	Dare	Avere	
		€ 210.000	a.

Controllo CIP

	Dare	Avere	
d. MOI	€ 21.000	€ 262.500	e.
d. Ammm.ti	€ 105.000		
d. Altri CGP	€ 130.000		
Sovrassorbimento	**€ 6.500**		

Debiti v/dipendenti

	Dare	Avere	
		€ 49.000	c.
		€ 21.000	d.
		€ 70.000	Saldo

Magazzino PF

	Dare	Avere	
f.	€ 536.500	€ 450.000	g.
		€ 86.500	**RF**

F.do ammortamento

Dare	Avere
	€ 105.000 d.

CDV

Dare	Avere
g. € 450.000	

Debiti diversi

Dare	Avere
	€ 130.000 d.

Ricavi vendita

Dare	Avere
	€ 675.000 h.

Crediti v/clienti

Dare	Avere
h. € 675.000	

3.

CIP eff = €21.000 + €105.000 + €130.000 = €256.000

CIP all = CAP × Driver eff = 3,5 €/h × 75.000 h = €262.500

Δ Assorbimento = €262.500 – €256.000 = €6.500 Sovrassorbimento*

* Il sovrassorbimento, a seconda del metodo adottato dall'azienda, verrà portato interamente a rettifica del costo del venduto (metodo dello storno immediato) o verrà distribuito proporzionalmente alle rimanenze dei semilavorati, alle rimanenze dei prodotti finiti e al costo del venduto.

Esercizio 14.4

Dati

Costo MP = €315.000

MP utilizzate = €270.000

MOD utilizzata = €80.000

MOI utilizzata = €110.000

Amm.to = €63.000
Altri CGP = €85.000 (debiti)
h macch eff = 40.000 h
h macch bdg = 576.000 h
CIP bdg = €4.320.000
RI SL = 0
RF SL = 0 (commessa completata il 20 gennaio)
Unità commessa = 10.000 u
Unità vendute = 8.000 u
P = 80 €/u

Domande

1. Mastri e scritture? Saldi magazzini?
2. Δ Assorbimento?
3. Consuntivo di commessa?

Soluzioni

1.

a.	Magazzino MP Debiti v/fornitore	€315.000	 €315.000

b.	Magazzino SL Magazzino MP	€270.000	 €270.000

c.	Magazzino SL Deb. v/dipendenti	€80.000	 €80.000

d.	Controllo CIP Deb. v/dipendenti F.do ammmortamento Debiti diversi	€258.000	 €110.000 €63.000 €85.000

CAP = CIP bdg/h macch bdg = €4.320.000/576.000 h = 7,5 €/h
CIP all = CAP × h macch eff = 7,5 €/h × 40.000 h = €300.000

e.	Magazzino SL Controllo CIP	€300.000	 €300.000

f.	Magazzino PF Magazzino SL	€650.000	 €650.000

Costo u prodotto = Costo Magazzino PF/unità commessa = €650.000/10.000 u = 65 €/u
CDV = Unità vendute × Costo u = 8.000 × 65 €/u = €520.000

g.	CDV Magazzino PF	€520.000	 €520.000

Ricavi vendita = Unità vendute × P = 8.000 u × 80 €/u = €640.000

h.	Ricavi di vendita Crediti v/clienti	€640.000	 €640.000

Magazzino MP

a.	€ 315.000	€ 270.000	b.
		€ 45.000	**RF**

Magazzino SL

RI	€ –	€ 650.000	f.
b.	€ 270.000		
c.	€ 80.000		
e.	€ 300.000		
	€ 650.000	**€ –**	**RF**

Debiti v/fornitori

		€ 315.000	a.

Controllo CIP

d. MOI	€ 110.000	€ 300.000	e.
d. Amm.ti	€ 63.000		
d. Altri CGP	€ 85.000		
Sovrassorbimento	**€ 42.000**		

Debiti v/dipendenti

		€ 80.000	c.
		€ 110.000	d.
		€ 190.000	Saldo

Magazzino PF

f.	€ 650.000	€ 520.000	g.
		€ 130.000	**RF**

F.do ammortamento

		€ 63.000	d.

CDV

g.	€ 520.000		

Debiti diversi	
	€ 85.000 d.

Ricavi vendita	
	€ 640.000 h.

Crediti v/clienti	
h. € 640.000	

2.

CIP eff = €110.000 + €63.000 + €85.000 = €258.000
CIP all = CAP x h macch eff = 7,5 €/h x 40.000 h = €300.000
Δ Assorbimento = CIP all – CIP eff = €300.000 – €258.000 = €42.000 Sovrassorbimento*

* Il sovrassorbimento, a seconda del metodo adottato dall'azienda, verrà portato interamente a rettifica del costo del venduto (metodo dello storno immediato) o verrà distribuito proporzionalmente alle rimanenze dei semilavorati, alle rimanenze dei prodotti finiti e al costo del venduto.

3.

Consuntivo commessa (scheda di costo)	
RI SL	€0
MP	€270.000
MOD	€80.000
CIP	€300.000
Totale	**€650.000**

Esercizio 14.5

Dati

RI MP = €25.000
RI SL = €30.000

RI PF = €45.000
Saldo iniziale Cassa = €15.000
Saldo iniziale Crediti v/clienti = €40.000
Saldo iniziale Crediti assicurativi = €5.000
Saldo iniziale F.do ammortamento = €210.000
Saldo iniziale debiti v/fornitori = €75.000
Materiali acquistati = €80.000
Materiali diretti utilizzati = €85.000
Materiali indiretti utilizzati = €5.000
MOD = €120.000
MOI = €30.000
Personale V&A = €75.000
Utenze = €12.000
Amm.ti industriali = €25.000
Amm.ti V&A = €5.000
Assicurazione fabbrica = €4.000
Assicurazione V&A = €800
Spese spedizione = €40.000
Altri CIP = €17.000
Driver CIP = Costo MOD
Produzione completata = €310.000
CDV = €300.000
Ricavi vendita = €450.000
Pagamenti a credito ai fornitori = €150.000

Domande

1. Mastri? Saldi magazzino?
2. Δ Assorbimento? Distribuzione proporzionale?
3. CE?

Soluzioni

1.

Magazzino MP

RI	€ 25.000	€ 90.000	b.
a.	€ 80.000		
		€ 15.000	**RF**

Magazzino SL

RI	€ 30.000	€ 310.000	j.
b.	€ 85.000		
c.	€ 120.000		
i.	€ 96.000		
	€ 331.000	**€ 21.000**	**RF**

Cassa

Saldo iniz.	€ 15.000	€ 225.000	c.
		€ 150.000	m.
		€ 360.000	Saldo

Controllo CIP

b. Mat. Ind.	€ 5.000	€ 96.000	i.
c. MOI	€ 30.000		
d. Utenze	€ 12.000		
e. Amm.ti	€ 25.000		
f. Assic.	€ 4.000		
h. Altri CIP	€ 17.000		
Sovrassorb.	**€ 3.000**		

CAP = €80.000/€100.000 = 0,8

CIP all = 0,8 x €120.000 = €96.000

Debiti v/fornitori

m.	€ 150.000	€ 75.000	Saldo iniz.
		€ 80.000	a.
Saldo	€ 5.000		

Magazzino PF

RI	€ 45.000	€ 300.000	k.
j.	€ 310.000		
		€ 55.000	**RF**

Debiti v/dipendenti

		€ 120.000	c.
		€ 30.000	c.
		€ 75.000	c.
		€ 225.000	Saldo

Spese V&A

c.	€ 75.000		
e.	€ 5.000		
f.	€ 800		
g.	€ 40.000		
Saldo	€ 120.800		

Debiti diversi

		€ 12.000	d.
		€ 40.000	g.
		€ 17.000	h.
		€ 69.000	Saldo

CDV

k.	€ 300.000		

F.do ammortamento

		€ 210.000	Saldo iniz.
		€ 30.000	e.
		€ 240.000	Saldo

Ricavi vendita

		€ 450.000	l.

Crediti assicurativi (anticipi)

Saldo iniz.	€ 5.000	€ 4.800	f.
f.			
		€ 200	Saldo

Crediti v/clienti

Saldo iniz.	€ 40.000		
l.	€ 450.000		
Saldo	€ 490.000		

2.

CIP eff = €5.000 + €30.000 + €12.000 + €25.000 + €4.000 + €17.000 = €93.000
CAP = €80.000/€100.000 = 0,8
CIP all = 0,8 × €120.000 = €96.000
Δ Assorbimento = CIP all – CIP eff = €96.000 – €93.000 = €3.000 Sovrassorbimento

Metodo della distribuzione proporzionale:

CDV	€300.000/(€300.000 + €21.000 + €55.000) × €3.000 =	€2.394
RF SL	€21.000/(€300.000 + €21.000 + €55.000) × €3.000 =	€167
RF PF	€55.000/(€300.000 + €21.000 + €55.000) × €3.000 =	€439

3.

Ricavi vendita	€450.000
CDV	(€300.000)
CDV rettificato	(€297.606)*
MOL	**€152.394**
Spese V&A	(€120.800)
RO	**€31.594**

* CDV rettificato = €300.000 – €2.394 = €297.606.

Esercizio 14.6

Dati

RI MP = €16.000
RI SL = €10.000
RI PF = €30.000
h macch bdg = 36.000 h
CIP bdg = €153.000
Acquisti MP = €200.000
Materiali diretti utilizzati = €190.000 × 0,8 = €152.000
Materiali indiretti inutilizzati = €190.000 × 0,2 = €38.000
MOD = €160.000
MOI = €27.000
Commissioni vendite = €36.000
Personale amministrativo = €80.000
Utenze = €42.000
Assicurazione fabbrica = €10.000 × 0,9 = €9.000
Assicurazione V&A = €10.000 × 0,1 = €1.000
Costi pubblicità = €50.000
Amm.ti industriali = €60.000 × 0,85 = €51.000
Amm.ti V&A = €60.000 × 0,15 = €9.000
Driver CIP = h macchina = 40.000 h
U commessa = 2.000 u
U completate = 2.000 u
U vendute = 1.900 u
Prezzo = 350 €/u

Domande

1. Scritture a libro giornale? Mastri?
2. Consuntivo commessa?
3. Delta Assorbimento (metodo dello storno immediato)? Scrittura a libro giornale?
4. CE?

Soluzioni

1.

a.	Magazzino MP Debiti v/fornitore	€200.000	 €200.000

b.	Magazzino SL Magazzino MP	€152.000	 €152.000

c.	Magazzino SL Debiti v/dipendenti	€160.000	 €160.000

d.	Controllo CIP Magazzino MP Debiti v/dipendenti Debiti diversi Debiti assicurativi F.do ammortamento	€167.000	 €38.000 €27.000 €42.000 €9.000 €51.000

CAP = €153.000/36.000 h = 4,25 €/h
CIP all = 4,25 €/h × 40.000 h = €170.000

e.	Magazzino SL Controllo CIP	€170.000	 €170.000

f.	Spese V&A per commissioni Spese V&A personale amm.vo Debiti v/dipendenti	€36.000 €80.000	 €116.000

g.	Premi assicurativi V&A Debiti assicurativi	€1.000	 €1.000

h.	Spese V&A pubblicitarie Debiti diversi	€50.000	 €50.000

i.	Ammortamenti V&A F.do ammortamento	€9.000	 €9.000

Magazzino SL = €10.000 + €152.000 + €160.000 + €170.000 = €492.000

La commessa è stata interamente completata: Magazzino SL diventa Magazzino PF:

j.	Magazzino PF Magazzino SL	€492.000	 €492.000

Costo u = Costo Magazzino PF/n° unità completate commessa = €492.000/2.000 u = 246 €/u
CDV = Costo u × Unità vendute = 246 €/u × 1.900 u = €467.400

k.	CDV Magazzino PF	€467.400	 €467.400

Ricavi vendita = Unità vendute × Prezzo = 1.900 u × 350 €/u = €665.000

l.	Crediti v/clienti Ricavi di vendita	€665.000	 €665.000

Magazzino MP

	Dare	Avere	
RI	€ 16.000	€ 152.000	b.
a.	€ 200.000	€ 38.000	d.
		€ 26.000	**RF**

Magazzino SL

	Dare	Avere	
RI	€ 10.000	€ 492.000	j.
b.	€ 152.000		
c.	€ 160.000		
e.	€ 170.000		
		€ –	**RF**

Debiti v/fornitori

	Dare	Avere	
		€ 200.000	a.

Controllo CIP

	Dare	Avere	
d. Ma. Ind.	€ 38.000	€ 170.000	e.
d. MOI	€ 27.000		
d. Utenze	€ 42.000		
d. Assic.	€ 9.000		
d. Amm.ti	€ 51.000		
Sovrassorb.	**€3.000**		.

Debiti v/dipendenti

	Dare	Avere	
		€ 160.000	c.
		€ 27.000	d.
		€ 116.000	f.
		€ 303.000	Saldo

Magazzino PF

	Dare	Avere	
RI	€ 30.000	€ 467.400	k.
j.	€ 492.000		
		€ 54.600	**RF**

F.do ammortamento

		€ 51.000	d.
		€ 9.000	i.
		€ 60.000	Saldo

Spese V&A

f. Commissioni	€ 36.000		
f. Personale	€ 80.000		
g. Assicurazione	€ 1.000		
h. Pubblicità	€ 50.000		
i. Amm.ti	€ 9.000		
Saldo	€ 176.000		

Debiti diversi

		€ 42.000	d.
		€ 50.000	h.
		€ 92.000	Saldo

CDV

k.	€ 467.400		

Debiti assicurativi

		€ 9.000	d.
		€ 1.000	g.
		€10.000	Saldo

Ricavi vendita

		€ 665.000	l.

Crediti v/clienti

l.	€ 665.000		

2.

Consuntivo commessa	
RI SL	€10.000
MP	€152.000
MOD	€160.000
CIP	€170.000
Totale	**€492.000**

3.

CAP = €153.000/36.000 h = 4,25 €/u
CIP all = 4,25 €/u × 40.000 h = €170.000
Δ Assorbimento = CIP all – CIP eff = €170.000 – €167.000 = €3.000 Sovrassorbimento

Metodo dello storno immediato:

	Controllo CIP CDV	€3.000	 €3.000

4.

Ricavi vendita	€665.000
CDV	(€467.400)
CDV rettificato	(€464.400)*
MOL	**€200.600**
Spese V&A	(€176.000)
RO	**€24.600**

* Il metodo dello storno immediato prevede che il Delta Assorbimento venga portato interamente a rettifica del CDV. Da cui: CDV rettificato = €467.400 – €3.000 = €464.400.

Esercizio 14.7

Dati

	Unità fisiche
Iniziate nel 20X4	80.000
Completate nel 20X4	90.000
Rimanenze finali, semilavorati	10.000
Rimanenze iniziali, semilavorati	20.000

% completamento RI SL per materiali diretti = 80%
% completamento RI SL per trasformazione = 40%
% completamento RF SL per materiali diretti = 20%
% completamento RF SL per trasformazione = 30%

Domande
Lavoro eseguito finora?

Soluzioni

	(Fase 1)	(Fase 2) Unità equivalenti	
Flusso di produzione	**Unità fisiche**	**Materiali diretti**	**Costi di trasformazione**
Semilavorati, rimanenze iniziali	20.000		
Unità iniziate	80.000		
Da contabilizzare	**100.000**		
Unità completate e trasferite	90.000	90.000	90.000
Semilavorati, rimanenze finali**	10.000	2.000	3.000
Unità contabilizzate* **	**100.000**		
Lavoro eseguito finora		**92.000**	**93.000**

* Unità da contabilizzare = RI SL + Unità iniziate = 20.000 u + 80.000 u = 100.000 u.
** Grado di completamento: materiali, 20%; costi di trasformazione, 30%. Da cui: RF SL per materiali diretti = 0,20 × 10.000 u = 2.000 u e RF SL per trasformazione = 0,30 × 10.000 u = 3.000 u. RF SL Unità fisiche = 10.000 u (Dati).
*** Unità contabilizzate = Unità fisiche completate e trasferite + RF SL unità fisiche = 90.000 u + 10.000 u = 100.000 u.

I restanti dati risultano essere irrilevanti ai fini dello svolgimento dell'esercizio.

Esercizio 14.8

Dati
RI SL, 1° aprile = 0
Unità iniziate, completate e trasferite = 650.000 u
RF SL, 30 aprile = 220.000 u
% completamento RF SL materiali diretti = 100%
% completamento RF SL trasformazione = 60%
Costi materiali diretti sostenuti in aprile = €3.741.000
Costi trasformazione sostenuti in aprile = €860.200

Domande

1. Lavoro svolto in UEP? Costo u aprile?
2. Totale costi contabilizzati? Costo RF SL?

Soluzioni

1.

		(Fase 1)	(Fase 2) Unità equivalenti	
	Flusso di produzione	**Unità fisiche**	**Materiali diretti**	**Costi di trasformazione**
	Unità completate e trasferite	650.000	650.000	650.000
	RF semilavorati*	220.000	220.000	132.000
	Unità contabilizzate**	**870.000**		
	Lavoro eseguito finora***		**870.000**	**782.000**
(Fase 3)	Costo RI semilavorati	–	–	–
	Costi aggiunti nel periodo	**€4.601.200**	€3.741.000	€860.200
	Totale costi da contabilizzare****	**€4.601.200**	€3.741.000	€860.200
(Fase 4)	Divisore, UEP per il lavoro eseguito finora*****		870.000	782.000
	Costi unitari (medie ponderate)****	**€5,40**	**€4,30**	**€1,10**

* RF SL = RF SL al 30 aprile × % completamento. Da cui: RF SL materiali diretti = 220.000 u × 100% = 220.000; RF SL trasformazione = 220.000 u × 60% = 132.000 u.

** Unità contabilizzate = Unità completate e trasferite + RF SL unità fisiche = 650.000 u + 220.000 = 870.000 u.

*** Lavoro eseguito finora = Unità completate e trasferite + RF SL. Da cui: Lavoro eseguito finora materiali diretti = 650.000 u + 220.000 u = 870.000 u; Lavoro eseguito finora trasformazione = 650.000 u + 132.000 u = 782.000 u.

**** Totale costi da contabilizzare = RI SL + Costi aggiunti nel periodo. Da cui: Totale costi da contabilizzare materiali diretti = €0 + €3.741.000 = €3.741.000; Totale costi da contabilizzare trasformazione = €0 + €860.200 = €860.200.

***** Divisore UEP = Lavoro eseguito finora. Da cui: UEP materiali diretti = Lavoro eseguito finora materiali diretti = 870.000 u; UEP trasformazione = Lavoro eseguito finora trasformazione = 782.000 u.

****** Costi unitari (medie ponderate) = Totale costi da contabilizzare/UEP. Da cui: Costi unitari materiali diretti = €3.741.000/870.000 u = 4,30 €/u; Costo u trasformazione = €860.200/782.000 u = 1,10 €/u; Costo u tot = 4,30 €/u + 1,10 €/u = 5,40 €/u.

2.

		Totali	Materiali diretti	Trasformazione
(Fase 5)	Allocazione dei costi			
	Alle unità completate e trasferite 650.000 (€5,40)	€3.510.000		
	Ai semilavorati finali:			
	Materiali diretti	€946.000	220.000(€4,30)	
	Costi di trasformazione	€145.200		132.000(€1,10)
	Semilavorati finali	**€1.091.200**		
	Totale costi contabilizzati*	**€4.601.200**		

* Totale costi contabilizzati = Costi allocati alle unità completate e trasferite + Costi allocati alle RF SL = €3.510.000 + €1.091.200 = €4.601.200.

Esercizio 14.9

Dati

	Caso	
Flusso di produzione	**A**	**B**
Semilavorati, rimanenze di magazzino iniziali	1.500	4.000
Iniziati	6.500	?
Completati e trasferiti	?	8.000
Semilavorati, rimanenze finali	2.000	3.300

Domande

Unità completate e trasferite A? Unità iniziate B?

Soluzioni

Se x = incognita

Rimanenze iniziali + unità iniziate = Unità trasferite + rimanenze finali

1. Caso A: 1.500 + 6.500 = x + 2.000

x = **6.000**

2. Caso B: 4.000 + x = 8.000 + 3.300

x = **7.300**

	Caso	
Flusso di produzione	**A**	**B**
Semilavorati, rimanenze di magazzino iniziali	1.500	4.000
Unità iniziate	6.500	**7.300**
Unità completate e trasferite	**6.000**	8.000
Semilavorati, rimanenze finali	2.000	3.300

Esercizio 14.10

Dati

Unità iniziate = 3.000.000 u
Unità completate e trasferite = 60% × Unità iniziate
RF SL = 40% × Unità iniziate
RI SL = 0
% completamento RF SL materiali diretti = 100%
% completamento RF SL trasformazione = 75% (100% – 25% tempo elaborazione finale non ancora effettuata)
Costi aggiunti nel periodo materiali diretti = €600.000
Costi aggiunti nel periodo trasformazione = €4.725.000

Domande

1. Lavoro eseguito finora?
2. Costo u materiali? Costo u trasformazione?
3. Costo RF SL?

Soluzioni

1.

	(Fase 1)	(Fase 2) Unità equivalenti	
	Unità fisiche	**Materiali e forniture**	**Costi di trasformazione**
Unità completate e trasferite*	1.800.000	1.800.000	1.800.000
RF semilavorati**	1.200.000		
Materiali completi al 100%***		1.200.000	
Trasformazione completa al 75%****			900.000
Unità contabilizzate* **	**3.000.000**	–	–
Lavoro eseguito finora**** **		**3.000.000**	**2.700.000**

* Unità completate e trasferite = 3.000.000 u × 0,6 = 1.800.000 u.
** RF SL = 3.000.000 u × 0,4 = 1.200.000 u.
*** Materiali completi al 100% = 1.200.000 u × 100% = 1.200.000 u.
**** Trasformazione completa al 75% = 1.200.000 u × 75% = 900.000 u.

***** Unità contabilizzate = 1.800.000 u + 1.200.000 u = 3.000.000 u.
****** Lavoro eseguito finora materiali diretti = 1.800.000 u + 1.200.000 u = 3.000.000 u;
Lavoro eseguito finora trasformazione = 1.800.000 u + 900.000 u = 2.700.000 u.

2.

			Dettagli	
	Costi	**Totali**	**Materiali e forniture**	**Costi di trasformazione**
(Fase 3)	Costo RI semilavorati	€0	€0	€0
	Costi aggiunti nel periodo	€5.325.000	€600.000	€4.725.000
	Costi da contabilizzare*	**€5.325.000**	**€600.000**	**€4.725.000**
(Fase 4)	Divisore, unità equivalenti		3.000.000	2.700.000
	Costi unitari (medie ponderate)**	**€1,95**	**€0,20**	**€1,75**

* Costi da contabilizzare = Costo RI SL + Costi aggiunti nel periodo. Da cui: Costi da contabilizzare materiali = €0 + €600.000 = €600.000; Costi da contabilizzare trasformazione = €0 + 4.725.000 = €4.725.000.
** Costi unitari = Costi da contabilizzare/UEP. Da cui: Costo u materiali = €600.000/3.000.000 u = 0,20 €/u; Costo u trasformazione = €4.725.000/2.700.000 u = 1.75 €/u. Costo u tot = 0,20 €/u + 1,75 €/u = 1,95 €/u.

3.

Il valore delle rimanenze finali dei semilavorati è parte della fase 5 del report di produzione di un sistema di misurazione dei costi per processo, la quale comprenderebbe anche il calcolo del costo delle unità completate e trasferite che in questo esercizio tuttavia non viene richiesto e pertanto non viene riportato.

	Totali	**Materiali diretti**	**Trasformazione**
Semilavorati finali, 1.200.000 unità:			
Materiali e forniture	€240.000	1.200.000(€0,20)	
Costi di trasformazione	€1.575.000		900.000(€1,75)
Costo di 1.200.000 dichiarazioni non ancora completate	**€1.815.000**		

Esercizio 14.11

Dati

Unità	
RI semilavorati	0
Unità iniziate	60.000
Completate e trasferite al reparto Finitura	40.000

Costi	
Materiali:	
Composto plastico	€300.000
Composto ammorbidente	€80.000
Costi di trasformazione	€240.000

Composto plastico = introdotto all'inizio = completo al 100%
Materiale ammorbidente = aggiunto a una % completamento dell'80% (non raggiunto) = completo allo 0%
Costi trasformazione = sostenuti in modo uniforme
% completamento trasformazione RF SL = 40%

Domande

1. UEP aprile?
2. Costo unità completate e trasferite in aprile? Costo RF SL?

Soluzioni

1.

	(Fase 1)	(Fase 2) Unità equivalenti		
	Unità fisiche	**Plastica**	**Composto ammorbidente**	**Costi di trasformazione**
Semilavorati iniziali	0			
Unità iniziate	60.000			
Da contabilizzare*	**60.000**			
Unità completat e trasferite	40.000	40.000	40.000	40.000
Semilavorati finali**	20.000			
Plastica completa al 100%***		20.000		
Composto ammorbidente completo allo 0%****			0	
Trasformazione completa al 40%*****				8.000
Unità contabilizzate****	**60.000**			
Lavoro eseguito finora*****		**60.000**	**40.000**	**48.000**

* Unità da contabilizzare = RI SL + Unità iniziate = 0 + 60.000 = 60.000.
** RF SL = Unità iniziate – Unità completate e trasferite = 60.000 u – 40.000 u = 20.000 u.
*** RF SL Plastica = 100% × 20.000 u = 20.000 u.
**** RF SL Composto ammorbidente = 0 × 20.000 u = 0 u.
***** RF SL Trasformazione = 40% × 20.000 = 8.000 u.
****** Unità contabilizzate = 40.000 u + 20.000 u = 60.000 u.
******* Lavoro eseguito = Produzione iniziata e completata + RF SL: Lavoro eseguito Plastica

= 40.000 u + 20.000 u = 60.000 u; Lavoro eseguito finora Composto ammorbidente = 40.000 u; Lavoro eseguito finora Trasformazione = 40.000 u + 8.000 u = 48.000 u.

	Costi	Costi totali			
(Fase 3)	Costo RI semilavorati	€0	€0	€0	€0
	Costi aggiunti nel periodo	€620.000	€300.000	€80.000	€240.000
	Costi da contabilizzare*	**€620.000**	**€300.000**	**€80.000**	**€240.000**
(Fase 4)	Divisore, unità equivalenti		60.000	40.000	48.000
	Costo per unità equivalente (UEP)**	**€12,00**	**€5,00**	**€2,00**	**€5,00**

* Costi da contabilizzare = RI SL + Costi aggiunti nel periodo.

** Costo UEP = Costi da contabilizzare/UEP.

2.

(Fase 5)	**Imputazione dei costi**	**Totali**	**Dettagli**	**Trasformazione**
	Unità completate e trasferite*	€480.000		
	Semilavorati, finali:			
	Materiale – Plastica	€100.000	20.000(€5)	
	Costi di trasformazione	€40.000		8.000(€5)
	Semilavorati totali, finali	**€140.000**		
	Totale costi contabilizzati	**€620.000**		

* Unità completate e trasferite = Unità completate e trasferite × Costo u = 40.000 u × 12 €/u = €480.000.

Esercizio 14.12

Dati

Reparto Miscelatura

Costo RI SL = €32.800 (€8.000 MP, €4.000 MOD, €20.800 CIP)
RI SL u = 40.000 u
% completamento RI SL per materiali = 100%
% completamento RI SL per MOD e CIP = 80%
MP marzo = €147.600
MOD marzo = €73.200
CIP all marzo = €481.000
RF SL u = 30.000 u
% completamento RF SL per materiali = 60%
% completamento RF SL per MOD e CIP = 40%
Unità complete e trasferite a Imbottigliamento = 760.000 u
Costo unità completate e trasferite a Imbottigliamento = €722.000

Reparto Imbottigliamento
MP = €45.000
MOD = €17.000
CIP all = €108.000
Costo unità complete trasferite a Magazzino PF = €920.000
RI SL = €49.000

Azienda
CIP eff = €596.000
Ricavi di vendita = €1.400.000
CDV = €890.000
RI MP = €198.600
RI PF = €20.000

Domande

1. Scritture a libro giornale?
2. Mastri?
3. Report produzione reparto Miscelatura?

Soluzioni

1.

a.	Semilavorati Miscelatura	€147.600	
	Semilavorati Imbottigliamento	€45.000	
	Magazzino MP		€192.600

b.	Semilavorati Miscelatura	€73.200	
	Semilavorati Imbottigliamento	€17.000	
	Debiti v/dipendenti		€90.200

c.	Controllo CIP	€596.000	
	Debiti diversi		€596.000

d.	Semilavorati Miscelatura	€481.000	
	Semilavorati Imbottigliamento	€108.000	
	Controllo CIP		€589.000

e.	Semilavorati Imbottigliamento	€722.000	
	Semilavorati Miscelatura		€722.000

f.	Magazzino PF Semilavorati Imbottigliamento	€920.000	 €920.000

g.	Ricavi vendita Crediti v/clienti	€1.400.000	 €1.400.000

h.	CDV Magazzino PF	€890.000	 €890.000

2.

Magazzino MP

RI	€ 198.600	€ 192.600	a.
		€ 6.000	**RF**

Semilavorati – Miscelatura

RI	€ 32.800	€ 722.000	e.
a.	€ 147.600		
b.	€ 73.200		
d.	€ 481.000		
		€ 12.600	**RF**

Debiti v/dipendenti

		€ 90.200	b.

Semilavorati – Imbottigliamento

RI	€ 49.000	€ 920.000	f.
a.	€ 45.000		
b.	€ 17.000		
d.	€ 108.000		
e.	€ 722.000		
		21.000	**RF**

Debiti diversi

		€ 596.000	c.

Controllo CIP

c.	€ 596.000	€ 589.000	d.
		€ 7.000	**Sottoassorbimento**

Magazzino PF

	Dare	Avere	
RI	€ 20.000	€ 890.000	h.
f.	€ 920.000		
		€ 50.000	**RF**

CDV

	Dare	Avere
h.	€ 890.000	

Ricavi vendita

Dare	Avere	
	€ 1.400.000	g.

Crediti v/clienti

	Dare	Avere
g.	€ 1.400.000	

Δ Assorbimento = CIP all – CIP eff = €589.000 – €596.000 = (€7.000) Sottoassorbimento

3.

	Flusso di produzione	(Fase 1) Unità fisiche	(Fase 2) Unità equivalenti Materiali diretti	MOD	CGP
	Semilavorati iniziali	40.000			
	Unità iniziate*	750.000			
	Da contabilizzare**	**790.000**			
	Iniziate e completate	760.000	760.000	760.000	760.000
	Semilavorati, rimanenze finali***	30.000	18.000	12.000	12.000
	Unità contabilizzate******	**790.000**			
	Lavoro eseguito finora********		**778.000**	**772.000**	**772.000**
(Fase 3)	Semilavorati, rimanenze iniziali	€32.800	€8.000	€4.000	€20.800
	Costi aggiunti nel periodo	€701.800	€147.600	€73.200	€481.000
	Totale costi da contabilizzare**********	**€734.600**	**€155.600**	**€77.200**	**€501.800**
(Fase 4)	Divisore, UEP per il lavoro eseguito finora*******		778.000	772.000	772.000
	Costi unitari (medie ponderate)********	**€0,95**	**€0,20**	**€0,10**	**€0,65**

* Unità iniziate = Unità complete e trasferite + RF SL – RI SL = 760.000 u + 30.000 u – 40.000 u = 750.000 u.

** Unità da contabilizzare = RI SL + Unità iniziate = 40.000 u + 750.000 u = 790.000 u.

*** RF SL = Unità iniziate e completate × % completamento. Da cui: RF SL materiali diretti = 30.000 u × 60% = 18.000 u; RF SL MOD = 30.000 u × 40% = 12.000 u; RF SL CIP = 30.000 u × 40% = 12.000 u.

**** Unità contabilizzate = Unità fisiche iniziate e completate + RF SL = 760.000 u + 30.000 u = 790.000 u.

***** Lavoro eseguito finora = Unità iniziate e completate + RF SL u. Da cui: Lavoro eseguito finora materiali diretti = 760.000 u + 18.000 u = 778.000 u; Lavoro eseguito finora MOD = 760.000 u + 12.000 u = 772.000 u; Lavoro eseguito finora CIP = 760.000 u + 12.000 u = 772.000 u.

****** Totale costi da contabilizzare = RI SL + Costi aggiunti nel periodo. Da cui: Totale costi da contabilizzare unità fisiche = €32.800 + €701.800 = €734.600; Totale costi da contabilizzare materiali diretti = €8.000 + €147.600 = €155.600; Totale costi da contabilizzare MOD = €4.000 + €73.200 = €77.200. Totale costi da contabilizzare CIP = €20.800 + €481.000 = €501.800.

******* Divisore UEP = Lavoro eseguito finora. Da cui: UEP materiali diretti = Lavoro eseguito finora materiali diretti = 870.000 u; UEP MOD = Lavoro eseguito finora MOD = 772.000 u; UEP CGP = Lavoro eseguito finora CGP = 772.000 u.

******** Costi unitari (medie ponderate) = Totale costi da contabilizzare/UEP. Da cui: Costo unitari materiali diretti = €155.600/778.000 u = 0,20 €/u; Costo u MOD = €77.200/772.000 u = 0,10 €/u; Costo u CGP = €501.800/772.000 = 0,65 €/u; Costo u tot = 0,20 €/u + 0,10 €/u + 0,65 €/u = 0,95 €/u.

		Totali	Materiali diretti	MOD	CGP
(Fase 5)	Allocazione dei costi				
	Alle unità completate e trasferite all'Imbottigliamento	€722.000			
	Ai semilavorati finali:				
	Materiali diretti	€3.600	18.000(€0,20)		
	Manodopera diretta	€1.200		12.000(€0,10)	
	Costi generali di produzione	€7.800			12.000(€0,65)
	Semilavorati finali	**€12.600**			
	Totale costi contabilizzati	**€734.600**			

Appendice A

Tabella 1 Valore attuale di €1.

Periodi	3%	4%	5%	6%	7%	8%	10%	12%	14%	16%	18%	20%	22%	24%	25%	26%	28%	30%	40%
1	0,9709	0,9615	0,9524	0,9434	0,9346	0,9259	0,9091	0,8929	0,8772	0,8621	0,8475	0,8333	0,8197	0,8065	0,8000	0,7937	0,7813	0,7692	0,7143
2	0,9426	0,9246	0,9070	0,8900	0,8734	0,8573	0,8264	0,7972	0,7695	0,7432	0,7182	0,6944	0,6719	0,6504	0,6400	0,6299	0,6104	0,5917	0,5102
3	0,9151	0,8890	0,8638	0,8396	0,8163	0,7938	0,7513	0,7118	0,6750	0,6407	0,6086	0,5787	0,5507	0,5245	0,5120	0,4999	0,4768	0,4552	0,3644
4	0,8885	0,8548	0,8227	0,7921	0,7629	0,7350	0,6830	0,6355	0,5921	0,5523	0,5158	0,4823	0,4514	0,4230	0,4096	0,3968	0,3725	0,3501	0,2603
5	0,8626	0,8219	0,7835	0,7473	0,7130	0,6806	0,6209	0,5674	0,5194	0,4761	0,4371	0,4019	0,3700	0,3411	0,3277	0,3149	0,2910	0,2693	0,1859
6	0,8375	0,7903	0,7462	0,7050	0,6663	0,6302	0,5645	0,5066	0,4556	0,4104	0,3704	0,3349	0,3033	0,2751	0,2621	0,2499	0,2274	0,2072	0,1323
7	0,8131	0,7599	0,7107	0,6651	0,6227	0,5835	0,5132	0,4523	0,3996	0,3538	0,3139	0,2791	0,2486	0,2218	0,2097	0,1983	0,1776	0,1594	0,0949
8	0,7894	0,7307	0,6768	0,6274	0,5820	0,5403	0,4665	0,4039	0,3506	0,3050	0,2660	0,2326	0,2038	0,1789	0,1678	0,1574	0,1388	0,1226	0,0678
9	0,7664	0,7026	0,6446	0,5919	0,5439	0,5002	0,4241	0,3606	0,3075	0,2630	0,2255	0,1938	0,1670	0,1443	0,1342	0,1249	0,1084	0,0943	0,0484
10	0,7441	0,6756	0,6139	0,5584	0,5083	0,4632	0,3855	0,3220	0,2697	0,2267	0,1911	0,1615	0,1369	0,1164	0,1074	0,0992	0,0847	0,0725	0,0346
11	0,7224	0,6496	0,5847	0,5268	0,4751	0,4289	0,3505	0,2875	0,2366	0,1954	0,1619	0,1346	0,1122	0,0938	0,0859	0,0787	0,0662	0,0558	0,0247
12	0,7014	0,6246	0,5568	0,4970	0,4440	0,3971	0,3186	0,2567	0,2076	0,1685	0,1372	0,1122	0,0920	0,0757	0,0687	0,0625	0,0517	0,0429	0,0176
13	0,6810	0,6006	0,5303	0,4688	0,4150	0,3677	0,2897	0,2292	0,1821	0,1452	0,1163	0,0935	0,0754	0,0610	0,0550	0,0496	0,0404	0,0330	0,0126
14	0,6611	0,5775	0,5051	0,4423	0,3878	0,3405	0,2633	0,2046	0,1597	0,1252	0,0985	0,0779	0,0618	0,0492	0,0440	0,0393	0,0316	0,0254	0,0090
15	0,6419	0,5553	0,4810	0,4173	0,3624	0,3152	0,2394	0,1827	0,1401	0,1079	0,0835	0,0649	0,0507	0,0397	0,0352	0,0312	0,0247	0,0195	0,0064
16	0,6232	0,5339	0,4581	0,3936	0,3387	0,2919	0,2176	0,1631	0,1229	0,0930	0,0708	0,0541	0,0415	0,0320	0,0281	0,0248	0,0193	0,0150	0,0046
17	0,6050	0,5134	0,4363	0,3714	0,3166	0,2703	0,1978	0,1456	0,1078	0,0802	0,0600	0,0451	0,0340	0,0258	0,0225	0,0197	0,0150	0,0116	0,0033
18	0,5874	0,4936	0,4155	0,3503	0,2959	0,2502	0,1799	0,1300	0,0946	0,0691	0,0508	0,0376	0,0279	0,0208	0,0180	0,0156	0,0118	0,0089	0,0023
19	0,5703	0,4746	0,3957	0,3305	0,2765	0,2317	0,1635	0,1161	0,0829	0,0596	0,0431	0,0313	0,0229	0,0168	0,0144	0,0124	0,0092	0,0068	0,0017
20	0,5537	0,4564	0,3769	0,3118	0,2584	0,2145	0,1486	0,1037	0,0728	0,0514	0,0365	0,0261	0,0187	0,0135	0,0115	0,0098	0,0072	0,0053	0,0012
21	0,5375	0,4388	0,3589	0,2942	0,2415	0,1987	0,1351	0,0926	0,0638	0,0443	0,0309	0,0217	0,0154	0,0109	0,0092	0,0078	0,0056	0,0040	0,0009
22	0,5219	0,4220	0,3418	0,2775	0,2257	0,1839	0,1228	0,0826	0,0560	0,0382	0,0262	0,0181	0,0126	0,0088	0,0074	0,0062	0,0044	0,0031	0,0006
23	0,5067	0,4057	0,3256	0,2618	0,2109	0,1703	0,1117	0,0738	0,0491	0,0329	0,0222	0,0151	0,0103	0,0071	0,0059	0,0049	0,0034	0,0024	0,0004
24	0,4919	0,3901	0,3101	0,2470	0,1971	0,1577	0,1015	0,0659	0,0431	0,0284	0,0188	0,0126	0,0085	0,0057	0,0047	0,0039	0,0027	0,0018	0,0003
25	0,4776	0,3751	0,2953	0,2330	0,1842	0,1460	0,0923	0,0588	0,0378	0,0245	0,0160	0,0105	0,0069	0,0046	0,0038	0,0031	0,0021	0,0014	0,0002
26	0,4637	0,3607	0,2812	0,2198	0,1722	0,1352	0,0839	0,0525	0,0331	0,0211	0,0135	0,0087	0,0057	0,0037	0,0030	0,0025	0,0016	0,0011	0,0002
27	0,4502	0,3468	0,2678	0,2074	0,1609	0,1252	0,0763	0,0469	0,0291	0,0182	0,0115	0,0073	0,0047	0,0030	0,0024	0,0019	0,0013	0,0008	0,0001
28	0,4371	0,3335	0,2551	0,1956	0,1504	0,1159	0,0693	0,0419	0,0255	0,0157	0,0097	0,0061	0,0038	0,0024	0,0019	0,0015	0,0010	0,0006	0,0001
29	0,4243	0,3207	0,2429	0,1846	0,1406	0,1073	0,0630	0,0374	0,0224	0,0135	0,0082	0,0051	0,0031	0,0020	0,0015	0,0012	0,0008	0,0005	0,0001
30	0,4120	0,3083	0,2314	0,1741	0,1314	0,0994	0,0573	0,0334	0,0196	0,0116	0,0070	0,0042	0,0026	0,0016	0,0012	0,0010	0,0006	0,0004	0,0000
40	0,3066	0,2083	0,1420	0,0972	0,0668	0,0460	0,0221	0,0107	0,0053	0,0026	0,0013	0,0007	0,0004	0,0002	0,0001	0,0001	0,0001	0,0000	0,0000

Tabella 2 Valore attuale di una rendita ordinaria di €1.

Periodi	3%	4%	5%	6%	7%	8%	10%	12%	14%	16%	18%	20%	22%	24%	25%	26%	28%	30%	40%
1	0,9709	0,9615	0,9524	0,9434	0,9346	0,9259	0,9091	0,8929	0,8772	0,8621	0,8475	0,8333	0,8197	0,8065	0,8000	0,7937	0,7813	0,7692	0,7143
2	1,9135	1,8861	1,8594	1,8334	1,8080	1,7833	1,7355	1,6901	1,6467	1,6052	1,5656	1,5278	1,4915	1,4568	1,4400	1,4235	1,3916	1,3609	1,2245
3	2,8286	2,7751	2,7232	2,6730	2,6243	2,5771	2,4869	2,4018	2,3216	2,2459	2,1743	2,1065	2,0422	1,9813	1,9520	1,9234	1,8684	1,8161	1,5889
4	3,7171	3,6299	3,5460	3,4651	3,3872	3,3121	3,1699	3,0373	2,9137	2,7982	2,6901	2,5887	2,4936	2,4043	2,3616	2,3202	2,2410	2,1662	1,8492
5	4,5797	4,4518	4,3295	4,2124	4,1002	3,9927	3,7908	3,6048	3,4331	3,2743	3,1272	2,9906	2,8636	2,7454	2,6893	2,6351	2,5320	2,4356	2,0352
6	5,4172	5,2421	5,0757	4,9173	4,7665	4,6229	4,3553	4,1114	3,8887	3,6847	3,4976	3,3255	3,1669	3,0205	2,9514	2,8850	2,7594	2,6427	2,1680
7	6,2303	6,0021	5,7864	5,5824	5,3893	5,2064	4,8684	4,5638	4,2883	4,0386	3,8115	3,6046	3,4155	3,2423	3,1611	3,0833	2,9370	2,8021	2,2628
8	7,0197	6,7327	6,4632	6,2098	5,9713	5,7466	5,3349	4,9676	4,6389	4,3436	4,0776	3,8372	3,6193	3,4212	3,3289	3,2407	3,0758	2,9247	2,3306
9	7,7861	7,4353	7,1078	6,8017	6,5152	6,2469	5,7590	5,3282	4,9464	4,6065	4,3030	4,0310	3,7863	3,5655	3,4631	3,3657	3,1842	3,0190	2,3790
10	8,5302	8,1109	7,7217	7,3601	7,0236	6,7101	6,1446	5,6502	5,2161	4,8332	4,4941	4,1925	3,9232	3,6819	3,5705	3,4648	3,2689	3,0915	2,4136
11	9,2526	8,7605	8,3064	7,8869	7,4987	7,1390	6,4951	5,9377	5,4527	5,0286	4,6560	4,3271	4,0354	3,7757	3,6564	3,5435	3,3351	3,1473	2,4383
12	9,9540	9,3851	8,8633	8,3838	7,9427	7,5361	6,8137	6,1944	5,6603	5,1971	4,7932	4,4392	4,1274	3,8514	3,7251	3,6059	3,3868	3,1903	2,4559
13	10,6350	9,9856	9,3936	8,8527	8,3577	7,9038	7,1034	6,4235	5,8424	5,3423	4,9095	4,5327	4,2028	3,9124	3,7801	3,6555	3,4272	3,2233	2,4685
14	11,2961	10,5631	9,8986	9,2950	8,7455	8,2442	7,3667	6,6282	6,0021	5,4675	5,0081	4,6106	4,2646	3,9616	3,8241	3,6949	3,4587	3,2487	2,4775
15	11,9379	11,1184	10,3797	9,7122	9,1079	8,5595	7,6061	6,8109	6,1422	5,5755	5,0916	4,6755	4,3152	4,0013	3,8593	3,7261	3,4834	3,2682	2,4839
16	12,5611	11,6523	10,8378	10,1059	9,4466	8,8514	7,8237	6,9740	6,2651	5,6685	5,1624	4,7296	4,3567	4,0333	3,8874	3,7509	3,5026	3,2832	2,4885
17	13,1661	12,1657	11,2741	10,4773	9,7632	9,1216	8,0216	7,1196	6,3729	5,7487	5,2223	4,7746	4,3908	4,0591	3,9099	3,7705	3,5177	3,2948	2,4918
18	13,7535	12,6593	11,6896	10,8276	10,0591	9,3719	8,2014	7,2497	6,4674	5,8178	5,2732	4,8122	4,4187	4,0799	3,9279	3,7861	3,5294	3,3037	2,4941
19	14,3238	13,1339	12,0853	11,1581	10,3356	9,6036	8,3649	7,3658	6,5504	5,8775	5,3162	4,8435	4,4415	4,0967	3,9424	3,7985	3,5386	3,3105	2,4958
20	14,8775	13,5903	12,4622	11,4699	10,5940	9,8181	8,5136	7,4694	6,6231	5,9288	5,3527	4,8696	4,4603	4,1103	3,9539	3,8083	3,5458	3,3158	2,4970
21	15,4150	14,0292	12,8212	11,7641	10,8355	10,0168	8,6487	7,5620	6,6870	5,9731	5,3837	4,8913	4,4756	4,1212	3,9631	3,8161	3,5514	3,3198	2,4979
22	15,9369	14,4511	13,1630	12,0416	11,0612	10,2007	8,7715	7,6446	6,7429	6,0113	5,4099	4,9094	4,4882	4,1300	3,9705	3,8223	3,5558	3,3230	2,4985
23	16,4436	14,8568	13,4886	12,3034	11,2722	10,3711	8,8832	7,7184	6,7921	6,0442	5,4321	4,9245	4,4985	4,1371	3,9764	3,8273	3,5592	3,3254	2,4989
24	16,9355	15,2470	13,7986	12,5504	11,4693	10,5288	8,9847	7,7843	6,8351	6,0726	5,4509	4,9371	4,5070	4,1428	3,9811	3,8312	3,5619	3,3272	2,4992
25	17,4131	15,6221	14,0939	12,7834	11,6536	10,6748	9,0770	7,8431	6,8729	6,0971	5,4669	4,9476	4,5139	4,1474	3,9849	3,8342	3,5640	3,3286	2,4994
26	17,8768	15,9828	14,3752	13,0032	11,8258	10,8100	9,1609	7,8957	6,9061	6,1182	5,4804	4,9563	4,5196	4,1511	3,9879	3,8367	3,5656	3,3297	2,4996
27	18,3270	16,3296	14,6430	13,2105	11,9867	10,9352	9,2372	7,9426	6,9352	6,1364	5,4919	4,9636	4,5243	4,1542	3,9903	3,8387	3,5669	3,3305	2,4997
28	18,7641	16,6631	14,8981	13,4062	12,1371	11,0511	9,3066	7,9844	6,9607	6,1520	5,5016	4,9697	4,5281	4,1566	3,9923	3,8402	3,5679	3,3312	2,4998
29	19,1885	16,9837	15,1411	13,5907	12,2777	11,1584	9,3696	8,0218	6,9830	6,1656	5,5098	4,9747	4,5312	4,1585	3,9938	3,8414	3,5687	3,3317	2,4999
30	19,6004	17,2920	15,3725	13,7648	12,4090	11,2578	9,4269	8,0552	7,0027	6,1772	5,5168	4,9789	4,5338	4,1601	3,9950	3,8424	3,5693	3,3321	2,4999
40	23,1148	19,7928	17,1591	15,0463	13,3317	11,9246	9,7791	8,2438	7,1050	6,2335	5,5482	4,9966	4,5439	4,1659	3,9995	3,8458	3,5712	3,3332	2,5000